지방자치와 여성의 정치세력화

이 혜 숙

다산출판사

이 저서는 2012년 정부(교육부)의 재원으로 한국연구재단의 지원을 받아 수행된 연구임(NRF-2012S1A6A4017299)

책머리에

1995년 지방자치가 본격적으로 실시된 지 20년이 지났다. 지방자치는 지역주민의 삶의 질을 향상시키고 균형 있는 지역발전을 목표로 하고 있기에 생활정치의 장이며 민주주의의 훈련장이다. 지방자치는 여성의 지위 향상을 가져왔는가? 지방자치 실현과정에서 여성의 정치참여는 어떤 수준에 있는가?

이 책은 지방자치와 여성의 정치세력화에 대한 연구이다. 그동안 여성의 정치참여와 정치세력화에 대한 연구가 진행되어 왔고 지방자치 수준에서의 여성의 정치참여과정이나 여성의 대표성 확대방안에 대한 연구도 있어 왔다. 그러나 연구자들의 세부 관심에 따라 내용이 개별적으로 이루어진 점이 있다. 이 책은 그러한 기존연구들을 종합하면서 지방자치와 여성의 정치세력화에 대한 종합적 정리를 시도하고자 했다. 그동안 개별 연구나 보고서 형태로 연구가 있어 왔지만 한 권의 책으로 정리된 것은 드물기 때문에 전체를 정리하고자 한 것이다.

이 책은 4부 12장으로 이루어졌다. 1부에서는 여성 정치세력화의 이론과 역사로 여성의 정치세력화 : 개념과 연구의 범위(1장), 여성 정치참여의 제도와 여성정치의 흐름(2장), 지방자치와 여성의 정치참여(3장)를 중심으로 연구의 범위와 개념 정리, 여성정치의 흐름 등을 살펴보았다. 2부는 지방의회 여성의원의 선거와 의정활동으로 지방선거와 여성의원의 홍보전략(4장), 지방의회 여성의원의 의정활동 경험과 의식(5장), 여성의원의 현황과 의정활동(6장)을 살펴보았다. 3부는 지역여성의 정치세력화와 젠더 정치로 경남지역을 중심으로 지역여성 정치세력화의 역사와 성격(7장), 지방선거 여성후보자의 성격과 선거과정(8장), 지역여성운동과 여성의 정치세력화(9장)를 살펴보았다. 4부는 여성 정치세력화의 방향과 과제를 여성의 정치참여 확대를 위한 정부의 역할과 제도적 장치(10장), 정당제도 개선과 여성정치인의 양성 및 역량 강화(11장), 여성정치조직의 활동과 연대(12장)를 중심으로 살펴보았다.

이 책의 집필 과정에서 기존연구들의 도움을 많이 받았으며 2014년 지방선거의 여성후보자나 여성당선자에 대해서는 직접 설문지 조사나 참여관찰을 통해 자료를 수집하였다. 그 결과 4장과 8장의 경우는 독립된 논문의 형태로 학술지에 먼저 발표한 것인데 여기에 다시 포함시켰다(이혜숙, 2015a, 2016). 그 외 7장과 9장의 경우는 이전에 필자가 썼던 글의 내용들을 참조하여(이혜숙, 2009a, 2012) 수정하고 보완하였다.

이 책은 2012년 한국연구재단의 저서지원 연구비를 받은 것으로 처음 내용 전반을 구상하고 시작했을 때는 시간이 충분하다고 생각했고 지방자치와 여성의 정치세력화에 대한 종합적이고 총체적인 집필을 목표로 했었지만 지금에 와서 보니 부족한 점을 많이 느낀다. 책을 집필하는 과정에서 전국적으로 여성의원에 대한 설문지 조사를 했고 여성의원의 홍보전략을 선거공보를 통해 살펴보았으며 경남 지역사례를 중심으로 여성후보자의 성격과 선거 과정, 당선 요인들을 살펴보았으나 여러 가지 한계상 여성의원들에 대한 심층 면접을 진행하지 못한 것이 아쉽다. 전체적인 분석틀 면에서도 부족한 점이 많다. 그래도 우선 이 정도라도 정리하고자 하며 부족한 점은 추후 보완하려고 한다. 이왕 책이 나왔으니 이 책이 여성의 정치세력화에 관심을 두고 있는 연구자들이나 여성정치지망생, 여성의원들에게 조금이나마 도움을 주었으면 하는 바람이다.

이 책을 집필하는 동안 많은 분들의 도움을 받았다. 우선 문항이 많았던 설문지에 성실히 답해 주신 여성의원들께 감사드린다. 그 분들의 생생한 답변은 가능하면 이 책에 포함시키고자 했다. 지역에서의 여성단체활동 자료들을 보내주신 경남여성단체연합의 김경영 대표님을 비롯한 관계자 분들께도 감사드린다. 또한 참여관찰을 위한 면접원으로 활동하면서 자료수집에 도움을 준 경상대 사회학과 학생들한테 고마움을 표한다. 까다로운 표 작업을 도와준 사회학과 학부생 노혜지 양에게도 고마움을 전하고 싶다. 끝으로 어려운 출판 환경에서도 전공 책의 출판을 기꺼이 맡아 주고 편집을 위해 애쓰신 다산출판사 측에 깊은 감사를 드린다.

2016년 7월

이 혜 숙

차 례

PART 1

여성 정치세력화의 이론과 역사

PART 2

지방의회 여성의원의 선거와 의정활동

PART 3
지역여성의 정치세력화와 젠더정치 : 경남지역을 중심으로

PART 4

여성 정치세력화의 방향과 과제

지방자치와
여성의 정치세력화

여성
정치세력화의
이론과 역사

지방자치와
여성의 정치세력화

여성
정치세력화의
이론과 역사

PART 1

01. 여성의 정치세력화 : 개념과 연구의 범위

02. 여성 정치참여의 제도와 여성정치의 흐름

03. 지방자치와 여성의 정치참여

chapter **01**

여성의 정치세력화 : 개념과 연구의 범위

1. 여성의 정치적 저대표성과 정치세력화의 개념

정치란 인간이 자신의 생활에 대한 기획과 결정을 하는 행위이며 자신이 추구하는 이익과 목적을 위해서 상대방에게 영향력을 행사하는 과정이다. 또한 정치는 자원을 누가, 누구에게 어떻게 분배하는가를 결정하는 것이다. 정치는 권력의 사용을 수반하는데 권력은 "행위에 참여하는 다른 사람들의 저항에도 불구하고 자신의 의지를 실현시킬 수 있는 가능성" (Weber, 1968: 926)이라는 베버의 정의처럼 상대방의 선호와 무관하게 자신이 원하는 방식으로 영향력을 행사하거나 자원을 분배함으로써 어떤 일을 추진시킬 수 있는 개인이나 조직의 능력이다.

1) 여성의 정치적 저대표성

정치에 참여하지 못한다면 의사결정과정에서 배제되고 소외를 경험하게 되는데 정치는 성 불평등이 가장 적나라하게 드러나는 곳이다. 현대사회에서 시민권은 공적인 정치의 장에 참여하기 위한 전제조건이며 1893년 뉴질랜드에서 세계 최초로 여성참정권이 부여된 이래로 대부분의 국가에서 남녀 모두 참정권을 가지고 있다. 한국에서는 1948년 정부수립과 함께 여성에게 참정권이 부여되었고 여성총리에 이어 여성대통령이 선출되었다. 그러나 정치 뉴스에 등장하는 사람은 대부분 남성이며 여성의 정치참여가 전반적으로 저조한 것이 현실이다. 실제로 여성정치사는 여성 배제의 역사이며 여성은 "이등 시민(second-class citizen)"(Voet, 1998: 73)이라고 말하는 것도 이 때문이다. 여성 배제의 역사는 정치권에서의 여성참여 비율과 지위, 정치문화에 영향을 끼쳐 왔다. 그렇다면 왜 여성정치인은 적은가? 여성은 정치에 무관심한가?

대부분의 사회에서 여성을 정치로부터 차단하는 구조가 일상적인 생활문화와 사회제도 속에 체계화되어 있다. 국가의 중요한 일을 논의하고 결정하는 것이 정치인데 이는 남성들이 주로 맡아야 하는 일로 보고 있는 것이다. 반면 여성은 사적이고 비정치적인 영역인 가정 내에서 주부이자 어머니 역할을 하는 것이 적합하다는 성별 분업에 기반한 가부장적 여성관이 존재했다. 이러한 기본적인 여성관은 공·사영역을 분리하는 사회구조와 함께 체계적으로 유지되어 왔다. 정치는 공적 활동을 의미하는 것으로 여겨 왔고 개인적이고 사적인 영역을 담당하는 여성은 자연히 비정치적인 존재로 규정되어 공적인 정치영역에서 소외되어 온 것이다.

정치가 자신의 생활에 대한 기획과 결정을 하는 행위라고 볼 때 여성의 정치적 소외는 정당화될 수 없다. 여성이 비정치적인 특성을 지니고 태어나는 것이 아니고 개인적이고 사적인 것이 정치적인 것과 무관한 것도 아니기 때문이다. 현대사회에서 국가의 정책이나 중요한 결정은 개인의 삶의 영역에 커다란 영향을 주므로 여성의 삶의 문제에 대한 해결을 위해서는 남성만의 영역으로 간주되고 있는 공적 부문에 여성들이 적극적으로 참여해야 한다.

여성의 정치참여는 몇 단계의 과정을 거친다. 여성정치인이 되고자 하는 여성은 정치활동을 하거나 정당에 입당하여 입후보를 해야 하며 선거에서 승리해야 한다. 이들 과정들은 서로 연결되어 있고 개별 국가에 따라 다양한 방식의 사회문화적 · 제도적 영향을 받는다. 여성정치인은 불투명한 공천관행과 남성 위주의 정당조직문화, 정치적 소수자에 대한 제도 미비로 인해 정치영역에 진입하는 데 상대적인 불이익을 경험하고 있고 유권자들의 성역할 고정관념과 성차별적 편견으로 인해 선거운동과정에서도 고충을 겪고 있다고 알려져 왔다. 여성의 정치적 저대표 현상의 원인은 사회문화적인 요인과 제도적 요인으로 나누어 살펴볼 수 있다.

(1) 사회문화적 요인

여성이 정치지망생이 되기 위해서는 정치를 중요한 것으로 생각해야 하며 정치참여에 대한 의지가 있어야 한다. 동기유발은 정치에 대한 지식과 관심에서 출발하므로 정치참여에 대한 결정은 문화나 이데올로기적 관습과 같은 사회문화적 요소에 의해서도 영향을 받는다(이경아, 2015).

룩스(Lukes)가 언급했듯이 권력행사는 사람들로 하여금 "기존 질서 내에서 자신의 역할을 받아들이도록 하는 방식으로 이들의 인식, 인지, 선호를 형성함으로써 이들이 불만을 품지 않도록 하는 것"(Lukes, 1974: 24)으로도 행사된다. 성별에 따른 차별적인 정치사회화 과정을 거치게 됨으로써 여성들은 정치에 관심이 적고 정치는 자신에게는 어울리지 않는다는 생각을 갖게 되는 것이다. 실제로 팍스와 로리스(Fox and Lawless, 2005)의 연구는 여성들이 남성들에 비해서 자신들이 공직에 진출하기에는 자격이 부족하다거나 선거 캠페인을 치르기에는 능력이 부족하다는 식으로 스스로를 낮게 평가하는 낮은 효능감을 보여주고 있다.

성별에 따른 차별적인 정치사회화 과정의 결과 여성은 공식적인 정치활동에 대해서 알고 있는 지식이 남성보다 제한되어 있고 이는 여성들이 정치적으로 무관심하다는 통념을 가져오게 했다. 그러나 여성들이 정치적으로 무관심하다는 통념은 여성들을 오랫동안 정치적으로 무관심하도록 사회화하고 이러한 통념에 근거하여 여성을 정치로부터 배제하는 가부장적 문화와 사회제도 때문이다. '공적인 것=정치적인 것'이고 '사적인 것=비정치적인 것'으로 나누고 여성은 비정치적인 존재로 규정되어 온 것이다. 또 여성의 주된 역할을 가정에서 찾는 성별 분업구조 속에서 여성은 사회로부터 단절되어 가정의 경계를 뛰어넘는 연대망과 조직을 갖기가 쉽지 않았고 정치영역에 진입할 수 있는 지식과 능력을 개발하지 못했던 것이다.

> "우리나라의 선거나 정치영역은 학연 · 혈연 · 지연으로 엮어진 문화가 강조되고 있는데 여성은 상대적으로 취약하다"(경남, 지역구, 40대).[1]

> "여성이 선거를 함에 있어서 어려운 점이 참 많다. 남성들처럼 술마시고 형님, 동생하며 우의를 다질 수도 없다. 밖에 나와 일하면서도 집안 살림을 책임져야 하지, 남성우월주의자들이 아직도 많이 존재하고 있는 게 현실이다"(전북, 지역구, 40대).

> "여성이 선거에 나가는 것은 경제적으로도 어렵고 여성끼리의 생각이 아주 낮다. 주민들 생각도 여성이 나가는 것은 약해 보여 남성을 많이 선호하기 때문에 숫자적으로도 약하고 숫자가 적으니 여성끼리의 단합도 약한 것이 문제이고, 여성은 가정 일까지 맡아 하니까 매우 어렵고 의정활동을 활발히 할 수 없다"(인천, 비례대표, 60대).

실제로 노동의 성별 분리현상으로 전통적으로 여성의 활동영역은 가정이라는 공간으로 제한되어 왔고 여성의 주된 역할은 자녀양육이라는 관념이 있어서 여성들은 사적 영역이나 가족문제에 주된 관심을 두어야 한다

1 이 인용문은 2014년 지방선거 광역시도에서 당선된 여성의원 설문지 조사의 주관식 문항에 대한 답변 내용이다(조사의 전반적인 내용은 5장을 참고할 것). 인용할 때는 여성의원의 지역과 선거형태, 연령만 제시했으며 이후 다른 자료들도 이런 식으로 표기했다.

고 보았다. 사회를 구성하는 개인의 삶에 있어서 공권력에 의한 규제나 감시를 받지 않는 영역을 구별하기 위해서 사적인 영역이라는 개념이 발전하게 되었지만 여성의 입장에서 보면 이러한 공과 사의 이분법적 구분은 많은 문제를 내포한다. 여성이 사적 영역에서 중요한 역할을 수행해야 하므로 공적 영역에 발을 들여놓아서는 안 된다는 주장을 뒷받침하는 데 공·사의 구분이 이용되어 왔기 때문이다(스티븐스, 2010: 35). 전통적 공·사 이분법은 가정을 국가, 즉 공권력의 침입으로부터 보호하는 장점이 있었지만 다른 한편으로는 여성들이 공적 영역으로 진출하는 것을 막는 목적으로도 이용된 것이다.

이는 여성들은 공적 활동을 하는 정치인으로서의 적합한 자질이 결핍되어 있다는 본질주의론자들의 입장과도 밀접하게 관련되어 있다. "남성적인 행동은 여성들에게는 적절하지 못한 것으로 간주되는 반면 보살핌, 동정, 감수성, 비공격성을 특징으로 하는 여성적인 행동은 정치인에게는 적절치 못한 것으로 여겨진다."(Githens, 2003: 43)는 것이다. 이처럼 그동안 정치를 남성의 영역으로 여겨 온 보수적 사회문화로 인해 여성들은 정치사회화의 기회가 적었으며 이로 인하여 여성 스스로도 정치참여에 소극적이어서 국회 및 지방의회에 출마하고자 하는 여성의 수가 절대적으로 적었다.

(2) 제도적 요인

여성의 정치참여는 한 사회의 사회제도적 요인에 영향을 받는다(황아란 · 서복경, 2011). 제도는 개인의 행동에 영향을 끼치는 구조와 절차, 규범의 복합체이다. 제도는 개인이 어떻게 행동해야 하며 어떤 해결책이 가능한지에 대한 기대와 규범을 포함한다. 제도의 구조는 행정부나 의회 같은 정치기구와 공식적 규칙, 권한과 관계뿐만 아니라 관례, 절차, 비공식적인 기대까지 포함된다(스티븐스, 2010: 124).

정치후보로 선출되기 위해서는 직업적 성공과 정치적 경력이 뒷받침되어야 한다. 여성은 남성에 비하여 사회활동 경험이 부족하여 지지기반이 넓지 못하고 정치에 유리한 사회경력이나 직업을 갖추기 어렵다. 남성에 비해 사회적 네트워크가 약하고 재정적 능력도 부족하며 문중이나 동창회, 향우회 등 남성 중심 네크워크가 많은 현실은 여성후보에게 불리한 조건이다. 출마의지를 가진 여성의 경우에도 정당의 공천과정에서의 문제점, 공천권자의 여성에 대한 편견과 당선가능성에 대한 불신 등으로 당의 공천을 받기가 어렵다(안성호, 2015). 가사와 자녀양육 문제를 해결하여야 하는 것도 여성의 정치참여의 어려움이다. 남성에 비하여 여성의 경우 정치적 경험을 축적할 기회와 시간적 여유를 충분히 갖지 못하는 경우가 많다.

의회에 진출하는 데 필요한 선거자금은 여성의 정치입문을 어렵게 만드는 한 요인이다. 여성은 선거를 위한 자금동원력 면에서 남성보다 불리하므로 고비용의 선거구조하에서는 정치에 나서려는 여성후보가 적을 수밖에 없다. 이처럼 여성의 입장에서 보면 그 대표성을 실현할 수 있도록 하는 제도적 뒷받침이 부족하다고 할 수 있다.

> "당에 열심히 봉사해도 공천과정에서 많은 불이익을 받는다. 우리 현실에서 여성이 정치참여하기란 많이 힘들다. 젊은 여성들은 사회와 가정, 아이 교육까지 책임져야 하는 우리나라 현실이 문제다. 적극적인 제도개선이 필요하다"(경기도, 지역구, 50대).

> "사회적 지지기반의 구축이 약하다는 생각이 자주 든다. 좀 더 보강해야 할 과제이다"(강원, 비례대표, 50대).

현직의원이 계속 후보공천을 받고 선거에서도 당선되는 "현직효과(incumbency effect)"(Mayhew, 2008)로 인해 여성의 정치참여를 위한 변화의 속도는 느리고 완만하다. 또한 프랑스 의회 의원들을 대상으로 한 연구에서 그린(Green)은 여성정치인의 조기 정계은퇴와 관련된 일종의 "회전문 신드롬(revolving door syndrome)"(Green, 2004; 스티븐스, 2010: 146 재인용)을 발견하였다. 그린은 여성들이 주로 상대적으로 중요도가 떨어지는 선거구에서 후보로 선정되는 경향이 있다고 보았다. '회전문 신드롬'은 여성들이 자신의 정치경력을 활용할 수 있는 기회를 제한하고 여성은 정치적 능력이 없다는 주장의 빌미가 되는 한편 여성 역할모델과 여성 멘토의 수를 줄이게 된다.

2) 여성 정치참여의 중요성

여성이 정치적으로 저대표되기 때문에 발생하는 문제는 무엇인가? 대의민주주의를 왜곡하고 여성문제의 의제화와 정책적 해결을 막으며 여성을 비롯한 정치적 소외집단의 새로운 정치에 대한 욕구를 차단한다는 점을 들 수 있다. 대의민주주의의 실현, 지연되는 여성문제의 의제화와 정책적 해결, 새로운 정치에 대한 욕구를 위해 여성의 정치참여는 중요하며 특히 지방자치시대, 생활정치시대의 여성의 정치참여는 더욱 중요하다.

(1) 대의민주주의의 실현

여성의 대표성 수치는 한 국가의 민주주의 실현과 다원성의 척도가 된다. 여성의 낮은 대표성이 야기하는 문제점에 대해선 여러 학자들이 지적한 바 있는데(최정원 · 김원홍 · 윤덕경, 2008: 86-87) 여성의 정치참여를 확대해야 할 이유 중 하나가 대의민주주의의 실현과 평등성의 원리이다.

바크라크(Bachrach)는 민주주의 체제에서 공공의 이익은 대중참여에 의해 보장되는 것이므로 여성의 저대표성은 인구의 반을 공적 이익의 반영과정에서 제외함으로써 기회의 평등이나 다수결 원칙, 인간존중 등 민주주의의 기본 원리가 작동되고 있지 않다는 것을 반증하는 것이라고 주장한다(Bachrach, 1967: 3). 사회구성원 비율에 있어서 인구의 절반을 차지하는 여성의 정치적 역할이 취약한 것은 사회정의에 위반된다는 것이다.

대표성을 확보하지 못할 경우 정치는 평등을 기본으로 하는 민주주의 이념에 위배될 뿐만 아니라 공정성도 인정받을 수 없다. 따라서 여성의 이해가 대변되어야 하며 민주주의의 이념과 실질적인 성평등을 구현하기 위해서 성별 대표성이 반영되어야 한다.

여성의 이해가 국가의 중요한 의사결정에 반영되지 못하면 대의민주주의의 대표성은 왜곡될 수밖에 없다. 다양한 이해관계를 가진 집단이 서로의 이해관계를 조정하는 과정이 민주주의의 기본이라고 할 때 여성의 이해관계를 대변하기 어려울 정도로 여성정치인이 극소수라면 대의민주주의가 제대로 구현되기 어려운 것이다. 정치에서 배제된 여성에게 자유와 평등과 정의가 보장되는 민주주의를 실현해야 한다.

(2) 지연되는 여성문제의 의제화와 정책적 해결

여성문제를 해결하기 위해서는 여성의 경험과 목소리가 필요하며 이를 효율적으로 전달하여 정책형성으로 이끌 역할을 수행할 여성의원이 필요하다. 여성의 정치적 저대표성은 여성과 관련한 문제가 사회 차원의 문제로 의제화되는 것을 가로막으며 의제화되더라도 덜 중요하고 덜 시급한 문제로 여겨 우선순위에서 제외되거나 주변화된다. 여성의 이익이나 욕구가 대변되기 위해서는 여성의 정치적 대표성이 확보되어야 한다. 여성의 삶을 잘 이해하는 여성들이 자신들의 이해를 위해 정책결정과정에 참여하고 이를 통해 실질적인 성평등을 확보해야 하기 때문이다.

보다 많은 여성이 의회로 진출할 경우 입법기관의 정책적 우선순위에 있어 차이가 나타난다. 여성의원의 수적 증가를 통한 여성대표성의 확대가 여성문제의 의제화나 여성정책에 대한 관심도를 증가시킨다는 것이다(김은경, 2010; 엄태석, 2010). 여성이 여성 관련 법안에 보다 적극적이며 지방의회에서 여성들은 복지, 교육, 환경, 인권 등 생활정치분야에 관심을 보이고 있다.

반면 여성의원의 비율이 낮으면 남성의 규범과 관심사가 운영의 기준이 되고 결국 여성의원들은 남성의원들이 만들어 놓은 규범에 맞게 행동하게 된다. 여성의 정치참여는 여성이슈의 주변화를 해소하거나 완화시킨다. 남성의 시각에서 대부분 입안되어 온 정부의 정책 전반을 성평등의 관점에서 조망할 수 있게 되며 여성을 비롯한 소수자의 이해를 고려하는 정책기조 변화를 기대할 수 있다(이미원, 2006: 2). 이처럼 여성이 대표성을 확보해야 한다는 논리는 여성의 정치참여가 여성친화적인 정책의 수립을 가져온다는 점에 근거한다. 많은 연구들은 여성과 정치적 관심분야 및 우선순위가 서로 관련성을 갖고 있음을 보여주고 있다(최정원 · 김원홍 · 윤덕경, 2008: 88-89).

(3) 새로운 정치에 대한 욕구

여성의 정치적 저대표성은 여성을 비롯한 정치적 소외집단이 갈망하는 새로운 정치에 대한 욕구를 차단하므로 인간다운 사회, 민주적인 사회의 건설을 위하여 여성의 정치참여가 반드시 필요하다. 여성의 정치참여는 기존의 정치판에 단순히 끼어들자는 것만은 아니며 기존의 정치판과 정치문화에 변화를 가져올 수 있어야 한다. 부패의 경험이 없는 여성의 참여로 기존 정치판의 낡은 문화를 깨고 새바람이 불 가능성이 높아진다. 부패와 젠더에 대한 연구는 여성의 정치, 행정, 경제적 참여가 부패 수준을 낮추는 데 어느 정도 역할을 하고 있음을 보여준다(조정래 · 이현정 · 김장희, 2014: 94-96).

남성지배의 정치는 가부장적 정치구조와 권력 나눠먹기 식의 패거리 정치문화를 형성했고 이로 인해 발생하고 있는 각종 정치적 부패와 비민주성, 비윤리성의 문제점은 여성의 정치참여 확대에 의해서 상당 부분 해소될 수 있다는 것이다. 실제로 여성의원들은 서로 봐주기 식의 남성들의 네트워크에서 상대적으로 자유롭고 부패사슬에서 비교적 멀리 떨어져 있다고 평가된다. 여성의 정치참여 확대는 기존 질서를 유지하고 재생산하는 것이 아니라 새로운 패러다임의 변화를 가져오는 것이다. 새로운 정치는 삶의 질, 평등한 권리와 개인의 자아실현과 참여, 그리고 인권 등에 초점을 맞춘다(오유석, 2009: 44-45). 여성정치인의 육성과 발굴을 통한 정치권의 인적 쇄신은 그만큼 "부정부패 및 몸싸움과 욕설의 3류 정치"(정상호, 2014: 64)가 번성할 가능성을 차단하는 것이다.

> "여성들은 이 모든 걸 상쇄시킬 더 큰 무기를 가지고 남성들을 압도할 수 있다. 정치의 생명인 깨끗함과 투명함, 섬세함과 자상함으로 유권자의 마음을 읽고 지역에 필요한 것이 무엇인가 대안을 제시한다. 부지런하다"(전북, 지역구, 40대).

(4) 지방자치와 여성참여

지방화 시대와 함께 지방이 정치적 장으로 등장하게 되었다. 지방정치의 등장은 정치라는 것을 사람들의 생활에 더 가깝게 다가가서 그 지역사회의 생활 속에서 생겨나는 다양한 갈등을 지역주민들이 스스로 조절하고 해결하는 생활정치의 현상으로 바꾸어 놓았다(김영일, 2012: 28).

규모가 작은 기초자치단체의 경우 지역사회의 실질적인 문제를 경험하고 있는 여성의 참여가 중요하며 풀뿌리 민주주의를 정착시킬 수 있는 기회가 될 수 있다. 지방자치 시대를 맞이하여 지역의 여성정책을 개발하기 위해서는 지역여성들이 경험하고 있는 문제들을 파악하여 이를 공적 의제화하는 작업이 필요한데 이를 위해서는 지방정부에 여성의 정치참여가 늘어나야 할 것이다.

여성의 지방의회참여는 생활정치와 민주정치를 구현하기 위해서 필요하다. 특히 생활정치의 장인 지방의회에서 다뤄지는 사안들이 복지나 환경, 문화 등 남성보다는 여성에 적합하다고 간주되어 여성의 지방정치참여의 필요성이 더욱 강조되어 왔다. 지방정치는 지역의 구체적인 문제나 지역주민들의 일상생활과 직결되는 생활정치, 풀뿌리 민주주의라는 인식하에 여성의 지방정치참여가 중앙정치에 대한 참여에 비해 상대적으로 용이하고(조갑련, 2010a: 71) 여성의 참여에 대한 효능감이 상대적으로 높다는 점에서 여성의 지방자치참여가 장려되었다(엄태석, 2011: 232-233).

특히 지방선거에서는 수적으로 많은 사람을 선출하기 때문에 중앙정치보다는 경쟁이 덜 치열하며 지리적 · 심리적으로 자신의 거주지역과 근접한 곳에서 의정활동을 할 수 있다는 점에서 상대적으로 사회적 경험이 부족하고 일찍이 정치에 입문할 기회를 갖지 못한 여성들에게 참여의 기회를 넓혀 줄 수 있다. 즉 지방의 정치는 당리당략에 의해 좌우되는 정치판으로서가 아니라 민생을 해결하고 주민복지에 기여할 수 있는 생활정치의 구현에 그 목표를 두고 있기 때문에 그동안 소외되어 온 여성의 참여가 중요하다(윤이화 · 하세헌, 2014: 347-348).

여성의 지방정치참여는 이제까지 눈에 보이지 않은 봉사자로만 일하던 여성의 정치력을 실제화시켜 여러 가지 생활문제들을 공식적인 절차를 거쳐 해결될 수 있도록 정치적 의제로 제출하고 지방의 예산과 집행능력을 동원해서 해결하는 것이다. 지역사회에서 여성의 조직적 참여와 활동을 통하여 여성은 지역사회의 변화를 이끌 수 있는 중요한 사회적 자원이 되며 여성의 정치적 힘을 통해 지역사회문제를 해결하고 정치참여를 통해 정책제안을 할 수 있는 것이다.

그러나 지방자치가 생활의 문제를 다루는 공간이기 때문에 여성들의 정치참여가 유리하다는 것은 생활의 일차적인 담당자를 여성으로 규정함으로써 성역할 고정관념을 더욱 공고히 할 수 있다는 문제제기를 할 수 있다. 여성들이 지방자치에는 잘 맞지만 중앙정치 무대에는 적당하지 않다는 것은 아니기 때문이다. 여성이 생활의 담당자라서 지방자치에 잘 맞는다는 것은 현실적인 측면을 고려하여 활용되어야 할 것으로 보인다.

3) 여성과 정치세력화

세력화(empowerment)라는 말은 권력을 배분하거나 또는 유지하는 것을 목적으로 하는 과정과 관련된다. 세력화를 이루기 위한 활동으로는 개인적인 저항에서부터 사회의 기본 권력관계에 도전하기 위한 대규모의 정치적인 활동에 이르기까지 그 범위가 넓다(Morgen and Bookman, 1988: 4). 세력화란 사람들이 자기 자신의 문제를 해결하고 삶에 대한 통제권을 가지기 위해 필요한 자원을 동원하는 과정이다. 즉 불이익이나 차별을 당하는 개인이나 집단이 자신들을 정치적 · 경제적 · 사회적으로 종속시키는 기존의 권력관계에 도전하여 그 권력관계를 변화시킬 수 있도록 저항할 수 있는 힘을 갖추는 과정이다.

여성의 세력화는 여성들이 자신들이 처한 상황과 차별, 권리와 기회를 인식함으로써 성평등을 위해 집단으로서의 정체성을 가지고 가정과 지역 그리고 사회에 참여하여 보다 많은 통제와 결정권을 가짐으로써 성평등을 이루기 위한 활동을 벌이는 것이다(Karl, 1995). 일반적인 의미에서 여성의 세력화는 1995년 북경세계여성회의 강령 속에 포함되어 있는 것처럼 여성이 더 이상 남성과 사회의 보호대상이 아니며 남성과 함께 동반자적 위치를 지녀야 한다는 성 주류화(gender mainstreaming)를 전제로 정립된 개념이다(김은경, 2004: 277). 정치, 경제, 사회 등 모든 분야에 있어서 여성에게 힘과 역할을 부여해야 한다는 "여성의 실세화 내지는 권능강화"(박홍식, 1996: 13)라는 의미를 담고 있다. 그러므로 여성의 세력화는 여성들이 경제적 · 사회적 · 문화적 종속에서 벗어나 행동의 주체로서 자기 정체성을 확립하는 여성의 의식화 운동, 여성의 모든 역량을 조직적으로 결집시키는 조직화 운동, 주요 정치적 결정과 집행이 여성들의 이익을 신장시키는 방향으로 전개될 수 있도록 하는 영향력의 정치 및 참가의 정치와 관련된다.

정치세력화(political empowerment)란 "정치적으로 소외된 집단의 성원들이 서로 연계하여 자신들에게 직접적인 영향을 끼치는 문제에 적극적으로 개입함으로써 소외상태에서의 탈출을 기대할 수 있는 구조를 발전시키기 위하여 통제력을 획득해 가는 과정”(Bystydzienski, 1992: 3)으로 정의할 수 있다. 여성의 정치세력화란 여성 자신들의 정체성을 확인하고 차별적 환경을 인지함으로써 권리를 회복하고 공동 의식을 형성하면서 정치적인 힘을 발휘하게 됨을 의미한다. 정치세력화를 형성하는 과정에서 여성들은 불평등한 조건을 해결하기 위하여 정치적 · 사회적 지위 확보에 참여하게 된다(문순덕 · 김진호, 2011: 5). 여성의 정치세력화는 여성에 의한 정치권력의 획득과정이며 모든 분야의 해결에 여성이 주체적으로 참여해야 함을 의미한다. 여성들이 다양한 정치부문에 진출하고 정치 관련 영역으로 활동범위를 넓힘으로써 여성들의 집단적 힘을 결집하고 여성들의 정치적 · 사회적 영향력을 키우는 것이다.

여성의 정치세력화는 “정치부문의 진입에 대한 노력, 여성 관련 이슈에 대한 세력화, 정치의식의 고양을 통한 여성운동의 대중화”(이은비, 2011: 93) 등의 측면으로 살펴볼 수 있으며 개인 차원의 의식화, 집단 차원의 조직화 단계, 중요한 정책결정과정에 영향을 미치거나 직접 참여하는 정치참여의 단계로 이어진다(라미경, 2005: 214-217). 여성의 정치세력화는 다음과 같은 질문과 관련되어 있다. 여성은 유권자로서 적극적이고 능동적으로 선거에 참여하고 있는가? 단순한 선거권 행사를 넘어 실제로 정치에 참여하는 여성의원의 수는 충분한가? 여성의원은 의정활동에서 실질적인 대표성을 지니고 있는가? 여성은 성별 분업의 논리를 뛰어넘어 가부장적 문화와 성차별적인 제도에 맞서 저항하면서 영향력을 행사하는가? 여성의 정치참여는 정치문화의 변화와 민주주의의 실현에 기여하는가?

이렇게 본다면 단순히 여성의 정치참여의 수가 늘어나는 것이 여성의 정치세력화를 의미하는 것은 아니다. 여성의 정치참여의 수적 확대를 위해 진입장벽을 낮추고 많은 여성을 정치권에 진출시키는 문제와 함께 여성의 실질적인 대표성에도 관심을 가져야 한다. 보다 많은 여성을 정치권에 진출하도록 지원하는 방안과 더불어 정치권에 처음 진입한 여성정치인이 정치경력을 지속시키는 데 부딪히는 장애요인은 무엇인지, 여성정치인의 경력을 지속시키기 위해서는 어떠한 지원방안이 필요한지, 제도권에 진출한 여성들이 실제 정책수립에 보다 효과적으로 영향을 미칠 수 있는지의 문제 등을 살펴보아야 한다(김원홍 · 이현출, 2010: 35).

여성의 정치세력화를 논의하기 위해서는 여성의 정치참여의 양적 확대뿐 아니라 여성의 의정활동에서 나타나는 실질적인 대표성에도 관심을 두어야 한다. 여성정치인들의 의정활동의 특징은 무엇이며 여성들이 정치에 진출한 이후 현실적으로 경험하는 여러 가지 제약과 한계가 어떠한 것이고 어떠한 방식으로 의정활동의 어려움을 극복하고 있는지 그 성과와 한계점을 드러내고 이를 개선하는 방안에도 관심을 두어야 한다. 단순히 여성의 정치참여의 수적 확대뿐 아니라 여성정치인들의 의정활동의 특징과 정치역량을 강화하는 방법과 전략, 정치환경의 제도적 개선, 여성정치인의 정치경력을 지속할 수 있도록 하는 방안 등을 모색해야 한다. 또한 여성의 정치세력화는 이를 위한 여성운동조직 및 여성정치네트워크, 여성연대의 활동과도 밀접한 관련을 가진다. 이런 점에서 여성운동과 제도정치, 정당과의 거리는 어떻게 위치지어야 할 것인지도 중요하다.

2. 여성의 대표성과 정치세력화 : 연구의 흐름

1) 여성의 기술적 대표성과 실질적 대표성

대의민주주의에서 시민의 참여는 자신의 대표자를 통한 간접적인 방식으로 이루어진다. 대의민주주의와 관련하여 볼 때 대표가 한 집단의 사회경제적 배경이나 특성을 지니고 있다면 그 집단의 이익을 잘 대변해 줄 것으로 기대할 수 있다.

여성의 정치참여가 가져올 수 있는 영향과 관련하여 필립스는 "참석의 정치(politics of presence)"(Phillips, 1995: 1-26)를 주장하면서 제도권에서 여성의 참여는 상징적인 효과를 가진다고 보았다. 여성의 정치참여는 사회의 모든 구성원을 위한 정의라는 가치와 모든 시민의 정치참여라는 가치를 상징하게 된다는 것이다. 필립스는 여성의 정치참여 비율의 확대가 민주주의를 증진하고 강화하기 위해서 중요하다고 보았다. 그런데 단순히 여성의 참여만이 중요한 것이 아니라 참여하는 여성의 비율이 어느 정도인가, 참여하는 여성들은 누구를, 무엇을 대표하는가가 중요하다.

대표성은 '누구를 대표하는가'의 '기술적 대표성(descriptive representation)'과 '무엇을 대표하는가'의 '실질적 대표성(substantive representation)'으로 구분할 수 있다. 기술적 대표성은 대표가 지니고 있는 인종, 직업, 성별에 따라 소속집단의 핵심적 관심이 무엇인지 파악할 수 있고 이와 같은 이해관계를 증진할 수 있다고 본다. 반면 실질적 대표성은 대표가 '무엇을 대표하여 행동하는가'가 중요한 문제이다. 대표의 행동이 어느 집단의 이익을 위해 노력하는지가 중요한 것이다(스티븐스, 2010: 103-104).

정치에서 여성의 대표성 확보를 위한 적정 수준은 어느 정도가 되어야 하는가? 이에 대해 칸터(Kanter)는 여성이 어떤 조직에서 효율적으로 활동하기 위해서는 적어도 전체 구성원의 15%는 되어야 하며 그 지점에 도달할 때까지 여성의 이해는 무시되거나 저지된다고 보았다. 즉 의회에서 15% 정도의 여성의원이 존재할 때 여성의원들은 특정 사안을 지원하고 영향력을 행사하기 위한 입법적 행동이 가능하다는 것이다(Kanter, 1977b: 966).

달럽(Dahlerup)은 한 조직 내에서의 비율 분포에 따라 네 가지 집단 유형을 제시하고 있다. 첫째는 하나의 집단에 의해 지배되는 단일그룹(uniform groups)이며, 둘째는 15% 이하의 소수를 가진 비대칭그룹(skewed groups), 셋째는 40% 이내까지의 소수가 존재하는 천막그룹(tilted groups), 넷째는

6:4 내의 비율을 가진 균형그룹(balanced groups)이다. 달럽은 스칸디나비아 의회가 비대칭그룹에서 천막그룹으로 이동하게 됨에 따라 정치문화와 지배적인 담론, 정책의제의 면에서 변화가 일어났다는 것을 실증적으로 밝히고 있다(Dahlerup, 1988).

달럽의 연구는 공직에 진출한 여성의 비율이 일정 수준이 되면 이 비율은 자기 지속력을 갖게 되어 여성의 비율이 다시 떨어지지 않을 것이며 입법활동의 결과에도 변화를 가져올 것이라고 보았다. 즉 정치에서 여성의 비율이 대략 30%에 이르면 변화를 촉발할 '임계량(critical mass)'에 이른다고 본 것이다(Dahlerup, 1988). 1988년 스칸디나비아의 경험이 물리학에서 말하는 이른바 '연쇄반응(chain reaction)'을 촉발하는 임계량의 달성에 비유될 수 있음을 연구한 것이다.

칸터(Kanter, 1977b: 966)는 가시적 소수(visible minority)의 비율이 65:35의 비율에 이르게 되면 소수집단의 구성원들은 집단 내에서 동맹관계를 형성할 수 있으며 조직의 문화에 영향을 끼칠 수 있다고 주장한다. 또한 비율이 60:40으로 개선되면 특정 집단과의 집단 동일시는 더 이상 집단의 역학관계를 결정하는 데 있어서 중요한 요소로 작용하지 않는다고 보았다. 즉, 의회 내 여성의원 수가 증가하면서, 의회의 규범과 문화도 함께 바뀌고, 입법안의 내용도 여성의 문제로 초점이 맞춰지기 시작한다는 것이다. 실제로 스웨덴의 경우, 여성 국회의원 비율이 30%를 넘어서기 시작했던 1970~80년대만 해도 정당 내의 여성단체와 시민단체들은 성차별적 정치제도를 타파하기 위해 선봉에서 안내자의 역할을 했지만, 2009년 9월 여성 국회의원 비율이 47%에 도달하자 여성 국회의원들은 더 이상 소수자를 대변하는 것이 아니라 국회 내의 규범을 주도함으로써 모든 남녀 국회의원들은 성인지적 관점을 가지고 성평등문제에 좀 더 수용적이 되었다(김원홍 · 양경숙 · 정형옥, 2009: 36).

임계량과 관련한 중요한 가설은 여성의원의 증가를 통해 여성들은 여성들 사이에 상호지원적 연대를 형성하여 여성주의자들이 지향하는 변화를 촉진하게 될 것이라는 가설이다. 그러나 임계량과 관련한 다양한 개념들에 대한 비판이 있다. 여성대표의 비율은 연쇄반응처럼 가속도가 붙는 방식으로 증가할 것이라는 입장이지만 스칸디나비아의 경우에서처럼 여성대표의 증가가 완만하고 점진적인 곳에서의 역학관계와 여성대표의 증가가 갑작스럽고 법으로써 강제된 곳에서의 역학관계는 다르기 때문이다. 20개 선진 민주국가를 대상으로 50여 년에 걸쳐 이루어진 통계조사는 여성의원의 가속적 증가에 대한 증거를 찾지 못하였다(Studlar and McAllister, 2002: 247-248).

따라서 일정한 수준을 넘어서면 대의기관에서 여성의 참여 비율이 자동적으로 유지될 것이라는 점에 대해서는 선불리 예단할 수는 없다. 임계량이 달성되면 여성의원들의 근무환경이 개선될 것이라는 시각도 어느 수준이 될 때 변화가 발생하는지에 대해서 논란이 있다(스티븐스, 2010: 268-269). 그러나 여성의 실질적 대표성 증진을 위해서 어느 수준 이상의 기술적 대표성 확보는 필요하다고 하겠다.

2) 여성의원과 여성친화정책

정치의 실질적 대표성은 대표가 개인이나 집단의 핵심적 이해관계를 대변하기 위해서 행동할 때 나타난다. 여성의원들은 여성이해를 대변하는가? 이는 정치영역에서의 여성의 참여가 여성의 이해 증진이라는 면에서 과연 가시적인 영향을 가져왔는가, 여성의 현실과 지위의 개선, 세력화를 포함한 성평등사회의 실현이라는 결과를 가져왔는가 하는 문제와 관련된다. 여성의원의 수적 증가는 여성의원들의 상임위원회참여를 확대시키고 종전에는 여성과 관계없는 것으로 보이는 분야의 조례안 발의, 본회의나 상임위원회 발언을 증가시키고 여성정책에 대한 관심도 증가시킬 것으로 전망할 수 있다.

여성의 정치참여 확대에 대한 연구들은 기술적 대표성을 의미하는 여성의 수적 증대가 실질적 대표성의 향상으로도 이어진다고 본다. 여성의 참여는 여성의 이해를 대변하고 여성정책 의제에 대한 관심을 불러일으키는 중요한 선행조건이라는 것이다.

여성이 여성을 위해 행동함으로써 상황을 개선해 나갈 것이라는 믿음에는 여성은 남성과는 다른 관심사와 이해관계를 가지고 있다는 전제가 존재한다. 과연 여성의원과 여성정치인들은 여성을 대변하고 여성을 위해 행동하는가? 여성들은 정책의 우선순위에 있어서 남성과는 다른 목소리를 내고 있는가? 여성의원의 수적 증가로 여성정책에 대한 관심도가 증가되었는가? 그렇다면 여성 특유의 이해는 존재하는 것일까? 있다면 무엇일까? 여성들은 여성이기 때문에 동일한 이해 관심을 나타내는가? 이러한 질문들에 대한 답은 그렇게 단순하지는 않다.

여성의원에게는 남성 중심의 정치영역에서 주변화되어 온 여성의 다양한 욕구와 관심을 정치의 장에서 공론화하고 현실화할 것이 기대된다. 이는 남성 중심의 정치문화에서 도외시되어 온 문제들이기 때문이다. 따라서 여성의원들은 여성의 관점에서 소수자와 약자의 문제를 발굴하고 개선하도록 노력해 왔다. 여성 관련 이해관계는 아동복지, 육아, 가사, 돌봄이나 출산활동과 관련된 권리, 여성의 몸과 섹슈얼리티에 관련된 사안, 사회 내에서 여성의 지위 변화와 관련된 사안 등이 있다.

라인골드(Reingold, 1992)는 1991년 미국 주의회 여성의원 비율이 18%로 20년전 4%에 비해 크게 증가된 것에 착안하여 기술적 대표성과 실질적 대표성이라는 역할이 어떻게 연계되고 있는지, 입법행위자로서 여성이라는 것이 여성을 위해 행동하는 것과 실제적으로 연결되는지의 여부를 분석하였다. 총 81명의 주의회의원을 대상으로 인터뷰와 설문조사를 한 결과 여성의원들은 여성이슈로 인지되는 이슈들에 대해 본인 스스로 강력한 옹호자로 인식하고 있었다. 즉 여성의원들은 여성을 대표해야 한다는 정체성을 갖고 있으며 교육, 보건, 사회복지와 같은 여성 관련 문제를 다루는 위원회에 비교적 많이 관여하고 있다. 이처럼 여러 연구에서 여성의원들과 남성의원 간의 정책 우선순위에 차이가 있으며 여성의원들은 여성, 육아, 가족 등 여성친화적 정책에 관심이 높은 것으로 나타났다. 카이자(Caiazza, 2002)는 미국 50개 주 선출직 여성의원 수와 여성친화적 정책수립 간의 상관관계를 분석하여 선출직 여성의원의 확대가 여성친화적 정책수립에 크게 기여하고 있다는 점을 입증했다.

이처럼 외국의 연구들은 의회 내 여성의원의 수적 증가가 여성 대표성 확대의 기본 조건일 뿐만 아니라 여성친화적 정책확대의 영향 요인으로 작용하고 있음을 보여주고 있다. 이같은 남녀의원의 성차와 여성의원의 실질적 대표성은 한국 정치에서도 발견된다. 여성의원이 남성의원보다 여성과 관련된 법률안 발의나 발언에 있어 더 적극적으로 여성의 이해를 대변하는 태도를 보이고 여성의원들이 여성친화적 정책의 수립을 가져온다는 것이다(김원홍 · 이현출 · 김은경, 2007; 김원홍 · 윤덕경 · 최정원, 2008; 최정원 · 김원홍 · 윤덕경, 2008; 김원홍 · 양경숙 · 정형옥, 2009; 김은경, 2010; 서복경, 2010; 박영애 · 안정화 · 김도경, 2011).

여성의원이 증가함에 따라 여성 관련 법률안이 증가하였는지를 보기 위해서는 할당제를 통해 정계에 진입한 비례대표 여성의원들과 맑은정치여성네트워크 출신 여성의원들이 여성을 대표하는 활동에 얼마나 관심을 가지고 있는지, 여성의원의 대표발의 활동에 영향을 미친 요인은 무엇인지, 16, 17대 여성의원들이 여성문제 해결을 위해 어떤 내용의 입법안을 얼마나 발의했는지 등을 살펴보아야 한다. 16, 17대 여성의원의 여성 관련 법률안 대표발의 내용을 비교한 연구에 의하면(김은경, 2010: 129-130) 비례대표의원이 지역구의원보다, 그리고 17대의 경우 맑은정치여성네트워크 후보가 더 많은 여성 관련 법률안을 대표발의하였고 이는 할당제를 통해 진입한 여성의원이 여성을 대표하는 활동에 더욱 적극적이었음을 의미한다.

한국의 17대 국회 남녀의원들을 대상으로 한 성차비교에서도 '가장 우선시하는 정책현안'에 대해 남녀의원 간 뚜렷한 성차가 나타났다. 남성의원은 경제성장, 외교, 안보, 통상문제에 우선순위를 두고 있는 반면 여성의원은 양극화 해소, 여성·노동문제, 교육문제 등을 가장 시급한 정책현안으로 꼽았다(김원홍·이현출·김은경, 2007: 37-39). 남녀의원의 의정활동 분석에 대한 연구에서도 여성 국회의원이 남성 국회의원보다 사회적 약자에 대한 정책을 우선시하며 남성의원보다 여성의원이 발의한 여성 관련 법률안이 많은 것을 밝혀낸 바 있다(김원홍·윤덕경·최정원, 2008).

지방의회와 관련하여도 조례 발의, 본회의나 상임위원회 심의과정에서 여성의원들의 전반적인 의정활동은 어떠했으며 여성 관련 정책을 수립하는 데 적극적인 역할을 수행했는지, 남녀의원 간의 성차가 발견되는지, 즉 여성의원들의 증가는 성평등과 관련하여 전반적인 지방의회의 의정활동의 변화를 가져왔는지, 남성의원들의 성인지성 정도는 변화되었는지 중요하다.

지방의회의 경우에도 여성의원 비율이 높은 기초자치단체일수록 생활정치를 활성화시켰으며(조선미, 2007; 허강숙, 2009) 여성친화정책을 적극적으로 도입하는 것으로 나타났다. 여성의원 비율이 높은 기초자치단체에서 출산장려금정책이 적극적으로 도입된 것이다(박지영·조정래, 2013). 이러한 연구들은 여성 관련 정책이 보다 적극적으로 도입되기 위해서 여성의 정치참여 확대가 필요하다는 것을 경험적으로 보여주는 것이다. 기초의회 여성의원의 증가와 입법활동 변화와 관련하여 여성친화적 조례안을 세부적으로 교육, 문화, 여성, 복지, 보건, 환경으로 구분하여 살펴보면 여성친화적 정책분야 중 여성, 복지 분야 발의가 약 54%로 압도적으로 많은 비중을 차지하고 있다(박영애·안정화·김도경, 2011: 56). 이처럼 여성의원은 남성의원에 비해 여성분야와 복지분야에 대한 입법활동에서 특히 부각되고 있다. 여성의원들은 여성이라는 정체성으로 인하여 의정활동 과정에서 여성정책에 더 많은 관심을 보이면서 활동하고 있다.

3) 여성의원의 의정활동과 정치문화

여성의원의 정치활동은 어느 정도 활발하며 여성의원들의 의정활동은 어떠한가? 여성의원의 수가 늘어남에 따라 정치문화가 바뀌었는가? 여성의 정치참여는 정치를 변화시키고 있는가? 여성들은 또한 어떤 방식으로 변화를 가져올 수 있는가? 지방의회에 진출한 여성의원들은 어떠한 방식으로 자신의 역할을 수행하고 있는가?

지방의회에 대한 기존 연구를 보면 4대 의회보다 여성의원들이 증가한 5대 의회에서 여성의원들은 조례안, 본회의, 상임위원회 활동이 보다 활발한 것으로 나타났다(김원홍, 2010). 즉 여성의원 증가에 따른 정책결정과정에의 변화를 살펴보면 기초의회에서의 여성의원 수가 정책결정과정에서 중요한 변수로 작용하고 있는 것이다. 실제로 여성의원 증가에 따른 의정활동의 변화를 보면 조례 발의 건수에서 여성의원들의 입법활동이 활발해졌다.

조례를 통한 입법활동 분석에 대한 지방의회 여성의원의 의정활동조사를 통해(박영애 · 안정화 · 김도경, 2011: 45-51) 성별에 따른 의원경력, 정책분야 조례 발의 현황 및 처리결과, 여성친화적 정책분야 조례 발의 현황을 살펴볼 수 있다. 부산시 제4, 5대 기초의회 전후반기 전체 남녀의원들의 조례 발의 현황을 성별 · 의원경력별 · 정책분야별로 비교한 것을 보면 기초의회를 구성하는 남성과 여성의 비율상의 변동이 의정활동에 양적 · 질적으로 변화를 가져오는 것으로 나타났다(박영애 · 안정화 · 김도경, 2011: 56).

또한 여성의원들은 활발하게 의정활동에 참여하고 있다. 기초의회 수준에서 2010년 7월부터 2013년 12월 말까지 의원들의 조례 대표발의의 실적을 성별로 구분하여 비교해 보면 여성 기초의원 1인 평균 대표발의 조례 건수가 4.2건인 데 반해 남성 기초의원의 경우에는 2.9건으로 나타났다. 또한 기초의회에서 조례 발의 실적이 전혀 없는 전체 의원 583명 중 남성의원이 513명으로 90%를 차지한다(김은희 · 유소영, 2014; 이진옥 · 김민정 · 문경희 외, 2014: 5 재인용). 이처럼 남녀의원들의 의정활동을 비교분석한 결과 여성의원들의 조례안, 본회의, 상임위원회 활동이 크게 증가했음을 발견하였다. 이는 곧 여성의원의 수적 증가와 함께 여성의원의 의정활동 역시 양적 · 질적으로 증가하였음을 의미한다.

지방자치의 특성상 지역여성들의 생활경험과 현실을 반영하는 것이 중요하다. 기초의회에서 여성의원의 증가는 입법활동에서 양적 · 질적인 변화를 가져왔으며 남성의원의 여성의제에 대한 관심도에도 영향을 주어 여성친화적이고 생활친화적인 지방의회 구성에 기여하고 있는 것으로 나타났다. 이는 지방의회에서 여성의원이 활동하면서 여성, 복지, 교육, 보건 등 다양한 분야로 사회문화적 사고의 저변이 확대되고 있음을 의미한다.

그렇다면 여성이 수행하는 일은 남성이 수행하는 일과 다른 것인가? 여성의 업무수행방식은 남성과 다른가? 이러한 질문들과 관련하여 여성의원들은 남성의원들과 다른 정치관을 가졌고 남성과 다르게 권력을 사용하기 때문에 여성이 정치에 들어가면 정치를 다르게 한다는 입장이 있다. 여성은 남성과 다른 정치적 성향을 가지고 있기 때문에 여성들의 정치참여 확대는 필연적으로 정치를 바꿀 것이라고 기대하는 것이다.

여성의 정치참여로 인한 정치 변화에 대해서는 "여성들은 정치관행과 정치스타일에 새바람을 불어넣을 것이다. 또한 공직에의 경쟁이 확대된다면 사회에도 이득이 된다. 여성대표들은 일부 영역에 있어서는 남성들보다 더 많은 전문지식과 식견을 가지고 있기 때문에 정책형성에 도움이 될 것이다. 여성들은 정치관행을 개선할 것이다. 정치가 보다 정직해지고 부패가 줄어들 것이다. 정치가 보다 양심적으로 이루어질 것이다. 정치스타일이 덜 공격적이며 덜 전투적이 될 것이다. 정책이 사회적으로 진보성향을 띠게 될 것이다. 정치적 문제를 언어로 표출하는 방식이 다양해질 것이고 보다 다변화될 것이다."(스티븐스, 2010: 109) 등등이 지적된다.

증가된 여성의원으로 인해 종전에는 여성과 관계없어 보이던 분야의 조례안 발의가 늘어나는 것과 더불어 조례안 심의과정과 본회의, 상임위원회 활동에서의 발언내용도 성인지적 관점에서의 발언이 많을 것으로 예상할 수 있다. 여성의원의 증가는 지방의회의 전반적 분위기를 변화시키고 성평등, 인권 증진, 가족, 보육, 일과 가정의 양립문제 등에서의 여성의 대표성이 강화된 의정활동이 증가하리라는 예측을 가능하게 한다(박의경, 2010).

제9대 제주특별자치도 의정활동에 대한 연구에서도 여성의원들은 여권신장, 사회적 약자의 복지 증진, 교육복지 증진 등을 위한 노력을 기울이는 것이 파악되었다(현정화, 2014: 36). 이처럼 여성의원의 조례 발의 건수가 크게 증가되었는데 발의된 조례를 정책분야별로 비교해 보면 남녀의원들의 관심이 다양한 분야로 확대되고 있음을 알 수 있다. 여성, 복지 정책분야뿐만 아니라 보건, 환경, 교육, 문화 등의 분야에서 조례 발의가 증가하였고 특히 여성, 복지 정책분야의 조례 발의는 특정 지역구의회에서 모든 지역구의회로 확대되었다. 전남 22개 시·군의 기초의회 여성의원 비율과 생활정치영역 사업의 확대 및 사업예산 비중 증가를 경험적으로 검토한 연구는 여성의원 확대가 주민의 생활을 직접적으로 개선할 수 있는 사업의 추진이나 예산 증가 등에 긍정적으로 영향을 미칠 수 있다는 결과를 도출하였다(허강숙, 2009: 83).

실제로 여성의원 증가가 성평등 및 남성의원의 성인지성에 미친 영향을 보면 여성정책의제가 증가되었고 남성의원의 여성의제에 대한 관심도에도 영향을 준 것으로 평가된다. 김원홍 · 양경숙 · 정형옥(2009)의 연구에서는 성매매 관련 발언이나 출산 관련 발언 횟수가 여성의원보다 남성의원이 더 많았는데 이는 여성의원 증가가 지방의회 성평등사회를 구현하는 데 다소 영향을 미치는 것으로 평가할 수 있으며 여성의원 증가의 영향으로 남성의원의 성평등의식이 제고되고 성인지적 관점이 강화된 것으로 볼 수 있다. 여성의원의 증가는 남성의원의 의정활동에도 영향을 주는 것으로 나타나는 것이다.

이처럼 의회 내 여성의원 수가 증가하면 의회의 규범과 문화도 함께 바뀌게 되고, 입법안의 내용도 여성의 문제에 초점이 맞춰질 수 있다(최정원 · 김원홍 · 윤덕경, 2008: 87). 여성의원의 수적 증가는 남성의원들에게도 영향을 미쳐 지방의회 의정활동의 전반적인 분위기 변화에도 영향을 미칠 것으로 예상되기 때문이다. 이처럼 여성의원 증가에 따라 성 주류화 및 의정활동 역량강화가 이루어짐을 알 수 있다.

지방의회의 경우를 살펴보면 남성의원들은 지방의회의원 경험을 향후 상급 지방의원이나 자치단체장 또는 국회의원의 진출을 위한 발판으로 삼는 경향이 크다. 따라서 본연의 의정활동인 생활자치보다 정치권을 상대로 하는 개인 정치활동에 몰두하는 경향이 있다(문정란, 2005: 6). 여성의원들은 정치, 사회적으로 소외된 집단으로서의 경험을 통해 학연 · 지연 등의 인맥에 연연하지 않는 경향이 있다는 점에서 남성의원들과 다르다. 여성의원들은 의정활동에 있어서 정치색을 띠지 않아 특정 지역이나 집단 이기주의로 흐르지 않고 보다 소외되고 약한 계층을 위한 정책이나 다수의 시민을 위한 결정, 그리고 미래지향적인 대안을 모색해 내는 구심점 역할을 하게 된다(문정란, 2005: 8).

기존의 정치구조에서 남성문화에 거부감을 가지거나 또는 남성 중심적 네트워크에 익숙하지 않은 여성들은 남성문화와 남성 중심적 네트워크를 나름의 방식대로 극복해야 하는 과제를 안게 된다. 실제로 네트워크의 범위와 강도 등 거의 모든 지표에서 남녀 사이의 격차가 크다는 점이 지적되어 왔다(이아미, 2006: 23).

지방의원의 경우 자치단체 집행기관과의 관계에서 어떻게 협조를 이끌어 내고 적절히 견제를 수행할 것인가가 중요한데 집행기관 공무원과 남성의원과의 관계를 보면 남성 중심적 네트워크가 존재함을 알 수 있다. 남성이 훨씬 많은 대부분의 조직에서 남성의 네트워크에 여성이 끼어들기란 쉽지 않은 일이다. 여성들은 집행부의 다수인 남성공무원들과 의회의 다수인 남성의원들 사이에서 남성 중심의 정치적 유착 네트워크를 경험하게 된다.

여성의원은 조직화된 주민활용과 지지세력 획득의 어려움, 집행기관 공무원과 의회의원과의 남성 중심적 네트워크, 정당공천제의 영향력 등으로 인해 주민, 집행기관, 의회의원, 정당 간의 네트워크 형성에 있어 어려움을 겪고 있다(이아미, 2006). 또한 여성과 남성의 네트워크 격차 외에도 여성은 경제활동이나 정치활동의 참여경력이 길지 않아 사회적 자원 형성에도 남성에 비해 불리한 위치에 놓여 있다. 남성들이 다수인 공간에서 이루어지는 여성들의 주변화는 여성이 정치인으로서 맺는 네트워크들을 어렵게 하고 의정활동의 제한 요인이 되기도 한다.

여성의원들은 의정활동을 하면서 실력이 아닌 '다른 것'에 의해서 자신의 영향력 확장에 방해를 받는 경험을 한다. 여성의원들은 의정활동 동안 흔히 '힘의 논리'라고 불리는 기제들에 의해 자신의 영향력 확장이 방해를 받는 경험을 공통으로 겪고 있다. 힘의 논리는 주로 '당선 횟수, 다수당 소속, 다수의 남성의원'과 같은 기제에 의해 나타나는데 이러한 기제에서 남성보다 정당경험과 의회 진출이 뒤늦게 이루어진 여성의원은 남성들보다 힘의 논리의 피해자가 되기 쉽다(이아미, 2006: 45).

여성의 주변적인 위치는 여성의원이 제기하는 이슈를 주변화시킨다. 그렇다면 여성의원들이 일련의 의정활동과정 속에서 정치적 영향력을 확보할 수 있는 방안은 무엇인가? 여성의원들은 자신의 의회 진출과 더불어 지역에서 다양한 활동을 하고 있는 여성들과 네트워크를 구성하고 활용하면서 자신의 영향력 확대를 꾀하고자 한다. 그러나 여성의원들은 정당 및 의정활동에 있어서 독자적인 활동을 충분히 하지는 못하고 있다. 상임위원회 활동에 있어서 여성의원이 위원장이나 간사로 활동하는 것은 상당히 드문 경우였고 대부분의 여성의원들은 일반 상임위원으로서 상임위원회 의제의 설정 및 운영에서 주도권을 발휘하지는 못하였다. 또 대부분의 여성의원들이 초선에 그쳤다. 대다수의 여성의원은 정당의 경험이 없는 외부의 전문직에서 충원된다. 또한 정당이 한 번 의원직으로 사용한 여성들은 다음에 공천을 주지 않고 폐기되며 또 다른 전문직 여성이 정당의 필요에 의해 활용되고 있는 상황이 악순환되면서 여성의원들의 경력이 지속되지 못하고 있는 것이다. 이러한 상황은 "정치권에 여성이 많아졌지만 실제로 정당 내에서의 정치적 관행은 남성 중심적인 폐쇄적인 문화로부터 별로 달라지지 않았음"(김민정, 2014: 227)을 의미하는 것이다.

따라서 여성의원의 양적 증가가 지속되어야 하지만 질적인 측면도 제고될 필요가 있다는 점, 여성의원들의 경력이 지속되어야 할 필요가 있다는 점이 중요하며 기존의 의회운영방식에 대한 분석과 반성도 필요하다. 아직은 여성이 소수인 상황에서 성인지적 의정활동의 활성화를 위해 여성의원들뿐 아니라 다수인 남성의원들의 성인지 교육이 필요한 것도 이 때문이다.

4) 여성의원의 성격과 여성의원들 간의 차이

앞에서 살펴보았듯이 여성의원들은 여성의제에 관심을 가지고 적극적으로 의정활동을 해 왔다. 그렇다면 여성의 이해와 성격은 남성과 다른가? 여성들은 동질적인 이해를 가지고 있는가? 여성의원들은 모두 같은 목소리를 내고 동일한 수준으로 여성을 대표하는가? 여성정치할당제라는 제도를 통해 정치에 진입한 여성들의 경우 어떤 차이가 존재하는가도 살펴볼 필요가 있다.

여성이 더 양심적이라는 생각은 여성이 더 업무 중심적이라는 견해와 관련되어 있다. 즉 여성들은 '계획을 완수하는 것'에 더 집중한다는 시각이다. 차일즈(Childs, 2004)의 설문조사에 참여한 의원들이 언급한 바와 같이 여성들의 경우 '공격보다는 협력, 팀워크, 토론, 상대방의 의견에 귀를 기울이는 자세'가 일반적이라는 인식이 보편화되어 있다. 그러나 여성이라면 무조건 '상냥함'이나 '선함', '공격성의 배격' 등의 이미지와 연결되어야 할 이유는 없다. 사실 많은 여성정치인들은 냉혹하고 강하며 남성들처럼 경쟁을 해 오고 있다(스티븐스, 2010: 259).

여성이 남성과는 다른 삶의 경험을 가지며 이와 같은 삶의 경험이 정치적 입장의 근거가 된다는 주장에 대해서 이것이 본질주의(essentialism)의 함정에서 벗어나지 못하고 있다는 비판이 제기된다(Hartsock, 1998). 역사적 · 사회적 · 문화적 영향이 모든 여성에게서 특정한 젠더 특징을 낳았다는 의견은 이와 같은 특징들이 여성의 생물학적 특징의 결과라는 주장만큼이나 본질주의적이기 때문이다. 본질주의는 특정한 범주에 속하는 사람들 모두 자연적으로 공유하게 되는 특징이 있다고 가정한다. 예를 들면 "본질주의는 여성은 어머니가 될 수 있기 때문에 여성은 남성보다 자연스럽게 모성과 양육에 강하다고 주장한다. 여기에서부터 정치적인 영향력을 갖는 일반화가 도출된다. 여성이 자연적으로 모성애가 강하고 헌신적이라면 여성의 위치는 가정이나 사적인 영역이 될 것이므로 여성은 정치에는 적합하지 않은 존재라는 주장이 제기될 수 있다. 다른 한편 여성이 더 헌신적이라면 여성들은 '자연스럽게' 더 도덕적인 존재일 것이며 이들이 정치를 한다면 정치가 발전할 것이라는 주장"(스티븐스, 2010: 9-10)도 가능하다.

그러나 특정 사안을 여성문제로 규정한다고 해서 남성들이 여성문제에 대해 관심이 적거나 없다는 것을 의미하지는 않으며 이들 여성문제가 어떻게 다루어져야 하는지에 대해 남녀가 합의할 수 없음을 의미하지는 않는다. 또한 문제의 해결방안에 있어서 여성들 사이에 완전한 의견의 일치가 이루어질 것을 의미하지는 않는다.

이는 여성의 리더십 논의와 연결된다. '여성의 리더십 스타일은 다르다.'는 접근법은 여성은 일반적으로 의사소통, 인간관계, 협상, 갈등의 해결에 있어서 특별한 능력을 가지고 있는 것으로 이해된다. 이와 같은 특징은 자기주장, 독립성, 통제, 경쟁과 같은 남성적 특징과는 대조를 이루게 된다. 여성리더들이 조직몰입도, 효율적인 의사소통, 협력적인 환경을 만들려는 경향이 많고 남성과 비교하여 참여적, 민주적, 배려적 성향이 높은 것으로 나타남으로써 역할과 방식에 있어 유효성이 높게 나타날 수 있다는 것이다.

본질주의자들은 이와 같은 스타일의 차이가 타고난 것이라 보지만 이는 가족이나 사회, 미디어 등 서로 다른 경험을 통해 사회화되는 과정에서 남성과 여성의 서로 다른 반응 양식과 스타일을 보여주는 것이다(스티븐스, 2010: 205-206). 실제로 남녀 리더십 스타일에 있어서 거의 차이를 발견하지 못한다는 입장도 있다(Vianello, 2000: 144).

여성의원들은 누구이며 어떤 배경과 성격을 가지고 있는가? 이는 여성의원들의 배경과, 의식, 정체성과도 관련이 있는데 정치권에 들어간 여성들은 명목상의 '생색내기용 여성(token woman)'이며 남성 중심적인 정치를 바꾸지 못할 거라는 비판이 있다. 이는 여성의원의 증가가 필연적으로 여성주의적 변화를 가져오지는 않을 것이라고 보는 시각과 연결된다. 그 이유로는 여성의원들 사이에 의견의 일치나 연대가 이루어지지 않을 수 있다는 점, 소속정당이나 개인적 이데올로기, 신념 등으로 인해 여성의원들 사이에 정책에 대해 서로 다른 견해차가 있을 수 있다는 점이다. 따라서 여성의원이 여성정책에 더 큰 관심을 가지고 의정활동을 하고 있다고 판단할 수 있으나 반면에 일반적인 관심의 수준에 머무르는 경우도 있다(오경희, 2010: 215).

충원경로를 통해서 17대부터 19대까지 비례대표 여성 국회의원의 성격을 살펴본 김민정의 연구(김민정, 2014: 224-225)에 의하면 17대에는 여성단체 활동을 했던 여성들이 국회에 들어갔지만 18대를 지나 19대에 오면서 여성단체 출신의 여성의원들이 급격히 줄고 있으며 전문적 경험을 바탕으로 들어갔음을 보여준다. 이러한 여성 비례대표의원들의 충원배경을 통해 남성정치인들이 정당의 기반도 없고 정치활동의 경험도 없는 전문직 여성들을 '끼워 넣음'으로써 남성 중심의 정치도구로 사용하였을 가능성을 배제하기 어렵다고 평가하고 있다. 여성의원의 수가 증가하였지만 충원배경을 살펴보면 여성의 이익을 대표하기 어려운 측면이 있다는 것이다.

여성 대표성 논리는 여성이 여성의 이해를 대표할 가능성이 높다고 말하지만 여성임에도 불구하고 여성의 이해를 대표하지 않을 수도 있으며 정치적 맥락에 따라 다른 태도를 보일 가능성도 있다. 따라서 투표행태를 비롯한 여성의원의 의정활동을 평가하는 데 있어 "여성의원을 하나의 단일하고 동질적인 집단으로 전제하거나 여성의원이 여성의 이해를 대표할 것이라는 가정하에서 접근하는 방식에서 벗어날 필요가 있다."(권수현, 2015b: 358-359)는 것이다.

여성이라는 이유로 모든 여성이 동일한 이해를 대표한다는 견해가 최근 비판을 받고 있으며 여성의 이해는 젠더를 포함한 계급, 인종, 민족성, 성적 선호, 다른 사회적 특징들에 의해 형성된다는 입장이 나타나고 있다. 남성과 여성의 차이뿐만 아니라 여성들 간의 차이에 대한 관심이 커지고 있다. 실제로 제17대 국회에서 정치의 중심에 있던 쟁점 법안에 대한 연구에 의하면 '성차' 보다는 '정당'이 원내정당의 강한 '정당기율'로 인해 국회의원의 입법형태를 구속한다고 한다(전진영, 2009, 2010). 여성정책 법안에 대한 제17, 18대 국회의원 투표행태 분석결과를 보면 젠더 의제나 여성정책에 대한 의원들의 태도나 투표행태에 있어서 젠더뿐 아니라 의원이 소속된 정당의 성격이나 의회 내 정당구도, 정치적 맥락 등이 복합적으로 영향을 미치고 있다(권수현, 2015b: 337).

남성 주도의 제도 내에서 '여성문제'로 분류되는 사안들은 종종 무시되거나 주변화되어 있다. 결과적으로 이들 문제에 관심을 둔 사람들의 경우 만약 이들의 관심이 여성문제에만 국한되어 있다는 인상을 주게 되면 깊이가 없는 것으로 보일 수 있다고 느낀다(Childs, 2004: 127).

> "재선의원이 의정활동의 꽃이라 할 수 있는 군정 질문을 많은 이들의 주 관심사에서 다소 밀려 있는 복지, 여성, 청소년, 다문화 등을 주제로 삼는다면 너무 소극적인 의정활동이라는 평가를 받지 않을까 하는 것과, 굵직한 사업과제 간의 관심거리들에 대하여 군정 질문을 해 주는 것이 재선의

원답지 않는냐 하는 것이 그 딜레마였습니다. 그러나 소외된 곳, 열악한 곳, 복지 사각지대 등을 여성인 제가 하지 않으면서 남성의원이나 다른 의원이 대신 해 주기를 바란다는 것 또한 이치가 아닌 듯 하였습니다"(문춘단, 2014: 64).

여성문제가 중요한 사안으로 평가되지 못하고 주변문제로 분류되면 여성들조차 여성문제로부터 거리를 두고자 하거나 의식적으로 여성의 실질적 대표성에 관한 책임을 회피하고자 할 수 있다. 사실 일부 여성저명인사들이 자신들을 여성주의자가 아니라고 주장한 것도 이와 같은 맥락에서 이해될 수 있다. 차일즈가 인터뷰한 사람들 중 다수는 여성문제에 대한 지나친 동일시는 자신의 정치경력에 해를 끼치거나 적어도 방해가 될 수 있다고 보았다(Child, 2004: 128). 차일즈에 따르면 일반적으로 여성들은 '여성문제'라는 입장보다는 '여성들에게 영향을 끼치는 사안'이라는 관점에서 논의하는 것을 선호하였다(스티븐스, 2010: 288-289). 이는 지방의회 여성의원의 글에서도 잘 나타나고 있다.

"여성의원들은 꼭 여성의제만을 다루어야 하는가 하는 부분에 대해서도 문제제기를 할 필요가 있다. 여성의원이 여성의제를 다루지 않더라도 여성 구의원이 손만 들면 또 여성문제 얘기한다고, 여성의원이 이야기하는 모든 문제는 여성문제로 환원이 되더라. 그런 상황에서 더 좁혀서 여성의제를, 여성의제만을 다루는 의원이 있어야 하는가. … 여성이라는 부담감을 가지지 말고 여성을 대표해야 한다는 부담감을 가지지 말고 더 적극적으로 정치를 해야 하지 않을까 한다. 박해숙(부산)" (이진옥, 2015b: 39)

3. 지방화 시대 여성의 정치세력화 : 연구의 범위

지금까지 여성의 대표성과 정치세력화와 관련한 전반적인 연구의 흐름과 쟁점을 몇 가지 측면으로 나누어 살펴보았다. 지방자치와 관련하여도 지방자치 전반을 다루면서 지역여성정치의 현황과 과제를 다루거나(김명숙, 2015), 지역여성의 정치참여 및 대표성 확대방안(박재규 · 김원홍 · 조선미 외, 2009; 문순덕 · 김진호, 2011; 정연정, 2011; 강현아 · 전진희, 2012), 여성들의 지방의회 진출을 위한 법적 · 제도적 방안(조성대 · 황영주, 2005; 전학선, 2010; 김성희, 2012), 여성의원들의 의정활동과 역량강화방안(안태윤 · 서해정 · 김은선, 2010; 이혜숙, 2014a), 여성의원 의원경력 지속 및 확충방안(김원홍 · 배선희 · 전선영 외, 2010), 기초의회를 중심으로 한 여성정치인 육성지원방안(김원홍 · 김혜영 · 전선영 외, 2014), 선거제도가 여성의 지방정치참여에 미치는 영향(조갑련, 2013a), 지방선거 공천제도 변화와 여성의 정치적 대표성 전망 및 과제(김원홍 · 김복태, 2013a), 지방선거 결과분석을 통한 정치분야 여성 대표성 제고방안(김원홍 · 김인순 · 김은주, 2014), 지역여성운동 및 지역여성정책과의 관련성 속에서 여성의 정치참여 및 여성의 정치세력화에 대한 논의(임우연, 2007; 이혜숙, 2009a) 등을 다루고 있음을 알 수 있다. 그러나 이들 연구는 여성의 정치참여 확대방안이나 여성의원의 의정활동 등 관심분야에 따라 개별적으로 다루고 있어서 지방자치와 여성의 정치세력화를 총체적으로 이해하기 위해서는 다음과 같은 한계가 있다.

첫째, 지방자치와 여성의 정치세력화의 과거, 현재, 미래의 한국적 모습을 총체적 · 역동적으로 보여주는 데는 한계가 있다. 이는 지방자치와 여성의 정치세력화의 한국적 동태를 이해하기 위해서는 과거에서부터 현재에 이르기까지의 지역여성의 현실 및 여성의 정치참여 현황과 전개를 역사적 관점으로 장기간에 걸쳐 분석하고 이를 여성의 정치세력화라는 맥락에서 종합적으로 다루어야 하는데 중앙정치에 비해 지방정치에 대한 관심이 적었고 여러 가지 제약으로 인해 그동안의 연구가 단편적·단기적으로 이루어졌기 때문이다.

둘째, 이제까지 여성의 정치참여에 관한 연구는 주로 여성의 정치참여를 확대하기 위한 제도적 개선의 문제와 보다 많은 여성정치인을 충원하는 방법에 많은 관심이 집중되었다. 따라서 선거과정을 통해 여성후보자가 겪는 선거과정이나 선거전략, 실제로 여성이 대표자가 된 이후 어떠한 방식으로 의정활동을 수행해 나가며 그 과정에서 여성으로서 경험하는 문제, 지역사례에 대한 보다 구체적이고 심층적인 분석에 대해서는 상대적으로 관심이 소홀했다. 또한 여성의 정치참여 확대에 영향을 미치는 여성운동의 역할 등에 대한 관심도 부족하였다.

셋째, 기존 연구들은 지역적 특성을 이론화하는 작업의 중요성이 간과되어 왔으며 현실의 변화를 주도하는 다양한 여성주체들의 개입과 참여에 대한 대안제시가 충분하지 않다고 생각된다. 즉, 다양한 지역여성의 행위성, 주체성을 드러내기보다는 지역여성의 또 다른 대상화를 낳고 있으며 지역에서 여성주의 실천에 대한 구체적인 고민이나 일반여성의 정치참여 과정과 경험을 간과해 온 경향이 있다.

이 글은 이러한 기존 연구의 한계를 보완하면서 지방정치에서의 여성의 정치참여 현황을 검토하고 여성의 정치세력화 논의 및 쟁점과 관련하여 이론과 역사, 현황과 과제를 종합적으로 모색해 보고자 한다. 여성의 정치참여 확대를 위한 제도적 방안뿐 아니라 여성의원들이 정치활동이나 의정활동을 하는 데 있어 경험하는 다양한 문제들과 그들의 의식과 정체성 변화, 삶의 모습, 여성의 정치세력화를 둘러싼 지역여성운동의 발전과 관련한 연대와 젠더 정치 등을 아울러 살펴봄으로써 지방자치와 여성의 정치세력화에 대한 총체적 이해를 하고자 한다.

이러한 맥락에서 이 글은 생활정치와 여성의 정치참여, 지방자치와 젠더 정치, 여성주의 연대, 지역여성주의 등을 이론적 자원으로 하여 기존 연구들의 결과를 참조, 종합하고 또한 구체적으로 전국과 지역 사례를 중심으로 여성의원의 성격과 의정활동 경험, 의식 등을 조사하여 여성 정치세력화의 이론과 역사, 지방의회 여성의원의 선거와 의정활동, 지역여성의 정치세력화와 젠더 정치의 측면을 살펴볼 것이다. 이러한 검토를 통한 여성 정치세력화의 방향과 과제는 여성의 정치참여 확대를 위한 정부의 역할과 선거제도, 정당제도와 여성정치인 양성 및 역량강화, 여성정치조직의 활동과 연대의 측면에서 살펴볼 것이다. 분석틀은 다음과 같다.

그림 1-1 연구의 범위와 분석틀

연구의 필요성	이론적 자원	연구의 범위	여성 정치세력화의 방향과 과제
• 지방자치시대 지역여성연구와 여성주의적 전망의 필요성 • 지방자치와 여성의 정치세력화에 대한 종합적 · 총체적 연구의 필요성 • 지역여성의 주체화를 위한 이론적 탐색의 필요성	• 생활정치와 여성의 정치참여 • 지방자치와 젠더 정치 • 여성주의 연대 • 지역여성주의	• 여성 정치세력화의 이론과 역사 • 지방의회 여성의원의 선거와 의정활동 • 지역여성의 정치세력화와 젠더 정치	• 여성의 정치참여 확대를 위한 정부의 역할과 선거제도 • 정당제도와 여성정치인의 양성 및 역량강화 • 여성정치조직의 활동과 연대

지방자치시대를 맞아 지역여성에 대한 연구가 이제 시작되고 있지만 지방자치와 여성의 정치세력화에 대한 종합적 연구가 거의 없는 현실에서 이 중요한 주제를 본격적으로 다루어 보고자 하는 것이다. 연구의 필요성은 다음과 같다.

첫째, 지방자치시대를 맞이하여 지역연구의 필요성은 점점 더 커지고 있다. 지역사회의 균형 있는 발전을 위해서는 지역의 객관적 실태와 조건, 지역사회가 당면하고 있는 문제와 주민들의 요구사항들에 대한 현장 연구가 무엇보다 필요하기 때문이다. 지방자치와 관련하여 지역여성연구자들의 가장 시급한 과제는 지역여성의 경험에 기반해서 이에 대해 비전을 제시하는 일이다. 이러한 맥락에서 여성의 정치세력화와 여성참여는 지방자치에 대한 여성주의적 전망을 위해서 매우 적절한 주제라 하겠다.

둘째, 1995년 지방자치가 본격적으로 실시된 지 20년이 지났다. 이 연구는 지방자치와 여성의 정치세력화에 대한 종합적 · 총체적 연구를 위해 필요하다. 최근 지역에서 여성문제의 해결을 위한 여성운동단체가 활동하는 등 지역여성운동이 전개되고 있고 지방자치단체 수준에서도 여성정책을 수립하고 있다. 지방자치가 진정한 주민자치가 되고 이 과정에서 여성이 주변화되지 않기 위해서는 지역여성의 세력화와 지방정치에의 참여는 중요하다. 이에 따라 실제 연구가 시작되고는 있으나 개별적 · 단편적이므로 이론과 역사, 방향과 과제를 일관성 있게 다루는 종합적 · 총체적 연구가 필요하다.

셋째, 이 연구는 지역여성의 정치세력화를 다룸으로써 지역여성의 주체화를 위한 이론적 탐색을 한다는 점에서 그 필요성이 있다. 그동안 약간의 지역여성에 대한 연구가 있었으나 현황 파악에서 많이 벗어나지 못했으며 그 문제의식이 개별적인 틀 안에 머물러 있는 측면이 있다. '차이의 페미니즘'이나 '현장의 정치학', '상호교차성' 등의 개념 등이 소개되기는 했으나(이상화, 1998, 2004; 박기남 · 신경아, 2010) 지역여성과 관련하여 좀 더 본격적으로 논의되어야 한다. 지역여성에 대한 구체적 연구를 통해 경험적 사실의 축적뿐 아니라 여성주의 이론의 지평을 확장시킬 필요가 있다.

chapter **02**

여성 정치참여의 제도와 여성정치의 흐름

1. 여성의 정치참여와 제도

여성의 정치참여는 한 사회 내의 구체적인 정책이나 제도적 장치와 관련되며 개별 정당이 선택할 수 있는 정책과 제도적 장치의 폭은 사회문화적 배경에 의해 영향을 받는다. 제도는 여성의 정치권 진입에 영향을 미치며 여성의원의 비율은 여성을 위한 제도적 장치를 통해 확대될 수 있다. 여성의 정치참여 확대를 위한 제도적 방안은 공식적이며 구속력 있는 여성정치할당제에서부터 비공식적인 조치에 이르기까지 다양하다.

선거제도는 행정구역에 근거한 소선거구제에서부터 정당명부 비례대표제에 이르기까지 다양한데 선거제도와 선거의 운용방식은 여성의 대표성에 중대한 영향을 끼친다. 선거제도의 경우 다수제보다는 비례대표제가, 후보자투표제보다는 명부투표제가, 개방형 명부제보다는 폐쇄형 명부제가, 소선거구제보다는 중대선거구제가 여성의 정치영역 진입에 더 유리하다고 일반적으로 평가된다. 크룩(Krook, 2010: 711)은 여성정치인 충원에 영향을 미치는 요인을 크게 체계적 제도와 실천적 제도, 규범적 제도에 따라 나누었다.

표 2-1 체계적 · 실천적 · 규범적 제도들의 예

체계적 제도들	선거제도	- 다수제 혹은 비례대표제 - 후보자투표제 혹은 명부투표제 - 개방형 명부제 및 폐쇄형 명부제 - 소선거구제 혹은 중대선거구제
	정당제도	- 일당제, 양당제, 다당제
실천적 제도들	공식 기준	- 나이, 시민권 여부, 당원 여부, 임기제한 여부
	비공식 기준	- 분할투표, 경험, 후보자의 탁월함, 정당의 활성화 정도, 가족적 유대, 재력, 내외부자 지위
	명부 구성방법	- 중앙집권형 혹은 분권형 명부 - 후보지명이나 거부권 행사에서 집단의 권한 정도 - 예비 경선제를 통한 후보선출 혹은 정당지명 - 비밀투표 혹은 개방형 투표를 통한 명부 구성
규범적 제도들	평등에 관한 규범	- 기회의 평등 혹은 결과의 평등(체계 수준 혹은 정당 수준)
	대표에 관한 규범	- 이상의 정치 혹은 참석의 정치(체계 수준 혹은 정당 수준)

자료 : Krook(2010: 711).

그러나 제도가 여성의 정치세력화에 미치는 영향력은 국가마다 다른데 그 이유는 각 국가마다 제도들의 조합방식이 다르기 때문이다. 크룩(Krook, 2010: 707-720)은 여성할당제와 다른 제도들과의 조합을 통해 각 국가마다 다르게 나타나는 여성정치할당제 효과를 설명하고자 시도했다.

1) 여성정치와 선거제도

선거제도란 선거의 방법에 관한 제도로서 선거구의 크기, 입후보방식, 선출방식이라는 요소의 조합으로 구성된다. 여성정치와 여성 대표성에 영향을 미치는 선거제도에 대해서 살펴본다.

(1) 적극적 조치와 할당제

제도정치에서 여성의 이해관계와 관점이 반영되기 위해서 정책결정과 입법과정에서 여성의 수가 증대된다는 것은 중요한 의미를 갖는다(박채복, 2014: 250). 적극적 조치(affirmative action)는 법률이나 당헌·당규에 의해 명문화된 법률조항을 통하지 않고는 정치권의 뿌리 깊은 성별 불균형을 극복할 수 없다는 시각에 근거하고 있다(스티븐스, 2010: 160). 유엔은 정치영역에서 여성의 저대표성을 여성문제로 제기하고 1979년 여성과 관련된 모든 분야에서 법적 차별뿐만 아니라 실제상의 차별을 제거하기 위한 '유엔여성차별철폐협약'을 제정하였다(김용화, 2014). 유엔여성차별철폐협약 제4조 제1항은 적극적 조치로서의 잠정적 우대조치의 합법성을 분명히 하고 특별조치로서의 한시성을 밝히고 있다.

참고자료 2-1

유엔여성차별철폐협약 제4조 제1항

"남성과 여성 사이의 사실상의 평등을 촉진할 목적으로 당사국이 채택한 잠정적 특별조치는 본 협약에서 정의한 차별로 보지 아니하나 그 결과 불평등 또는 별도의 기준이 유지되어서는 결코 아니 된다. 기회와 대우의 평등이라는 목적이 달성되었을 때 이러한 조치는 중단되어야 한다."

자료 : 여성부(2001: 28).

적극적 조치란 차별을 철폐하고 평등을 촉진할 목적으로 기존의 차별로 인한 여성권리 행사의 장애를 조정하여 그 영향을 없앨 수 있도록 현재의 정치와 사회, 경제 구조를 개선할 수 있는 조치로서 차별로 인한 영향이 없어질 때까지의 잠정적 우대조치라고 할 수 있다. 잠정적 우대조치로 정치에서 여성의 일정 비율을 배정하는 여성정치할당제는 여성의 정치적 대표성 확보를 위한 정치적 해결방안의 하나이다. 여성정치할당제는 법적으로는 평등을 보장받고 있으나 현실적으로는 정책결정과정이나 정치영역에서 저대표성을 갖고 있는 여성들이 실질적 평등을 찾는 데 효과적인 제도적 장치로서 특정 집단의 의견이 오랫동안 표출되지 못한 점에 대한 보상을 목적으로 한다.

여성정치할당제는 여성의 수적인 대표성의 증대를 통해 실제 정책결정과정에 참석한다는 "참석의 정치(politics of presence)"(Phillips, 1995)를 구현하고 이를 통한 성평등을 지향하고 있다. "국제규범과 국제조직의 압력, 여성운동의 동원과 압력, 여성정치할당제와 정치규범과의 정합성, 정치권의 전략적 이익"(전진영, 2013b) 등은 개별 국가에서 여성정치할당제가 채택되는 요인이 된다.

여성정치할당제는 1970년대 노르웨이에서 최초로 도입된 후 1980년대 후반에서 1990년대 초반에 이르러 많은 나라들에서 채택되었다. 적극적 조치의 일환인 여성정치할당제는 성비가 매우 불균등한 사회 각 분야에 여성을 적극적으로 고용·배치하고 이와 같은 정책은 남녀의 비율이 비슷해질 때까지 실행한다는 잠정적인 제도이다.

1995년 북경세계여성회의는 여성의 정치적 대표성 확대의 중요성과 할당제가 그러한 목표를 달성하는 가장 빠른 경로라는 담론을 전 세계에 성공적으로 확산시켰다(문경희, 2007: 282). 여성정치할당제는 대상, 법적 구속력의 정도, 자격 요건의 관련 여부, 할당 크기의 기준, 적용영역 등에 따라 다양한 형태로 나타나는데 여성할당제 유형은 크게 세 가지이다. 첫째, 헌법이나 관련법으로 보장하는 것으로서 선거후보자 명부 작성 시 저대표되고 있는 여성에게 일정 비율을 할당하는 '후보자 수 할당' 유형이다. 둘째, 헌법이나 관련법으로 의석의 일정 비율을 여성이 차지할 수 있도록 하는 '의석할당' 유형이다. 셋째, 법규정은 없지만 정당이 자발적으로 자신들의 후보자 명부를 작성할 때 '여성'에 일정한 비율을 할당하는 '정당할당' 유형이다. 다음 〈표 2-2〉는 여성의원 평균 비율(23.3%)을 넘는 47개국의 할당제 유형이다.

표 2-2 여성의원 평균 비율(23.3%)을 넘는 47개국의 할당제 유형

할당유형	국 가
후보자 수 할당	세네갈, 코스타리카, 동티모르, 벨기에, 아르헨티나, 멕시코, 스페인, 앙고라, 네팔, 세르비아, 마케도니아, 슬로베니아, 알제리아, 가이아나, 포르투갈, 프랑스, 튀니지, 볼리비아, 이라크, 폴란드, 키르기스스탄
의석할당	르완다, 탄자니아, 우간다, 부룬디, 아프가니스탄, 남수단, 수단, 중국
정당할당	스웨덴, 남아프리카, 니카라과, 아이슬란드, 노르웨이, 모잠비크, 네덜란드, 독일, 스위스, 이탈리아, 오스트리아, 엘살바도르, 오스트레일리아, 캐나다, 리투아니아, 나미비아, 크로아티아
기타	레소토

비고 : 밑줄이 그어진 국가는 정당할당제를 병행하고 있는 국가임. 여성의원 비율이 높은 순으로 국가를 나열함.

자료 : 김원홍 · 김복태(2013a: 27).

여성정치할당제의 유형이 법적 의무할당제라고 할지라도 할당제의 구체적인 내용의 특징에 따라 할당제의 효과는 상이하게 나타난다. 26개의 국가를 대상으로 분석한 슈빈트-바이어(Schwindt-Bayer, 2009)의 연구에 의하면 같은 법적 의무할당제에 속한다고 할지라도 할당의 크기, 여성후보자 공천순위의 강제조항 유무, 강행규정의 의무에 따라서 할당제 효과는 다르게 나타난다. 또한 한국의 경우 법적 의무할당제임에도 불구하고 각 정당에 대해서 할당제의 이행을 강제할 수 있는 실질적인 제재수단이 없으며 정당의 이념성향이 여성할당제 이행에 영향을 미치고 있다(전진영, 2013a: 89; 박인숙, 2015).

정당할당제는 정당의 내부 규율에 의해서 유지되는데 소선거구제에서 중앙정당 차원의 할당제와 선거구의 자율권을 연계시키는 문제는 정당으로서는 여간 까다로운 문제가 아니다. 실제로 자발적이든 법의 의해 규정된 것이든 여성정치할당제는 특정 성을 선별하여 '잠정적' 우대를 제공하는 관행과 성평등을 규정하는 헌법 조항 사이에 발생하는 긴장을 해결해

야 한다.

실제로 여성정치할당제에 대한 비판으로는 여성할당제가 능력주의 원칙에 위배된다는 점, 여성할당제가 남성들에 대한 역차별이라는 점, 여성할당제가 유권자 선택의 기회를 제한한다는 입장이 있다(조희원, 2011: 256). 또한 여성들 스스로도 단지 여성이라는 이유로 당선되는 것을 원하지 않기도 한다. "여성들이 할당제를 통해 의회에 진출하게 되면 자신들의 경쟁력과는 상관없이 당선되었다는 의혹과 실망에 시달릴 수 있기 때문이다"(주미영, 2015: 174). 이 외에도 여성정치할당제가 "기회를 얻은 소수의 여성들에게만 특별한 혜택이 됐을 뿐 풀뿌리 여성들의 조직적 리더십을 강화하는 데 기여하지 못했다."(조희원, 2011: 259)는 비판이 있다.

그러나 1995년 〈여성발전기본법〉에 잠정적 우대조치가 규정된 이래 한국에서 여성정치할당제는 법적 제도화를 통해 여성정치참여율 증대에 큰 기여를 했다(김민정, 2014). 2000년 2월 16일 시행된 〈정당법〉 제31조 제4항은 "정당은 비례대표 선거구 국회의원 선거 후보자와 비례대표 선거구 시·도의회의원 선거 후보자 중 100분의 30 이상을 여성으로 추천하여야 한다."라고 규정하여 국회 및 광역의회 비례대표 여성정치할당제가 처음 도입되었다. 이후 2002년 3월 할당제가 확대되었는데 비례대표 시·도의회의원 선거 여성 추천 조항이 50%로 확대되고 2인마다 여성 1인이 포함되도록 구체화되었다. 그리고 지역구 선거에 여성 30% 이상을 추천하도록 노력해야 한다는 여성할당 권고조항이 신설되었다.

2010년 3월 〈공직선거법〉에서는 지역구 여성정치할당제의 실효성을 높이기 위하여 지방의회 차원에서 지역구 여성후보 의무할당을 신설하였다. 국회의원 지역구마다 광역의회 후보든 기초의회 후보든 1명 이상을 여성으로 추천하며 이를 위반할 경우 그 정당이 추천한 해당 국회의원 지역구의 기초의회 후보자 및 광역의회 후보자의 등록을 모두 무효로 하는 제재조항이 마련되었다.

(2) 비례대표제

비례대표제는 정당의 득표율에 비례해 당선자 수를 결정하는 선거제도이다. 유권자가 정당에 투표를 하고 정당이 득표한 비율에 따라 일정 수의 의석을 각 정당에 배분하는 제도로 다수대표제에서 발생하는 유권자들의 사표를 최소화할 뿐 아니라 소수파의 의석보장이 가능한 것이 비례대표제라 할 수 있다. 비례대표제는 대표의 정확성, 평등선거의 원칙 실현, 선거구의 왜곡 완화, 여성이나 장애자 등 소수세력이나 신진세력 그리고 정치적 기반이 약한 전문가의 의회 진출이 용이한 점 등 다양한 장점을 가진 선거제도이다. 비례대표 후보자는 지역구 선거를 직접 뛰어야 하는 부담이 없기 때문에 선거비용에 대한 부담, 지역구 관리, 여성에 대한 편견이 작용하는 선거지형에서 여성후보가 선거에 참여하기 쉬운 기회구조를 만들어 주는 제도이다. 따라서 여성대표성 확대는 바로 비례대표제의 확대 · 강화와 관련된다. 또한 여성정치인이 비례대표로 당선된 이후 정치경험과 역량을 키운 지역선거에 입문하는 좋은 통로로서의 의미도 갖는다. 비례대표제는 대표의 공정성을 제고시킬 수 있으며 여성할당제와 결합하여 여성의 정치적 대표성을 확대할 수 있다.

비례대표제의 운용방식은 다양하다. 지방선거에서 비례대표제는 1995년 광역의회에 먼저 도입되었으나 2001년 헌법재판소가 비례대표 의석배분과 1인 1표제에 대한 위헌판결을 내린 후 1인 2표제 정당명부식 비례대표제로 바뀌었다. 2002년 3회 지방선거에서 광역의회 선거에 정당명부식 비례대표제가 실시되었고 2006년 4회 지방선거에서는 기초의회 선거에도 비례대표제가 도입되었다. 지역구 의원 정수의 10분의 1에 해당하는 정수만큼의 의원을 비례대표제로 선출하고 있다.

(3) 중선거구제

지방선거에서 도입한 중선거구제는 읍·면·동 단위로 획정하던 의원 선거구를 시·도의원 지역구 내에서 획정하되 하나의 선거구에서 2~4인을 선출하는 제도이다. 1개 선거구에서 1명을 뽑는 소선거구제와 달리 보통 2인 이상 6명 이하를 뽑는 중선거구제는 지역주민의 다양한 대표들을 충원하여 대표성을 높일 수 있을 뿐만 아니라 지역적 연고가 없는 정치신인이나 여성들, 거대정당보다는 군소정당에게 유리한 선거구제이다. 대부분의 선거구가 이른바 특정인의 당선이 확실한 선거구이기 때문에 소선구제에서는 동일한 후보가 연속적으로 당선되는 경향이 있다. 소선거구제에서는 여성을 포함한 정치신인들을 위한 기회가 제한적일 수밖에 없는 것이다. 따라서 소선거구제는 새로운 정치세력으로서 여성의 등장을 구조적으로 가로막는 것으로 평가되며 중선거구제가 비교적 광범한 지역에 기반을 둔 인물의 진출이 가능하다고 평가된다.

한국에서 중선거구제는 2006년 4회 지방선거 기초의회 선거에서 도입되었다. 이 제도의 도입으로 후보자들의 당선가능성이 높아지면서 여성들의 입후보 비율은 늘어났고 선출하는 후보자의 수가 2~4인으로 늘어남에 따라 여성후보에 대한 선택의 가능성 또한 높아졌다. 이러한 선거구의 광역화는 외형적으로 유권자로 하여금 정당 선택의 외연을 넓혀 정당구도의 변화를 꾀할 수 있다. 내용적으로 "지방의원의 전문성 강화와 정치신인의 의회 진입 기회 확대"(김봉갑, 2006: 4) 등을 통해 지방정치의 활성화와 지역주의 극복에 단초를 제공할 것이며 여성의 진출에 긍정적인 영향을 줄 것으로 예상할 수 있다. 중선거구제에서는 같은 정당에서 2~3명 이상의 복수공천이 가능하기 때문에 정당의 여성후보 공천가능성을 높일 수 있다. 즉 중선거구제로 전환되면 상대적으로 여성의 정치참여가 쉬워진다고 전망한다.

이처럼 중선거구제는 소선구제에 비해 여성 등 사회 소수세력의 진출에 유리한 제도이지만 현행 중선거구제는 본래의 취지를 상실한 측면도 있다. 2006년과 2010년 기초의원 선거구 획정결과를 보면 2인 선거구 비율이 가장 높고 4인 선거구의 경우가 적은 것이다. 2010년 지방선거의 경우 초기 선거관리위원회에서 제안한 161개의 4인 선거구가 광주의 6개 지역을 제외한 모든 선거구에서 2인 선거구로 분할되면서 중선거구제 도입의 취지를 살리지 못하였던 것이다. 선거구 획정과정에서 대부분의 지역이 2인 선거구로 분할되어 "양대 정당 간의 나눠먹기나 특정 지역에서는 특정 정당에 의한 싹쓸이 현상"(김은주, 2013a: 63)이 나타난 것이다. 2014년의 경우에도 이러한 문제는 개선되지 못하여 4인 선거구는 전체 1,034개 선거구 중 29개소에 불과하고 절반이 넘는 612개소가 2인 선거구제로 집중되어 있어 문제가 여전한 상황이다(김은희, 2014: 23).

중선거구제는 외형적으로 유권자로 하여금 정당 선택의 외연을 넓혀 정당구도의 변화를 꾀할 수 있고 내용적으로 정치신인의 의회 진입 기회 확대 등을 통해 지방정치의 활성화와 지역주의 극복을 가져올 수 있다는 점에서 여성의 진출에도 긍정적인 것으로 보인다. 그러나 중선거구제가 여성후보가 적거나 정당지지가 다른 어떤 제도적 효과보다 당선에 압도적인 영향을 미칠 경우에는 그 효과가 제한적이거나(황아란, 2007) 여성에게 꼭 유리한 것은 아니라는 주장도 있다. 생활근거지 중심으로 활동하며 사회적 네트워크나 물질적 자원을 충분히 확보하지 못한 여성후보의 경우 중선거구제에서 대표성을 확보하기가 상대적으로 쉽지 않은 것이다. 여성후보에게 인지도 확보를 위한 고비용의 선거운동의 과제를 준다는 것이다.

즉 선거구가 커지면 선거운동이 어려워져서 그만큼 선거비용도 많이 들며 개인적인 선거운동이 어렵고 무소속 후보의 경우 인지도를 높이는 게 쉽지 않은 것이다. 중선거구제하에서 선거구의 범위가 넓어짐에 따라 오히려 소선거구제보다 여성에게 힘든 환경을 제공하였다는 점과 실제 지방선거에서 선거구가 2인 선거구로 결정되면서 거대정당이 독식하는 결과가 나타났기 때문이다. 이는 "일단은 선거구가 넓어지게 되므로 선거운동을 하는 것이 힘들고 선거비용도 많이 들게 되고… 여성들한테는 힘든 조건이다. 여성후보의 입장에서는 우리 동네는 잘 알지만, 선거비용이 3배로 든다. 따라서 소선거구제가 여성에게 불리하고 중대선거구제는 여성한테 유리하다고 단적으로 말하기는 어렵다. 소외되는 지역이 나타난다."(김미영, 2009)는 여성의원의 말에서 잘 나타난다. 중대선거구하에서의 선거비용의 증가와 여성이 조직력에서 미약하다는 점에서 중선거구제가 여성에게 반드시 유리한 제도라고 할 수 없다는 것이다(신순옥, 2006: 49).

(4) 여성의무공천제

한국에서 여성의무공천제는 2010년 5회 지방선거에서 국회의원 지역구마다 1명 이상의 여성을 의무적으로 공천하도록 함으로써 도입되었다. 여성의무공천제는 기존의 선거제도들과 달리 이를 위반하면 위반 정당의 해당 지역구 모든 후보자의 등록을 무효화하는 등록무효조항이 포함되어 있다. 정당이 광역, 기초의회 의원 후보자를 공천할 때 국회의원 지역구마다 한 명 이상의 여성후보를 추천하도록 하는 것이다.

지역적으로 선호 정당이 분명한 상황에서는 후보 선택에서 정당이 중요한 역할을 하므로 정당공천은 당선확률을 높일 수 있다. 여성의무공천제를 통해 정당은 여성정치인을 발굴, 훈련하며 여성은 정당의 조직력과 자금동원력을 통해 여성정치인의 당선가능성을 높일 수 있다. 여성공천에 있어서 강제성이 수반되는 정당의 여성의무공천제는 후보자의 당선확률을 높이기 때문에 여성의 정치 대표성을 높일 수 있는 중요한 실효성 있는 정책도구이다(배정아 · 윤태섭, 2014: 40).

(5) 남녀동수법

남녀동수법은 양성 간의 단순한 기회의 평등이 아닌 결과의 평등을 지향한다. 남녀동수법이라는 개념은 1980년대 후반에 들어서 발전하였다. 1989년 유럽평의회는 1988년 결의문 채택 이후 발표한 보고서에서 최초로 이 개념을 사용하였고 이를 민주주의와 연계하였다. 이 개념은 북경에서 열린 제4차 유엔세계여성회의의 행동강령에서 중요한 요소로 등장한 이후 널리 사용되기 시작하였다.

남녀동수법은 남성과 여성이 생활의 모든 영역에서 동등한 위치와 동등한 대우를 받을 권리가 있으며 특히 의사결정기관에서 남녀가 동등한 대표성에 대한 권리를 가진다는 인식을 토대로 한다. 여성은 인류의 반 이상을 차지하고 인류를 구성하는 두 유형의 구성원 중 하나이다. 실용성은 있지만 임시적 처방의 성격이 강한 여성할당제와는 달리 남녀동수법은 절대적 원칙으로 이해되며 진정한 민주주의는 국가의 대의제도에 있어서 남성과 여성이 동등한 비율로 참여해야 한다는 시각과 긴밀하게 관련되어 있다.

이와 같은 접근법은 본질주의적 입장인데 인류 구성원 간의 본질적 차이는 성별 차이이며 이와 같은 차이는 아주 중요하기 때문에 민주주의의 모든 구조와 사회 전체에 반영되어야 한다는 시각을 전제로 한다(이명호, 2013: 102). 이러한 입장은 성차에 대한 고려가 허용된다면 연령이나 인종적 차이와 같은 다른 사회적 차이도 인정되어야 한다는 견해와는 다르다. 남녀동수법은 다른 모든 사회적 범주들도 결국 남성과 여성으로 구성되어 있고 성은 개인의 출생신고서와 신분 서류에 표시되는 유일한 개인적 특징이라는 입장에서 출발하기 때문이다(스티븐스, 2010: 171).

2000년 프랑스에서 헌법을 수정하여 통과시킨 남녀동수법은 여성할당제에 대한 인식의 전환을 모색하는 데 많은 시사점을 준다(김민정, 2015). 프랑스의 남녀동수법은 남성과 여성이 생활의 모든 영역에서 동등한 위치와 동등한 대우를 받을 권리가 있다는 인식에 근거하여 선거에서 남성과 여성 후보의 동수 추천을 명시했다(김경희a, 2012: 136).

(6) 여성명부제

여성명부제는 여성만을 후보자로 관할 선거관리위원회의 후보자명부에 등록하고 유권자가 명부에 등록된 후보자에 대해 투표하도록 하여 당선자를 결정하는 제도이다. 기존의 비례대표 정당명부 대신에 선거관리위원회의 무소속 여성명부를 만들자는 것이다.

전원 여성으로만 이루어지는 여성명부제는 여성들끼리의 경쟁구조를 형성하는 것으로 여성을 정치적 소수자로 전락시킬 가능성이 크다. 여성명부제 존재는 지역구 선거에 출마하는 여성후보자들의 당선가능성을 위축시켜 여성들이 경쟁력 있는 정치지도자로 성장할 수 있는 기반을 무너뜨릴 수 있으며 여성명부제는 여성끼리의 경쟁구도를 만들어 여성정치인에 대한 부정적인 이미지를 확산시키고 평등선거의 원칙이라는 헌법적 가치를 훼손한다고 평가된다. 평등권과 기회균등의 원칙, 평등선거의 원칙에 위배되기 때문이다(김은주, 2013a: 73, 2013b: 7). 또한 유권자들의 여성정치인에 대한 부정적인 인식들, 즉 여성정치인은 당당한 경쟁의 대상이 아니라 배려의 대상이라는 인식을 가지게 할 수 있다(김은주, 2013b: 7).

여성명부제는 유권자의 선호를 받기 위해서는 지역구 후보들과 똑같은 선거운동을 해야 하는 상황이 발생하므로 정치적 자원이 부족한 여성 내 소수집단의 대표성은 위축될 수밖에 없다. 즉 여성 내에서도 상대적으로 자금과 조직에서 여유로운 여성후보가 유리해지는 경향이 생길 수 있다.

2014년 지방선거 이전 기초단체 정당공천제가 폐지될 경우 여성의 참여를 위한 대안으로서 학계와 지방의원, 시민단체 구성원을 대상으로 한 조사결과에 따르면 여성명부선거제에 대한 선호도가 상대적으로 높지만 연구자들은(김현조 · 이수구 · 박영강, 2014: 70) 전체 자치단체를 여성선거구로 해야 하는 선거운동 및 선거비용의 문제, 후보자 난립과 유권자의 판단 곤란 등을 이유로 바람직한 대안이 되기 어렵다고 보고 있다.

(7) 여성전용선거구제

여성전용선거구제는 특정 선거구를 여성만 출마하는 여성전용선거구로 정하고 여성끼리 경합하여 다수 득표를 얻는 여성들을 당선시키는 제도인데 대만이나 인도 같은 나라들에서 시행되고 있다. 중·대선거구제를 전제할 경우 한 선거구에서 3~5인을 선출하므로 그 가운데 1석 또는 2석 정도를 여성후보 전용으로 지정하여 여성의 의회 진출을 안정적으로 보장하는 것이다. 소선거구제를 채택하고 있는 경우는 1권역 내에서 특정 선거구를 여성전용선거구로 지정하거나 권역 내의 모든 선거구를 임기마다 돌아가면서 여성전용선거구로 지정하는 방법이 있다(김재선, 2010: 139-140).

그러나 여성전용선거구제는 헌법이 보장한 보통선거의 원칙에 위배된다. 헌법은 일정 연령이 되면 누구든 선거권과 피선거권을 갖도록 되어 있는데 여성전용선거구제는 여성만 피선거권을 갖도록 하기 때문에 남성의 피선거권을 제한하게 된다. 또한 여성전용선거구제는 평등선거의 원칙에도 위배된다. 지역구 여성후보자와 여성전용선거구의 후보자 사이에서 선거절차의 균등한 기회를 보장받는다고 보기 어렵기 때문이다(김은주, 2013b: 7).

여성전용선거구제로 인해서 지역구에 입후보한 여성후보자의 당선가능성이 오히려 줄어드는 현상이 나타날 개연성도 크다. 여성은 어차피 여성전용선거구에서 따로 선출되는 것이라는 인식이 유권자 사이에서 확산되는 경우 여성전용선거구가 아닌 일반 지역구에 입후보하는 여성후보자는 불이익을 당할 우려가 크다. 또한 남녀동수 가치 실현이 미흡하고 대표의 공정성 보장이 어렵다. 낙인효과도 있으며 보통선거의 원칙이라는 헌법적 가치도 훼손한다고 평가된다(김은주, 2013a: 73, 2013b: 7).

(8) 남녀동반선출제

남녀동반선출제는 기초의회에서 여성의 정치참여 확대를 제도적으로 보장하기 위한 적극적 조치의 일환으로 한 선거구에서 남성 1명, 여성 1명을 선출하는 방식이다. 유권자는 남성 후보 1인과 여성 후보 1인에게 각각 투표하고 다수를 얻은 남녀 후보가 각각 선출되는 제도이다. 남녀동반선출제는 정당공천이 유지되든 폐지되든 어떤 상황에서도 적용될 수 있을 뿐 아니라 남녀동수가치의 실현에 있어서 기회를 넘어 결과에서 동수의 가치를 실현할 수 있는 강력한 제도이다(김은주, 2013a: 73). 여성후보의 부정적인 이미지를 초래하는 낙인효과나 위헌의 여지도 낮다. 단 남녀동반선출제 도입 시 여성이 출마하지 않은 선거구의 경우 공석으로 둘 것인지에 대해서는 충분한 토론과 논의가 필요할 것이다.

표 2-3 기초선거 정당공천폐지 대안 비교

기준 / 대안	남녀동수 가치 실현	대표의 공정성	낙인 효과 유발	위헌성	검토결과
여성 명부제 (30%)	△	×	○	○	- 남녀동수 가치 실현 미흡 - 대표의 공정성 보장 어려움. 여성 내에서도 상대적으로 자금과 조직에서 여유로운 여성후보만 당선 - 여성끼리의 경쟁구도를 만들어 여성 정치인에 대한 부정적인 이미지를 확산시키고 평등선거의 원칙이라는 헌법적 가치 훼손
여성 전용 선거구제 (10%)	×	×	○	○	- 남녀동수 가치 실현 미흡 - 대표의 공정성 보장 어려움 - 낙인효과 및 보통선거의 원칙이라는 헌법적 가치 훼손
남녀 동반 선출제	○	△	×	×	- 남녀동수 가치의 실현에 있어서 기회를 넘어 결과에서 동수의 가치를 실현할 수 있는 강력한 제도 - 정당공천 배제의 경우 대표의 공정성 보장 어려움 발생 - 여성후보의 부정적인 이미지를 초래하는 낙인효과나 위헌의 여지는 매우 낮음 - 이미 국회의원 및 지방의원 비례대표 후보를 공천할 때 50%를 여성으로 추천하도록 하는 할당제가 시행 중

비고 : ○ 있음, △ 조금 있음, × 없음을 의미함.
자료 : 김은주(2013a: 73).

지금까지 여성대표성에 영향을 미치는 선거제도에 대해서 살펴보았는데 여성의 정치참여 확대를 위한 선거제도 개선방안을 강구함에 있어서는 남녀동수의 가치를 담아야 하며 대표의 공정성이 있어야 한다. 또한 여성끼리의 경쟁구도를 지양해야 하며 위헌성이 없어야 할 것이다(김은주, 2013c: 45). 이런 점을 고려하여 김은주는 여성명부제와 여성전용선거구제, 남녀동반선출제의 성격을 앞의 〈표 2-3〉과 같이 비교하고 있다.

2) 정당과 여성의 정치참여

(1) 정당과 여성

정당은 정치적 선택의 표현을 위한 필수적인 메커니즘이다. 정당의 기능은 복잡한 요구를 비교적 처리가 가능한 정책으로 전환하거나 사회에 대한 공동의 목표를 설정하여 이를 실행한다. 지지기반이 넓은 정당들은 복잡한 사회에서 발생하는 이해관계를 폭넓게 수용할 수 있는 정책과 강령을 수립하여 유권자들로부터 지지를 이끌어 내고자 한다.

지방정치에 있어 정당은 지방의원 입후보자들을 지명하고 선출되도록 지원하며 공공문제를 제기하고 정책결정을 한다. 정당은 정당강령에 따라 정책을 추진하며 지방정치에서 지방정치인의 충원, 훈련을 수행하여 지방정치를 신장시키고자 하는 기능을 가진다(이아미, 2006: 22).

일반적으로 유권자들은 후보의 소속정당에 영향을 받는다. 이와 같은 경향은 특히 유권자가 후보자들의 구성에 영향을 끼칠 수 없는 비례대표제에서 더욱 뚜렷하게 나타나지만 한 사람을 선출하는 지역구 선거에서도 적용된다. 후보선출은 중앙 차원에서 정당의 지도부가 후보를 선출하는 방식으로 이루어질 수도 있고 지역이나 선거구 차원의 정당기구에 선출권이 위임될 수도 있다. 중앙 차원이든 지역 차원이든 당원들이 후보선출과정에서 참여하는 정도는 다르다. 후보선출이 비공식적인 과정, 특히 당내 지도부나 중진들의 입김에 의해 이루어져서 개인적인 친분이나 충성도가 중요한 잣대가 되는 경우가 있는가 하면 선명하고 투명하며 엄격한 감시감독하에 후보선출이 이루어질 수도 있다(스티븐스, 2010: 128).

여성의 정치세력화와 관련하여도 정당의 역할이 중요하다. 정당은 법·제도 개선을 통해 유권자를 위한 활동을 직접적으로 할 수 있기 때문에 여성의 대표성 제고에 있어서 핵심적인 통로이며 중요한 "문지기(gatekeeper) 역할"(Norris and Lovenduski, 1995: 198)을 한다. 정당은 민주정치의 핵심적인 주체이며 정당의 핵심기능은 후보추천과 그의 당선을 돕는 선거기능이기에 남녀의 정치적 평등을 제도화하기 위해서는 정당의 지원이 절대적이다. 선거제도가 여성친화적일지라도 정당의 공천이 없다면 활용될 수 없다. 정당은 여성정치할당제의 중요한 행위자인 동시에 제도시행에서 주요한 역할을 한다. 정당은 여성의 정치교육과 훈련을 통해 후보충원에 나설 수 있는 가장 효율적인 기구이기도 하다.

대다수의 유권자들이 후보자에 대해 많은 정보를 갖지 못하고 있는 실정이므로 정당은 개별 후보자를 대신해서 집단적 수준에서 그 후보의 정치적 성향과 정책의 방향에 대한 정보를 제공해 주는 역할을 함으로써 유권자의 정보부족을 보완할 수 있는 방법이 된다.

남성에 비해 정치신인이 대다수인 여성은 경력이나 선거조직력, 자금동원력이 부족하고 따라서 정당의 도움이 절실하다. 특히 한국의 경우 정당의 지역 안배가 당선에 가장 큰 영향을 미치는 변수이다. 문제는 정당의 여성참여가 여전히 형식적인 수준에 머물러 있고 대개 정당은 젠더화된 구조를 가지고 있다는 점이다. 이는 전남지역 군 비례대표였던 여성의원의 경험에서도 잘 나타나고 있다.

> "당내 활동기간 또한 미약한 저로서는 당적 입지마저 약할 수밖에 없었고, 여러 가지 부당하고 이치에 맞지 않는다는 상황들을 자주 접하였습니다. 당내 어르신께서 그러한 부당한 상황을 알고 있으면서 아무런 제재를 하지 않는다는 것이 상처가 되기도 했으며, 당 사무실의 기득권자들의 석연치 않은, 암시적 이중 언어들을 해석하는 데 어려움이 있었습니다. 당에 대한 부정적 선입견이 자리 잡게 되었습니다"(문춘단, 2014: 62).

정당에서 의사결정을 할 수 있는 고위직은 남성이 독차지하거나 여성당원들의 참여가 아주 제한적이어서 여성의 정치적인 욕구를 반영하지 못하는 단점이 있다. 남성정치인들의 경우 정당에 뛰어들어 자기기반을 오랫동안 닦아 온 경우가 많으며 이들은 자연스럽게 당내외서 '형님'으로 소통하고 인적 관계를 맺고 있다(전진희, 2012: 46). 그러나 남성에 비해 여성은 인적 조직력과 네트워크 기반이 약하여 당내 기반 자체가 약하며 대부분 초선 경력에 머무르고 있고 재선으로 경력이 이어지는 경우도 드물다.

여성들은 지역구 당선가능성이 낮다고 폄하되고 여성의원들은 "당내 경선과 공천이 유권자들 표를 얻는 본선보다 더 힘들다고 한다"(김은희 · 김민정 · 오유석, 2013: 25). 여성의 경우 소속당의 위상이나 여성이 당이나 의회의 기구, 위원회 등에서 차지하는 위치에 의해서 영향을 받는다. 당내에서나 위원회 내에서 중요한 영향력을 행사하는 위치를 차지하지 않으면 여성들은 구체적 정책설계과정에 참여하기 어렵다. 정책결정과 입법의제가 주로 중진의원들에 의해 독점되고 당의 규율에 의해 통제되는 의회시스템의 경우 여성들의 입법활동 여지는 훨씬 줄어들게 된다(스티븐스, 2010: 277).

스웨덴에는 여성주의 정당인 페미니스트 이니셔티브(Feminist initiative: FI)가 있다. 2005년에 창당했는데 기존 정부나 정당에 포섭된 여성운동이 스웨덴 사회에 팽배한 가부장적 젠더 위계질서에 도전하는 데 실패했기 때문에 여성주의자들이 직접 정당을 만들어서 독자적으로 여성의제를 제기하고 이를 정치적으로 풀어나갈 것이라고 창당의지를 밝힌 바 있다(김은희, 2014: 27; 문경희 · 전경옥 · 김미성, 2007).

(2) 정당공천제와 여성

정당의 후보선정방식 유형은 첫째, 정당공천과정을 국가의 '법'으로 규제하고 있는지, 아니면 각 정당이 내부적으로 자율 규제하고 있는지의 여부 둘째, 후보가 될 수 있는 '자격'을 어떻게 규제하고 있는지 셋째, 후보

선정과정이 '중앙집권적'인지 혹은 '지방분권적'인지의 여부 넷째, '포괄성' 정도로 후보선정 '주체'가 누구인지 혹은 누가 참여하고 있는지의 여부 마지막으로 후보선정이 '투표'로 결정되는지 아니면 '지명'에 의한 것인지의 여부이다(전용주, 2014a: 459). 이 중 중요한 것은 후보선정 주체의 '포괄성'과 '분권화' 정도라고 할 수 있다(김도경 · 하윤주, 2012). 이 두 기준으로 분류한 여러 유형들이 상이한 정치적 결과를 낳기 때문이다.

표 2-4 정당공천의 유형

	중앙집권적	지방분권적
관료적	오스트리아 사회당 그리스 사회당	스웨덴 사민당 영국 노동당 독일 사회민주당 프랑스 사회당
후원적	프랑스 민주연합 이탈리아 기민당 일본 자민당	미국 민주당 캐나다 자유당 스위스 정당 등

자료 : Norris(1996: 203), 여기서는 김원홍 · 김인순 · 김은주(2014: 12)에서 재인용함.

대다수의 유권자들은 후보자에 대해 많은 정보를 갖지 못하고 있는 실정이므로 정당이 개별 후보자를 대신해서 집단적 수준에서 그 후보의 정치적 성향과 정책의 방향에 대한 정보를 제공해 주는 역할을 함으로써 유권자의 정보부족을 보완한다. 정치자원이 부족한 여성에게 이러한 장점은 정치활동 진입에 전략으로 활용될 수 있다.

2006년 4회 지방선거에서 정당공천제가 기초의회의원 선거에까지 확대 도입되었으며 현재 대부분의 정당들이 공천심사위원회를 별도로 구성하여 상향식 공천을 하고 있다. 따라서 정당공천을 받기 위해서는 당내 경선을 통과해야 하는 어려움이 있다. 특정 지역에서는 예선이 곧 본선이어서 당내 경선이 당락을 가르는 경우가 되기도 한다(김상진 · 허신열 · 엄경영, 2014: 66-67). 정당마다 조금씩은 다르겠지만 공천의 결정기준은 당선가능성, 정당기여도, 의정활동능력, 도덕성 등인데 핵심은 당선가능성이다(김상진 · 허신열 · 엄경영, 2014: 72-73).

정당의 공천심사위원회는 전통적으로 여성대표의 비율을 확대하는 데 있어서 가장 큰 걸림돌로 여겨져 왔다. 즉 여성후보자들에 대한 유권자들의 생각, 여성의 능력과 역할에 대한 문화적 · 이데올로기적 고정관념에 의해 영향을 받았던 것이다. 후보공천 받기를 원했던 여성들을 대상으로 영국의 정당에 대한 로벤더스키(Lovenduski, 2005)의 연구는 '여성에 대한 차별이 아직 팽배해 있고 제도적인 성차별이 존재한다.'는 것을 보여주었다. 로벤더스키는 성평등에 대한 진보적인 정책을 표방했던 정당에서도 공천할 의사가 없으면서도 후보자 명단에 이른바 '생색내기용 여성(token women)'을 올리는 경향이 있다고 보았다. 실제로 '허수아비 여성후보'를 세워 공천 및 후보등록을 하거나 아예 형식적인 공천 후 후보등록을 하지 않은 경우가 발견되기도 한다(조갑련, 2010b: 9).

여성들은 개인적 친분 네트워크나 계파와는 무관한 편이어서 선명하고 투명한 절차가 여성에게 유리하게 작용한다. 그러나 실제로 여성들은 공천과정에서 어려움을 겪는다. 여성의무공천제나 지역구 여성할당제 등의 여러 정치참여 증진을 위한 제도가 현실에서 제대로 작동을 하지 않는 경우가 많다. 공천과정에서 나타나는 문제점으로는 "지역위원장의 영향력과 계보정치, 여성의무공천의 악용, 불공정 경선 및 절차적 불합리성, 형식적인 공천심사"(전진희, 2012: 46) 등이 지적되고 있다. 또한 여성후보자들이 선거과정에서 남성배우자를 등장시키면 이것은 전통에 도전하는 것으로 간주되었다(Lovenduski, 2005: 70).

2014년 6·4지방선거 직전까지 기초의회 선거에서의 정당공천제 폐지문제가 중요한 쟁점이 되었으며 기초단체 정당공천제 폐지에 대한 대안 논의도 진행되었다(김현조 · 이수구 · 박영강, 2014; 김정미, 2013: 4-7). 지역정치의 중앙정치에의 예속 현상, 해당 지역 국회의원의 영향력 증대, 공천과정의 부정, 비리 유발, 지역주의 조장심화 등의 문제로 정당공천제 폐지가 주장되었다. 이에 반해 정당공천제 폐지를 반대하는 측은 정당공천제 폐지가 부정부패나 지방의 중앙 예속성에 대한 근본적인 처방책이 되지 못할 것이라는 점, 선거 자체가 자금과 조직이 동원되는 장이라는 측면에서 오히려 지방유지 및 토호세력들의 활동이 커질 가능성이 높다는 점 등을 지적하면서 자질 있는 후보공천을 통해 정당은 책임정치를 구현해야 한다고 보았다(이진옥 · 김민정 · 문경희 외, 2014: 16).

기초의원 정당공천제의 경우 여성의 정치참여와 정치대표성 확보에 부정적으로 작용하는 측면이 있다. 거대정당이 지방의회를 독식하고 정당공천에 따른 줄 세우기, 공천비리가 많으며 풀뿌리 지역운동출신 무소속 시민후보는 전멸하게 되는 것이다. "시민사회의 역량을 기르는 것이 중요한데 우리 지역의 정치구조는 000당 일색이다. 당에 공헌한 사람이 중요하다."(김미영, 2009)는 것이다. 따라서 이 점은 전반적으로 정당공천제의 부정적인 면이다.

참고자료 2-2

지방자치 결의대회 관련 전국여성지방의원네트워크 의견서

여성지방의원이 오늘날 20%대로 크게 증가한 것에는 정당공천제에 기초한 여성할당과 비례대표 교호순번제도의 강력한 뒷받침이 있었습니다. 여성할당은 우리 사회 절반의 여성들이 정치에도 여성의 목소리를 내기 위해 오랜 시간 투쟁한 끝에 쟁취한 역사적 결과물입니다. 이러한 여성할당제를 대신해 여성 정치참여를 보장할 수 있는 아무런 대안 없이 정당공천제를 폐지하는 것은 할당제 이전의 남성 중심 정치문화로 회귀하겠다는 말과 같습니다.

자료 : 전국여성지방의원네트워크(2011: 59).

그런데 지방선거에서 정당은 후보선택에 유용한 정보요약 도구로서 활용될 뿐 아니라 유권자의 투표참여율을 높이고 여성의 정치적 대표성을 제고시키는 데 중요한 영향을 미친다(황아란, 2010: 48). 실제로 여성과 정당과의 관계를 살펴보면 '정당공천제'의 영향력이 나타나고 있다. 특히 정당공천제가 여성할당제와 결합하면서 여성후보들의 취약한 조건들을 만회할 수 있었기 때문에 여성정치인들은 정당정치의 구현과 조직 등의 이점을 들어 정당공천제의 불가피성을 이야기하고 있다.

일반적으로 지방의회의 정당공천은 지역을 중앙정치에 더욱 종속시킬 것이라 짐작할 수 있다. 또 여성후보가 남성후보에 비해 사회적 네트워크가 약하고 재정능력이 떨어진다는 이유로 전문적 역량을 가진 후보들이 공천심사과정에서 탈락되기도 하였다. 그러나 비례대표제도를 통한 여성참여 확대 측면에서 긍정적인 부분도 있다.

정당공천제는 책임정치를 구현할 수 있는 기제이다. 정당을 통해 유권자에게 후보에 대한 정보를 제공하여 지방자치단체와 중앙정부를 연결하고 지방토호의 정치적 전횡을 견제할 수 있는 기능을 수행할 수 있다. 여성들은 정치권에 진입하기가 어려운데 그나마 지방정치에 진출할 수 있었던 것은 비례대표제의 역할이 크기 때문에 기초의회에 정당공천제가 폐지된다면 여성의 정치참여 확대와 관련하여 이 부분에 대한 제도적 보완이 필요하다.

일반적으로 상향식의 공천방식은 당원 및 지구당 대의원들의 입장이 많이 반영되면서 정확하고 명확한 규칙에 따라서 공천이 이루어지는 방식이다. 그러나 민주화를 위해서 도입된 상향식 공천제가 여성과 같은 신인이나 지명도가 약한 후보들에게 불리하다는 연구가 있다(김민정, 2012; 김원홍 · 이수연 · 김민정 외, 2013). 즉 서구와 같이 정당민주주의가 안정되지 않은 국가에서는 정당에서 남성이 주도적이고 활발히 활동하고 있고 여성도 적기 때문에 오히려 하향식의 후원제적 방식이 여성들의 공천에 유리할 수 있다는 것이다. 19대 총선의 공천과정을 분석한 연구에 의하면(김원홍 · 이수연 · 김민정, 2012) 성평등이 이루어지지 않은 사회에서는 여전히 하향식 혹은 정당지도자의 여성 확대에 대한 의지가 여성 대표성 확대에 주된 동력임을 보여주고 있다. 2014년 지방선거의 지역경험도 기득권 배제 명분으로 채택한 상향식 공천이 오히려 기득권 지키기를 부추기는 규칙이 되었다(오승용, 2014: 6).

그러므로 경선이라는 공천과정의 민주화가 여성들에게 불이익을 초래할 수 있으며 이 문제를 해결하기 위해서 경선제와 더불어 중앙당 차원에서 여성의 진출을 보장하고 일정한 비율의 여성들을 공천해 주는 것이 바람직하다는 것이다(전용주, 2005: 233; 이정진 · 민태은, 2015: 90). 상향식 방식이 설령 공정한 방식이라고 하더라도 일정기간 동안 여성들에 대해서는 적극적 우대조치가 필요하며 "'전략공천'과 같이 당의 정치적 이데올로기, 정책 목표에 부합하는 후보를 공천할 수 있는 장치를 마련할 필요"(김민정, 2012: 67)가 있다는 것이다. 그러나 공천기구에 참여하는 인원이 적을수록 공천을 하는 정당지도부에 공천을 받은 여성이 의존하게 되며 공천과정이 뚜렷한 규칙과 명시화된 기준이 없을 경우 또한 정당지도부에 의존하게 되는 경향이 있다. 하향식의 후원방식 공천은 공천받은 여성들을 정당지도부에 예속시키는 장치로 될 가능성이 높다. 이 경우 정당지도부는 "자기들이 활용하기 좋은 상징성을 가진 여성으로서 당내나 혹은 당 외부에 지지기반을 가지고 있지 않은 '다루기 쉬운' 여성을 공천할 가능성"이 높아 더욱 자율성이 떨어지는 입법활동을 할 가능성이 높다(김민정 · 문경희 · 민경자 외, 2009: 27).

정당공천제는 정당에서 여성의 정치 교육과 훈련을 담당하고 또한 지역구 선거에서 경쟁력 있는 여성후보자를 당선가능성이 있는 지역에 공천하거나 지명함으로써 더 많은 여성대표의 당선에 기여할 수 있다. 특히 여성은 남성에 비해 조직력과 자금동원력이 열세이므로 주요 정당의 공천효과는 더욱 크다고 할 수 있다. 정당공천제는 기본적으로 여성의 지방의회 참여에 긍정적인 역할을 할 것으로 보인다. 하지만 생활정치 중심인 기초의회가 중앙정치화하는 데서 발생할 수 있는 문제를 최소화하기 위해 공정하고 투명한 공천과정을 담보할 수 있는 제도적 장치가 마련되어야 한다.

대다수의 유권자들은 지방선거에서 후보자에 대해 많은 정보를 갖지 못하고 있는 실정이다. 정당이 개별 후보자를 대신해서 집단적 수준에서 그 후보의 정치적 성향과 정책의 방향에 대한 정보를 제공해 주는 역할을 함으로써 유권자의 정보부족을 보완할 수 있으며 정치자원이 부족한 여성에게 이는 정치활동 진입에 전략으로 활용할 수 있는 것이 된다.

정당공천제 폐지는 정당의 기능, 정당민주주의, 지방자치제도의 헌법상 기능, 평등의 원칙, 비례의 원칙, 정당표방제와의 관련성, 유권자의 선택권 등 다양한 측면에서 위헌의 소지가 크다. 아울러 정당공천제가 폐지된다고 해서 정당의 영향 배제와 지방의 자율성 회복이라는 소기의 목적을 달성하기도 어렵기 때문에 좀 더 신중한 검토가 필요하다.

2. 한국 여성의 정치참여 현황

1) 여성정치와 법적 · 제도적 변화

한국 사회는 해방 이후 급격한 사회변동을 겪어 왔으며 이 사회변동의 특징을 급속한 경제성장, 지체된 시민사회의 성장, 그리고 정치사회의 저발전이라고 요약해 볼 수 있다. 특히 정치사회의 전근대성, 보스정치, 지역주의, 정책적 차별성이 없는 정당들, 부정부패, 집단이기주의, 정경유착 등에 오염되어 있는 정당 등은 한국 정치사회의 문제점으로 지적되곤 한다.

해방 이후 한국 사회에서 여성들의 지위는 사회경제적으로 상승한 데 비해 여성들의 정치참여는 여전히 저조한 상태이다. 여성은 선거권만 행사할 뿐 피선거권은 충분히 행사하지 못했으며 여성은 단지 '표밭'으로 머물러 왔던 것이다. 이는 여성이 참정권의 법적 권리를 얻었지만 여성과 정치의 거리가 좁혀지지 않았으며 여성의 참정권 획득이 진정한 정치적 평등을 가져오지 못했음을 의미한다.

그러나 여러 가지 제도적 변화가 있었으며 여성정치할당제는 매우 급속하게 법적 제도화라는 성과를 거두었다. 여성정치할당제는 1995년 제4차 북경세계여성회의를 기점으로 여성의 정치적 대표성 확대방안으로 전세계적으로 확대되었다. 한국의 경우도 1995년 〈여성발전기본법〉에 적극적 조치를 규정한 이래로 2000년 2월 정치관계법을 개정하면서 처음으로 여성후보 공천할당을 〈정당법〉에 명시했다.

그 이후 제도개선과정을 거치면서 현재는 비례대표 50% 여성할당 강제 및 남녀교호순번제, 지역선출직 30% 여성할당 권고를 〈공직선거법〉에 명시하고 있으며, 2010년 3월에는 지방의회의원 선거에 대해 제한적으로 선출직 할당을 강제화하는 여성의무공천제를 규정했다(오유석 · 김은희, 2010: 259). 2010년 5차 지방선거에서는 정당의 지역구 후보 여성할당을 권고제에서 의무제로 변경하면서 위반 시에는 등록무효를 하도록 규정하였다. 한국의 경우 여성의원의 증가는 여성정치할당제 도입 등 선거제도 및 〈공직선거법〉 개정으로 인한 결과이다.

1994년 〈공직선거 및 선거부정방지법〉이 제정되어 의회선거와 단체장선거, 지방선거일의 법정화, 동시선거 등 제도적 장치가 마련되면서 1995년부터 본격적인 지방자치가 실시되었다. 1995년에는 광역의회 비례대표제가 신설되었고 2000년 정치관계법이 개정되면서 여성후보 공천할당을 처음으로 〈정당법〉에 명시했다.

여성정치할당제는 실질적으로 여성의원의 비율을 증가시켜서 여성의원의 기술적 대표성을 높이는 데 많은 기여를 했다. 따라서 과거보다는 여성의 정치참여가 증가하였다. 하지만 여성정치할당제로 인한 여성의 정치참여 확대는 여전히 비례대표를 중심으로 하는 여성할당에서 크게 벗어나지 못하고 있으며 의석의 대부분을 차지하는 지역구 선출직의 경우에는 거의 영향을 못 미치고 있다는 한계를 안고 있다.

표 2-5 여성공천할당 관련 〈정당법〉 및 〈공직선거법〉 개정과정

<table>
<tr><th colspan="2" rowspan="2"></th><th colspan="3">정당법</th><th colspan="2">공직선거법</th></tr>
<tr><th>2000년</th><th>2002년</th><th>2004년</th><th>2005년</th><th>2010년</th></tr>
<tr><td rowspan="2">국회의원</td><td>비례</td><td>30% 이상 여성후보자 추천의무 (신설)</td><td>30% 이상 여성후보자 추천의무</td><td>50% 이상 여성후보자 추천의무(신설)</td><td>50% 이상 여성후보자 추천의무, 매 홀수에 여성추천</td><td></td></tr>
<tr><td>지역구</td><td></td><td></td><td>30% 이상 여성후보자 추천노력, 여성추천 보조금지급(신설)</td><td>30% 이상 여성후보자 추천노력</td><td></td></tr>
<tr><td rowspan="2">시·도의회의원</td><td>비례</td><td>30% 이상 여성후보자 추천의무 (신설)</td><td>50% 이상 여성후보자 추천의무, 명부순위에 따라 2인마다 여성 1인이 포함(신설)</td><td>50% 이상 여성후보자 추천의무, 명부순위에 따라 2인마다 여성 1인이 포함</td><td>50% 이상 여성후보자 추천의무, 매 홀수에 여성추천</td><td></td></tr>
<tr><td>지역구</td><td></td><td>30% 이상 여성후보자 추천노력, 여성추천 보조금지급 (신설)</td><td>30% 이상 여성후보자 추천노력, 여성추천 보조금지급</td><td>30% 이상 여성후보자 추천노력</td><td>광역·기초의원선거에 국회의원 지역구마다 1명 이상을 여성추천(신설)</td></tr>
<tr><td>비고</td><td></td><td></td><td>비례대표 정당명부직접투표제 도입</td><td></td><td></td><td></td></tr>
</table>

자료 : 강현아 · 전진희(2012: 48-49).

2) 여성의 정치참여 현황

그림 2-1 한국 여성 국회의원 비율

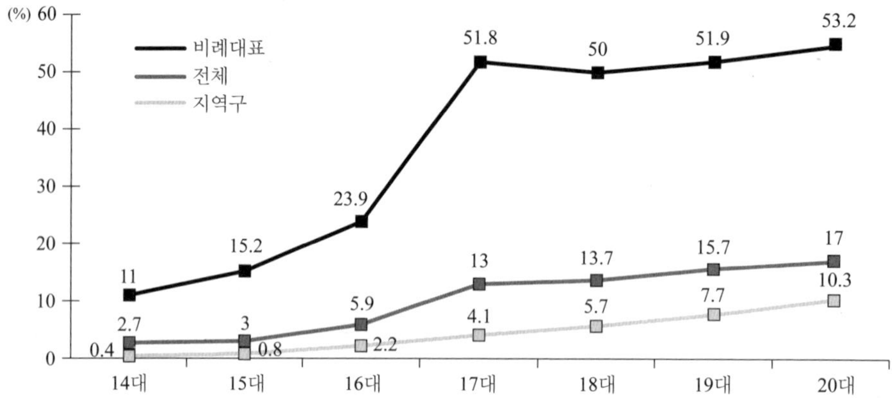

자료 : 농촌여성신문(2016.4.15.), 동아일보(2016.4.15.), 이진옥(2015a: 54)을 참조하여 작성함.

한국에서 여성 정치참여의 확대는 여성정치할당제의 실시와 관련이 있다. 여성정치할당제의 제도적 효과는 우선 여성후보의 공천 및 전체 여성의원 수의 확대이다. 여성정치할당제는 여성의원의 양적 확대라는 효과를 가져왔으며 이를 통해 여성 대표성의 증진에 일정 정도 기여하였다.

여성할당이 적용된 비례대표 부문은 확실히 여성의원이 증가하여 할당이 도입되기 이전인 16대에는 전국구에 23.9%의 여성의원이 당선되었는데 17대에는 51.8%, 18대에는 50%, 19대에는 51.9%, 20대에는 53.2%로 증가하였다. 이러한 증가에 힘입어 전체 여성의원 비율도 할당제를 실시하기 이전에는 10%도 훨씬 못 미치는 저조한 비율이었는데 할당제가 도입된 17대부터 두 자리 비율에 이르게 되었다. 전체 국회의원 가운데 여성의원의 비율은 할당제가 도입되기 이전인 16대에 5.9%에 지나지 않았지만 할당제가 도입되고부터 17대에 13%, 18대에 13.7%, 19대에 15.7%, 20대에는 17%로 크게 증가하였다. 할당이 적용되지 않은 지역구 부문을 살펴보아도 할당이 없이도

조금씩 증가하고 있음을 알 수 있다. 16대에 5명에 그쳤던 지역구 여성의원은 17대에 10명으로 2배 증가하였고 18대에는 14명, 19대에는 19명, 20대에는 26명의 지역구 여성의원이 등장하였다. 이러한 변화는 "할당제의 도입과 더불어 여성의원이 늘어나자 전반적으로 여성정치인에 대한 편견이 사라지고 긍정적인 평가가 나타나기 시작했음"(김민정, 2014: 215)을 의미한다.

당선자뿐 아니라 여성후보자들의 비율도 할당제 이후 상당히 증가하였다. 할당제를 통하여 여성의 정치 진입이 보다 용이해지면서 선거참여를 망설였던 여성들이 용기를 내어 지역구에 도전하게 되었고 다른 한편으로 사회적으로도 여성정치인에 대한 거부감이 줄어들면서 지역구후보에 여성이 도전하는 데 부담이 줄어들고 있음을 알 수 있다. 17대 이전에 여성후보자는 3%가 가장 많은 비율이었지만 17대에 5.6%, 18대에 11.7%, 19대에 16.5%로 급속히 증가추세에 놓여 있었다. 다만 20대에는 10.5%로 줄어들었다.

표 2-6 여성 국회의원 및 국회의원 후보 수의 변화

(단위: 명, %)

<table>
<tr><th rowspan="2">대</th><th rowspan="2">의원 총수</th><th>지역구 여성의원 수</th><th>지역구 여성의원 비율</th><th rowspan="2">지역구 여성후보/ 지역구 전체 후보</th><th rowspan="2">여성후보 비율</th></tr>
<tr><th>전국구 혹은 비례대표 여성의원 수</th><th>전국구 혹은 비례대표 여성의원 비율</th></tr>
<tr><td>1대</td><td>200</td><td>1</td><td>0.5</td><td>22/951</td><td>2.3</td></tr>
<tr><td>2대</td><td>210</td><td>2</td><td>0.9</td><td>11/2,209</td><td>0.5</td></tr>
<tr><td>3대</td><td>203</td><td>1</td><td>0.5</td><td>10/1,207</td><td>0.8</td></tr>
<tr><td>4대</td><td>233</td><td>3</td><td>1.3</td><td>5/841</td><td>0.6</td></tr>
<tr><td rowspan="2">5대</td><td rowspan="2">233</td><td>1</td><td>0.4</td><td rowspan="2">8/1,518</td><td rowspan="2">0.5</td></tr>
<tr><td></td><td></td></tr>
<tr><td rowspan="2">6대</td><td rowspan="2">175</td><td>1</td><td>0.8</td><td rowspan="2">4/847</td><td rowspan="2">0.4</td></tr>
<tr><td>1</td><td>2.3</td></tr>
</table>

<table>
<tr><td rowspan="2">7대</td><td rowspan="2">175</td><td>1</td><td>0.8</td><td rowspan="2">4/702</td><td rowspan="2">0.6</td></tr>
<tr><td>2</td><td>4.6</td></tr>
<tr><td rowspan="2">8대</td><td rowspan="2">204</td><td>0</td><td>0</td><td rowspan="2">2/577</td><td rowspan="2">0.3</td></tr>
<tr><td>5</td><td>9.8</td></tr>
<tr><td rowspan="2">9대</td><td rowspan="2">219</td><td>2</td><td>1.4</td><td rowspan="2">2/339</td><td rowspan="2">0.6</td></tr>
<tr><td>17</td><td>1기: 12.3
2기: 8.2</td></tr>
<tr><td rowspan="2">10대</td><td rowspan="2">231</td><td>1</td><td>0.6</td><td rowspan="2">5/473</td><td rowspan="2">1.1</td></tr>
<tr><td>7</td><td>9.1</td></tr>
<tr><td rowspan="2">11대</td><td rowspan="2">276</td><td>1</td><td>0.5</td><td rowspan="2">10/635</td><td rowspan="2">1.6</td></tr>
<tr><td>8</td><td>8.7</td></tr>
<tr><td rowspan="2">12대</td><td rowspan="2">299</td><td>2</td><td>1.1</td><td rowspan="2">7/440</td><td rowspan="2">1.6</td></tr>
<tr><td>6</td><td>6.5</td></tr>
<tr><td rowspan="2">13대</td><td rowspan="2">299</td><td>0</td><td>0</td><td rowspan="2">14/1,046</td><td rowspan="2">1.3</td></tr>
<tr><td>6</td><td>8.0</td></tr>
<tr><td rowspan="2">14대</td><td rowspan="2">299</td><td>1</td><td>0.4</td><td rowspan="2">21/1,052</td><td rowspan="2">2.0</td></tr>
<tr><td>7</td><td>11.3</td></tr>
<tr><td rowspan="2">15대</td><td rowspan="2">299</td><td>3</td><td>0.8</td><td rowspan="2">21/1,389</td><td rowspan="2">1.5</td></tr>
<tr><td>8</td><td>15.2</td></tr>
<tr><td rowspan="2">16대</td><td rowspan="2">273</td><td>5</td><td>2.2</td><td rowspan="2">33/1,038</td><td rowspan="2">3.2</td></tr>
<tr><td>11</td><td>23.9</td></tr>
<tr><td rowspan="2">17대</td><td rowspan="2">299</td><td>10</td><td>4.1</td><td rowspan="2">65/1,167</td><td rowspan="2">5.6</td></tr>
<tr><td>29</td><td>51.8</td></tr>
<tr><td rowspan="2">18대</td><td rowspan="2">299</td><td>14</td><td>5.7</td><td rowspan="2">132/1,113</td><td rowspan="2">11.7</td></tr>
<tr><td>27</td><td>50.0</td></tr>
<tr><td rowspan="2">19대</td><td rowspan="2">300</td><td>19</td><td>7.7</td><td rowspan="2">215/1,301</td><td rowspan="2">16.5</td></tr>
<tr><td>28</td><td>51.8</td></tr>
<tr><td rowspan="2">20대</td><td rowspan="2">300</td><td>26</td><td>10.3</td><td rowspan="2">98/934</td><td rowspan="2">10.5</td></tr>
<tr><td>25</td><td>53.2</td></tr>
</table>

자료 : 김민정(2014: 214-215), 농촌여성신문(2016.4.15.), 동아일보(2016.4.15.)를 참조하여 작성함.

그러나 한국은 각 부문에서 여성참여의 폭을 넓혀 왔음에도 불구하고 아직까지도 여성의 정치참여가 뒤져 그 격차가 여전히 크다. 세계경제포럼(WEF: World Economic Forum)이 해마다 발표하는 '세계 성 격차 보고서'에 따르면 2014년 기준 한국의 성 격차 지수는 0.651점(1점 만점)으로 145개 나라 중 115위이다. 분야별 지수에서 정치권한분야는 101위로 남녀간에 격차가 크게 나타나고 있다(경남도민일보, 2016.3.9.).

3) 여성 정치참여의 제도적 효과와 한계

여성정치할당제는 여성의원의 기술적 대표성뿐 아니라 여성의 실질적 대표성의 변화를 가져왔다. 여성의원의 수적 확대에 따라 성인지적 의정활동이 증가되었으며 여성 관련 의제가 다양화된 것이다. 즉 여성이슈의 다양화와 여성친화적 의제의 확대를 통해 의회 내 여성의 권한 증대와 남성 중심적인 의회의 정치문화 변화를 수반하였다. 여성정치할당제를 통한 평등 및 사회적 정의에 대한 요구는 성평등과 성 주류화 문제를 독립적으로 다루는 여성전담기구를 행정부처 내에 설립하여 정부의 대응성의 변화를 가져왔으며 이를 통해 한국 사회 여성문제와 젠더 관계의 변화를 주도하는 과정에서 실질적인 여성의 권익향상에 긍정적으로 기여하였다.

그러나 여전히 한계도 있었다. 국회의원 선거의 경우 비례대표 여성할당방식이 법적으로 의무화되었음에도 불구하고 이를 준수하지 않는 정당들이 많았다는 점을 지적할 수 있다. 지역구 선출직 의원의 경우 30% 여성할당이 권고사항으로 규정되어 실효성에 의문이 제기되었다. 여성에 대한 할당규정을 이행하지 않을 경우 벌칙규정이나 제재규정이 제도화되지 않아 강제성이 적다는 점이다. 또한 전체 의석에서 비례의석이 차지하는 비중이 낮아 여성의원의 수적 확대에 한계가 있다(박채복, 2014: 264-266).

또한 사회적 역작용도 나타났다. 비례대표 50% 할당은 의무조항이기 때문에 반드시 지켜야 하지만 지역구 공천 30%는 여전히 권고이기 때문에 이를 이루기 위한 당내의 여성정치인의 노력과 이에 반대하는 남성정치인의 기득권을 지키기 위한 싸움이 거세게 나타났다. 2012년 19대 총선 공천과정에서 민주통합당 지역구 공천을 둘러싼 남성정치인들의 거센 반발은 여성할당제에 대한 남성정치인의 거부감의 일단을 보여주었다. 즉 2012년 민주통합당은 지역구에서 여성을 15% 의무공천하겠다고 하였는데 이에 대해서 남성정치인들이 거세게 반발하면서 여성정치할당제에 대한 온갖 비난이 쏟아진 것이다(김민정, 2014: 230). 또한 기초의회 선거에서 정당공천제 폐지문제가 정치의 중요 쟁점이 되었다. 2012년 대선에서 각 당의 대통령후보들이 기초의회 정당공천제 폐지를 공약으로 내걸었고 이 논쟁은 지방의회의 활성화냐 여성의 정치참여 확대냐 중 양자택일을 해야 하는 입장으로 전개되었다. 이러한 사회적 역풍은 여성정치할당제가 충분한 논의를 거쳐서 사회적 합의를 마련한 토대 위에서 받아들여졌다기보다는 정치적인 필요와 여성운동의 만남 시점에서 이루어졌기 때문이다(김민정, 2014: 231).

또한 여성 정치세력화의 관점에서 보면 당선된 여성의원들은 남성 중심적인 정치를 바꾸기보다는 단지 남성 중심적인 체제에 편입되는 데 그쳤고 남성 중심적인 정치를 오히려 정당화시켜 준 측면도 있다. 남성 중심적 정치 자체를 충분히 바꾸지 못하였고 국회활동에 있어서도 리더십을 발휘하지 못하고 주변화된 채로 놓여 있는 것이다(김민정, 2014: 232-233).

기초의회에 정당공천제가 도입되면서 여성 기초의원의 수가 늘어났다. 그렇지만 지역정치의 다양한 세력분포를 기존 정당구조로 단순하게 만들었으며 지역에 뿌리를 두고 활동해 왔던 무소속 여성의원들의 당선가능성이 희박해졌다는 점에서 여성정치할당제의 성과와 함께 여성운동계의 비판이 대두되었다. 지방의회에서 정당의 공천을 받는 것은 당락에 매우 중요한 관건으로 양대정당으로부터 공천을 받은 여성의 대부분이 당선되었다. 이는 거대정당의 독식체계가 성립된 것이기도 하다. 이와 같은 점은 여성의 관점에서 보면 소수정당의 진입로가 더욱 좁아져 결국 거대정당의 공천 외에 대안적인 여성의 정치 진입이나 당선가능성이 더욱 어려워졌다는 것을 의미한다(김은희, 2010: 90).

여성의 정치참여와 관련하여 제도 실행으로 인한 여성의 기술적 대표성을 확대하는 성과를 보였지만(배정아 · 윤태섭, 2014) 아직 충분하지 않고 궁극적으로 여성의 실질적 대표성을 증진하는 데 한계를 보인 것이다. 또한 그동안 여성정치할당제를 통해 늘어난 여성 비례대표의 대표성이 연령, 직업, 지역에 있어서 편중되어 있다는 연구가 있는데(이재희 · 김도경, 2012) 이는 사회적 배제를 고려하지 않은 참여민주주의는 "귀족민주주의"(최일성, 2015: 26)로 전락할 가능성이 높다는 비판의 근거가 될 수 있다고 본다.

2014년 6·4 지방선거의 결과에 대해 "끼어들기는 했지만 새판짜기는 안 됨, 질적 세력화를 위한 대책 필요"(김금옥, 2014: 69)라는 지적도 이 때문이다. 여성의 양적 변화를 가져오는 제도를 통해 여성의 기술적 대표성을 증가시키는 한편 제도에 대한 정확한 이해와 목표, 그리고 필요성에 대한 논의가 동반되고 진정한 의미의 여성의 실질적 대표성을 확보하기 위한 방안을 모색해야 할 것이다.

3. 여성의 정치세력화 운동

1980년 중반 이후 민주화 운동이 진행되면서 여성운동의 정치력도 강화되었다. 1987년 민주화 운동 과정에서 여성들도 하나의 독자적인 세력으로 형성되기 시작한 것이다. 여성운동단체들은 여성이해의 정치쟁점화, 여성의 의회 진출을 위한 여성후보 발굴과 지원, 여성정치할당제 실현을 위한 연대, 성차별 해소를 위한 각종 법 제정과 집행을 위해 활동하였다.

여성의 정치세력화는 민주화 과정 속에서 성장한 여성운동단체들이 중심이 되었으며 '영향력의 정치'와 함께 직접적인 '참가의 정치'라는 이중전략을 실천해 왔다(오유석, 2008b: 3). 실질적 성평등사회의 구현을 위해서는 명목적인 여성 관련법의 제정이나 개정 수준에 그칠 것이 아니라 여성이 직접 중요한 정치적 의사결정과정에 참여하는 것이 중요하며 여성대표에 의한 여성의 목소리와 권익이 반영되어야 하기 때문이다.

선거제도의 여성정치할당제 도입을 촉구했던 '할당제 도입을 위한 여성연대'(이하 '할당제여성연대'라 함)는 여성운동단체의 최초의 연대활동이라 할 수 있다. 할당제여성연대는 1994년 8월에 결성되어 제15, 16대 총선과 1995, 1998, 2002년 지방선거에서 여성정치할당제 도입을 주장하였다. 1987년부터 사회 각 분야의 여성 비율을 높이기 위해 여성정치할당제를 도입하자는 논의들이 진행되기 시작했는데 이 단체는 이런 여성계의 요구를 할당제여성연대를 통해 이루려 한 것이다.

할당제여성연대는 1990년대 이후 정책참여 활동을 활발하게 벌여온 대표적 여성단체인 한국여성단체연합과 한국여성단체협의회 등을 중심으로 여성의 정치참여 확대를 위해 할당제가 도입되어야 한다는 데 인식을 같이한 여성단체의 연대활동을 통한 참여확대 노력이었다. 이들 연대활동이 주로 사용한 방법은 각 정당에 성명서를 송부하거나 정당총재를 방문하는 등 국회의원을 직접 만나는 식이었다. 특히 1990년대 지방자치가 실시되어 민선 지방선거가 시작되면서 생활정치에 대한 아래로부터의 욕구가 대두되었고 여성들의 정치참여에 대한 욕구도 강하게 분출되었다. 여성운동 역시 지방자치 실시를 계기로 지방의회에 여성참여를 제도화하는 운동과 함께 선거시기에는 여성후보자 발굴 및 지원을 통한 개입을 시도했다. 여성운동의 이러한 노력은 지방의회에 여성이 참여하는 생활정치를 통한 풀뿌리 민주주의라는 측면에서의 접근이기도 했다(김은희, 2014: 7). 또한 '지방정치는 생활정치'라는 맥락에서 지방정치의 주체로서 여성이 주목받기 시작했다. 이에 따라 여성단체의 활동은 여성의 정치참여 확대를 위한 제도개선과 여성후보 발굴 및 인력풀 구축, 선거지원 등을 중심으로 이루어졌다.

이후 할당제여성연대에서 1995년 지방선거에서 광역의회의 비례대표의원의 10% 후보추천 등을 각 정당에 요구하였고 1996년 제15대 총선에서는 지역구 30% 이상, 전국구 50% 여성할당을 촉구하였다. 이후 1998년 지방선거와 2000년 총선에서 비례대표 30%를 꾸준히 요구하여 결국 2000년 2월 제16대 총선 직전에 이루어진 〈정당법〉 개정으로 국회의원 비례대표후보의 30% 여성할당 조항의 신설과 2002년 지방선거 전에 광역비례대표후보의 50% 여성할당 조항의 신설을 위한 〈정당법〉 개정 요구와 개정이 있었는데 이는 여성후보의 공천에 큰 도움이 되었다.

그 후 정치 관련 여성단체 및 연구소들의 연대라 할 수 있는 '여성정치네트워크'와 '17대 총선을 위한 여성연대'의 활동이 있었는데 '여성정치네트워크'는 1998년 6월 지방선거를 맞이하여 1997년 12월에 결성된 것으로 할당제여성연대와 동일한 목표를 가지고 있다. 이 단체는 후보자 발굴과 교육에 좀 더 중점을 두었고 특히 지방정치에 관심이 있는 여성들에게 실질적이고 효율적인 도움을 주고자 정치교육의 장을 마련하였다.

2000년 16대 총선을 맞아 시민운동세력은 총선연대를 만들어 낙천 · 낙선운동을 효과적으로 전개하였으며 국민들의 지지를 받아 상당한 성과를 거두었다. 2004년 17대 총선에서도 시민운동세력은 정치운동을 전개하였다. 하나는 낙천 · 낙선운동을 추진한 참여연대를 비롯한 시민단체들의 연대운동과 물갈이연대의 당선운동이며 다른 하나는 여성의 정치적 대표성을 신장하기 위해 여성후보자 지원활동 및 정당법 개정운동이다. 17대 총선을 앞두고 2003년 8월에 결성된 '총선여성연대'는 제17대 총선을 대비하여 한국여성단체연합과 여성정치세력민주연대 등 3백여 개의 여성단체들이 연대하여 정치개혁과 획기적인 여성의 정치참여 확대를 달성하기 위한 것을 목적으로 하고 있다. '총선여성연대'는 '할당제여성연대'와 '여성정치네트워크'의 활동을 계승한 것으로 정치개혁과 선거제도 관련 개선안을 제안하고 아울러 여성의 참여가 전반적인 정치개혁과 함께 진행되어야 함을 강조하였다. 이들은 국회의원 비례대표직에 여성할당 50%, 지역구에 30% 할당을 요구하며 제도개선운동과 유권자운동, 정보공개운동 등에 주력하였고 집회를 통해 정치관계법 개악시도를 저지하고 규탄하였으며 2004년 국회 내 정치개혁특별위원회에서 정당법과 선거법개정 등이 논의되었을 때 국회 정치개혁특별위원회에 대한 방청활동을 통해 압력을 행사했으며 특위 위원들을 직접 만나서 설득하는 방식으로 할당제의 법제화에 총력을 기울였다.

17대 총선에서 주목받는 활동은 여성후보 발굴작업인 '맑은정치여성네트워크'를 결성한 것이다. 맑은정치여성네트워크는 여성의 정치세력화에 동의하는 개인회원으로 구성된 모임이다. 구체적으로 여성후보 추천위원회를 구성하여 102인의 여성후보 명단을 발표하였고 각 정당에 이 여성후보들에 대한 공천을 요구하고 이들의 당선운동을 펼쳤으며 현역의원을 제외하고 신인 여성후보를 당에 추천하고 지원하는 작업을 하였다(남윤인순, 2005). 이들 조직의 여성후보지원활동은 성명서 발표나 언론 및 방송매체에 대한 논평, 기자회견 등을 통해 일반 유권자에게 알려졌다. 또한 이들은 다양한 분야의 학자, 연구자, 시민단체 활동가들이 참여한 여성정책 포럼이나 토론회 등을 통해서 17대 총선과 여성 정치참여 확대방안에 관해 적극적으로 논의했다. 이들은 직접 정당을 방문해서 각 정당대표들의 여성정치할당제 법제화 지지를 호소했고 대외적으로 집회 등을 통해 제도개선운동과 유권자운동을 전개했다(김은희 · 김민정 · 오유석, 2013: 93-94).

이외에 유권자운동, 기금모으기운동 등 다양한 참여운동이 활발하게 전개되었으며 이에 힘입어 2004년 총선에서는 여성의원이 39명 진출하는 성과를 이루었다. 이는 이제까지 여성들의 정치권 진입이 개인적인 활동에 기반했던 것에 비해 17대에는 여성단체의 지원으로 이루어졌다는 점에서 여성의 정치세력화를 보여주었으며 여성의 정치분야에의 참여와 여성의 대표성 제고에 여성운동의 역할이 중요함을 보여준 것이었다.

그 외 여성의 정치참여를 목적으로 하여 일시적으로 형성된 네트워크로는 '2010 지방선거 남녀동수 범여성연대' 등을 들 수 있다. 2010 지방선거 남녀동수 범여성연대는 2009년 11월 5일, 2010년 지방선거를 앞두고 지방의회에서 평등정치 실현을 위한 활동을 적극 전개하는 등 여성의 정치세력화를 주요 활동목적으로 하여 각계 여성단체들이 참여하여 결성한 범여성계 연대조직이다. 이 조직은 우선 출범 전 준비위원회 단계에 각 참여단체 연명으로 국회 정치개혁특별위원회에 2010 지방선거 여성참여 확대를 위한 여성계 의견서를 제출하였고 정치개혁특별위원회 위원장 면담 추진을 통해 〈공직선거법〉 등 지방선거 관련 제도개선 논의에 여성들의 의사가 적극 반영될 수 있도록 하기 위한 활동을 진행시켰다. 출범 이후에는 '남녀동수참여'라는 목적을 설정하고 우선적으로 선출직과 비례직을 포함하여 '2010 지방선거 여성참여 50% 및 각 당 공천심사위원회 50% 여성참여'를 요구하고 이를 위한 활동을 전개하였다. 또한 각 단체별로 여성후보자를 발굴하고 추진하는 것을 지원하였다. 이들의 움직임은 특히 각 정당의 여성공천문제에 관심을 기울이게 만드는 원동력을 제공하였다고 평가될 수 있다(김원홍 · 김은경, 2010: 40-41).

이처럼 여성운동의 정치활동 내용을 보면 크게 선거제도 개혁운동과 당선운동이라 할 수 있다. 여성운동은 단체 간 연대의 형식을 통해 여성을 조직화하고 정치참여의 주체를 증가시키기 위한 방안으로 할당제를 주장하면서 당선운동을 펼쳤다. 이처럼 여성운동에서 여성의 정치세력화는 주요 흐름을 형성하고 있으며 여성의 정치세력화를 통해 여성의 저대표성을 극복하고자 했다. 할당제 제도화에 대한 여성단체 연대활동과정을 정리하면 다음의 〈표 2-7〉과 같다.

지방자치 실시와 함께 여성운동은 지방선거와 총선 등 매 선거 때마다 여성참여 확대를 위한 제도개선운동을 전개하였고 여성운동에 있어서 '여성의 정치참여 확대'는 항상 최우선 과제의 하나였다. 2007년 1월 창립된 '대전여성정치네트워크'의 활동처럼(오유석, 2008b: 11) 지역여성을 중심으

표 2-7 할당제 제도화에 대한 여성단체 연대활동과정

시기	중심단체	주요 활동
1990년대 이전	한국여성단체협의회 등	여성할당제 건의
1994년	할당제 도입을 위한 여성연대 (54개 여성단체 참여)	- 국회여성특별위원회 초청 간담회 - 1995년 지방선거에 여성공천 20%, 광역의원 비례대표 10% 도입 및 여성 50% 공천 촉구 - 15, 16대 총선에서 비례대표직 여성 30% 할당 촉구
1998년	여성정치네트워크 (여성유권자연맹, 여성정치문화연구소 등)	- 정치관계법에 여성 대표성 확보를 위한 공청회 개최 및 정당에 공천할당제 도입 촉구
2000년	한국여성유권자연맹, 여성정치세력민주연대	- 여성후보 추천운동 - 정치관계법 개정 건의
2002년	여성정치연대 (여성정치세력민주연대, 한국여성유권자연맹, 한국여성정치연맹)	- 각 당 정치개혁특위위원장과 토론회 개최 및 원칙합의 도출 - 비례직 50%, 지역선출직 30% 할당 등 정치관계법안 국회정개특위에 제출 및 위원장 면담
2004년	총선여성연대 (여성단체연합, 여성단체협의회 등 전국 321개 여성단체 연대체)	- 정치관계법 개정안 범개혁에 제출 - 비례대표 의석 감소에 대한 반대활동 및 증가운동
2006년	여성단체연합, 여성단체협의회 등 8개 단체	- 정치개혁협의회에 의견서 제출 - 기초의회에 남녀동반선출제 요구 등
2010년	남녀동수연대 (여성단체연합, 여성단체협의회, 여성정치세력민주연대 등 400여 개 단체 참여)	- 지방선거에서의 남녀동수 제도화 작업 - 토론회 및 정개특위위원장 면담 - 제안서 작성 및 성명서 전달

자료 : 조현옥 · 김은희(2010: 126).

로 한 여성의 정치세력화에 대한 관심도 커지고 있다. 따라서 여성의 정치세력화와 관련한 지역여성운동단체도 활동하고 있다. 충북여성정치세

력민주연대는 2002년 창립되었으며 지방화시대를 맞이하여 여성의 참여 자치민주주의 실현에 능동적이고 주체적으로 참여할 수 있도록 하기 위해 다양한 교육활동 등을 전개하고 있다. 이 단체는 차세대 여성지도자 양성 프로그램과 여성정치학교, 여성유권자 교육 등의 다양한 활동을 통해 지역 수준에서 다층화되고 다양화된 생활정치운동을 펼치고 있다(서현주 · 김경숙 · 송미영, 2010: 211).

2012년 대선에서 유력후보자들이 정치개혁이라는 기치하에 기초선거 정당공천제 폐지문제를 이슈화시킴에 따라 2014년 6월 지방선거가 실시되기 몇 주 전까지도 정당공천제 폐지 여부가 확정되지 않은 채 지방선거 대응을 해야 하는 상황을 맞이하였다. 정당공천은 그간 여성의 정치참여 확대의 가장 유력한 기제로 작용하여 왔다. 더군다나 기초의회는 여성의 정치입문의 장벽이 가장 낮다고 평가될 수 있는 부문이다. 기초의회 정당공천제가 폐지될 경우, 여성의 정치적 대표성 확대와 관련한 동력이 꺾이게 될 것이라는 우려가 나왔으며 그 대안을 모색하는 데 근 일년 이상을 소요하였다. 그런데 정당공천이라는 기제를 대체할 만한 마땅한 대안이 적은 가운데 여성단체들의 지방선거 대응 움직임은 성명서 발표 등 남녀동수공천을 위한 제도개선 노력과 함께 여성예비정치인과 여성정치인에 대한 교육의 심화와 전문화, 즉 여성정치인 육성문제에 초점을 두었다.

이처럼 2014년 제6회 지방선거를 맞이하여 여성운동이 전개한 주요 활동은 성명서 발표를 통한 남녀동수공천을 위한 제도개선 노력, 여성 정치참여 확대를 위한 여성정치인 육성 및 교육 활동, 여성의 정치적 대표성 확대에의 긍정적 여론 형성 및 확대 노력, 여성후보 경쟁력 강화를 위한 지원 노력 등을 들 수 있다(김원홍 · 김인순 · 김은주, 2014: 53-58). 2014년 지방선거에서는 여성단체의 연대활동이 미약했는데 정당공천제 폐지와 관련하여 여성단체의 입장에 다소 차이가 있었다는 점과 여성의 정치적 대표성이 어느 정도 증가하고 여성단체의 성격과 관련한 단체 간의 독자적인 성향이 과거에 비해 강해진 상황에서 연대가 어려웠던 것으로 보인다(김원홍, 2014a: 31).

2016년 19대 총선과 관련한 여성운동으로 2015년 1월 출범한 동수정치연대는 남녀 국회의원의 동수시대를 열기 위한 여성지도자 100인의 선언으로 발전되었으며 한국여성단체협의회와 한국여성유권자연맹은 2015년 5월 지역구 후보 30% 여성공천 법제화를 위한 1만명 서명운동에 돌입하여 그 결과물을 각 당 대표에게 전달하였다. 한국YWCA, 한국여성정치연구소, 한국여성정치연맹, 전국여성지방의원네트워크 등 145개 단체는 2015년 7월 '제20대 총선 여성 국회의원 30% 대표성 실현을 위한 여성공동행동'을 결성했다. 그 외 다수의 여성운동단체는 8월 '2015정치개혁시민연대'에 결합하면서 시민사회 내 정치개혁 움직임을 이끌었다(이진옥·김은주, 2015: 15-16).

chapter 03

지방자치와 여성의 정치참여

1. 지방자치와 여성

지방화는 수도권 중심의 권력구조와 사회운영에서 벗어나서 지방이 자율성과 독립성을 확대해 나가는 것을 의미한다. 지방화는 지나친 중앙집권적 국정운영을 탈피하고 지방의 자율적 운영을 도모하는 분권화, 대도시나 수도권에 지나치게 집중되어 있는 기능을 지방에 고루 분산시켜 전국이 균형 있게 발전하는 분산화, 획일적인 생활기준을 시정해서 지역과 개인의 차별성과 고유한 가치성을 회복하는 다원화 상황을 의미한다(최창호, 2015: 46-47).

중앙집권적 힘의 개입을 배제하고 지역주민의 자발적인 참여를 통해 지방의 발전을 이루고자 하는 것인데 정치적 의사결정과 집행, 경제적 자원의 관리, 문화의 창조와 유지 등에 대해 중앙 중심의 통제로부터 벗어나고 지방의 정체성을 확대해 나가는 과정이다. 지방자치는 지역주민에 의한 지역사회의 운영이라는 말처럼 지방적 차원의 정치와 이것의 민주주의적 이행을 의미한다(조광수, 2012: 28).

지방자치는 중앙의 보편적, 획일적, 일반화된 관점의 한계를 벗어나서 지방의 특수하고 구체적인 상황과 맥락에 대한 이해를 기반으로 한다(오유석, 2009: 45). 지방자치가 실시된 이래 지방자치의 성과가 거론되기도 하지만 많은 시행착오와 문제들이 드러났다. "지방의회 내에 팽배한 권위주의적, 금권적, 패거리적 정치문화"(김경애, 2001), "지방정치의 자율성이 부재"(강원택, 2014: 24), "형식적인 주민참여, 지방공무원 자치역량의 미흡"(육동일, 2015: 29) 등등이 지적되었다.

지방화 과정에서 중요한 점은 지방자치를 기반으로 분권과 자치의 시스템을 확립하는 데 있다. 지방자치는 지역주민의 삶의 질을 향상시키고 균형 있는 지역발전을 목표로 하고 있기에 생활정치의 장이며 민주주의의 훈련장이다. 단체자치적 차원에서 지방정부의 자치권 강화뿐 아니라 정책결정과정에서 주민참여에 의한 주민자치가 이루어져야 한다.

단체자치가 지방자치의 틀을 만드는 것이라면 주민자치는 그 틀의 내용을 채우는 것이라 할 수 있다. 주민자치는 주민이 지방자치단체의 운영을 감시하는 역할, 지역사회의 문제들에 대해 주민들의 요구사항이나 집결된 의견을 청원하는 활동, 그리고 다양한 이해관심을 가진 주민들의 자율적인 조직체들을 만들어 지방자치에 능동적으로 참여하는 것이다. 주민자치는 지방행정의 수행에 주민이 얼마만큼 어떤 방식으로 참여하는가 하는 주민참여의 문제로 귀착된다. 그렇지 않으면 "지역사회에서 재력이나 기득권을 바탕으로 정치 · 행정권력을 쥐거나 그런 권력과 공생관계를 통해 이익을 유지 · 확대해 온 사람들인 토호세력"(김주완, 2010: 84)이 지방권력을 장악할 수 있기 때문이다.

지역사회에서 여성의 지위는 낮으며 여성들은 쉽게 동원의 대상이 되기 쉽다(김희경, 2009: 3). 지역사회는 가부장적 권위주의와 보수적인 지역유지를 중심으로 한 인맥이 커다란 영향력을 행사하고 있기 때문이다. 지역여성들은 지방과 여성이라는 면에서 이중적 차별을 경험하게 된다. 지방과 여성의 문제는 서로 결합되어 지역여성들이 안고 있는 문제를 심화시키거나 보편적인 여성문제와 더불어 더 복잡하고 특별한 지형을 만들어

내기도 한다. 지역의 문제들은 지역 차원에서 제기되기도 힘들 뿐만 아니라 그것을 해결할 수 있는 자원이 부족하기 때문에 결국은 지역의 구체적인 문제들이 가시화되지 못하게 된다. "지역문제에서는 여성이, 여성문제에서는 지역이 빠진 현실"(주경미, 2013: 167)이라는 표현처럼 지역여성은 주변화되기 쉽다. 중앙에서는 지역의 특수한 상황을 다루지 못하고 지역 자체적으로는 여성의 현실에 관심이 적은 것이다.

여성주의 내에서조차도 지역에 대한 고려가 부족한 실정인데 이는 지역이 만들어 내는 차이에 대한 구체적 경험조사의 결여와 이론적 고민이 적었음을 의미한다. 그러면 이러한 현실 속에서 실질적으로 지역여성들의 이해관계가 제대로 반영되기 위해서는 어떤 노력이 필요할 것인가? 여성주의에서 지역여성들의 삶과 경험에 관심을 가져야 하며(허성우, 1998, 2000, 2006; 박기남 · 김연순, 2008; 박기남 · 신경아, 2010; 이혜숙, 2014b; 안경주, 2015) 이것이 지역여성들의 요구와 만날 때 보편적인 여성의 문제 속에서 지역여성들의 특수한 문제들이 가시화될 수 있을 것으로 보인다. 지역여성들의 삶의 변화는 지역여성들의 자기 문제에 대한 고민과 문제제기에서부터 시작되어야 한다. 이를 위해서는 지역여성 스스로 문제를 제기하고 그것을 해결해 나갈 수 있는 역량을 갖추는 것이 무엇보다도 중요하며(오미영, 2007: 307) 지역에서의 여성의 정치세력화가 이루어져야 한다.

지방자치단체 내에 독자적인 정책의 입안과 집행, 평가 체계가 이루어지면서 지방의 여성업무도 단순한 행정기능에서 탈피하여 복합적인 정책과정을 통해 추진된다(공선영 외, 2008: 18). 지방자치가 지역여성에 어떤 영향을 주는가, 지방정부들이 성평등과 성 주류화를 어느 정도 실천하는가는 그 지역의 지방정부의 성격과 지역여성의 역량과 밀접한 관련을 갖는다(이혜숙, 2006). 즉 지방자치는 자치단체장이 지역정책의 집행에 대한 최고결정자가 됨으로써 단체장의 여성의식과 여성문제에 대한 관심이 지역여성정책의 발전에 중요한 요소가 되고 지방의원이 사업안과 예산, 정책집행 결과를 평가하게 되면서 여성정책 결정과정에 참여하기 때문이다

(김원홍 · 양경숙 · 정형옥, 2009: 17-23).

지방자치는 여성의 정치참여를 촉발시킬 수 있는 여건을 제공하는데 그 여건이란 중앙정치의 장에 비해 지방정치의 장으로서의 지방이 갖는 특성과 관련된다. "지방은 일상생활상의 문제가 발생하는 '현지'인데 지방화는 이 생활문제 발생의 '현지'를 정치의 장에 들여 놓았다."(한영혜, 1998: 60)는 점이다. 성별 분업의 구조 속에서 여성의 생활공간이 주로 일상생활의 영역에 제한된 현실에서 이것은 여성과 정치를 좀 더 가까워질 수 있게 한다. 여성은 다양한 생활경험을 하기 때문에 지역의 문제들에 대한 정보와 지식을 상대적으로 많이 갖게 되며 관심도 높다. 지역시민 개개인이 민생과 복지가 보장되고 삶의 질이 일차적인 관심의 대상이 되는 "생활정치"(정해구, 2010: 201)의 중요성을 점점 느끼게 되는 것이다.

지방자치는 권력분산을 통해 지역참여의 영역으로 이동하고 있으며 이들 과정에서 여성은 중요한 역할을 수행할 수 있다. 단 여성의 잠재가능성은 여성의 다양한 생활경험들이 개별화된 사적 경험의 수준에 머물러 있는 한 여성의 정치참여로 이어질 수 없다. 주민자치를 위한 여성의 주체적 역할을 끌어내는 것이 중요하다. 지역의 생활정치에 참여하면서 여성의 정치의식과 정치적인 역량은 강화되며 이를 통해 사적 이해를 넘어서는 좀 더 보편적 가치를 추구하는 방향으로 정치참여의 폭이 확대될 수 있다.

현재 한국은 경제, 사회, 교육, 문화 등 모든 부문에 있어 지역 간 차이가 크며 이러한 지역 간 차이는 여성문제에 대한 인식과 여성정책에 있어서도 차이를 가져온다. "풀뿌리 보수주의"(하승수, 2007: 43)라는 표현처럼 지방사회에는 가부장적 전통과 관련한 차별과 편견이 더 심각하므로 지방에서의 여성정책은 더욱 필요하다. 지방자치제의 발전과 함께 지방행정에서도 각 지역의 특수성과 지역여성의 절실한 요구에 바탕을 둔 여성정책이 수행됨으로써 지역여성의 삶의 현장이 평등실현의 장이 되도록 해야 한다. 지방자치제도의 정착과 함께 지방에서 중요한 정책을 결정할 때 여성의 이익이 고려되어야 한다. 지방정치에서도 여성문제나 성평등문제의 중요성이 인식되어야 하며 이를 위해서는 지방정치에서 여성의 참여가 확대되어야 하는 것이다.

지방자치는 중앙의 보편적이고 획일적인 관점의 한계에서 벗어나 지방의 특수하고 구체적인 상황과 맥락에 대한 이해를 기반으로 정책을 산출한다. 따라서 구조적이고 큰 정치나 종합적인 정치적 이해력을 강조하는 중앙정치영역에 비해 상대적으로 세심하고 작은 정치활동이 가능하다. 이는 오랫동안 정치에서 배제되어 온 여성들이 스스로 정치의 주체로 성장하고 발전할 수 있는 환경이 될 수 있다(오유석: 2009: 45-46).

이처럼 지방자치는 생활정치를 근간으로 하고 있어서 여성들에게 보다 적합한 정치영역으로 간주된다. 하루 중 자신의 거주지역에서 보내는 시간이 길고 가족의 일상생활의 영역에 관여하는 주부이자 여성이 정치 일선에 참여하기에 적합한 영역이라는 것이다. 자녀교육과 보육, 주거환경, 음식, 복지, 교통, 소비자 문제 등 생활과 밀접한 문제가 지방정치의 주요한 이슈이기 때문에 살림을 담당하는 여성들이 보다 세밀하게 잘 할 수 있다는 것이다. 실제로 여성의원의 확대는 주민의 실질적인 생활이나 삶의 질과 직접 관련된 사업을 지속적으로 혹은 새롭게 추진할 수 있는 원동력이 되고 있다(허강숙, 2009: 82).

2. 지방선거와 여성의 정치참여의 흐름

1) 한국 지방선거의 특징

1994년 〈공직선거 및 선거부정방지법〉이 제정되어 의회선거와 단체장선거, 지방선거일의 법정화, 동시선거 등 제도적 장치가 마련되면서부터 본격적인 지방자치가 실시되었다. 지방자치는 무엇보다도 지역주민들이 정치적 참여기회를 확대하고 자신들의 문제해결을 자신들이 해 나갈 수 있다는 의의를 갖는다. 지방정치에서 행위자들은 서로 다른 이해관계를 가지고 정책과정에 참여하게 되며 자신들의 이익이 정책과정에 반영될 수 있도록 다양한 전략을 구사하면서 경쟁을 벌이게 된다. 이러한 참여자들의 영향력은 정책의 종류와 정책과정의 단계에 따라 다르게 나타난다. 또 참여자들의 영향력은 그들의 이해관계, 정책에 대한 관심과 그 결정에 영향을 미칠 수 있는 힘의 정도 등에 따라서 달라진다. 지방자치의 핵심은 단체장과 지방의원을 해당 지역주민들이 선출하는 지방선거에 있다. 지방선거를 통해 지방분권과 풀뿌리 민주주의의 제도화가 실천될 수 있는 것이다.

한국 지방선거에서의 투표율은 2002년 48.9%로 최저점을 기록한 이후 2006년 51.4%, 2010년 54.5%, 2014년의 경우 사전투표제의 본격적인 실시로 56.8%로 개선되고 있다(유성진, 2014: 97). 그러나 지방선거는 대선이나 총선과는 달리 유권자들의 관심도가 상대적으로 낮은 데다가 다층적인 선거이고 동시에 치러지기 때문에 유권자들이 적극적으로 정책에 대한 정보획득에 나설 유인이 많지 않다. 중앙집권의 경향이 강한 한국의 현실에서 지방선거에서 정책선거를 보기가 쉽지 않다. 선거 때마다 쟁점 이슈들이 부각되지만 정책선거의 부재라는 비판이 나오는 이유는 민주화 이후 선거과정이 지역주의에 크게 영향 받았고 그 속에서 후보나 이슈의 영향력이 묻혀 버리거나 상쇄되었던 경향에 기인한다. 이러한 한국 지방선거의 문제점으로는 "지역주의에 뿌리깊은 정당 중심의 투표현상, 양당제 구도로 확대, 지방선거가 아닌 중앙선거의 대리전 양상의 전개, 다양한 유형의 공천비리가 유발, 헛공약이 남발되어도 당선되는 구조, 낮은 투표율"(최병윤, 2015: 15-17) 등이 지적되고 있다.

한국 정치에서 그간 목격된 지방정치의 중앙정치에의 예속 역시 정책선거를 어렵게 만드는 요인이다. 그동안 지방선거의 경험을 보면 각 수준의 선거에서 지역 고유의 쟁점을 중심으로 정당과 후보 간 경쟁이 이루어졌다기보다는 중앙정치의 쟁점에 의해 지배되는 경향이 강하고 "중앙정치의 대리전"(강원택, 2014: 24), "중앙정치 중심의 지방선거"(가상준, 2014: 57)라는 표현처럼 지방선거가 "대통령과 집권 여당에 대한 중간평가적 성격"(강경태, 2012: 106)이 강했기 때문에 유권자들은 각 지역의 현안과제를 정책적으로 판단해 볼 기회를 갖지 못했다. 결국 "한국 지방선거에는 지방이 안 보인다"(안청시 편저, 2008), "중앙정치종속의 지방정치"(안성호, 2015: 30), "'중앙정치의 완승'이자 '지방자치의 완패'"(육동일, 2015: 206)라는 표현에서 알 수 있듯이 지방자치 본연의 의미가 크게 부각되지 못하는 결과가 초래되었다. 지방선거가 지역의 정책 중심으로 진행되지 않으며 지방정치는 중앙정치에 종속되어 있는 것이다.

지방선거에서 정책선거를 약화시키는 또 다른 요인으로는 특정 지방에서 한 정당이나 후보자에게 몰표를 주는 "지역주의적 투표"(이대희, 2012: 139)의 영향을 꼽을 수 있다. 한국의 정당은 지역을 중심으로 지지기반을 확보하고 있는 "지역 패권정당"(송광태, 2015: 179)의 성격이 강하다. 지역주의의 영향은 지역정치구조를 특정 정당에 독점화시켜 정당 이외에 다른 요인들이 끼어들 여지를 크게 줄인다. 즉 유권자들의 선택에 있어서 후보의 자질이나 능력, 혹은 정책적 선호 등은 정당요인의 영향력 아래서 부차적인 선택기준으로 전락하거나 심한 경우 아예 무시된다. 지역주의는 특정 정당을 해당 지역에서 독점적인 지지기반을 갖게 만들 뿐 아니라 선거가 지역현안을 둘러싼 정책 중심의 대결 구도로 이어지지 못하게 만드는 데 결정적인 역할을 수행하였다(유성진, 2014: 102).

이처럼 한국의 지방선거는 다층적인 선거의 동시실시, 중앙정치에의 예속으로 인한 지방정치 본연의 정책이슈 실종, 지역주의에 기인한 정당경쟁의 약화 등 한국 지방선거의 구조적인 문제들로 인해 지방의 현안이나 이슈가 중심이 되는 정책선거가 실현되기 어려운 상황에 처해 있다. 선거과정에서 중앙정치의 영향으로부터 자유롭지 못하며 선거를 통해 지방의회를 구성하였으나 실제 정책수행과정에서 그 역할이 대단히 미미한 상황에 머무르고 있는 것이다(강원택, 2014: 24-25).

2006년 지방선거를 기점으로 정책선거의 활성화를 촉구하는 매니페스토운동(김용복, 2009)이 등장하면서 정책선거의 당위성과 구체적인 실천방안에 관한 고민들이 본격화되었다. 이렇듯 정책선거를 중심으로 한 긍정적인 변화에도 불구하고 한국의 선거에서 정책이 여전히 중심적인 위치를 차지하지 못하고 있는 것이 현실이다. 지역주의의 약화에 따른 선거환경의 변화에도 불구하고 후보들의 전략적 선택, 미흡한 정책적 정보, 그리고 불안정한 정당정치의 현실로 인해 한국 선거에서 유권자들이 이슈에 근거한 투표행위를 할 수 있는 여건은 크게 개선되지 못하고 있다고 평가된다. 그러나 2004년 총선을 기점으로 이념과 세대균열의 중요성이 부각되기 시작하면서 한국 선거에서도 이슈와 정책이 갖는 영향력에 대한 관심이 확산되는 추세이다(유성진, 2014: 98-100).

2) 지방선거와 여성의 정치참여

지방정치가 이루어지는 정책결정과정에는 다양한 행위자가 참여하여 자원배분에 대한 일정한 영향력을 행사하게 되며 자원배분은 이들 참여자 간의 상대적 영향력의 크기에 따라 결정된다. 성별 중립적으로 보이는 정치구조 이면에는 다양한 행위 주체들이 개입하여 여성정책에 대한 서로 다른 이해와 전략을 표출하게 되는데 이는 젠더 정치(gender politics)의 맥락에서 살펴볼 수 있다(김애령, 1999). 그러나 여성들이 지방정치에 참여하는 것은 쉽지 않다. 우선 정치를 지망하는 여성후보자가 많지 않으며 정당공천과정에서 여성후보자공천의 걸림돌이 많은 것이다(안성호, 2015: 3).

여성의 정치참여 확대는 여성들의 초기 정치진입을 가능하게 하는 제도개선운동에 기반한 측면이 크다. 역대 지방선거의 제도변화를 살펴보면 2002년 3차 지방선거에서는 비례대표제와 정당공천제가 광역의회 선거에 도입되었고 광역의회 선거에서 50% 여성의무공천제와 명부순위 2인마다 여성 1인 명부작성 의무(위반 시 명부등록 무효) 등이 제정되었다. 그리고 시·도의원 후보자 30%를 여성의원으로 공천할 것을 권고하고 이를 준수한 정당에 대한 정치자금 인센티브를 지원하였다. 2006년 4차 지방선거에서는 비례대표제와 정당공천제, 50% 여성의무공천제도가 기초의회까지 확대되었고 기초의회 선거에 중선거구제가 도입되었다. 2010년 5차

표 3-1 지방정치에서의 여성참여 확대를 위한 제도도입과정

구분		지방의회	비고
2000년	지역구		
	비례	- 광역의회 여성할당제 30% 이상 의무규정 도입(정당법 제31조 제4항 신설)	
2002년	지역구	- 광역의회 여성할당제 30% 이상 권고규정 도입(보조금 인센티브 지급, 정당법 제31조 제6항 신설)	2002년 지방선거 적용
	비례	- 광역의회 여성할당제 50% 이상 의무규정(정당법 제31조 제5항 신설) - 명부순위 2인마다 여성 1인 포함 규정(정당법 제31조 제 5항 신설)	
2005년	지역구	- 여성할당제 30% 이상 권고(공직선거법 제47조 제4항 신설) - 광역의회 여성추천보조금제도 도입(정치자금법 신설)	2006년 지방선거 적용
	비례	- 교호순번제 도입(공직선거법 개정)	
2006년	지역구	- 기초의회 중선거구제 도입 - 기초의회 여성추천보조금제도 도입(정치자금법 신설)	
	비례	- 기초의회 비례대표제 도입 - 기초의회 여성할당제 50% 이상 의무규정 및 교호순번제 도입	
2010년	지역구	- 국회의원 선거구별로 여성후보 1인 이상 의무추천(공직선거법 제47조 제5항 신설)	2010년 지방선거 적용
	비례		

자료 : 중앙선거관리위원회 선거통계시스템(http://info.nec.go.kr), 여기서는 김원홍·김복태(2013a: 37-38)에서 재인용함.

지방선거에서는 정당공천제와 여성의무공천제도 위반 시 명부등록 무효 규정이 광역의회 선거만 적용되던 것을 기초의회까지 확대하였고 정당의 지역구 후보 여성할당을 권고제에서 의무제로 변경하면서 위반할 경우에

표 3-2 역대 지방의회 여성참여(1991~2002)

(단위: 명, %)

구분			여성후보자 수 (총 후보자 수)	여성후보 비율	여성당선자 수 (총 당선자 수)	여성 비율
1991	계		186 (13,044)	1.4	48 (5,161)	0.9
	광역의회의원		63 (2,885)	2.1	8 (858)	0.9
	기초의회의원		123 (10,159)	1.2	40 (4,303)	0.9
1995	계		329 (15,593)	1.81	128 (5,766)	2.2
	광역자치단체장		2 (56)	3.5	0 (15)	0
	기초자치단체장		4 (943)	4.2	1 (230)	0.4
	광역의회 의원	지역구	38 (2,446)	1.55	12 (875)	1.37
		비례대표	79 (178)	44.4	43 (105)	40.9
	광역의회 합계		117 (2,624)	4.46	55 (980)	5.61
	기초의회의원		206 (11,970)	1.72	72 (4,541)	1.58
1998	계		239 (10,222)	1.81	97 (4,423)	2.17
	광역자치단체장		0 (40)	0	0 (40)	0
	기초자치단체장		8 (677)	1.18	0 (230)	0
	광역의회 의원	지역구	37 (1,571)	2.35	14 (616)	2.3
		비례대표	54 (180)	30	27 (47)	57.4
	광역의회 합계		91 (1,751)	5.2	41 (663)	5.9
	기초의회의원		140 (7,754)	1.80	56 (3,490)	1.6
2002	계		394 (10,903)	3.62	142 (4,415)	3.19
	광역자치단체장		0 (40)	0	0 (16)	0
	기초자치단체장		8 (750)	1	2 (232)	0.86
	광역의회 의원	지역구	48 (1,531)	3.2	14 (609)	2.29
		비례대표	116 (209)	55.5	49 (73)	67.1
	광역의회 합계		164 (1,740)	9.4	63 (682)	9.2
	기초의회의원		222 (8,373)	2.9	77 (3,485)	2.2

자료 : 김민정(2014: 218-220)을 참조하여 수정 작성함.

는 등록 무효를 하도록 규정하였다.

이러한 제도개선을 통한 효과로 2002년 지방선거에서부터 2006년, 2010년, 2014년을 거치면서 지방의회 여성참여는 수적 증가 양상을 보여준다.

1991년 시작된 지방선거는 1991년에는 지방의회의원만을 선출하였지만 1995년부터 단체장까지 직접 선출하면서 지방정치의 중요성이 강화되었다. 광역비례대표 부문에 여성할당이 시작된 1998년에 광역의회에서는 5.9%로 여성의원의 비율이 증가하였고 2002년에는 9.2%, 2006년에는 12.1%, 2010년에는 14.8%로 증가하였다. 2014년에는 14.3%로 약간 낮아진 비율을 보이고 있다.

표 3-3 역대 지방의회 여성참여(2006~2014)

(단위: 명, %)

구 분			여성후보자 수 (총 후보자 수)	여성후보 비율	여성당선자 수 (총 당선자 수)	여성 비율
2006	계		1,411(12,213)	11.6	529(3,867)	계
	광역자치단체장		4(66)	6.1	0(16)	0
	기초자치단체장		23(848)	2.7	3(230)	1.3
	광역의회 의원	지역구	107(2,068)	5.2	32(655)	4.9
		비례대표	136(211)	64.5	57(78)	73.1
	광역의회 합계		243(2,279)	10.7	89(733)	12.1
	기초의회 의원	지역구	391(7,995)	4.9	110(2,513)	4.4
		비례대표	750(1,025)	73.2	327(375)	87.2
	기초의회 합계		1,141(9,020)	12.6	437(2,888)	15.1
2010	계		1,655(9,912)	16.7	747(3,991)	18.7
	광역자치단체장		3(55)	5.5	0(16)	0
	기초자치단체장		26(749)	3.5	6(228)	2.6
	광역의회 의원	지역구	154(1,764)	8.7	55(680)	8.1
		비례대표	179(266)	67.3	58(81)	71.6
	광역의회 합계		333(2,030)	16.4	113(761)	14.8
	기초의회 의원	지역구	552(5,823)	9.5	274(2,512)	10.9
		비례대표	729(912)	79.9	352(376)	93.6

	기초의회 합계		1,281(6,735)	18.9	626(2,888)	21.6
	교육감		5(74)	6.8	1(16)	6.3
	교육위원		7(269)	16.7	1(82)	1.2
2014	계		1,827(8,896)	20.5	854(3,952)	21.6
	광역자치단체장		1(57)	1.7	0(17)	0
	기초자치단체장		40(694)	5.7	9(226)	3.9
	광역의회 의원	지역구	198(1,719)	11.5	58(705)	8.2
		비례대표	161(228)	70.6	55(84)	65.4
	광역의회 합계		359(1,945)	18.4	113(789)	14.3
	기초의회 의원	지역구	757(5,377)	14.0	369(2,519)	14.41
		비례대표	668(742)	90.0	363(379)	95.7
	기초의회 합계		1,425(6,119)	23.2	732(2,898)	25.2
	교육감		2(71)	2.8	0(17)	0
	교육위원		0(10)	0	0(5)	0

자료 : 김민정(2014: 218-220).

기초의회의 경우에는 2006년에 비례대표제가 설치되었고 여기에 여성정치할당제가 도입되었다. 여성정치할당제가 도입되기 이전에는 기초의회 여성의원의 비율은 광역의회보다 훨씬 낮았다. 1991년 0.9%, 1995년 1.58%, 1998년 1.6%, 2002년 2.2%에 지나지 않았다. 비례대표에 여성정치할당제가 시작되면서 2006년에는 15.1%로 급증하였고 이어서 2010년에는 21.6%, 2014년에는 25.2%로 증가하였다.

비례와 지역구로 나누어 살펴보면 비례대표의 경우 광역, 기초 모두 여성의원의 당선 비율이 높으며 지역구도 꾸준히 증가하였음을 알 수 있다.

표 3-4 연도별 여성당선자 비율 추이(전체)

(단위: %)

전체	1991년	1995년	1998년	2002년	2006년	2010년	2014년
광역의회 총 여성당선자	0.90	5.76	5.90	9.20	12.10	14.80	14.30
기초의회 총 여성당선자	0.90	1.58	1.60	2.20	15.10	21.60	25.20

자료 : 중앙선거관리위원회 선거통계시스템(http://info.nec.go.kr)을 참조하여 작성함.

그림 3-1 연도별 여성당선자 비율 추이(전체)

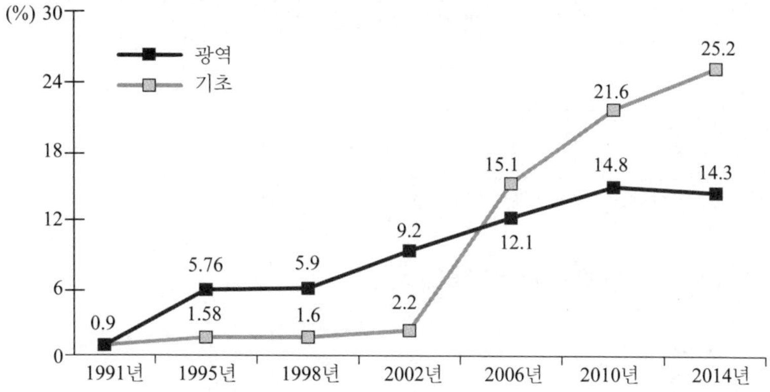

자료 : 중앙선거관리위원회 선거통계시스템(http://info.nec.go.kr)을 참조하여 작성함.

표 3-5 지방의회 연도별 여성당선자 비율 추이(비례)

(단위: %)

	1998년	2002년	2006년	2010년	2014년
광역의회 비례 여성당선자	57.40	67.10	73.10	71.60	65.40
기초의회 비례 여성당선자			87.20	93.60	95.70

자료 : 중앙선거관리위원회 선거통계시스템(http://info.nec.go.kr)을 참조하여 작성함.

그림 3-2 지방의회 연도별 여성당선자 비율추이(비례)

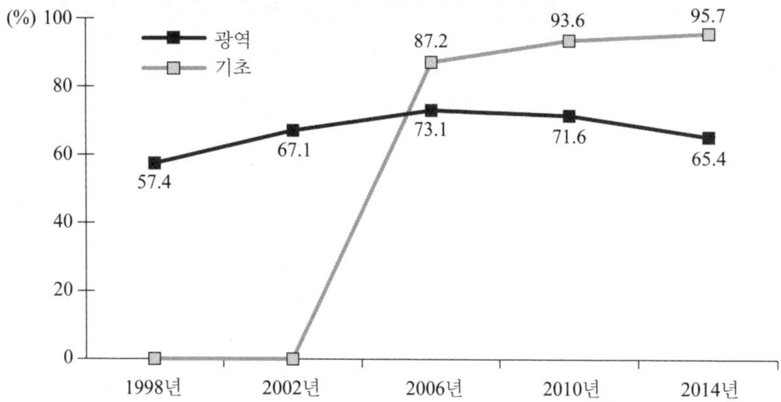

자료 : 중앙선거관리위원회 선거통계시스템(http://info.nec.go.kr)을 참조하여 작성함.

표 3-6 연도별 여성당선자 비율 추이(지역구)

(단위: %)

	1998년	2002년	2006년	2010년	2014년
광역의회 지역구 여성당선자	2.30	2.29	4.90	8.10	8.20
기초의회 지역구 여성당선자			4.40	10.90	14.41

자료 : 중앙선거관리위원회 선거통계시스템(http://info.nec.go.kr)을 참조하여 작성함.

그림 3-3 연도별 여성당선자 비율 추이(지역구)

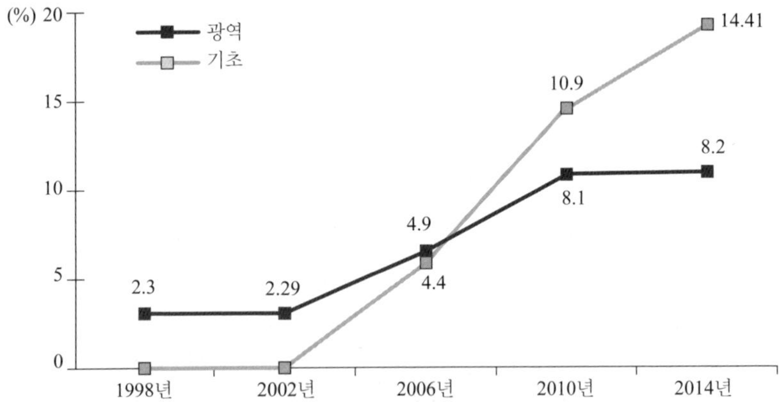

자료 : 중앙선거관리위원회 선거통계시스템(http://info.nec.go.kr)을 참조하여 작성함.

당연히 후보 비율도 같이 증가추세를 보이고 있다. 2005년 비례대표의원 후보공천 시 여성에게 매 홀수번을 부여하고 50% 이상 할당하도록 한 이래, 광역과 기초 의원에서 비례대표후보자는 꾸준히 늘어나고 있는 추세이다. 2010년 지방선거에서도 기초의원 비례의 경우, 여성후보자가 전체 80%에 이르고 있으며, 광역의원 비례의 경우 전회 대비 2.8%p 증가하였고, 총 후보자 중 여성이 67.3%를 차지하였다.

특히 2010년 지방선거에서 두드러지는 점은 광역의원의 경우 지역구 후보자 중 여성이 차지하는 비율이 8.7%에 이르렀고 4회 지방선거와 비교해 볼 때 약 3.5%p가 증가한 것으로 나타났다. 기초의원의 경우도 전회 대비 약 4.6%p 상승했으며 총 후보자 중 여성 비율이 약 9.5%를 차지하였다. 1회 지방선거 이후 여성후보자 비율 증가 추세를 살펴보면 1회에서 3회까지는 소폭의 상승 모습을 보이다가 4회에서 조금 큰 폭의 상승 모습을 보였고, 2010년 선거에 들어서는 광역 · 기초의원 모두 2배에 가까운 증가폭을 보여주고 있다. 이는 선거에 지역구 '여성공천의무할당제'가 도입되면서 각 당이 이에 대응한 노력의 흔적이라 해석할 수 있다.

2010년 선거에서 눈에 띄는 점은 두 가지이다. 하나는 비록 광역단체장은 배출하지 못했으나 기초단체장이 6명 당선됨으로써 전회 3명 당선에 비해 수적으로 2배 이상 증가하였다는 점이다. 그리고 다른 하나는 광역과 기초 의원의 경우 지역구 선출에서 여성의원 당선자 비율이 각각 3.2%p, 6.5%p 증가하였다는 점이다. 이처럼 2010년 선거에서 여성당선자가 늘어난 것은 여성후보자 수의 증가에서 비롯된 부분이 크다. 또한 지방선거에 도입된 여성후보 공천의무할당제의 효과도 있었다고 할 수 있다. 아울러 유권자의 여성후보에 대한 인식변화 등도 영향을 미쳤다(김원홍 · 김은경, 2010: 16).

표 3-7 역대 지방선거에서 여성후보자의 당선현황 비교

선거 종류	구분		1회 (1995)	2회 (1998)	3회 (2002)	4회 (2006)	5회 (2010)	6회 (2014)
광역 단체장	입후보자 수	전체	56	40	55	66	55	57
		여성 (%)	2 (3.57)	0 (0.0)	0 (0.0)	4 (6.06)	3 (5.45)	1 (1.75)
	당선자 수	전체	15	16	16	16	16	17
		여성 (%)	0(0.0)	0(0.0)	0(0.0)	0(0.0)	0(0.0)	0(0.0)
기초 단체장	입후보자 수	전체	943	677	750	848	749	694
		여성 (%)	4 (0.42)	8 (1.18)	8 (1.07)	23 (2.71)	26 (3.47)	40 (5.76)

	당선자 수	전체	230	232	232	230	228	225
		여성 (%)	1 (0.43)	0 (0.0)	2 (0.86)	3 (1.30)	6 (2.63)	9 (4.00)
광역 의원 (지역구)	입후보자 수	전체	2,446	1,571	1,531	2,068	1,764	1,719
		여성 (%)	38 (1.55)	37 (2.36)	48 (3.14)	107 (5.17)	154 (8.73)	198 (11.52)
	당선자 수	전체	874	616	609	655	680	705
		여성 (%)	12 (1.37)	14 (2.27)	14 (2.30)	32 (4.89)	55 (8.09)	58 (8.23)
광역 의원 (비례)	입후보자 수	전체	178	180	209	211	266	228
		여성 (%)	79 (44.38)	54 (30.00)	116 (55.50)	136 (64.45)	179 (67.29)	161 (70.61)
	당선자 수	전체	97	47	73	78	81	84
		여성 (%)	43 (44.33)	27 (57.45)	49 (67.12)	57 (73.08)	58 (71.60)	55 (65.48)
기초 의원 (지역구)	입후보자 수	전체	11,970	7,754	8,373	7,995	5,823	5,377
		여성 (%)	206 (1.72)	140 (1.81)	222 (2.65)	391 (4.89)	552 (9.48)	757 (14.08)
	당선자 수	전체	4,541	3,489	3,485	2,513	2,512	2,519
		여성 (%)	72 (1.59)	56 (1.61)	77 (2.21)	110 (4.38)	274 (10.91)	369 (14.65)
기초 의원 (비례)	입후보자 수	전체				1,025	912	742
		여성 (%)				750 (73.17)	729 (79.93)	668 (90.03)
	당선자 수	전체				375	376	379
		여성 (%)				327 (87.20)	352 (93.62)	363 (95.78)
합계	입후보자 여성 비율 (여성/전체, %)		1.62	1.84	3.61	11.55	17.17	20.70
	당선자 여성 비율 (여성/전체, %)		1.50	1.61	3.22	13.68	19.19	21.74

자료 : 중앙선거관리위원회 선거통계시스템(http://info.nec.go.kr), 여기서는 김원홍(2014a: 11)에서 재인용함.

3. 2014년 6회 지방선거와 여성

1) 여성후보자 및 여성당선자 현황

세월호 사건 이후의 정권심판론과 박근혜 수호론이 지방선거에서 팽배하게 맞서면서 광역단체장은 새누리당과 새정치민주연합(현재의 '더불어 민주당'), 두 양당이 세력균형을 이루었다. 세월호 사건에도 불구하고 특정 정당에 대한 정당일체감이 여전했으며(박원호 · 신화용, 2014: 137-138; 강원택, 2015: 34) 정책경쟁이 실종되면서 지방의회도 양당 독식체제가 강화되어 소수정당이 설 자리가 더욱 좁아졌다. 진보정당 출신의 4명의 후보가 기초단체장 선거에서 당선되었던 2010년과 달리 2014년에는 전무하였고 광역의원 수는 32명에서 4명으로 대폭 줄어들었으며 기초의원에서도 마찬가지로 진보정당 출신의 의원 수는 161명에서 51명으로 감소했다. 또한 무소속 후보들 또한 감소하여 2010년 2명의 무소속 광역단체장과 달리 2014년에는 전무하였고 무소속 기초단체장은 36명에서 29명, 광역의원은 36명에서 20명, 기초의원은 305명에서 277명으로 감소했다.

2014년 6·4 지방선거에서는 광역단체장 선거에서 무소속 1명을 제외하고 거대양당뿐만 아니라 통합진보당, 정의당, 노동당, 녹색당 등 진보정당에서도 여성후보를 전혀 배출하지 않았다. 기초단체장 선거에서는 2010년 선거에 비해 미약하나마 증가했는데 후보자 비율은 3.5%에서 5.7%로 상승했고 당선자 비율은 2.6%에서 3.9%로 증가하였으며 전국적으로 총 9명의 여성 기초단체장이 배출되었다. 여성당선자 비율은 2014년 선거에서 기초는 25.2%로 3.6%p 소폭 상승했지만 광역은 14.3%로 오히려 지난 5회 선거에 비해 0.5%p 감소했다.

2) 여성의 당선현황

표 3-8 2014년 지방선거 여성당선자 현황 (단위: 명, %)

<table>
<tr><th colspan="3">구분</th><th>여성후보자 수
(총 후보자 수)</th><th>여성후보
비율</th><th>여성당선자 수
(총 당선자 수)</th><th>여성
비율</th></tr>
<tr><td rowspan="11">2014</td><td colspan="2">계</td><td>1,827(8,896)</td><td>20.5</td><td>854(3,952)</td><td>21.6</td></tr>
<tr><td colspan="2">광역자치단체장</td><td>1(57)</td><td>1.7</td><td>0(17)</td><td>0</td></tr>
<tr><td colspan="2">기초자치단체장</td><td>40(694)</td><td>5.7</td><td>9(226)</td><td>3.9</td></tr>
<tr><td rowspan="2">광역의회
의원</td><td>지역구</td><td>198(1,719)</td><td>11.5</td><td>58(705)</td><td>8.2</td></tr>
<tr><td>비례대표</td><td>161(228)</td><td>70.6</td><td>55(84)</td><td>65.4</td></tr>
<tr><td colspan="2">광역의회 합계</td><td>359(1,945)</td><td>18.4</td><td>113(789)</td><td>14.3</td></tr>
<tr><td rowspan="2">기초의회
의원</td><td>지역구</td><td>757(5,377)</td><td>14.0</td><td>369(2,519)</td><td>14.41</td></tr>
<tr><td>비례대표</td><td>668(742)</td><td>90.0</td><td>363(379)</td><td>95.7</td></tr>
<tr><td colspan="2">기초의회 합계</td><td>1,425(6,119)</td><td>23.2</td><td>732(2,898)</td><td>25.2</td></tr>
<tr><td colspan="2">교육감</td><td>2(71)</td><td>2.8</td><td>0(17)</td><td>0</td></tr>
<tr><td colspan="2">교육위원</td><td>0(10)</td><td>0</td><td>0(5)</td><td>0</td></tr>
</table>

자료 : 김민정(2014: 218-220).

2014년 6회 지방선거 결과 여성당선자 현황은 기초자치단체장 9명(3.9%), 광역의회의원 113명(14.3%), 기초의회의원 732명(25.2%)의 당선으로 나타났다. 총 3,952명의 당선자 중 여성이 854명으로 21.6%를 차지한다. 이는 2010년 지방선거 결과에 비하면 107명의 당선자 수가 증가하였고 비율도 2.9%p 증가하였다는 점에서 여성의 정치적 대표성 확대의 양적 측면에서 긍정적인 현상으로 볼 수 있다. 그러나 교육감의 경우 2010년 선거에서 1명의 교육감을 배출했던 데 비해 2014년 선거에서는 한 명의 여성교육감도 배출하지 못했다는 점, 광역자치단체장은 한 명의 여성당선자도 배출하지 못했다는 점 등을 고려하면 여성의 정치적 대표성 확대의 질적 측면에서는 큰 진전이 없었다고 할 수 있다. 반면 기초자치단체장에서 전회 대비 3명의 여성당선자가 증가하였다는 점은 고무적이다. 좀 더 구체적으로 살펴보자.

광역단체장의 경우 2014년 선거에서 여성후보는 대구에서 출마한 무소속후보 1명만이 여성이어서 남성 일색의 선거가 치러졌다고 하겠다. 기초단체장의 경우는 총 9명의 여성당선자를 배출했는데 새누리당이 7명, 새정치민주연합이 2명 당선되었다.

2014년 지방선거에서 지역구에 선출하는 선거구 및 의원정수는 광역의회가 705개소 750명이고 기초의회가 1,034개소 2,519명이다. 이 선거에서 광역의회에 여성 총 198명이 입후보하여 58명이 당선되었고 기초의회에 757명이 입후보하여 369명이 당선되었다. 이 중에서 무소속을 제외하면 광역과 기초 의회에서 정당이 각각 176명과 627명을 공천하여 각각 58명과 357명을 당선시켰다. 광역의회에서는 무소속 당선자가 나타나지 않았던 반면 기초의회에서는 12명의 무소속 당선자를 배출했다(김원홍, 2014a: 16). 광역의원의 경우 다른 선거에 비해 여성당선자가 거의 증가하지 못했다. 기초의원의 경우 지역구 369명, 비례 363명 총 732명의 여성이 당선되었다.

기초의회 정당공천제 폐지논쟁(정희옥 · 윤종빈, 2013)과 세월호 침몰사건이 발생하여 공천과정은 불투명하게 진행되었고 그 결과 당에서 상대적으로 취약한 위치를 점하고 있는 정치신인이나 여성의원들이 선거를 준비하는 데 어려움을 겪었다(이진옥 · 김민정 · 문경희 외, 2014: 20-28)고 평가된다.

3) 정당별 당선과 공천

지역구 여성당선자 현황을 정당별로 살펴보면 광역의회에서는 새누리당과 새정치민주연합이 당선자를 양분했다. 여성당선자를 살펴보면 새누리당의 경우 25명(당선율 54.3%)의 당선자를 배출했고 새정치민주연합은 33명(49.3%)의 당선자를 배출했다. 기초의회의 경우도 양 정당이 거의 대부분 양분하였으나 통합진보당이 11명(11.2%), 정의당이 5명(21.7%), 노동당이 1명(20.0%)의 당선자를 기초의회에 진출시켰다. 당선자 대부분을 양분한 새누리당과 새정치민주연합의 경우 각각 183명(65.8%)과 157명(71.0%)의 당선자를 배출했다.

표 3-9 2014년 지방선거 정당별 여성당선자 현황

(단위: 명, %)

구분		전체 여성당선자	새정치 민주연합	새누리당	거대정당 비중
광역단체장		0	0	0	-
기초단체장		9	2	7	100.0
광역의원	지역구	58	33	25	100.0
	비례	55	26	26	94.5
기초의원	지역구	369	157	183	92.1
	비례	363	168	191	98.9
합 계		854	386	432	95.8

자료 : 김은희(2014: 18).

표 3-10 2010년과 2014년의 지방선거 결과

(단위: 명)

	2010년 선거					2014년 선거			
	한나라당	민주당	자유선진당	진보정당	무소속	새누리당	새정치민주연합	진보정당	무소속
광역자치단체장	6	7	1		2	8	9		
기초자치단체장	82	92	13	4	36	117	80		29
광역의회의원	288	360	41	32	36	416	349	4	20
기초의회의원	1,247	1,025	117	161	305	1,413	1,157	51	277

비고 : 진보정당은 2010년의 경우는 '민주노동당, 국민참여당, 진보신당'을 의미하고 2014년의 경우는 '통합진보당, 정의당, 노동당'을 의미한다.

자료 : 이진옥 · 김민정 · 문경희 외(2014: 29).

정당별 지역구 여성후보공천 비율을 살펴보면 광역의회의 경우 새정치

민주연합이 가장 많은 수의 여성후보자(67명, 12.5%)를 공천했으며 그 다음이 46명(7.7%)을 공천한 새누리당이었다. 통합진보당과 노동당도 각각 36명(31.6%), 22명(32.4%)의 여성후보를 공천하는 등 여성의 정치적 대표성 확대를 위한 노력을 이어가고 있다. 기초의회의 경우는 수적으로 새누리당(278명, 15.0%), 새정치민주연합(221명, 16.3%), 통합진보당(98명, 38.4%), 노동당(5명, 24.5%) 순을 보여주고 있다.

표 3-11 정당별 지역구 여성후보공천 비율

(단위: 명, %)

정당	광역의회			기초의회		
	전체	여성	비율	전체	여성	비율
새누리당	595	46	7.7	1,858	278	15.0
새정치민주연합	538	67	12.5	1,356	221	16.3
통합진보당	114	36	31.6	255	98	38.4
정의당	12	2	16.7	94	23	24.5
노동당	68	22	32.4	25	5	20.0
녹색당	3	1	33.3	7	2	28.6
새정치당	5	2	40.0	11		0.0
한나라당				1		0.0
무소속	384	22	5.7	1,770	130	7.3

자료 : 김원홍(2014a: 16).

2014년 지방선거에서 양대정당이 실제 어떠한 공천유형을 통해 후보를 공천했는가를 정리해 보면 새누리당의 경우 모든 선거유형에서 여론조사 100% 방식을 가장 많이 사용하였다.

표 3-12 2014년 지방선거와 선거유형별 공천유형(새누리당)

(단위 : 선거구 수, %)

선거유형	공천유형						합계
	여론 조사 100%	권리당원 50% + 여론조사 50%	무경선 단수 후보공천	여성 우선 공천	권리 당원 100%	권리당원 50% + 국민참여 선거인단 50%	
기초단체장	50(43.9)	40(35.1)	18(15.8)	3(0.8)	0(0.0)	3(2.6)	114(100)
광역의원	51(40.5)	25(19.8)	47(37.3)	2(1.6)	1(0.8)	0(0.0)	126(100)
기초의원	70(56.5)	28(22.6)	18(14.5)	5(4.0)	3(2.4)	0(0.0)	124(100)

자료 : 전용주(2014a: 464).

표 3-13 2014년 지방선거와 선거유형별 공천유형(새정치민주연합)

(단위 : 선거구 수, %)

선거유형	공천유형						합계
	여론 조사 100%	권리당원 50% + 여론조사 50%	무경선 단수 후보공천	여성 우선 공천	권리 당원 100%	권리당원 50% + 국민참여 선거인단 50%	
기초단체장	28(33.7)	19(22.9)	35(42.2)	0(0.0)	1(1.2)	0(0.0)	83(100)
광역의원	67(45.0)	19(12.8)	41(27.5)	4(2.7)	17(11.4)	1(0.7)	149(100)
기초의원	49(25.7)	35(18.3)	64(33.5)	4(0.9)	43(22.5)	0(0.0)	191(100)

자료 : 전용주(2014a: 464).

〈표 3-13〉은 새정치민주연합의 선거유형별 공천유형을 정리한 것이다. 기초단체장의 경우는 무경선 단수 후보공천, 여론조사 100% 방식 순이다. 광역의원의 경우 여론조사 100% 방식이 가장 많았으며 기초의원의 경우는 무경선 단수 후보공천이 가장 많았다.

경선은 그 자체로 정당민주화를 위한 중요한 수단이기는 하지만 조직과 자금이 취약한 여성후보자들에게는 불리하다고 평가된다(김원홍 · 김인순 · 김은주, 2014: 62). 실제로 상향식 경선방식에 의한 공천은 여성에게 불리했다. 전용주(2014a)의 〈표 3-14〉에서 보여주듯이 2014년 지방선거의 정당경선에 참여한 여성의 경선승률은 51.7%로 나타났다. 그러나 주목해야 할 점은 경선을 통과한 여성후보 상당수가 현직후보라는 점이다. 예를 들어 '여론조사 100%' 경선의 경우 현직 여성후보의 경선승률은 88.2%인

표 3-14 상향식 공천과 여성(2014년 지방선거)

(단위: 명, %)

<table>
<tr><th>경선유형</th><th>참여 여부</th><th>후보 수</th><th>여성후보 경선승률</th></tr>
<tr><td rowspan="6">여론조사 100%</td><td>현직 참여</td><td>17</td><td rowspan="2">88.2</td></tr>
<tr><td>현직 경선승리</td><td>15</td></tr>
<tr><td>비현직 참여</td><td>28</td><td rowspan="2">32.1</td></tr>
<tr><td>비현직 경선승리</td><td>9</td></tr>
<tr><td>참여</td><td>45</td><td rowspan="2">53.3</td></tr>
<tr><td>경선승리</td><td>24</td></tr>
<tr><td rowspan="6">권리당원 50%
+
여론조사 50%</td><td>현직 참여</td><td>13</td><td rowspan="2">69.2</td></tr>
<tr><td>현직 경선승리</td><td>9</td></tr>
<tr><td>비현직 참여</td><td>15</td><td rowspan="2">40.0</td></tr>
<tr><td>비현직 경선승리</td><td>6</td></tr>
<tr><td>참여</td><td>28</td><td rowspan="2">53.6</td></tr>
<tr><td>경선승리</td><td>15</td></tr>
<tr><td rowspan="6">권리당원 100%</td><td>현직 참여</td><td>7</td><td rowspan="2">57.1</td></tr>
<tr><td>현직 경선승리</td><td>4</td></tr>
<tr><td>비현직 참여</td><td>7</td><td rowspan="2">28.6</td></tr>
<tr><td>비현직 경선승리</td><td>2</td></tr>
<tr><td>참여</td><td>14</td><td rowspan="2">42.9</td></tr>
<tr><td>경선승리</td><td>6</td></tr>
<tr><td rowspan="6">합계</td><td>현직 참여</td><td>37</td><td rowspan="2">75.7</td></tr>
<tr><td>현직 경선승리</td><td>28</td></tr>
<tr><td>비현직 참여</td><td>50</td><td rowspan="2">34.0</td></tr>
<tr><td>비현직 경선승리</td><td>17</td></tr>
<tr><td>참여</td><td>87</td><td rowspan="2">51.7</td></tr>
<tr><td>경선승리</td><td>45</td></tr>
</table>

자료 : 전용주(2014a: 467).

데 반해 비현직 여성후보의 승률은 32.1%에 지나지 않았다. '권리당원 50%+여론조사 50%' 방식에서도 현직 여성후보의 승률은 69.2%였지만 비현직 여성후보의 승률은 40%였다. 비현직 여성후보의 승률이 가장 낮은 경선방식은 '권리당원 100%' 방식으로 경선을 치룬 경우였으며 그 승률은 28.6%에 불과했다. 여성후보가 조직력에서 열세라는 사실을 생각해 볼 수 있다. 새정치민주연합은 여성후보에게 가산점 20%를 주었으나 이러한 규정은 결선결과에 그다지 영향을 미치지 못했으며 현직 효과를 감안한다면 경선은 여성이 통과하기 매우 어려운 관문임을 알 수 있다(전용주, 2014a: 468).

따라서 경선은 여성과 같은 정치적 소수자, 그리고 약자 집단이 저대표될 수 있는 가능성이 높다. "정당 차원에서 이러한 왜곡현상을 시정할 수 있는 교정장치를 제도화하려는 적극적 노력이 필요하다"(전용주, 2014a; 476)는 지적도 이런 의미이다.

경선을 치르기 위해서는 정치자금이 필요하므로 경선비용이 문제가 된다. "경선참여자들이 후원회를 통해 자금을 모금할 수 있도록 하는 방법, 혹은 정당후원회를 통해 정당이 여론조사비용 등 경선에 소요되는 자금을 부담할 수 있도록 하는 방안의 제도화"(전용주, 2014a: 477)를 고려해 볼 수 있다.

4) 여성추천보조금제도

여성추천보조금제도는 여성 정치참여 확대방안의 일환으로 2006년 4회 지방선거를 앞두고 도입되었다. 전국 지역구 총수의 30% 이상을 여성후보로 추천한 정당에 여성추천보조금이 지급되고 30% 이상 여성후보를 추천한 정당이 없는 경우 5% 이상 추천정당을 대상으로 국회의석 수 비율과 이전 선거 득표 수 비율에 따라 지급된다. 2014년 지방선거 여성후보 추천보조금 집행 현황은 〈표 3-15〉와 같은데 여성후보공천 확대라는 입법

취지에 맞게 "해당 선거에서 각 정당이 여성후보를 공천한 비율, 즉 전체 후보 수 대비 여성후보 비율에 따라 국고보조금을 배분하는 방식으로 관계법의 개정"(김은주, 2014: 56-57)이 필요하다.

표 3-15 2014년 지방선거 여성후보추천보조금 집행 현황

(단위 : 원, %)

구분 / 정당명	지급액	비율	여성후보공천 비율[1)]
합 계	2,064,645,200	100.00	78
새누리당	859,566,040	41.63	34
새정치민주연합	715,362,430	34.65	30
통합진보당	489,716,730	23.72	14

비고 : 1) 기초광역의회의원 지역구 선거에 대한 각당 여성후보 수/전체 여성후보 수×100
2) 전체 여성후보자 중 기타 소수정당 및 무소속 후보가 22%를 차지함.
자료 : 중앙선거관리위원회, 황인자국회의원실 요청자료(김은주, 2014: 56에서 재인용).

5) 여성후보자와 당선율

2014년 선거에서 여성당선자가 늘어난 원인으로 여성후보자 수의 증가를 꼽을 수 있다. 여성후보자 수가 3.5%p 증가하였다.

〈표 3-17〉의 성별 당선율을 살펴보면 남성의 경우 43.8%, 여성은 46.7%로 여성의 당선율이 낮지 않아서 많은 수의 여성을 입후보시키는 것이 여성의 정치적 대표성 확대로 이어진다는 것을 나타내 준다고 하겠다(김원홍, 2014a: 10). 지역구를 중심으로 세부적으로 살펴보면 기초의회의 경우 큰 차이를 보이지 않는다(남성 46.5%, 여성 48.7%)고 할 수 있으나 광역의회의 경우 큰 차이를 보였다. 광역의회의 여성당선율은 29.3%인 반면 남성당선율은 42.5%였다. 5회 남녀당선율은 광역이 각각 38.2% 대 35.7%, 기초가 42.5% 대 49.6%였다. 이렇게 전회에서 엇비슷한 당선율을 보이던 현상이 이번에 특히 광역의회에서 여성의 당선율이 급감한 이유에 대한 분석은 필요하다고 지적되고 있다(김원홍, 2014a: 16).

표 3-16 6회 지방선거 여성후보자 및 당선자 현황

(단위: 명, %)

구분		입후보자 수			당선자 수		
		전체(A)	여성(B)	비율(B/A)	전체	여성	비율
광역단체장		57	1	1.8	17	0	0.0
기초단체장		694	40	5.8	225	9	4.0
광역의원	지역구	1,719	198	11.5	705	58	8.2
	비례	228	161	70.6	84	55	65.6
광역의원 합계		1,947	359	18.4	789	113	14.3
기초의원	지역구	5,377	757	14.1	2,519	369	14.6
	비례	742	668	90.0	379	363	95.8
기초의원 합계		6,119	1,425	23.3	2,898	732	25.3
교육감		71	2	2.8	17	0	0.0
교육위원		10	0	0.0	5	0	0.0
계		8,898	1,827	20.5	3,951	854	21.6

자료 : 김원홍(2014a: 9).

표 3-17 6회 지방선거 성별 당선율 비교

(단위: 명, %)

구분		남성			여성		
		입후보자 수	당선자 수	당선율	입후보자 수	당선자 수	당선율
광역단체장		56	17	30.4	1	0	0.0
기초단체장		654	216	33.0	40	9	22.5
광역의원	지역구	1,521	647	42.5	198	58	29.3
	비례	67	29	43.3	161	55	34.2
기초의원	지역구	4,620	2,150	46.5	757	369	48.7
	비례	74	16	21.6	668	363	54.3
교육감		69	17	24.6	2	0	0.0
교육위원		10	5	50.0	0	0	
계		7,071	3,097	43.8	1,827	854	46.7

자료 : 김원홍(2014a: 10).

6) 지방의회 여성의원과 선수

여성당선자의 선수별 현황을 살펴보면 광역의회 지역구의 경우 초선의원보다는 재선의원이 더욱 많이 늘었다. 이는 지난번 초선의원이 2014년 선거에서 재선된 경우가 많았음을 추측 가능하게 한다. 그러나 비례와 함께 고려할 때는 여전히 초선의원이 59.3%로 많다. 기초의회 지역구의 경우도 재선의원이 많이 늘었지만 비례대표와 합산하여 보면 초선의원이 85.5%를 차지한다.

표 3-18 6회 지방선거 의회 여성당선자 선수별 현황

(단위: 명, %)

		초선	재선	3선	4선	5선	6선	합계
광역의원	지역구	14 (24.1)	33 (56.9)	9 (15.5)	1 (1.7)		1 (1.7)	58
	비례	53 (96.4)	2 (3.6)					55
광역의원 합계		67 (59.3)	35 (31.0)	9 (8.0)	1 (0.9)	0 (0.0)	1 (0.9)	113
기초의원	지역구	273 (74.0)	80 (21.7)	15 (4.1)	1 (0.3)			369
	비례	353 (97.2)	10 (2.8)					363
기초의원 합계		626 (85.5)	90 (12.3)	15 (2.0)	1 (0.1)			732

비고 : 중앙선거관리위원회 선거통계시스템(http://info.nec.go.kr), 여기서는 김원홍(2014a: 22)에서 재인용.

지금까지 살펴본 것처럼 여성정치할당제, 비례대표제, 정당공천제 등 선거제도의 도입으로 지방정치에서 여성의 정치참여는 지방선거가 진행되면서 늘고 있음을 알 수 있다. 이는 여성의 정치참여 확대와 관련하여 제도의 효과를 보았음을 의미한다. 그러나 여전히 지역구로의 진출은 충분한 증가를 가져오지 못함으로써 지역구 여성 진출을 위한 제도적 개선방안이 마련되어야 한다.

지방자치와
여성의 정치세력화

지방의회
여성의원의
선거와 의정활동

PART 2

04. 지방선거와 여성의원의 홍보전략

05. 지방의회 여성의원의 의정활동 경험과 의식

06. 여성의원의 현황과 의정활동

chapter **04**

지방선거와 여성의원의 홍보전략

1. 선거공보 연구의 흐름

선거는 민주주의를 구성하는 중요한 요소이며 선거과정에서 후보자와 유권자 간의 의사소통은 지지와 거부를 선택하게 하는 역동적인 과정이다. 선거에서 유권자는 후보자가 제공하는 자료와 정보를 판단하여 지지 여부를 결정한다. 따라서 후보자는 유권자에게 정보를 제공하여 자신을 지지할 수 있도록 설득하는 것이 필요하다. 후보자의 유권자 설득은 대면적인 경로와 비대면적인 경로가 있다. 직접적으로 후보자가 유권자를 대면하는 경우는 제한적이기 때문에 후보자와 유권자 간의 설득과정은 선거홍보물을 통해서 대부분 이루어진다. 선거에 출마한 후보자는 유권자들이 자신을 지지할 수 있도록 이미지를 만들고 유세를 하고 홍보물을 배포한다.

현재 법적으로 허용하고 있는 선거홍보 미디어는 현수막, 신문광고, 선거벽보, 선거공보, 방송광고, 휴대폰 문자, 홈페이지와 소셜미디어 등이다. 그중 선거공보는 선거후보자가 모두 활용하는 것으로 후보자의 선거운동캠프에서 당선을 위해 가장 공들여 제작하는 홍보물이라는 점에서 선거의 중요한 미디어 가운데 하나이다(조희정 외, 2014a: 126). 선거공보에는 후보자가 알리고자 하는 메시지가 압축적 · 전략적으로 엄선되어 표현된다. 특히 매니페스토운동과 함께 후보자의 정책이 유권자의 선택에서 중요해진다고 볼 때 정책이 구체적으로 제시되어 있는 선거공보는 더욱 중요해진다고 하겠다. 실제로 2010년 6·2 지방선거에 대한 연구(차영란, 2011: 152)를 보면 유권자들은 선거공보 같은 선거홍보물을 통해 후보자 정책을 가장 많이 인지하는 것으로 나타나고 있다.

선거공보는 후보자 정보와 공약이 잘 반영되어 있다는 점에서 선거운동에서 중요하다. 선거공보는 8쪽이라는 제한된 지면에 인물과 공약을 소개해야 한다는 점에서 후보자들은 내용의 선택과 집중에 대해 고민하고 전략을 수립한다. 따라서 이들 전략에 의해 선택된 선거공보의 내용은 해당 선거의 특징을 형성하는 중요한 구성 요소라고 평가할 수 있다.

선거 시기에 선거관리위원회는 책자형 선거공보를 각 세대와 부재자 신고인에게 우편으로 송부한다. 선거공보를 통해 선거정보 공급자로서의 후보자가 어떤 내용의 정보를 제공하고 인쇄 미디어의 홍보전략을 어떻게 구성하는가를 살펴볼 수 있다. 선거공보는 유권자에게 가장 직접적으로 전달되는 선거정보 미디어이며 후보자들을 객관적으로 비교할 수 있는 장점이 있다. 특히 TV 토론이나 방송 연설의 기회가 적거나 거의 없는 지방선거에서 인쇄된 선거공보는 유권자들에게 후보자를 인지시키는 데 큰 역할을 한다. "전략성, 집약성, 직접성, 정보성, 공약성"(조희정 외, 2014a: 123)을 특징으로 하는 선거공보 분석을 통해 이를 주요 홍보수단으로 활용하는 지방의회의원들의 홍보전략을 알 수 있다.

선거공보에 대해서는 몇몇 연구가 있지만(김인숙, 1999; 강동구, 2004; 황경수 · 고태호, 2005: 임수경, 2008; 최병일, 2014) 지방의원의 선거공보에 대한 연구는 드문 편이다. 또한 선거공보 연구가 정치나 선거 자체보다는 홍보 연구의 일부로 다루어지기 때문에 후보자 이미지 표출과 미적 디자인에 관심을 두는 경향이 있다. 지방의회 선거공보에 대한 연구로 김만기(2012)는 대학생 45명에게 무작위로 선택된 2010년 6·2 지방선거 선거공보를 배포하고 선거공보 홍보전략과 내용 등을 검토했다. 조희정 외(2014a, 2014b)의 연구는 2014년 6·4 지방선거 서울시 의회선거 후보자 998명(광역, 기초 포함)의 선거공보와 광역시의원 후보자 641명의 선거공보를 세부 평가항목을 만들어 종합적으로 검토했다는 점에서 지방의회 선거공보 연구의 지평을 넓힌 매우 의미 있는 연구라 하겠다. 그러나 성별 차이에 대한 관심이나 여성의원 홍보전략의 특성에 대해서는 관심을 두지 않았다.

이 장에서는 2014년도 광역시·도의회 지역구 여성의원 당선자들의 선거공보 내용을 통해 여성의원의 홍보전략을 살펴보고자 한다. 이런 검토를 통해 여성의원의 전반적인 홍보전략을 살펴보고 특히 젠더 전략과 여성공약의 내용과 함의를 살피고자 한다. 그동안 여성의원에 대한 연구는 정치적 대표성 확대방안이나 의정활동을 중심으로 이루어져 왔다. 이처럼 여성의원의 홍보전략 자체에 대한 연구가 전혀 없는 상태에서 여성의원의 홍보전략 분석은 그 자체로 의미가 있으며 여성의원의 지방선거 참여과정을 이해한다는 점에서 여성의 정치세력화에 대한 총체적이고 종합적인 전망에 기여할 수 있을 것이다. 또한 이는 여성정치인의 목소리 그 자체에 주목하고 있는 연구가 드문 현실에서 여성정치인이 유권자에게 "어떻게 말을 건네고 있는가?"(안숙영, 2014: 205) 하는 문제와 연결된다는 점에서 의미가 있다고 하겠다.[1]

여성의원의 홍보전략 분석을 위한 연구방법으로는 선거공보에 대한 내용 분석을 기본으로 하면서 평가항목에 대한 빈도와 유형을 살펴보았고 몇 가지 세부적인 사항에 대해서는 SPSS 14.0을 이용하여 상관관계를 살펴보았다. 광역시·도의회 지역구로 당선된 여성의원은 58명이지만 무투표로 당선된 여성의원 1명[2]의 경우 선거공보가 없어서 여기서는 57명의

1 성별화된 제도로서 선거운동을 분석한 것으로는 Dittmar(2015)의 책을 참조할 것.
2 경북의 한혜련 의원(새누리당)이다.

선거공보를 중심으로 살펴보았다. 선거공보 내용은 중앙선거관리위원회 선거정보도서관 홈페이지[3]를 통해서 확인했다.

2. 2014년 지방선거와 여성당선자

2014년 제6회 지방선거 결과 여성당선자는 기초자치단체장 9명(3.90%), 광역의회의원 113명(14.3%), 기초의회의원 732명(25.2%)이다. 총 3,952명의 당선자 중 여성이 854명으로 21.6%를 차지한다. 이는 2010년 지방선거 결과에 비하면 107명의 당선자 수가 증가하였고 비율도 2.9%p 증가하였다는 점에서 여성의 정치적 대표성 확대의 양적 측면에서 긍정적인 현상으로 볼 수 있다. 그러나 교육감의 경우 2010년 선거에서 1명의 교육감을 배출했던 데 비해 2014년 선거에서는 한 명의 여성교육감도 배출하지 못했다는 점, 광역단체장은 한 명의 여성당선자도 배출하지 못했다는 점 등을 고려하면 여성의 정치적 대표성 확대의 질적 측면에서는 큰 진전이 없다고 할 수 있다. 반면 기초단체장에서 전회 대비 3명의 여성당선자가 증가하였다는 점은 고무적이다.

이 글에서 분석대상은 광역시·도 지역구 여성당선자이다. 분석대상 57명 여성의원의 현황을 살펴보면 충남을 제외하면 대부분의 광역시·도에서 지역구 여성의원이 당선되었음을 보여준다. 정당별로 살펴보면 새누리당이 42.1%(24명), 새정치민주연합이 57.9%(33명)였다. 초선이 19.3%(11명), 재선이 35.1%(20명), 3선 이상이 45.6%(26명)였다. 57명 중 대학원 재학 이상이 61.4%(35명)이고 이 중 박사도 5명으로 전반적으

3 선거공보 내용은 중앙선거관리위원회 선거정보도서관 홈페이지(http://elecinfo.nec.go.kr)를 통해서 확인할 수 있다. 단 재산 관련 등에 대한 인적 사항은 선거기간 중에만 공개되고 있다.

로 여성의원의 학력이 높음을 알 수 있다. 89.5%(51명)가 정당경력이 있었으며 특정 정치인 관련 경력이 있는 경우는 43.9%(25명)였다.

표 4-1 광역시·도 여성의원 당선자 현황

구분	현황
지역	서울시의회(15명), 경기도의회(13명), 인천시의회(1명), 강원도의회(1명), 충북도의회(2명), 대전시의회(3명), 세종자치시의회(1명), 전북도의회(2명), 광주시의회(4명), 전남도의회(1명), 대구시의회(4명), 부산광역시(2명), 울산시의회(2명), 경남도의회(4명), 제주특별자치도의회(2명)
정당	새누리당(24명), 새정치민주연합(33명)
선수	초선(11명), 재선(20명), 3선(21명), 4선(3명), 5선(1명), 6선(1명)
학력	대졸(17명), 대학원 재학 이상(35명, 박사 7명), 학력 미기재(5명)
경력	정당경력 : 있음(51명), 없음(6명) 특정 정치인 관련 경력 : 있음(25명), 없음(32명) 여성단체 활동경력 : 있음(31명), 없음(26명)

비고 : 경북의 1명은 무투표로 당선되어서 분석대상에서 제외됨.

표 4-2 지역과 소속 정당, 여성단체활동 경력과의 관계

(단위: 명, %)

		전체	지역		x^2(p)
			수도권	비수도권	
정당	새누리당	24(42.1)	7(24.1)	17(60.7)	7.818** (.005)
	새정치민주연합	33(57.9)	22(75.9)	12(39.3)	
여성단체 활동경력	없음	26(45.6)	17(58.6)	9(32.1)	4.026* (.045)
	있음	31(54.4)	12(41.4)	19(67.9)	
합계		57(100.0)	29(100.0)	28(100.0)	

비고 : 수도권은 서울, 경기도, 인천 지역을 말함.

*: p<.05, **: p<.01

정당은 서울, 경기도, 인천 등 수도권에서 새정치민주연합이 75.9%(22명)로 상대적으로 높았으며 비수도권은 새누리당이 60.7%(17명)로 상대적으로 높았다. 54.4%(31명)가 여성단체활동 경력이 있었는데 이 중 비수도

권이 67.9%(19명)로 수도권 41.4%(12명)보다 높았다.

표 4-3 여성의원 홍보전략 분석을 위한 항목

평가항목	내용
1. 슬로건	1) 슬로건 서술방식 2) 슬로건 내용
2. 인물	1) 경력 2) 의정활동 3) 능력 4) 공약 5) 의지 6) 세력과시 7) 젠더 전략
3. 이미지	1) 인물사진 2) 정당명과 기호 3) 세력과시 4) 주민친화도 5) 군 장병에게 보내는 메시지 6) 현안 사회문제 7) 젠더 전략
4. 의사소통 채널방식	1) 주소 2) 전화(유선 및 휴대전화) 3) 팩스 4) 이메일 5) 홈페이지나 블로그 6) 소셜미디어(페이스북, 트위터) 7) 모바일(모바일 홈페이지, QR 코드)
5. 공약	1) 공약의 분량 2) 여성공약

비고 : 인물과 이미지, 의사소통 채널방식의 내용은 미리 주어진 틀을 만들어 검토한 것이 아니고 선거공보 내용 분석을 통해 유형화한 것임.

선거에서 의사소통의 핵심은 유권자에게 후보자 정보가 얼마나 정확하게 전달되는가의 여부이다. 선거공보는 선거후보자의 개인적 특성이나 정책방향 등을 표현함으로써 유권자에게 중요한 정보를 제공한다. 현행 〈공직선거법〉 제65조 제2항에 의하면 지방의회의원 선거에서 책자형 선거공보는 8쪽 이내로 작성하는데 의무수록사항으로 되어 있는 재산상황, 병역사항, 세금납부 실적, 전과기록, 직업, 학력, 경력 등 인적 사항에 대한 후보자 정보공개, 후보자 소개와 공약 제시, 연락처 등으로 되어 있다. 이 글에서는 기존 연구(조희정 외, 2014a)를 참고하여 여성의원 홍보전략 분석을 위한 항목을 슬로건, 인물, 이미지, 의사소통 채널방식, 공약 등으로 나누어 살펴보았다.

3. 여성의원의 선거공보와 홍보전략

홍보전략의 핵심은 지지를 위한 설득이다. 지지해 달라고 설득하는 첫 걸음은 유권자에게 하고 싶은 메시지를 정확하게 전달하는 것이다(김상진 · 허신열 · 엄경영, 2014: 213). 즉 쉽고 간결한 메시지를 만드는 것이 중요하다. 메시지란 선거캠페인의 주체인 후보자 또는 정당이 유권자로부터 긍정적 반응을 얻기 위하여 유권자에게 전달하는 글이다. 선거캠페인 메시지는 후보자의 출마이유, 선거캠페인의 성격, 후보자가 당선되어야 할 이유, 경쟁후보자와의 차이점, 당선된 후의 공약 등이 포괄적으로 용해된 개념이며 주로 언어적 수단을 통해 투표자에게 전달된다(김창남, 2007: 119).

1) 슬로건

선거전략과 관련하여 후보자는 선거캠페인의 주제를 정하고 승리하는 데 최적인 메시지를 개발해야 하는데 주제를 가장 효과적으로 표현하는 메시지가 슬로건이다. 슬로건은 주제를 담는 그릇이라 하겠다. 좋은 주제, 좋은 생각이 유권자에게 효과적으로 전달되기 위해서는 효과적인 슬로건이 제시되어야 한다. 그래야 유권자에게 선거캠페인의 주제가 각인되어 투표행위로 연결된다(김창남, 2007: 121).

선거슬로건은 후보자가 자신을 한마디의 문장으로 표현하는 것을 말한다. 후보자의 정치적 견해나 향후 실천의지, 그리고 제반 품성과 배경을 모두 합쳐 하나의 문구로 압축한 것이라 할 수 있다. 슬로건은 무엇보다 유권자의 마음을 사로잡아 표심을 움직이는 역할을 한다(홍득표, 2012: 21). 슬로건은 후보자에 대한 유권자들의 인지적 · 감정적 · 행동적 효과를 유발시키는 선거홍보의 일종이다. 슬로건은 후보자에 대한 정보와 지식을 제공하여 관심을 끌게 만들고 기억하게 하는 인지적 효과가 있다. 슬로건은 참신함, 선명함, 간결함에 따라 이미지 전달에 결정적인 영향을 미치게 되므로(정성호 편저, 2004) 좋은 슬로건은 간결하게 함축적으로 메시지를 전달하면서 신뢰감과 감동을 주어야 한다. 슬로건의 유형에는 후보자의 강점을 부각시키는 슬로건과 상대후보자와 자신을 대조시키는 슬로건이 있다. 또한 슬로건의 서술방식은 이성적 · 감성적으로 나눌 수 있으며 1인칭을 사용하거나 3인칭을 사용한다.

(1) 슬로건 서술방식

선거에서 수사의 목적은 유권자 설득이다. 설득된 유권자는 지지하는 후보에게 투표를 하기 때문이다. 여기에서는 표지슬로건의 서술방식이 이성적인지 또는 감성적인지[4]를 살펴보았다. 63.1%(36명)가 감성적인 방식을, 31.6%(18명)가 이성적인 방식을, 5.3%(3명)가 감성 · 이성을 같이 사

4 이성적 · 감성적 구분은 분류방식이 단순하고 다른 연구(조희정 외, 2014a, 2004b)에서도 그렇게 사용했으므로 여기서도 그 분류방식을 사용했다. 그러나 이대희 · 서승현(2014)의 연구에서는 5회 6·2 지방선거 서울시 구청장 후보자를 중심으로 포스터와 현수막 슬로건을 분석했는데 이성적 수사(주장을 실증하는 논리적 뒷받침), 감성적 수사(정서적 호소와 공감), 신뢰적 수사(메시지의 신뢰성, 화자의 인격과 신뢰감)로 나누어 보았다.

용했다. 실제로 선거의 전반적 과정에서 감성공약, 감성을 자극하는 광고, 감성적 용어 등이 주요한 선거전략으로 활용되고 있다(이대희 · 서승현, 2014: 194). 여성의원의 홍보전략도 감성이 점점 중요해지는 최근의 흐름을 반영하는 것으로 보인다. 기존 연구인 조희정 외(2014a: 144)의 논문에서 보면 6회 지방선거 후보자 중 서울시 의회의원 선거 998명의 조사에서 감성적 호소가 68%로 나타났으며, 조희정 외(2014b: 305)의 논문에서는 광역시의원 후보자 641명을 조사했는데 감성적 호소가 76.6%로 나타나 전반적으로 감성적 서술방식을 많이 사용하고 있음을 알 수 있다. 지역별로 보면 서울은 43.7%가 이성적이었고 대구는 95.3%가 감성적이어서 지역별 차이를 보여주었는데 남성보다는 여성이 12%p 더 감성적 호소를 사용하고 있다. 그러므로 여성의원은 감성적인 방식을 더 많이 사용하는 최근의 흐름을 반영하고 이를 홍보전략에서 적극적으로 활용하는 것으로 보인다.

표 4-4 슬로건 서술방식(감성 · 이성 여부)

(단위: 명, %)

	감성	이성	감성 · 이성 혼용	계
새누리당	17(70.8)	5(20.8)	2(8.3)	24(100)
새정치민주연합	19(57.6)	13(39.4)	1(3.0)	33(100)
계	36(63.1)	18(31.6)	3(5.3)	57(100)

표지슬로건에서 1인칭을 사용하는지 3인칭을 사용하는지를 살펴보았다. 1인칭은 유권자에게 친근감을 줄 수 있으며 3인칭은 객관적인 내용을 담을 수 있다. 표지슬로건에서 31.6%(18명)가 1인칭을 사용했고 63.1%(36명)가 3인칭을 사용했으며 5.3%(3명)는 1인칭, 3인칭을 같이 사용했다.

표 4-5 슬로건 서술방식(1인칭 · 3인칭 여부)

(단위: 명, %)

	1인칭	3인칭	1인칭 · 3인칭 혼용	계
새누리당	10(41.7)	12(50.0)	2(8.3)	24(100)
새정치민주연합	9(27.3)	23(69.7)	1(3.0)	33(100)
계	18(31.6)	36(63.1)	3(5.3)	57(100)

(2) 슬로건 내용

슬로건 내용 검토에 대한 기존 연구를 살펴보면 김만기(2012)는 표지슬로건에서 강조하는 것이 인물, 지역발전, 복지, 정치, 교육 순으로 많았다고 보았으며 조희정 외 연구(2014a)는 인물, 변화, 안전, 지역발전 순으로 많았다고 보았다. 이처럼 모두 인물을 가장 많이 강조하고 있었는데 여기서 검토한 여성의원의 경우도 인물(33.3%)을 가장 많이 강조하였고 젠더(31.6%) 지역(21.1%), 공약(12.3%), 현안 사회문제(1.7%) 등을 강조하는 것으로 나타났다.

표 4-6 슬로건 내용

(단위: 명, %)

	인물	젠더	지역	공약	현안 사회문제	계
새누리당	8	8	6	3		24
새정치민주연합	11	10	6	4	1	33
계	19 (33.3)	18 (31.6)	12 (21.1)	7 (12.3)	1 (1.7)	57 (100)

표 4-7 슬로건 유형과 구체적 내용의 예

유형	슬로건
인물	• 실력에 열정을 더했습니다. 한국 매니페스토 약속대상 3년 연속 수상 • 검증된 능력! 놓치고 싶지 않은 사람! • 맡겨보니 확실하다 지난 4년간 예산유치 2천억! 약속대상 최우수상 수상! 일 잘하는 1등 시의원(현) • 똑 소리나는 일꾼, 여성최초 대전시의회 부의장, 5 · 6대 시의원, 23개 시민단체가 선정한 행정감사 우수의원, 대전시의회 장애인 정책 의정활동 1위 • 시민과 함께 거침없이 전진~쑥!, 6대 광주광역시 북구의회 의원, 18대 대선 민주통합당 광주시선대위 대변인
젠더	• 꼼꼼하게 챙기고 세심하게 살피겠습니다. 덕양 맏며느리 • 엄마의 간절한 마음으로 안전한 세상을 • 야무진 시의원(현), 일 잘하는 김미경 • 따뜻한 엄마 든든한 맏며느리 • 성남의 딸! 당찬 일꾼
지역	• 안전한 행복도시 서울 서초! 이숙자의 정직한 눈빛에 서초의 희망찬 미래가 보입니다! • "서초의 든든한 힘이 되겠습니다." 서초를 위한 최선의 선택 • 관악 41년! 한결같은 열정으로 현 서울시의원 • 웃는 서울! 함께하는 서대문!! 으랏차차 지역일꾼!
공약	• 정책선거를 하겠습니다! 김양희는 6·4 지방선거를 정책선거 · 비전선거로 치를 것을 결의하고 일체의 비방과 네거티브를 하지 않겠다고 선언했습니다. 따라서 선거공보물 역시 성숙한 선거문화 정착을 위해 정책공약집 형태로 제작하여 유권자들께서 후보자들을 비교할 수 있는 기회를 제공하고자 합니다. 김양희 올림 상당행복 정책선언 (현)충청북도의회 의원, 충청북도 공무원노조 선정 베스트 도의원 • 보육! 교통! 교육! 장유혁신을 이끄는 새이름 • 교육 · 복지 · 안전은 꼭 챙기겠습니다! 도민의 대변인
공약	• 사람이 하늘입니다. 아이가 안전한 송파, 엄마 · 아빠가 행복한 송파, 어르신이 편안한 송파, 사회적 약자가 배려 받는 송파, 서동구치소 이전 부지에 서울시 최초 종합심리감정치료센터를 건립하겠습니다. 공감과 소통의 생활정치 • (현)경기도의원 최연소 여성위원장(문화체육관광위원회) "사람 사는 세상" 영통구를 만들겠습니다. 꿈을 담은 교육도시! 생활 중심 문화도시! 영통 · 태장 안전도시! 검증된 도의원
현안 사회문제	• 매일 분향소에서 함께 눈물 흘리던 가족들을 뒤로 하고 선거를 준비해야 하는 현실이 슬퍼집니다. 경건한 마음으로 선거에 임하겠습니다.

비고 : 현안 사회문제를 다룬 슬로건은 1건임, 지면관계상 모든 내용을 수록하는 것은 생략하고 각 유형별 대표적인 것만 제시함.

사진 4-1 슬로건(인물)

사진 4-2 슬로건(젠더)

사진 4-3 슬로건(지역)

사진 4-4 슬로건(공약)

사진 4-5 슬로건(현안 사회문제)

2) 인물 소개

선거공보는 후보자의 학력, 직업, 경력 등 후보자의 인물에 관한 정보를 전달한다. 후보자의 개인적 사항을 전달함으로써 후보자가 목표로 하는 공직을 맡을 자격이 있거나 지역구의 이해나 비전을 잘 대변할 수 있음을 설득한다(김창남, 2007: 216). 선거공보에 나타난 인물 소개 분량은 1쪽이 59.6%(34명), 2쪽이 22.8%(13명) 순으로 많았다.

표 4-8 인물

(단위: 명, %)

인물 분량	새누리당	새정치민주연합	계
없음	2	3	5(8.8)
1쪽	11	23	34(59.6)
2쪽	7	6	13(22.8)
3쪽	4	1	5(8.8)
계	24	33	57(100)

사진 4-6 경력 강조

사진 4-7 의정활동 소개

사진 4-8 능력 홍보

사진 4-9 공약 제시

사진 4-10 의지 제시

사진 4-11 세력과시

사진 4-12 젠더 전략

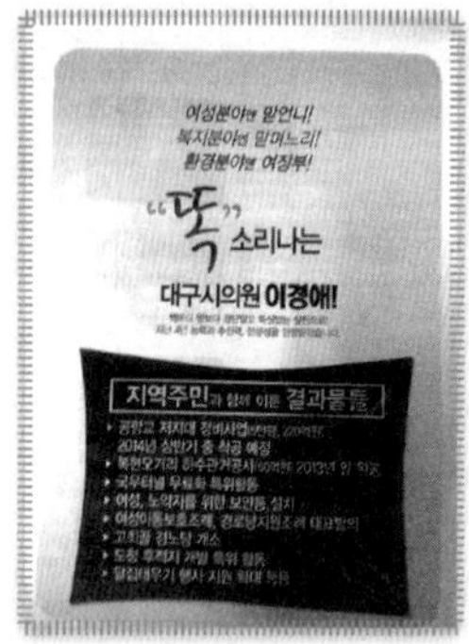

김만기(2012)의 연구는 선거공보에 나타난 인물 소개의 특성으로 경험, 지역사람, 경영력, 정치적 역량 등이 많았다고 보았다. 여성의원의 선거공보에서 나타난 인물 소개의 유형은 경력 강조, 의정활동 소개, 능력 홍보, 공약 제시, 의지 제시, 세력과시, 젠더 전략 등으로 나누어 볼 수 있다.

3) 이미지 전략

(1) 인물사진

선거공보를 보면 내용에서 후보자 이름이 계속 반복되어 나타나고 있으며 후보자는 자신의 경험과 정치적 역량을 내세우며 자신을 강조하였다. 이와 함께 선거공보에 후보자 인물사진이 많이 등장했으며 선거공보 맨 첫 장인 표지는 대부분 후보자 얼굴사진과 함께 슬로건이 제시되고 있다. 사진은 유권자들의 주의를 끌어서 유권자에 대한 호소력을 높인다. 후보자의 활동상황을 알리는 좋은 사진은 선거캠페인의 효과성을 높이는 훌륭한 수단이다(김창남, 2007: 172). 최근에는 만화를 사용하기도 하지만 많지는 않았다. 경기도의 한 의원은 겉장에 후보자 사진을 넣지 않았으며 세월호 사건에 대한 애도의 표시를 했다.

(2) 정당명과 기호

지방의회 선거는 정당공천으로 이루어지고 있으며 실제로 소속된 정당은 유권자의 선택에도 영향을 미친다. 정당명 언급은 1회가 38.6%(22명), 2회가 31.6%(18명) 순으로 많았지만 6회를 언급한 경우도 있었다. 기호 언급은 5회 33.3%(19명), 2회 21.0%(12명), 4회 15.8%(9명) 순으로 많았다. 정당과 관련하여 네거티브 전략이 새누리당 의원 측에서 유일하게 1건 있었는데 그 내용은 "잘 한 것도 없이 민생만 힘들게 하는 새정치민주연합, 무능야당 이젠 아웃"이었다.

표 4-9 정당명 언급 횟수

(단위: 명, %)

언급 횟수	새누리	새정치민주연합	계
1회	5	17	22(38.6)
2회	8	10	18(31.6)
3회	6	3	9(15.8)
4회	2	1	3(5.3)
5회	3	1	4(7.0)
6회		1	1(1.7)
계	24	33	57(100)

표 4-10 기호 언급 횟수

(단위: 명, %)

언급 횟수	새누리	새정치민주연합	계
1회	1	4	5(8.8)
2회	5	7	12(21.0)
3회	3	3	6(10.5)
4회	3	6	9(15.8)
5회	10	9	19(33.3)
6회		1	1(1.8)
7회	2	3	5(8.8)
계	24	33	57(100)

(3) 세력과시

중요한 선거직 공직자들이 후보자를 능력과 자질을 갖춘 후보자로 인정하면 유권자의 지지를 확산시키는 데 도움을 준다(김창남, 2007: 216). 따라서 세력이나 네트워크를 과시하기 위해 유명 정치인과 같이 찍은 사진을 제시하거나 유명 정치인의 추천사를 제시하기도 한다. 52.6%(30명)의 여성의원이 유명 정치인과 같이 찍은 사진을 제시했다. 새누리당이 45.8%(11명), 새정치민주연합이 57.65%(19명)였다.

사진 4-13 세력과시 사진

사진 4-14 세력과시 사진

(4) 주민친화도

59.6%(34명)의 여성의원이 주민사진을 넣었는데 이를 통해 서민적이고 친근한 이미지를 주고자 했다. 새누리당 62.5%(15명), 새정치민주연합 57.6%(19명)였다. 7.0%(4명)의 여성의원은 가족사진을 넣었다. 새누리당이 3명, 새정치민주연합이 1명이었다. 31.6%(18명)의 여성의원은 어린이와 찍은 사진을 넣었다. 새누리당이 33.3%(8명), 새정치민주연합이 30.3%(10명)였다.

사진 4-15
주민과 찍은 사진

사진 4-16
어린이와 찍은 사진

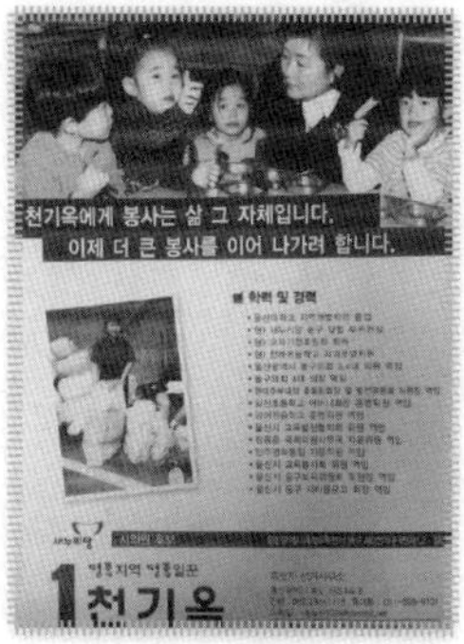

사진 4-17
가족과 찍은 사진

(5) 군 장병에게 보내는 메시지 여부

8.8%(5명)의 여성의원이 군 장병에게 보내는 메시지를 썼는데 이는 군인 대상의 부재자 투표를 노린 전략이다.

(6) 현안 사회문제 : 세월호 사건 추모

2014년 6·4 지방선거는 세월호 사건의 애도 분위기에서 이루어졌다. 세월호 사건에 대해서는 간단한 조의 리본만 표시한 경우도 있고 실제 추모내용을 적은 경우도 있다. 세월호 사건 추모나 조의 리본 표시가 있는 경우는 57명의 여성의원 중 36.8%(21명)였다. 그중 새누리당은 24명 중 29.2%(7명)이고 새정치민주연합은 33명 중 42.4%(14명)로 정당별 차이를 보여주었다. 또한 충격적인 세 모녀 자살사건을 언급한 것이 새정치민주연합에서 1명 있었다.

(7) 젠더 전략

정치는 오랫동안 남성들이 활동하던 영역이었다. 여성정치인의 숫자가 증가하고 있지만 여전히 정치는 남성에 의해 지배되고 있다. 그래서 "여성정치인은 정치공간에서 남성정치인과 다름없다는 것을 보여주기 위해 남성적 수사학을 활용하는 한편 남성정치인과의 차별성을 드러내고 여성정치인으로서의 새로움을 강조하기 위해 여성을 강조하는 여성적 수사학을 사용하기도 한다."(안숙영, 2014: 203). 여기에서는 여성적 수사학을 젠더 전략으로 보고 그 유형을 살펴보았다.

2014년 지방선거에 대한 기존 연구(조희정 외, 2014a: 145)를 보면 남성후보자들은 남성으로서의 특성을 거의 강조하지 않고 여성후보자들이 성별 특성을 활용하고 있다. 실제로 68.4%(39명)의 여성의원이 젠더 전략을 사용했다. 정당별로 유의미한 차이를 보여주었는데 새누리당이 24명 중 83.3%(20명), 새정치민주연합은 33명 중 57.6%(19명)가 젠더 전략을 제시하고 있어 새누리당이 상대적으로 많았다. 또한 비수도권이 28명 중에서 82.1%(23명), 수도권은 29명 중 55.2%(16명)가 젠더 전략을 사용하여 비수도권 지역에서 많았다.[5]

표 4-11 정당과 젠더 전략

(단위: 명, %)

		전체	정당		x^2(p)
			새누리당	새정치민주연합	
젠더 전략	없음	18(31.6)	4(16.7)	14(42.4)	4.267* (.039)
	있음	39(68.4)	20(83.3)	19(57.6)	
합계		57(100.0)	24(100.0)	33(100.0)	

*: $p < .05$

5 젠더 전략과 관련하여 여성공약 여부, 여성단체 활동경력과의 상관관계를 살펴보았지만 유의미한 관계는 나타나지 않았다.

표 4-12 지역과 젠더 전략

(단위: 명, %)

		전체	지역		x^2(p)
			수도권	비수도권	
젠더 전략	없음	18(31.6)	13(44.8)	5(17.9)	4.796* (.029)
	있음	39(68.4)	16(55.2)	23(82.1)	
합계		57(100.0)	29(100.0)	28(100.0)	

*: $p<.05$

젠더 전략을 구체적으로 살펴보면 여성을 호명함으로써 여성성의 긍정적 이미지를 가져오고자 했고 여성적 특성을 강조하거나 여성의제 실현의 적임자 등을 내세웠다. 여성 호명에서는 어머니(엄마)가 가장 많이 등장했으며 그 외 (맏)(큰)며느리, 아내, 딸, 아줌마, 학부모, 맏언니, 여장부, 여성 등이 있었다. 특히 '어머니(엄마)'를 강조하는 모성정치 젠더 전략이 많았는데 이에 대해서 2014년 선거는 양당구조의 고착화뿐 아니라 엄마만을 호명한 선거라고 평가되기도 한다(김은희, 2014: 12). 그 외에는 여성적 특성이라 할 수 있는 꼼꼼함(세심함), 따뜻함(부드러움)을 강조하는 것이 많았으며 청렴성을 강조하는 것도 1건 있었다.

표 4-13 젠더 전략 유형과 구체적 내용의 예

	유형	젠더 전략
여성 호명	어머니(엄마)	• 가족을 사랑하는 애틋한 "엄마의 마음"을 담아 주민감동 서비스를 실천하겠습니다. • 엄마의 마음은 똑같습니다. • 시민의 행복, 도민의 건강, 국민의 안전, 엄마의 마음으로 일하겠습니다. • 어머니와 같은 마음으로 남구민의 삶과 나아가서 광주시민의 삶을 바꿔보고 싶습니다.
	학부모	• 어머니의 심정, 학부모의 심정, 며느리와 장애인의 심정 • 어머니, 며느리, 학부모의 심정으로 반드시 이루어내겠습니다.
	아줌마	• 창원의 아들 국군장병 여러분, 도의원 아줌마입니다.

여성 호명	아내	• 엄마의 마음으로 아내의 정성으로 며느리의 겸손함으로 명품 중구를 만드는 데 최선을 다하겠습니다.
	(맏)(큰) 며느리	• 믿음직한 맏며느리 • 야무지고 따스한 맏며느리 • 통합창원의 큰며느리 • 전주의 며느리, 전주의 어머니, 도민의 대변인
	딸	• 서민의 딸, 영도의 딸 • 충북의 딸 박근혜 대통령, 상당구의 딸 김양희 도의원 • 성남의 딸! 이효경, 경기도 교육위원으로 • '해녀의 딸' 이선화, 언제나 삼도동 며느리여서 행복합니다.
	맏언니 (여장부)	• 여성분야엔 맏언니! 복지분야엔 맏며느리! 환경 분야에 여장부! 똑 소리 나는 대구시의원 이경애
	여성	• 강원도를 이끌 능력있는 여성리더 • 능력있는 참신한 여성전문가 송병길
여성적 특성	꼼꼼함 (세심함)	• 정순천이 일하면 똑소리 난다 • 여성의 섬세함으로 주민의 삶의 질 향상 • 예산 잘 챙기는 살림꾼입니다. • 똑순이 박영송, 똑부러진 시의원
	따뜻함 (부드러움)	• 여성의 따뜻한 마음으로 손에 잡히는 생활정치, 더 따뜻한 지역복지를 꽃피우겠습니다. • 6월 4일, 광주에 따뜻한 바람이 붑니다. • 강서를 지키는 따뜻한 힘 • 지역을 바꾸는 부드러운 리더십 현정화
	청렴성	• 청정여성 이숙자의 정직한 눈빛에 서초의 희망찬 미래가 보입니다.
여성의제	여성의제 실현	• 일하는 여성을 위해 노력하겠습니다. • 여성의원이 보육과 안전의 적임자입니다. • 엄마는 행복한가? 여성의 안전과 인권보장 • 맞벌이 부부의 고민, 방과 후 돌봄 해결을 위해 앞장서 일하는 여성

비고 : 지면관계상 모든 내용을 수록하는 것은 생략하고 각 유형별 대표적인 것만 제시함.

이러한 젠더 전략은 여성의 전통적 이미지를 활용한다는 점에서 부정적인 시각이 있지만 여성의원들은 여성의 꼼꼼하고 세심한 이미지가 여성후보에게 유리하다고 생각하고 있고(이혜숙, 2014a: 146-147) 이번 선거에서도 이러한 전략을 사용했다고 보여진다. 경남지역에 한정되어 있기는 하지만 2010년 지방선거에서의 여성의원 대표 슬로건에서도 여성이 지닌 살림꾼 이미지, 청렴성, 보살핌과 봉사 등을 내세웠으며 이는 '여성=살림꾼=생활정치' 논리와 연결되므로 당시 96.8%의 여성의원이 이러한 이미지 전략이 '생활정치에서 여성의 섬세함과 꼼꼼함을 내세울 수 있어서 긍정적'이라고 대답한 바 있다(이혜숙, 2014a: 143). 2014년 6·4 지방선거 여성후보자 선거운동 경험사례를 심층적으로 분석한 연구에서도(이진옥, 2014: 393; 이진옥 · 김민정 · 문경희 외, 2014: 57) 다수의 여성후보자들이 젠더 전략을 활용하고 있다. 그러나 장기적인 면에서 여성의 정치세력화를 위한 선거홍보전략으로서의 젠더 전략이 계속 필요하고 유리한 것인지는 경험적으로 좀 더 검토해야 할 것이며 여성의원의 입장에서도 새로운 전략모색이 필요해 보인다.[6]

4) 의사소통 채널방식

표 4-14 의사소통 채널방식 유형

(단위: 명)

의사소통 채널방식	비중
주소	56
전화	63(유선 49, 휴대전화 14, 무료전화 1)
이메일	30
팩스	14
홈페이지나 블로그	12
소셜미디어(페이스북, 트위터)	8
모바일(모바일 홈페이지, QR코드)	3

비고 : 내용은 복수응답방식으로 처리한 것임.

6 이에 대해 안숙영은 '여성의 주류화'와 '젠더 의제의 주류화' 전략을 동시적으로 추구하면서 여성적 수사학을 넘어서는 새로운 대안적 수사학을 모색할 필요가 있다고 보고 있다(안숙영, 2014: 225).

후보자가 제공하는 의사소통 채널방식은 유권자와의 연락 채널을 얼마나 제공하고 있는가의 여부를 의미한다. 연락 채널은 주소를 제외하면 전화(유선, 휴대전화), 이메일, 팩스, 홈페이지나 블로그 순으로 많았다. 아직 소셜미디어나 모바일 부분을 많이 활용하지는 않았다.

4. 여성의원과 여성공약

1) 공약의 분량

여성후보의 관심영역은 선거공약에서 잘 나타나며 "공약은 선거공보 평가의 핵심으로 각 단위 의회의원의 정치적 자질을 평가할 수 있는 가장 중요한 척도"(조희정 외, 2014a: 138)이다. 실제로 유권자는 정당이나 후보자가 제시하는 정책 및 공약을 살펴보고 자신에게 가장 혜택을 많이 주며 자신의 견해에 가까운 정당이나 후보자에게 투표한다.

표 4-15 공약 분량

(단위: 명, %)

	새누리	새정치민주연합	계
1쪽	6(25.0)	5(15.1)	11(19.3)
2쪽	7(29.1)	14(42.4)	21(36.8)
3쪽	4(16.7)	5(15.2)	9(15.8)
4쪽	5(20.9)	9(27.3)	14(24.6)
5쪽	2(8.3)		2(3.5)
계	24(100)	33(100)	57(100)

김만기(2012)의 연구를 보면 공약은 10개 이내가 가장 많으며 주로 교육, 복지, 환경, 경제 등의 내용이었다. 조희정 외의 연구(2014a)에 따르

면 공약 분량은 2쪽이 42%를 차지했는데 실생활과 밀접한 교통, 안전, 복지시설 등 사회문화분야의 공약이 다수 제시되고 있다. 여성의원의 공약 분량은 2쪽이 36.8%(21명)로 가장 많았으며 4쪽이 24.6%(14명), 1쪽이 19.3%(11명) 순으로 많았다.

2) 여성공약

여성의원이라고 해서 반드시 여성문제에 관심을 두는 것은 아니다. 그러나 여성의원들은 여성친화적인 문제나 쟁점에 대해서 관심이 있고 실제로 의정활동을 통해 여성의 권익 증대를 위해 노력한다(이혜숙, 2014a: 161). 여성공약을 살펴보면 여성의원들 57명 중 56.1%(32명)가 여성공약을 제시했다. 정당별로 보면 새누리당이 24명 중 50%(12명), 새정치민주연합이 33명 중 60.6%(20명)였다.

표 4-16 정당별 여성공약

(단위: 명, %)

여성공약	새누리당	새정치민주연합	계
있음	12(50)	20(60.6)	32(56.1)
없음	12(50)	13(39.4)	25(43.9)
계	24(100)	33(100)	57(100)

구체적인 여성공약의 내용은 여성의 경제적 역량 강화, 돌봄 지원과 일·가족 양립 기반 구축, 여성·가족의 복지 및 건강권 증진, 여성에 대한 폭력 근절 및 인권 보장, 성평등정책 추진역량 및 책무성 강화 순으로[7] 많았다.

7 여성공약의 유형은 제4차 여성정책기본계획 대과제 중심으로 분류했다(여성가족부, 2013: 32). 대과제 중 여성의 대표성 제고 및 참여 확대, 평등의식과 문화의 확산 부분은 여성공약에서 나타나지 않았다.

(1) 여성의 경제적 역량 강화

여성공약으로는 여성의 경제적 역량 강화가 가장 많았는데 정부의 정책을 바탕으로 지역 수준에서 여성을 위한 일자리 창출방안, 경력단절 여성을 위한 상담센터 개설, 여성인력의 사회참여를 위한 직장맘 지원센터 추진, 대체인력지원제도 확대 운영, 관련 조례 제정 등을 들 수 있다.

표 4-17 여성공약 : 여성의 경제적 역량 강화

	여성의 경제적 역량 강화
새누리당	• 줌마 프로젝트 활성화 사업 도입 • 여성, 청년, 노인을 위한 일자리 창출 • 지역 여성지도자 발굴 · 육성지원 및 여성일자리 창출노력 • 경력단절 여성능력 개발 및 고용기회 확대방안 마련 • 이주여성 일자리 지원사업 확대지원
새정치 민주연합	• 경력단절 여성과 취업준비 청소년을 위한 전문 상담센터 개설 • 경력단절 여성을 위한 상담센터 개설 • 경력단절 여성 일자리 지원센터 조례 제정 • 녹색어머니회 일자리화 • 여성 일자리 사업 확대유치 • 여성 및 취약계층을 위한 일자리 창출 • 지역사회와 연계된 여성-청년-어르신 맞춤형 일자리 발굴, 창업 · 취업지원 및 일자리 교육 확대 • 여성인력의 사회참여를 위한 직장맘 지원센터 추진 • 어르신, 여성, 다문화 가정, 장애인 등 사회적 일자리 확충 • 여성 및 청년의 일자리를 창출 • 여성 취업 전담 매니저 제도 도입을 위한 조례 마련 • 여성을 위한 일자리 늘리기 • 전업주부 등 여성재취업 지원 활동 강화 • 대체인력 지원제도 확대 운영 • 여성 재교육 · 재취업 프로그램 운영 • 여성 일자리 창출 및 가정양립 • 젊은 엄마들의 직업교육 • 노인, 여성 일자리 창출 및 주거 복지사업 실시 • 일자리 확보와 양성평등

(2) 돌봄 지원과 일 · 가족 양립 기반 구축

돌봄 지원과 일 · 가족 양립 기반 구축에는 여성이 행복한 보육환경 조성과 이를 위한 유치원 종일반 교사 확보, 보육교사 자격요건 강화, 육아휴직 급여 정률제 시행, 여성 · 보육지원센터 개설, 돌봄 통합정책 수립 등이 제안되고 있다.

표 4-18 여성공약 : 돌봄 지원과 일 · 가족 양립 기반 구축

	돌봄 지원과 일 · 가족 양립 기반 구축
새누리당	• 맞벌이 부부를 위해 유치원 종일반 교사 확보 • 공공형 어린이집 확충을 통해 보육환경의 만족도 향상 • 보육교사 자격요건 강화 • 여성의 경제활동 참여확대에 따른 육아부담을 덜어줄 여성 · 보육지원센터 개설요구 • 여성이 행복한 보육환경 조성 • 육아휴직 급여 정률제 시행
새정치 민주연합	• 돌봄 통합정책 수립 • 공공기관의 유휴시설을 활용한 어린이 돌봄센터 추진 • 시간연장 어린이집 활성화와 맞벌이 가정의 육아문제 해결에 적극 대처 • 직장 · 다세대 주택 등 보육시설 지원 • 엄마와 아이를 위한 다양한 돌봄정책(품앗이 공동육아 지원, 공립자유돌봄 어린이집 확대 • 맞벌이 부부의 안정적 경제활동을 위한 육아 공동체 사업 실시

(3) 여성 · 가족의 복지 및 건강권 증진

여성 · 가족의 복지 및 건강권 증진과 관련해서는 엄마가 편한 행복도시 조성, 아이 낳기 좋은 세상을 위한 활동, 일반 직장인 미혼여성을 위한 근로자 복지 임대아파트 개방뿐 아니라 여성차별과 이혼여성의 상담과 치료, 여성전문병원, 공공산후조리원 추진, 만삭임산부를 위한 '무료 콜택시' 운영, 세대 통합형 문화복지센터 설립 등을 제안하고 있다.

표 4-19 여성공약 : 여성 · 가족의 복지 및 건강권 증진

	여성 · 가족의 복지 및 건강권 증진
새누리당	• 엄마가 편한 행복도시 조성 • 아이 낳기 좋은 세상을 위한 활동 • 일반 직장인 미혼여성을 위한 근로자 복지 임대아파트 개방
새정치 민주연합	• 여성 화장실 확대 및 아동용 변기설치 확대 • 엄마도서관 설립 • 여성차별과 이혼여성의 상담과 치료 • 공공산후조리원 지원확대 추진 • 여성전문병원, 공공산후조리원 추진 • 만삭임산부를 위한 '무료 콜택시' 운영 • 공공산후조리원 설치 및 운영에 관한 조례 제정 • 세대 통합형 문화복지센터 설립 • 엄마들이 안심할 수 있는 남양주!

(4) 여성에 대한 폭력 근절 및 인권 보장

여성에 대한 폭력 근절 및 인권 보장에서는 가정폭력과 학대의 예방 상담과 치료, 여성 안심귀가 프로그램 확대, 범죄예방과 여성 · 아동의 폭력 방지, 여성 생활안전지원센터 및 여성 커뮤니티센터 설립, 여성이 안전한 지역사회 만들기, 여성 1인 가구를 위한 안심 택배, 방범강화, 여성 주거 밀집지역 및 범죄취약지역 방범 CCTV 설치확대 등을 제안하고 있다.

표 4-20 여성공약 : 여성에 대한 폭력 근절 및 인권 보장

	여성에 대한 폭력 근절 및 인권 보장
새누리당	• 여성 안심정책 강화(성폭력, 가정폭력 예방을 위한 쉼터 설립 등) • 여성장애인 가정폭력 · 성폭력 통합보호소 마련
새정치 민주연합	• 가정폭력과 학대의 예방 상담과 치료 • 여성 안심귀가 프로그램 확대 • 범죄예방과 여성 · 아동의 폭력방지 • 여성 생활안전지원센터 및 여성 커뮤니티센터 설립 • 여성이 안전한 지역사회 만들기 • 여성 1인 가구를 위한 안심 택배, 방범강화 • 여성 주거밀집지역 및 범죄취약지역 방범 CCTV 설치확대

(5) 성평등정책 추진역량 및 책무성 강화

성평등정책 추진역량 및 책무성 강화로는 성인지 예산확보방안 마련, 여성발전기금 목표달성 및 목표금액 상향조정, 성평등 추진정책을 체계화하는 방안 등을 제기하고 있다.

표 4-21 여성공약 : 성평등정책 추진역량 및 책무성 강화

	성평등정책 추진역량 및 책무성 강화
새누리당	• 성인지 예산확보방안 마련 • 여성발전기금 목표달성 및 목표금액 상향조정
새정치민주연합	• 성평등 추진정책을 체계화

5. 요약과 함의

이 장에서는 2014년도 6·4 지방선거 광역시·도의회 지역구 여성의원 당선자들의 선거공보 내용 분석을 통해 여성의원의 홍보전략을 몇 가지 항목을 중심으로 살펴보았다. 여성의원의 홍보전략 자체에 대한 연구가 전혀 없는 상태에서 여성의원의 홍보전략 분석을 통해 적극적인 행위자로서 여성의원의 목소리에 관심을 가지며 선거과정을 총체적으로 이해한다는 점에서 의의가 있다고 본다. 내용과 함의를 요약하면 다음과 같다.

첫째, 여성의원의 홍보전략을 슬로건을 중심으로 살펴보면 63.1%의 여성의원들이 3인칭 감성전략을 사용하고 있어서 정치에서 감성이 중요해지는 최근의 흐름을 반영하는 것으로 보인다. 슬로건 주제로는 인물, 젠더, 공약, 지역, 현안 사회문제의 순으로 강조하는 것으로 나타났다. 인물 소개는 경력 강조, 의정활동 소개, 능력 홍보, 공약 제시, 의지 제시, 세력과시, 젠더 전략 등을 강조하는 유형으로 나누어 볼 수 있다.

둘째, 이미지 전략과 관련하여 여성의원들은 성별 차이와 특성을 강조

하는 젠더 전략을 많이 사용하고 있었다. 즉 여성이 지닌 모성과 살림꾼 이미지, 섬세함과 따뜻함 등 여성성을 강점으로 부각시키는 전략을 사용하고 이를 통해 '여성후보는 생활정치에 강하다'는 논리를 사용하고 있다. 68.4%의 여성의원이 젠더 전략을 사용했는데 정당별로 보면 새누리당이 83.3%, 새정치민주연합이 57.6%로 정당별 차이를 보이고 있으며 비수도권이 82.1%로 수도권 55.2%보다 상대적으로 높았다. 이처럼 수도권보다 비수도권, 새정치민주연합보다 새누리당에서 젠더 전략이 많은 것은 보수적일수록 젠더 전략을 좀 더 많이 사용하는 것으로 해석할 수 있는데 이에 대해서는 본격적인 검토가 이루어져야 할 것이다. 젠더 전략은 남성 중심의 정치영역에서 여성의 목소리를 드러내고 새로움을 강조하기 위해 성별 차이를 긍정적으로 사용하는 전략이라고 할 수 있는데 중앙정치보다는 생활정치가 좀 더 강조되는 지방선거의 특성이 반영된 것으로 보인다. 그러나 이러한 젠더 전략이 실제적으로 유권자의 지지를 가져오는 데 얼마나 효과가 있는지 또 여성의원의 중앙정치 진출, 여성의원의 정체성, 여성의원의 다양한 의정활동 관심 등과 관련하여 앞으로도 계속 적절한 홍보전략인지는 여성 정치세력화의 방향과 과제와 관련하여 장기적인 관점에서 좀 더 연구가 있어야 할 것이며 새로운 전략모색이 필요해 보인다.

셋째, 여성의원의 공약 분량은 2쪽이 36.8%로 가장 많았으며 4쪽이 24.6%, 1쪽이 19.3% 순으로 많았다. 여성의원 중 56.1%가 여성공약을 제시했으며 정당별로 보면 새정치민주연합이 60.6%로 새누리당 50%보다 많았다. 구체적인 여성공약의 내용은 여성의 경제적 역량 강화, 돌봄지원과 일 · 가족 양립 기반 구축, 여성 · 가족의 복지 및 건강권 증진, 여성에 대한 폭력 근절 및 인권 보장, 성평등정책 추진역량 및 책무성 강화 순으로 많았다. 이는 여성의원의 정체성과 여성문제에 대한 관심도를 나타내 주는 것으로 지방의회에 여성의원들이 많이 참여할수록 여성의제나 여성정책에 대한 관심이 커질 수 있음을 나타내 주는 것이라 하겠다. 그러나 여성의원이라고 해서 여성문제에만 관심을 두는 것이 아니므로 여성의원의 정체성이나 다양한 관심과 관련하여 여성의원의 공약 전반에 대한 좀 더 본격적인 연구가 필요해 보인다.

넷째, 의사소통 채널은 주소를 제외하면 전화(유선, 휴대전화, 무료전화), 이메일, 팩스, 홈페이지나 블로그 순으로 많았다. 아직 소셜미디어나 모바일 부분을 많이 활용하지는 않았는데 앞으로는 이들의 활용이 중요해질 것으로 보여서 여성의원의 홍보전략과 관련하여 이 부분에 대한 관심이 있어야 할 것이다.

chapter **05**

지방의회 여성의원의 의정활동 경험과 의식

지방의회는 지역주민들이 직접 선출한 의원들로 구성되는 주민의 대표기관이며 지역사회의 발전과 주민의 생활향상을 위한 정책 형성과 집행, 즉 지방정치를 해 나가기 위한 지방자치단체의 최고 의사결정기관이다(김영일, 2012: 30). 지방의회는 조례의 제정 · 개정 및 폐지, 예산의 심의 및 확정, 결산 승인 등에 관한 의결권 등을 가진다. 지방의회가 갖는 기능은 성격상 크게 세 가지로 나누어 볼 수 있다. 첫째, 주민의 대표로서의 기능이다. 지방의회는 주민의 의사를 대표하여 이를 지방정부의 의사결정과정에 반영하고, 주민들의 청원과 진정사항을 처리한다. 둘째는 의결 및 입법기능이다. 지방의회는 지방자치단체의 운영에 필요한 제반 활동과 지방의 공공 사무 등 주민의 부담에 관한 사항 등을 심의하고 의결하며, 조례의 제정과 개정을 할 수 있는 입법기능을 갖는다. 셋째, 지방의회는 자치단체에 대한 견제와 감독의 기능을 한다. 지방의회는 결정한 예산에 대해 집행부가 어떻게 사용하고 있는지 감시하고 감독하는 일을 한다. 또한 집행기관에 대하여 행정사무감사권 및 조사권, 출석답변요구권, 자료제출요구권, 의견제시권 등을 통하여 감시 · 감독한다.

지방자치단체의 최고 의결기관인 지방의회는 그 지위와 기능을 합당하게 수행하기 위해 지방의 법규인 조례 및 예산을 비롯한 주요 안건의 의결권, 행정사무감사 · 조사권, 주민청원의 심사 · 처리권 등의 대외적 권한과 의장 등의 선출 및 의회운영에 관한 규칙을 제정하거나 조직을 관리 운영할 의회 내부의 권한을 가진다.

표 5-1 지방의회의 권한(〈지방자치법〉 제39~43조)

권한	내용
의결권	지방의회는 의결기관으로서 다음과 같이 그 지역과 관련된 주요 안건을 심의 · 결정하는 권한을 가진다. 조례의 제정 · 개정 · 폐지, 예산의 심의 · 확정, 결산의 승인, 법령에 규정된 것을 제외한 사용료 · 수수료 · 분담금 · 지방세 또는 가입금의 부과와 징수, 기금의 설치 · 운용, 대통령령으로 정하는 중요 재산의 취득 · 처분, 대통령령으로 정하는 공공시설의 설치 · 처분, 법령과 조례에 규정된 것을 제외한 예산 외의 의무부담이나 권리의 포기, 청원의 수리와 처리, 외국 지방자치단체와의 교류 · 협력에 관한 사항, 그 밖에 법령에 따라 그 권한에 속하는 사항.
서류제출 요구권	지방의회의 본회의 또는 위원회는 안건의 심의와 직접 관련된 서류의 제출을 의장을 경유하여 지방자치단체장에게 요구할 수 있다.
행정사무 감사권	지방의회는 매년 1회 당해 지방자치단체의 사무에 대해 감사를 실시한다.
행정사무 조사권	정기적으로 이루어지는 행정감사와 달리, 지방의회는 수시로 일정한 사안이 발생했을 때 의원들의 발의로 행정사무 조사를 할 수 있다.
보고 요구와 질의응답권	지방의회는 지방자치단체장이나 관계 공무원에게 지방의회에 출석하여 행정사무의 처리상황을 보고하도록 요구하거나 그 내용에 대한 질의응답을 할 수 있다.

자료 : 김영일(2012: 33).

지방의회의원은 지방공무원법상 지방공무원으로서 공직자의 지위를 갖는다. 따라서 공무원으로서 주민 전체에 대한 봉사자이고, 주민에 대하여 책임을 지는 헌법상의 책무를 가지며, 일반공무원과 같이 법령을 준수하고 성실히 직무를 수행하여야 하는 성실의무를 지닌다. 또한 지방의원은 주민의 대표자로서 주민 전체의 이익을 위하여 활동하는 정치적 대표자로서의 지위에 있다. 따라서 지방의원은 법령의 범위 안에서 공공의 복리에 대한 확신과 양심에 따라 직무를 수행하여야 한다.

지방의회의원은 의정활동을 통해 중요한 문제에 정책입안기능, 정책심의기능, 정책과정감시기능, 민원해결기능, 이해관계를 조정하는 기능 등을 가지고 있다. 지방의원의 역할은 지방정부의 정책결정과정에서 주도적 역할을 담당한다. 지방의회의원은 정책문제의 인지와 의제설정, 그리고 대안선택의 단계에서 영향력을 발휘한다(이아미, 2006: 22).

여성의 정치세력화를 위해서는 기본적으로 여성의원의 수가 늘어나는 것이 중요하다. 그러나 실제적으로 여성의원의 증가가 의정활동에 어떤 변화를 가져왔는가, 여성의원은 여성의 이해를 대표하는가, 여성의원이 경험하는 의정활동의 현실은 어떠한가 등에 대해서도 살펴보아야 한다. 이 장에서는 2014년 지방선거 광역시·도 지역에서 당선된 여성의원의 의정활동 경험과 의식을 살펴봄으로써 여성의원의 역량 강화 및 여성의 정치세력화를 위한 방안과 과제를 제시해 보고자 한다.

지방의회와 여성에 대한 기존 연구들은 지방의회 여성의 정치참여 확대와 관련한 제도개선에 초점을 둔 연구가 많으며 의정활동에 대한 연구들도 구체적인 의정활동 기록을 통한 연구가 대부분으로 실제의 여성의원들을 대상으로 의정활동과 의식에 대한 조사연구는 드물다고 할 수 있다. 지역 사례연구로서 여성의원의 의정활동과 의식을 연구한 것으로는 서울 및 부산의 여성의원들에 대한 심층면접을 통해 지방의회 여성의원 진출의 활성화 방안을 다룬 황영주(2006)의 연구, 충북지역 여성의원의 의정활동에 대한 설문조사를 실시한 엄태석(2011)의 연구, 경기도 여성의원의 의정활동을 설문조사와 심층면접을 병행 · 검토하여 정치역량 강화방안을 제시한 연구(안태윤 · 서해정 · 김은선, 2010), 경남지역 여성의원의 의정활동과 성평등 의식을 조사한 이혜숙(2014a)의 연구가 있는 정도이다.

이런 연구를 통해 여성의원들은 정당을 통해 주로 정치에 입문하게 되며 여성의원들이 많을수록 여성 관련 의정활동이 활발해진다는 점, 남성중심적인 정치문화와 여성에게 불리한 선거제도, 그러나 여성이기 때문에 선거를 치르거나 의정활동을 하는 데 항상 불리한 것은 아니라는 점 등이 밝혀졌다. 여성의원의 정치역량 강화를 위해서는 여성의원의 연대와 네크워크에 대한 지원, 의회 내 남성문화의 개선을 위한 성인지 교육의 필요성, 여성의 정치 진출 확대를 위한 법과 제도의 정비 등이 중요하다(안태윤 · 서해정 · 김은선, 2010)는 점이 지적되었다.

그러나 이러한 제한된 기존 연구를 통해 지방의회 여성의원의 의정활동에 대한 구체적 경험을 포괄적으로 이해하고 일반화하기에는 한계가 있다. 지방의회 여성의원의 의정활동 경험과 성격, 의식을 보다 포괄적이고 심층적으로 이해하기 위해서는 좀 더 경험적인 연구가 진행될 필요가 있으며 여성의원의 의정활동뿐 아니라 여성문제에 대한 관심, 성평등 의식, 여성의원들 간의 차이 등에 대해서 보다 깊이 있는 연구가 필요하다. 또한 이는 단순히 수적인 면에서 여성의 정치참여 확대뿐 아니라 지역여성과 젠더 정치와 관련한 여성 정치세력화의 전반적인 확산에도 기여할 것으로 보인다.

주요 질문은 다음과 같다. 첫째, 여성의원들의 정치참여 경로와 출마동기는 무엇인가? 둘째, 여성의원들의 의정활동의 성격과 네트워크는 어떠한가? 셋째, 여성의원의 성평등 의식과 여성문제 및 여성정책에 대한 관심은 어떠한가? 넷째, 여성의원으로서 경험하는 의정활동의 현실은 어떠한가? 다섯째, 여성의 정치참여 확대와 역량 강화방안에 대한 여성의원들의 의식과 전망은 어떠한가?

이 글은 2014년 6·4 지방선거 이후 당선된 광역시·도 여성의원에 대한 설문지 조사의 결과로 이는 특정 지역에 국한되었던 연구의 한계를 보완할 수 있다고 본다. 조사기간은 2014년 9월 25일부터 11월 14일까지이며 이메일과 우편 설문지 조사를 병행하였다. 광역시·도 여성의원 전체 113명 중 응답자는 34명으로 회수율은 30.08%이다. 설문지 문항은 주로 객관식이지만 보다 생생한 자료를 얻기 위하여 주관식 질문[1]도 몇 개 넣었

1 객관식 문항을 보완하기 위해서 객관식 문항뿐 아니라 설문지 뒷부분에 좀 더 자유롭

다. 조사결과는 SPSS 14.0을 사용하여 백분율과 빈도분석, 평균값 등 기술통계를 실시하였다. 지방의회 여성의원 의정활동의 구체적 경험과 의식에 대한 연구가 부족한 현실에서 광역시·도 여성의원들의 의정활동 전반에 대해서 전국적인 수준에서 포괄적으로 조사하는 첫 설문지 조사연구라는 점에서 의의가 있겠다. 선거형태와 지방의회의원 경험, 소속정당 등 특성별로 전체적인 빈도를 주로 살펴보았다.

1. 조사대상자의 일반적 특성

조사대상자들의 일반적 특성을 살펴보면 소속의회는 '도의회'가 20명(58.8%), '광역시의회'가 14명(41.2%)이었고 선거형태는 '지역구의원' 15명(44.1%), '비례대표의원' 19명(55.9%)이었다. '초선'이 23명(67.6%), '재선'이 7명(20.6%), '3선 이상'이 4명(11.8%)이었으며 소속정당은 '새누리당' 15명(44.1%), '새정치민주연합' 18명(52.9%), '통합진보당' 1명(2.9%)이었다. 연령은 '30대' 1명(2.9%), '40대' 11명(32.4%), '50대' 17명(50.0%), '60대 이상'이 5명(14.7%)으로 50대가 가장 많았다. 결혼상태는 '미혼' 2명(5.9%), '기혼' 32명(94.1%)으로 대부분 기혼이었다. 생활 수준은 '상' 4명(11.8%), '중' 27명(79.4%), '하'가 3명(8.8%)이었다. '고졸 이하'는 없었으며, '대졸' 10명(30.3%), '대학원 재학 이상' 23명(69.7%)으로 교육 수준이 전반적으로 높았다.

고 포괄적인 주관식 문항을 넣었다. '여성의원으로서 선거경험이나 의정활동 속에서 느꼈던 점을 자유롭게 적어 주십시오', '여성의 정치참여 및 정치세력화의 전망과 과제에 대한 생각을 자유롭게 적어 주십시오', '기타 하시고 싶은 말씀이 있다면 적어 주십시오'였다. 설문지는 무기명으로 했지만 주관식 문항의 직접 인용의 경우 이해를 돕기 위해 소속의회와 선거형태, 연령을 직접 인용 끝부분에 적었다. 주관식 문항의 결과는 이 장뿐 아니라 이 책의 다른 장에서 활용했다.

표 5-2 조사대상자의 일반적 특성

(단위: 명, %)

특성	구분	빈도	백분율
소속의회	도의회	20	58.8
	광역시의회	14	41.2
선거형태	지역구의원	15	44.1
	비례대표의원	19	55.9
지방의회 의원경험	초선	23	67.6
	재선	7	20.6
	3선 이상	4	11.8
소속정당	새누리당	15	44.1
	새정치민주연합	18	52.9
	통합진보당	1	2.9
연령	30대	1	2.9
	40대	11	32.4
	50대	17	50.0
	60대 이상	5	14.7
결혼상태	미혼	2	5.9
	기혼	32	94.1
생활 수준	상	4	11.8
	중	27	79.4
	하	3	8.8
교육 수준	고졸 이하	–	–
	대졸	10	30.3
	대학원 재학 이상	23	69.7
	무응답	1	–
합계		34	100.0

2. 정치참여 경로와 출마 동기

1) 정치참여 경로

여성의원들이 정치에 입문하게 된 동기나 계기에 대한 검토를 통해 여성의 정치참여가 어떤 경로를 통해 이루어지고 있는지 알 수 있다. 여성의원들이 정계에 입문하는 구체적인 계기[2]는 대개 오랜 정당활동, 여성단체나 사회단체 등의 활동경력, 전문성 보완을 위한 전문직 충원, 가업계승 등으로 나누어 볼 수 있다.

이번 조사에서도 알 수 있듯이 정당활동을 하면서 당의 추천을 받거나 여성단체를 포함한 사회단체 등 사회활동을 하면서 지역민과 사회단체의 권유를 받은 경우가 많아 정당활동이나 사회단체활동의 경험이 중요하게 작용하고 있음을 알 수 있다. 정치활동 시작 동기로 '정당활동'이 41.2%로 가장 많았으며, 다음으로 '사회단체활동' 26.5%, '자발적인 의지' 17.6% 순으로 높았다. 지역구와 비례대표 모두 '정당활동'이 각각 40.0%와 42.1%로 가장 높았다. 초선은 '정당활동'이 43.5%로 상대적으로 높았으며, 재선 이상은 '사회단체활동'이 36.4%로 상대적으로 높았다. 여당과 야당 모두 '정당활동'이 각각 46.7%와 36.8%로 가장 높았으나 야당은 '사회단체활동'이 31.6%로 상대적으로 높았다. 정계에 입문한 구체적 계기는 다음 〈표 5-4〉와 같다.

2 경기도 지방의회 여성의원 연구에서는 모성의 사회적 확대형, 사회운동가형, 전문직 여성형, 정치경력형, 페미니스트형으로 나누고 있다(안태윤 · 서해정 · 김은선, 2010: 58-67).

표 5-3 정치활동 시작 동기

(단위: 명, %)

특성	구분	전체	정당 활동	사회단체 활동	자발적인 의지	전문직 활동	지인의 권유	기타*
선거형태	지역구	15(44.1)	6(40.0)	4(26.7)	3(20.0)	-	-	2(13.3)
	비례대표	19(55.9)	8(42.1)	5(26.3)	3(15.8)	2(10.5)	1(5.3)	-
지방의회 의원경험	초선	23(67.6)	10(43.5)	5(21.7)	4(17.4)	2(8.7)	1(4.3)	1(4.3)
	재선 이상	11(32.4)	4(36.4)	4(36.4)	2(18.2)	-	-	1(9.1)
소속정당	여당	15(44.1)	7(46.7)	3(20.0)	2(13.3)	2(13.3)	-	1(6.7)
	야당	19(55.9)	7(36.8)	6(31.6)	4(21.1)	-	1(5.3)	1(5.3)
합계		34(100.0)	14(41.2)	9(26.5)	6(17.6)	2(5.9)	1(2.9)	2(5.9)

* 지역에서 불합리한 행정운영을 비판하면서.

표 5-4 정계에 입문한 구체적 계기

내용	정계에 입문한 구체적 계기
정당 활동	• 지난 대선과정을 지켜보면서 한국사회의 시민으로서 갖는 정치혐오와 무관심이 한국의 정치와 시민들의 삶의 질을 오히려 퇴보하게 하는 데 일조하고 있다는 생각을 하게 되었습니다. 어떤 형태로든 정치에 관심을 갖고 시민으로서의 정치의사를 표현해야 한다고 생각했고 때마침 일어난 안철수 현상이 저를 좀 더 적극적으로 참여하게 하였습니다. 이후 새정치연합 창당과정을 함께했고 민주당과의 합당 후 비례대표가 되었습니다. • 비례로 추대되어서 • 정당활동을 하면서 나의 전공분야와 관련된 일을 통해 지역사회에 봉사할 수 있는 방법이 있다는 것을 알고 입문하게 되었다. • 지역에서 언론인으로 오랫동안 활동을 해 왔는데, 그런 과정에서 정치에 입문하라는 권유를 수차례 받은 바 있고 안철수 대표의 새정치연합이 출범하면서 제안을 다시 받았고, 고심 끝에 퇴사 후 입문하게 됨 • 당이 좋아서 • 정당추천 • 전략공천 • 당협 여성부장으로서 • 정당에서 여성위원장 권유로 시작
사회단체 활동	• 정치영역과 유관한 단체에서 활동하다 정치에 관심이 생겼고 주위에서도 권유해서 입문하게 됨 • 사회단체활동을 하면서 알게 된 지인들의 정당활동으로 자연스럽게 정계에 입문하게 됨

사회단체 활동	• 여성으로서 사회활동을 하다 보니 더 많을 일을 하기 위해 정치에 입문함 • 선배정치인의 선거를 돕다가 시민사회단체활동 중 여성의 정치참여 운동을 하게 됨 • 소속된 지역여성단체의 출마권유와 당시 국회의원의 지원
지인의 권유	• 직능단체 회장님의 권유로 정당에 가입하게 됨 • 일반직장, 시민사회단체, 기관장 등 다양한 경험을 해 보았기 때문에 새로운 일에 도전 및 기초보다는 광역차원에서 접근하고 싶어서 국회의원의 권유로 • 91년 지자제가 시작되면서 통, 반장들이 찾아와 구의원에 나가 달라고 부탁을 해서 • 선친의 뜻으로 입당을 하게 됨
자발적인 의지	• 지역사회에 봉사하기 위해서 • 울산을 최고의 도시로 만드는 데 기여하기 위해서 • 지역사회 발전을 위해 제도권 밖이 아닌 제도권 안에 들어가 직접 부딪쳐 보고 봉사하기 위해서 • 학교급식조례, 보육조례 등의 주민청원 입법과정 등을 거치며 직접참여를 통하여 생활정치를 실현하고자 함 • 선배정치인의 권유로 관심을 가졌으나, 자발적인 의지가 가장 큼 • 민주주의 실현 • 통학로 미비로 초등생 교통사망사고를 접한 뒤 • 딸 2명을 키우면서 아이들에게 좋은 세상을 물려주고 싶어서. 직접적인 계기는 지역의 여러 현안들이 주민들의 요구로 해결되지 않은 걸 보면서 직접 나섬
전문직 활동	• 농협여성복지 업무를 보면서 여성의 대변인이 되어 여성역할의 중요성과 책무 개선될 점을 인식하면서 입문하게 됨

2014년 선거출마 이유는 '지역사회에 봉사하기 위하여'가 44.1%로 가장 많았으며, 다음으로 '여성의 권익 신장을 위하여'가 20.6%, '정당의 권유로'가 20.6%였다. 지역구는 '지역사회 봉사'가 60.0%로 상대적으로 높았으며, 비례대표는 '여성의 권익 신장'과 '정당의 권유'가 각각 26.3%로 상대적으로 높았다. 재선 이상은 '지역사회 봉사'가 63.6%로 상대적으로 높았으며, 초선은 '여성의 권익 신장'와 '정당의 권유'가 각각 26.1%로 상대적으로 높았다. 여당은 '지역사회 봉사'가 60.0%로 상대적으로 높았으며, 야당은 '여성의 권익 신장'이 31.6%로 상대적으로 높았다.

표 5-5 2014년 선거출마 이유

(단위: 명, %)

특성	구분	전체	지역사회 봉사	여성의 권익 신장	정당의 권유	중앙 정계에 진출	지역주민 지역단체 회원들의 권유	기타*
선거형태	지역구	15(44.1)	9(60.0)	2(13.3)	2(13.3)	–	1(6.7)	1(6.7)
	비례대표	19(55.9)	6(31.6)	5(26.3)	5(26.3)	2(10.5)	1(5.3)	–
지방의회 의원경험	초선	23(67.6)	8(34.8)	6(26.1)	6(26.1)	2(8.7)	1(4.3)	–
	재선 이상	11(32.4)	7(63.6)	1(9.1)	1(9.1)	–	1(9.1)	1(9.1)
소속정당	여당	15(44.1)	9(60.0)	1(6.7)	2(13.3)	1(6.7)	1(6.7)	1(6.7)
	야당	19(55.9)	6(31.6)	6(31.6)	5(26.3)	1(5.3)	1(5.3)	–
합계		34(100.0)	15(44.1)	7(20.6)	7(20.6)	2(5.9)	2(5.9)	1(2.9)

* 제대로 견제하기 위해.

2) 정당활동과 선거과정

주된 정치적 기반은 '정당'이 55.9%로 가장 높았으며, 다음으로 '사회단체'가 29.4%로 높았다. 지역구와 비례대표 모두 '정당'이 각각 66.7%와 47.4%로 가장 높았으나 지역구의 경우 '정당' 비율이 상대적으로 높았으며, 비례대표는 '사회단체'가 36.8%로 상대적으로 높았다. 초선과 재선

표 5-6 주된 정치적 기반

(단위: 명, %)

특성	구분	전체	정당	사회단체	가족 및 친족	기타*
선거형태	지역구	15(44.1)	10(66.7)	3(20.0)	–	2(13.3)
	비례대표	19(55.9)	9(47.4)	7(36.8)	1(5.3)	2(10.5)
지방의회 의원경험	초선	23(67.6)	14(60.9)	7(30.4)	–	2(8.7)
	재선 이상	11(32.4)	5(45.5)	3(27.3)	1(9.1)	2(18.2)
소속정당	여당	15(44.1)	9(60.0)	4(26.7)	–	2(13.3)
	야당	19(55.9)	10(52.6)	6(31.6)	1(5.3)	2(10.5)
합계		34(100.0)	19(55.9)	10(29.4)	1(2.9)	4(11.8)

* 1) 한국의 정치변화를 원하는 재야, 2) 지역주민, 3) 학부모, 종교단체, 4) 주변친구.

이상 모두 '정당'이 각각 60.9%와 45.5%로 가장 높았으나 초선의 '정당' 비율이 상대적으로 높았다. 여당과 야당 모두 '정당'이 각각 60.0%와 52.6%로 가장 높았다.

정당에서 활동한 기간은 '5년 이하' 33.3%, '6~10년 이하' 36.4%, '11~15년 이하' 18.2%, '16~20년 이하' 6.1%, '21년 이상' 6.1%였다.

표 5-7 정당에서 활동한 기간

(단위: 명, %)

구분	빈도	백분율
5년 이하	11	33.3
6~10년 이하	12	36.4
11~15년 이하	6	18.2
16~20년 이하	2	6.1
21년 이상	2	6.1
합계	33	100.0

비고 : 무응답 1.

여성의원의 83.4%가 선거기간 중 정당의 지원을 받았다. 정당으로부터 받은 지원은 '공약 및 정책 개발'이 60.7%로 가장 많았으며, 다음으로 '자금 지원' 39.3%, '조직 지원' 35.7%, '유세 지원' 28.6% 순으로 높았다.

표 5-8 정당으로부터 받은 지원

(단위: 명, %)

구분	빈도	백분율
공약 및 정책 개발	17	60.7
자금 지원	11	39.3
조직 지원	10	35.7
유세 지원	8	28.6
선거운동원 지원	5	17.9
기타*	3	10.7

* 1) 비례대표 추천, 2) 방송연설(비례대표).

당선된 데 가장 중요하게 작용한 요인으로는 '소속정당'을 44.1%로 가장 높게 보았으며, 다음으로 '지역사회에 대한 활동경력' 35.3%, '주민에 대한 선거공약 및 정책' 11.8% 순으로 높았다. 지역구는 '주민에 대한 선거공약 및 정책'을 26.7%로 상대적으로 높게 보았으며 비례대표는 '소속정당'이 52.6%로 상대적으로 높았다. 초선은 '소속정당'을 56.5%로 가장 높게 보았으며, '재선 이상'은 '지역사회에 대한 활동경력'이 45.5%로 가장 높았다. 여당과 야당 모두 '소속정당'을 각각 46.7%와 42.1%로 가장 높게 보았다.

표 5-9 당선된 데 가장 중요하게 작용한 요인

(단위: 명, %)

특성	구분	전체	소속정당	지역사회에 대한 활동경력	주민에 대한 선거 공약 및 정책	조직적 기반	개인적인 인품과 자질
선거형태	지역구	15(44.1)	5(33.3)	5(33.3)	4(26.7)	–	1(6.7)
	비례대표	19(55.9)	10(52.6)	7(36.8)	–	2(10.5)	–
지방의회 의원경험	초선	23(67.6)	13(56.5)	7(30.4)	1(4.3)	2(8.7)	–
	재선 이상	11(32.4)	2(18.2)	5(45.5)	3(27.3)	–	1(9.1)
소속정당	여당	15(44.1)	7(46.7)	6(40.0)	1(6.7)	–	1(6.7)
	야당	19(55.9)	8(42.1)	6(31.6)	3(15.8)	2(10.5)	–
합계		34(100.0)	15(44.1)	12(35.3)	4(11.8)	2(5.9)	1(2.9)

3. 여성의원의 의정활동

여성의원들이 의정활동을 하면서 가장 비중을 두는 활동은 '자치단체 행정의 감시 및 감독'이 47.1%로 가장 높았으며, 다음으로 '지역구민의 민원 해결'과 '예산 심의 및 결산 승인'이 각각 23.5%로 높았다. 지역구와 비례대표 모두 '자치단체 행정의 감시 및 감독'이 각각 46.7%와 47.4%로

가장 높았다. 초선과 재선 이상 모두 '자치단체 행정의 감시 및 감독'이 각각 43.5%와 54.5%로 가장 높았다. 여당과 야당 모두 '자치단체 행정의 감시 및 감독'이 각각 40.0%와 52.6%로 가장 높았다.

표 5-10 의정활동을 하면서 가장 비중을 두는 활동

(단위: 명, %)

특성	구분	전체	자치단체 행정의 감시 및 감독	지역 구민의 민원 해결	예산 심의 및 결산 승인	조례 심사 및 제정과 개폐	지역사회의 행사 및 단체 모임의 참여
선거형태	지역구	15(44.1)	7(46.7)	5(33.3)	2(13.3)	-	1(6.7)
	비례대표	19(55.9)	9(47.4)	3(15.8)	6(31.6)	1(5.3)	-
지방의회 의원경험	초선	23(67.6)	10(43.5)	6(26.1)	6(26.1)	1(4.3)	-
	재선 이상	11(32.4)	6(54.5)	2(18.2)	2(18.2)	-	1(9.1)
소속정당	여당	15(44.1)	6(40.0)	4(26.7)	3(20.0)	1(6.7)	1(6.7)
	야당	19(55.9)	10(52.6)	4(21.1)	5(26.3)	-	-
합계		34(100.0)	16(47.1)	8(23.5)	8(23.5)	1(2.9)	1(2.9)

의정활동의 주된 관심 영역과 분야는 '교육 및 문화 신장'이 23.5%로 가장 높았으며, 다음으로 '사회복지 실현'이 20.6%, '지역환경 개선 및 정비'가 17.6% 순으로 높았다. 지역구는 '지역환경 개선 및 정비'가 33.3%로 가장 높았으며, 비례대표는 '교육 및 문화 신장'이 26.3%로 가장 높았다. 재선 이상이 '지역환경 개선 및 정비'가 36.4%로 상대적으로 높았다. 여당은 '교육 및 문화 신장'이 33.3%로 가장 높았으며, 야당은 '사회복지 실현'이 26.3%로 가장 높았다.

의정활동의 중요한 정책을 결정할 때 주로 사용하는 방법은 '소속정당 관계자들과 협의한다'가 35.3%로 가장 높았으며, 다음으로 '주민들과 직접 만나서 협의한다'가 32.4%, '학자 혹은 전문가에게 자문을 구한다'가 14.7% 순으로 높았다. 지역구는 '주민들과 직접 만나서 협의'가 40.0%로 가장 높았으며, 비례대표는 '소속정당 관계자들과 협의'가 36.8%로 가장 높았다.

초선과 재선 이상 모두 '소속정당 관계자들과 협의'와 '주민들과 집적 만나서 협의'의 비율이 높았다. 여당은 '소속정당 관계자들과 협의'가 46.7%로 가장 높았으며, 야당은 '주민들과 직접 만나서 협의'가 36.8%로 가장 높았다.

표 5-11 의정활동을 하면서 주된 관심 영역과 분야 (단위: 명, %)

특성	구분	전체	교육 및 문화 신장	사회 복지 실현	지역 환경 개선 및 정비	여성의 권익 증진	지역 경제 활성화	정치 민주화	기타*
선거형태	지역구	15(44.1)	3(20.0)	3(20.0)	5(33.3)	1(6.7)	1(6.7)	1(6.7)	1(6.7)
	비례대표	19(55.9)	5(26.3)	4(21.1)	1(5.3)	3(15.8)	2(10.5)	1(5.3)	3(15.8)
지방의회 의원경험	초선	23(67.6)	5(21.7)	5(21.7)	2(8.7)	4(17.4)	3(13.0)	1(4.3)	3(13.0)
	재선 이상	11(32.4)	3(27.3)	2(18.2)	4(36.4)	–	–	1(9.1)	1(9.1)
소속정당	여당	15(44.1)	5(33.3)	2(13.3)	3(20.0)	2(13.3)	2(13.3)	–	1(6.7)
	야당	19(55.9)	3(15.8)	5(26.3)	3(15.8)	2(10.5)	1(5.3)	2(10.5)	3(15.8)
합계		34(100.0)	8(23.5)	7(20.6)	6(17.6)	4(11.8)	3(8.8)	2(5.9)	4(11.8)

* 1) 정치민주화, 사회복지 등 다양하나 지역의 정치상황을 고려했을 때 정치민주화에 가장 관심이 높음, 2) 농민, 노동, 3) 원전 안전 및 저소득 주민 보호, 4) 재정 관련/ 예산편성의 치우침 여부.

표 5-12 의정활동의 중요한 정책을 결정할 때 주로 사용하는 방법 (단위: 명, %)

특성	구분	전체	소속 정당 관계자들과 협의	주민들과 직접 만나서 협의	학자 혹은 전문가에게 자문	사회 단체와 협의	가족, 개인적 조직회원들과 의논	기타*
선거형태	지역구	15(44.1)	5(33.3)	6(40.0)	1(6.7)	2(13.3)	1(6.7)	–
	비례대표	19(55.9)	7(36.8)	5(26.3)	4(21.1)	1(5.3)	1(5.3)	1(5.3)
지방의회 의원경험	초선	23(67.6)	8(34.8)	7(30.4)	4(17.4)	1(4.3)	2(8.7)	1(4.3)
	재선 이상	11(32.4)	4(36.4)	4(36.4)	1(9.1)	2(18.2)	–	–
소속정당	여당	15(44.1)	7(46.7)	4(26.7)	3(20.0)	–	1(6.7)	–
	야당	19(55.9)	5(26.3)	7(36.8)	2(10.5)	3(15.8)	1(5.3)	1(5.3)
합계		34(100.0)	12(35.3)	11(32.4)	5(14.7)	3(8.8)	2(5.9)	1(2.9)

* 하나만 선택하기 힘듬.

지역주민의 여론을 듣기 위해 가장 많이 사용하는 방법은 '지역주민들과 직접 만남을 통하여'가 54.5%로 가장 높았으며, 다음으로 '시민단체를 통해'와 '신문, 잡지, 인터넷을 통해'가 각각 12.1%로 높았다. 지역구는 '지역주민들과 직접 만남을 통하여'가 100.0%였으며, 비례대표는 '시민단체를 통해'와 '신문, 잡지, 인터넷을 통해'가 각각 22.2%로 가장 높았다. 재선 이상은 '지역주민들과 직접 만남을 통하여'가 90.9%로 상대적으로 높았다. 여당과 야당 모두 '지역주민들과 직접 만남을 통하여'가 각각 53.3%와 55.6%로 가장 높았다.

표 5-13 지역주민의 여론을 듣기 위해 가장 많이 사용하는 방법 (단위: 명, %)

특성	구분	전체	지역주민들과 직접 만남을 통하여	시민단체를 통해	신문, 잡지, 인터넷을 통해	개인적 조직을 통해	소속 정당을 통해	기타*
선거형태	지역구	15(45.5)	15(100.0)	–	–	–	–	–
	비례대표	18(54.5)	3(16.7)	4(22.2)	4(22.2)	3(16.7)	2(11.1)	2(11.1)
지방의회 의원경험	초선	22(66.7)	8(36.4)	4(18.2)	4(18.2)	3(13.6)	1(4.5)	2(9.1)
	재선 이상	11(33.3)	10(90.9)	–	–	–	1(9.1)	–
소속정당	여당	15(45.5)	8(53.3)	3(20.0)	2(13.3)	1(6.7)	1(6.7)	–
	야당	18(54.5)	10(55.6)	1(5.6)	2(11.1)	2(11.1)	1(5.6)	2(11.1)
합계		33(100.0)	18(54.5)	4(12.1)	4(12.1)	3(9.1)	2(6.1)	2(6.1)

* 1) 지역 전문가와 담당자, 당사자 등 직접 관련 있는 사람과 직접 만남을 우선함, 2) 골고루 다 이용함.

비고 : 무응답 1.

의정활동을 하면서 가장 보람 있었던 일은 '지역정책에 직접적인 영향력을 미칠 수 있었던 것'이 52.9%로 가장 높았으며, 다음으로 '어려움에 처한 지역구민을 도와 줄 수 있었던 것'이 32.4%, '정치에 대해 많은 것을 배운 것'이 11.8% 순으로 높았다. 지역구와 비례대표 모두 '지역정책에 직접적인 영향력을 미칠 수 있었던 것'이 각각 66.7%와 42.1%로 가장 높았으나 지역구의 비율이 상대적으로 높았다. 초선과 재선 이상 모두 '지역정책에 직접적인 영향력을 미칠 수 있었던 것'이 각각 43.5%와 72.7%로 가장 높았으나 재선 이상의 비율이 상대적으로 높았다. 여당과 야당 모두 '지역정책에 직접적인 영향력을 미칠 수 있었던 것'이 가장 높았다.

표 5-14 의정활동을 하면서 가장 보람 있었던 일

(단위: 명, %)

특성	구분	전체	지역정책에 직접적인 영향력을 미칠 수 있었던 것	어려움에 처한 지역구민을 도와 줄 수 있었던 것	정치에 대해 많은 것을 배운 것	기타*
선거형태	지역구	15(44.1)	10(66.7)	5(33.3)	-	-
	비례대표	19(55.9)	8(42.1)	6(31.6)	4(21.1)	1(5.3)
지방의회 의원경험	초선	23(67.6)	10(43.5)	8(34.8)	4(17.4)	1(4.3)
	재선 이상	11(32.4)	8(72.7)	3(27.3)	-	-
소속정당	여당	15(44.1)	8(53.3)	5(33.3)	2(13.3)	-
	야당	19(55.9)	10(52.6)	6(31.6)	2(10.5)	1(5.3)
합계		34(100.0)	18(52.9)	11(32.4)	4(11.8)	1(2.9)

* 정책의 흐름을 읽을 수 있는 것.

의정활동을 하면서 가장 어려움을 겪는 일은 '전문성의 부족'이 36.4%로 가장 높았으며, 다음으로 '사회적 지지기반의 부족'과 '남성 중심적인 정치문화'가 각각 21.2%로 높았다. 지역구는 '남성 중심적인 정치문화'가 33.3%로 상대적으로 높았으며, 비례대표는 '사회적 지지기반의 부족'이 33.3%로 상대적으로 높았다. 초선은 '사회적 지지기반의 부족'이 31.8%로 상대적으로 높았으며, 재선 이상은 '남성 중심적인 정치문화'가 36.4%로 상대적으로 높았다. 여당과 야당 모두 '전문성의 부족'이 각각 35.7%와 36.8%로 가장 높았다.

표 5-15 의정활동을 하면서 가장 어려움을 겪는 일

(단위: 명, %)

특성	구분	전체	전문성의 부족	사회적 지지 기반의 부족	남성 중심적인 정치 문화	재정적인 어려움	정당과의 관계	기타*
선거형태	지역구	15(45.5)	5(33.3)	1(6.7)	5(33.3)	4(26.7)	–	–
	비례대표	18(54.5)	7(38.9)	6(33.3)	2(11.1)	1(5.6)	1(5.6)	1(5.6)
지방의회 의원경험	초선	22(66.7)	9(40.9)	7(31.8)	3(13.6)	2(9.1)	–	1(4.5)
	재선 이상	11(33.3)	3(27.3)	–	4(36.4)	3(27.3)	1(9.1)	–
소속정당	여당	14(42.4)	5(35.7)	3(21.4)	3(21.4)	3(21.4)	–	–
	야당	19(57.6)	7(36.8)	4(21.1)	4(21.1)	2(10.5)	1(5.3)	1(5.3)
합계		33(100.0)	12(36.4)	7(21.2)	7(21.2)	5(15.2)	1(3.0)	1(3.0)

* 절대적 다수를 차지하고 있는 거대여당 의원들과의 관계.

비고 : 무응답 1.

의정활동 어려움 극복방법은 '관련 단체나 관련 전문가를 찾아가서 의논한다'가 41.2%로 가장 높았으며, 다음으로 '관련 전문 서적이나 자료를 찾아서 해결한다'가 23.5%, '의정활동을 지원해 주는 개인적인 전문그룹이 있다'가 17.6%, '동료의원들에게 상의한다' 14.7% 순으로 높았다. 지역구와 비례대표는 모두 '관련 단체나 관련 전문가를 찾아가서 의논한다'가 각각 40.0%와 42.1%로 가장 높았다. 초선은 '관련 전문 서적이나 자료를 찾아서 해결한다'가 30.4%로 상대적으로 높았으며, 재선 이상은 '관련 단체나 관련 전문가를 찾아가서 의논한다'가 54.5%로 상대적으로 높았다. 여당은 '관련 전문 서적이나 자료를 찾아서 해결한다'가 33.3%로 상대적으로 높았으며, 야당은 '관련 단체나 관련 전문가를 찾아가서 의논한다'가 52.6%로 상대적으로 높았다.

표 5-16 의정활동 어려움 극복방법

(단위: 명, %)

특성	구분	전체	관련 단체나 관련 전문가를 찾아가서 의논한다	관련 전문 서적이나 자료를 찾아서 해결한다	의정활동을 지원해 주는 개인적인 전문그룹이 있다	동료 의원들에게 상의한다	당에 물어 본다
선거형태	지역구	15(44.1)	6(40.0)	4(26.7)	2(13.3)	2(13.3)	1(6.7)
	비례대표	19(55.9)	8(42.1)	4(21.1)	4(21.1)	3(15.8)	-
지방의회 의원경험	초선	23(67.6)	8(34.8)	7(30.4)	5(21.7)	3(13.0)	-
	재선 이상	11(32.4)	6(54.5)	1(9.1)	1(9.1)	2(18.2)	1(9.1)
소속정당	여당	15(44.1)	4(26.7)	5(33.3)	2(13.3)	3(20.0)	1(6.7)
	야당	19(55.9)	10(52.6)	3(15.8)	4(21.1)	2(10.5)	-
합계		34(100.0)	14(41.2)	8(23.5)	6(17.6)	5(14.7)	1(2.9)

지방의회의 운영에 대한 영향력 정도는 '약간 영향력 있음'이 52.9%로 가장 높은 것으로 나타났으며, 영향력 정도는 5점 만점에 3.82점으로 여성의원들의 정치적 효능감이 높음을 알 수 있다.

표 5-17 지방의회의 운영에 영향력 정도

(단위: 명, %)

구분	빈도	백분율	평균±표준편차
전혀 영향력 없음(=1점)	-	-	
별로 영향력 없음(=2점)	-	-	3.82±.67
보통(=3점)	11	32.4	
약간 영향력 있음(=4점)	18	52.9	
매우 영향력 있음(=5점)	5	14.7	3.82±.67
합계	34	100.0	

4. 여성 관련 공약과 성평등 의식

2012년 대통령 선거에서도 보여주듯이(정태윤, 2013) 지방의회 여성의 대표성에도 생물학적 여성과 여성주의 여성을 둘러싸고 쟁점이 존재한다. 여성의원이라고 해서 반드시 여성문제에만 주된 관심을 두는 것은 아니다.

그러나 일반적으로 여성의원의 확대는 여성문제의 해결이나 여성정책에 대한 관심을 좀 더 불러일으킬 것으로 보인다. 여성의원들의 의정활동 참여확대로 여성문제를 공적 의제화할 수 있기 때문이다. 실제로 여성의원들은 여성의 권익 신장을 위해 상당한 노력을 하고 여성의 정치참여 확대는 여성의 권익 증대에 기여했다. 고양시 의회의 경우(엄태석, 2010) 여성의원들을 중심으로 여성특별위원회를 구성하여 여성의 지위와 권익 신장을 위해 다양한 활동을 한 것으로 나타났다. 그러므로 여성의원의 수적 증대가 여성정책의 발전에 긍정적인 기여를 할 것이라는 전망을 할 수 있다. 실제로 경남 여성의원의 75.0%는 2010년 지방선거에서 여성 관련 공약을 제시하였다고 응답했다(이혜숙, 2014a: 141). 여성 관련 공약의 내용을 살펴보면 여성의원들이 여성 관련 문제들에 대해 매우 광범위한 관심을 표명하고 있다.

1) 여성 관련 공약

여성의원이 중점적으로 내세웠던 공약분야는 '사회복지 실현'이 23.5%로 가장 높았으며, 다음으로 '교육 및 문화 신장'이 20.6%, '여성의 권익증진' 17.6% 순으로 높았다. 지역구는 '사회복지 실현'과 '지역환경 개선 및 정비'가 각각 33.3%로 가장 높았으나 비례대표는 '교육 및 문화신장'이 31.6%로 가장 높았다. 초선은 '여성의 권익증진'이 21.7%로 상대적으로 높았으며, 재선 이상은 '지역환경 개선 및 정비'가 36.4%로 상대적으로 높았다. 여당은 '지역환경 개선 및 정비'가 26.7%로 상대적으로 높았으

표 5-18 중점적으로 내세웠던 공약분야

(단위: 명, %)

특성	구분	전체	사회 복지 실현	교육 및 문화 신장	여성의 권익 증진	지역 환경 개선 및 정비	지역 경제 활성화	정치 민주화	기타
선거형태	지역구	15(44.1)	5(33.3)	1(6.7)	2(13.3)	5(33.3)	1(6.7)	–	1(6.7)
	비례대표	19(55.9)	3(15.8)	6(31.6)	4(21.1)	–	2(10.5)	1(5.3)	3(15.8)
지방의회 의원경험	초선	23(67.6)	5(21.7)	5(21.7)	5(21.7)	1(4.3)	3(13.0)	1(4.3)	3(13.0)
	재선 이상	11(32.4)	3(27.3)	2(18.2)	1(9.1)	4(36.4)	–	–	1(9.1)
소속정당	여당	15(44.1)	3(20.0)	4(26.7)	2(13.3)	4(26.7)	2(13.3)	–	–
	야당	19(55.9)	5(26.3)	3(15.8)	4(21.1)	1(5.3)	1(5.3)	1(5.3)	4(21.1)
합계		34(100.0)	8(23.5)	7(20.6)	6(17.6)	5(14.7)	3(8.8)	1(2.9)	4(11.8)

* 1) 지역 내에서 정치 다양성 확보 및 유권자들의 다양한 이해관계 보장 또는 신장이 필요하다는 점 부각, 2) 농민공약, 3) 고리 원전1호기 폐로 및 원전 안전 대책, 4) 아이 키우기 좋은 마을 만들기.

며, 야당은 '사회복지 실현'이 26.3%로 상대적으로 높았다.

55.9%의 여성의원이 여성 관련 공약을 했다. 지역구가 73.3%로 비례대표 42.1%보다 상대적으로 높았다. 재선 이상은 72.7%로 초선 47.8%보다 상대적으로 높았다. 여당은 66.7%로 야당 47.4%보다 상대적으로 높았다.

표 5-19 대표 공약 중 여성 관련 공약 여부

(단위: 명, %)

특성	구분	전체	있다	없다
선거형태	지역구	15(44.1)	11(73.3)	4(26.7)
	비례대표	19(55.9)	8(42.1)	11(57.9)
지방의회 의원경험	초선	23(67.6)	11(47.8)	12(52.2)
	재선 이상	11(32.4)	8(72.7)	3(27.3)
소속정당	여당	15(44.1)	10(66.7)	5(33.3)
	야당	19(55.9)	9(47.4)	10(52.6)
합계		34(100.0)	19(55.9)	15(44.1)

2) 여성문제에 대한 관심과 성평등 의식

여성의원들의 여성문제에 대한 관심 정도는 '약간 높은 편'이 47.1%, '매우 높은 편'이 38.2%로 나타났으며, 관심정도 점수는 5점 만점에 4.24점으로 높게 나타났다.

표 5-20 여성문제에 대한 관심 정도

(단위: 명, %)

구분	빈도	백분율	평균±표준편차
매우 낮은 편(=1점)	-	-	4.24±.70
약간 낮은 편(=2점)	-	-	
보통(=3점)	5	14.7	
약간 높은 편(=4점)	16	47.1	
매우 높은 편(=5점)	13	38.2	
합계	34	100.0	

여성의원들의 성평등 의식은 5점 만점에 4.21점으로 높았다. 성평등 의식 항목 중 가장 점수가 높은 항목은 '남편과 정치적 입장이 다르더라도 소신껏 투표해야 한다'(평균=4.91점)였으며, 다음으로 '기업이 구조조정을 할 때 여성 우선해고는 어쩔 수 없다(역문항)'(평균=4.65점)였다.

지역구(평균=4.26점)와 비례대표(평균=4.16점)의 의식의 차이는 없는 것으로 나타났다. 지방의회의원 경험별로 살펴보면 초선(평균=4.16점)과 재선 이상(평균=4.29점)의 의식의 차이는 없었다. 그러나 소속정당별로는 야당(평균=4.34점)이 여당(평균=4.04점)보다 성평등 의식이 높은 것으로 나타났다.

표 5-21 의원들의 성평등 의식

(단위: 명, %)

구분	전혀 그렇지 않다 (=1점)	별로 그렇지 않다 (=2점)	보통이다 (=3점)	약간 그렇다 (=4점)	매우 그렇다 (=5점)	평균±표준편차
남편과 정치적 입장이 다르더라도 소신껏 투표해야 한다	–	1(2.9)	–	–	33(97.1)	4.91±0.51
*기업이 구조조정을 할 때 여성 우선해고는 어쩔 수 없다(역)	1(2.9)	–	2(5.9)	4(11.8)	27(79.4)	4.65±0.85
여성의원 수의 증가는 지역 여성정책의 발전에 기여한다	–	–	5(14.7)	8(23.5)	21(61.8)	4.47±0.75
여성의원들의 증가가 깨끗한 정치풍토 향상에 기여한다	–	1(2.9)	2(5.9)	11(32.4)	20(58.8)	4.47±0.75
여성의 지위향상을 위해 여성운동은 필요하다	–	2(5.9)	3(8.8)	8(23.5)	21(61.8)	4.41±0.89
*여성이 직장에서 버는 돈은 남편 수입의 보조적 수단이다(역)	2(5.9)	–	2(5.9)	11(32.4)	19(55.9)	4.32±1.04
선거과정에서 남성의원들이 여성의원들보다 유리하다	–	5(14.7)	5(14.7)	12(35.3)	12(35.3)	3.91±1.06
의정활동에 있어서 남성의원들이 여성의원들보다 유리하다	1(2.9)	3(8.8)	5(14.7)	17(50.0)	8(23.5)	3.82±1.00
*자녀교육의 책임은 어머니에게 있다(역)	5(15.2)	2(6.1)	5(15.2)	7(21.2)	14(42.4)	3.70±1.47
*여성은 직장생활을 해도 집안 일은 책임져야 한다(역)	4(11.8)	5(14.7)	5(14.7)	14(41.2)	6(17.6)	3.38±1.28
성평등 의식						4.21±0.34

비고 : 1) '매우 그렇다'를 5점, '전혀 그렇지 않다'를 1점으로 환산하여 평균 점수를 산출함.
2) '*' 표시는 역문항으로 '전혀 그렇지 않다'를 5점, '매우 그렇다'를 1점으로 환산하여 평균 점수를 산출함.

자료 : 성평등 관련 문항은 손봉숙 · 김은주(1995: 266), 김원홍 · 김혜영 · 김민정 외(2005: 208)를 참조하여 수정, 보완하여 사용함.

표 5-22 여성의원들의 성평등 의식

(단위: 명, %)

특성	구분	빈도(백분율)	평균±표준편차	t	p
선거형태	지역구	15(44.1)	4.26±.29	.824	.416
	비례대표	19(55.9)	4.16±.38		
지방의회 의원경험	초선	23(67.6)	4.16±.34	−1.011	.320
	재선 이상	11(32.4)	4.29±.34		
소속정당	여당	15(44.1)	4.04±.35	−2.776**	.009
	야당	19(55.9)	4.34±.28		
합계		34(100.0)	4.21±.34		

**: p<.01

여성 관련 정책에 대한 의견을 피력한 경험은 '자주 의견을 제시한다'가 48.5%, '의견을 낸 적이 한두 번 있다' 30.3%, '전혀 의견을 내지 않는다' 21.2%였다. 지역구와 비례대표 모두 '자주 의견을 제시한다'가 각각 46.7%와 50.0%로 가장 높았다. 재선 이상은 '자주 의견을 제시한다'가 72.7%로 상대적으로 높았으며, 초선은 '전혀 의견을 내지 않는다'가 31.8%로 상대적으로 높았다. 소속정당별로는 야당은 '자주 의견을 제시한다'가 61.1%로 가장 높았으며, 여당은 '의견을 낸 적이 한두 번 있다'가 46.7%로 가장 높았다.

표 5-23 여성 관련 정책에 대한 의견을 피력한 경험

(단위: 명, %)

특성	구분	전체	자주 의견을 제시한다	의견을 낸 적이 한두 번 있다	전혀 의견을 내지 않는다
선거형태	지역구	15(45.5)	7(46.7)	5(33.3)	3(20.0)
	비례대표	18(54.5)	9(50.0)	5(27.8)	4(22.2)
지방의회 의원경험	초선	22(66.7)	8(36.4)	7(31.8)	7(31.8)
	재선 이상	11(33.3)	8(72.7)	3(27.3)	-
소속정당	여당	15(45.5)	5(33.3)	7(46.7)	3(20.0)
	야당	18(54.5)	11(61.1)	3(16.7)	4(22.2)
합계		33(100.0)	16(48.5)	10(30.3)	7(21.2)

비고 : 무응답 1.

표 5-24 여성정책에 대해 피력한 내용

내용	여성정책에 관한 내용
성평등 정책추진	• 여성발전기금 • 성인지 예결산서 작성 미비점, 성별영향분석평가 및 성인지 예산서 작성에 대한 교육 강화, 결산심의위원회에 성인지 전문가 위촉, 공공기간 내 임신여성의 업무여건 개선 • 성인지 예산 관련 • 지방자치단체가 내는 정책지표인 각종 통계자료의 남녀 분리통계 요구, 각종 시설이나 사업의 계획단계에서 정책수혜자의 성별 예상 비율에 맞추어 계획 · 집행되는가를 수시로 점검요구. 일례로 노인인구의 여성 비율 대비 각종 어르신 시설이나 프로그램 일자리 기회부여 등에 있어 여성 노인에 대한 참여율이나 사업내용이 반영되는가 점검하고 개선방향 제시 • 양성평등 기본법 여성발전 기금 • 성인지 예산확대 • 성인지 예산
여성의 대표성	• 의사결정과정의 여성 비율, 각종 위원회 여성 비율, 여성정책 예산, 여성단체직원 관련 내용, 여성비정규직 관련 내용 등등 • 의회 내에서 여성대표성 실현 • 여성의원이 적지만 위원 내 배정 등 • 상임위원 때 위원장건
여성의 경제적 역량강화	• 여성농민정책 관련 • 여성 일자리 • 부족한 여성 일자리 정책에 관해서 • 여성경제활동 활성화 기초 확립 및 여성가족 복지 • 여성 일자리 확대 • 여성 일자리
돌봄노동 지원	• 돌봄서비스 여성에 대한 처우개선 요구 • 여성의 일 · 가정 양립을 위한 돌봄의 사회화 • 맞벌이 부부의 애로점인 보육환경 개선 • 보육정책
여성에 대한 폭력 근절	• 성폭행 폭력, 추행 등과 관련된 대안 등 • 여성폭력의 예방과 피해자 지원대책
평등의식	• 여학생의 교복과 학교 운동장 등 공간설계, 여성과 남성을 구분하는 유치원 교육 내용

여성정책에 대해 피력한 적이 있다고 응답한 의원들이 피력한 내용을

살펴보면 성평등정책 추진, 여성의 대표성, 여성의 경제적 역량 강화, 돌봄 지원, 여성에 대한 폭력 근절, 평등의식 순으로 많았다.

여성정책 피력 여부와 '의정활동을 하면서 여성이기 때문에 유리한 정도', '성평등 의식', '지방의회 내 여성문제를 다룰 별도의 상임위원회 설치의 필요성', '여성문제에 대한 관심 정도'의 차이를 살펴보았다. 여성정책의 피력 여부는 '성평등 의식'과 '여성문제에 대한 관심 정도'에 따라 차이를 보였다. 성평등 의식은 여성정책에 대해 '자주 의견을 제시한다'(평균=4.38점)는 의원이 '의견을 낸 적이 한두 번 있다'(평균=4.01점)는 의원보다 높은 것으로 나타났다. 여성문제에 대한 관심 정도도 '자주 의견을 제시한다'(평균=4.50점)는 의원이 '전혀 의견을 내지 않는다'(평균=3.71점)는 의원보다 관심이 높은 것으로 나타났다. 즉 성평등 의식이 높을수록 또 여성문제에 대한 관심이 높을수록 여성정책에 대해서 자주 의견을 제시했음을 알 수 있다.

표 5-25 여성정책 피력 여부에 따른 특성별 차이

특성	구분	의정활동을 하면서 유리한 정도	성평등 의식	지방의회 내 여성문제를 다룰 별도의 상임위원회 설치의 필요성	여성문제에 대한 관심 정도
여성 정책 피력 여부	자주 의견을 제시한다	2.81±.83	4.38^{a}±.31	3.63±1.36	4.50^{a}±.52
	의견을 낸 적이 한두 번 있다	3.10±.57	4.01^{b}±.17	3.40±.97	4.10^{ab}±.74
	전혀 의견을 내지 않는다	3.43±.79	4.09^{ab}±.44	3.29±1.11	3.71^{b}±.76
	F(p)	1.687(.202)	5.116*(.012)	.229(.797)	3.877*(.032)

*: $p < .05$, a>b: Scheffe Test

비고 : 이들 간의 차이를 검증하기 위해 일원배치분산분석을 실시하였으며 사후검증으로 쉐페검증(Scheffe Test)을 실시하였다.

5. 여성의원으로서의 경험과 의정활동의 현실

여성의원들이 공천과정에서 가장 어려웠던 점은 '당내 여성후보와의 경쟁관계'가 26.5%로 가장 높았으며, 다음으로 '당내 남성후보와의 경쟁관계'가 23.5%, '당내 인맥 중심으로 결정되는 것' 20.6% 순으로 높았다. 지역구는 '당내 남성후보와의 경쟁관계'가 46.7%로 가장 높았으며, 비례대표는 '당내 여성후보와의 경쟁관계'가 47.4%로 가장 높았다. 초선은 '당내 여성후보와의 경쟁관계'가 39.1%로 가장 높았으며, 재선 이상은 '당내 남성후보와의 경쟁관계'가 45.5%로 가장 높았다. 여당은 '당내 여성후보와의 경쟁관계'가 33.3%로 가장 높았으며, 야당은 '당내 인맥 중심으로 결정되는 것'이 31.6%로 가장 높았다.

표 5-26 공천과정에서 가장 어려웠던 점

(단위: 명, %)

구분	빈도	백분율
당내 여성후보와의 경쟁관계	9	26.5
당내 남성후보와의 경쟁관계	8	23.5
당내 인맥 중심으로 결정되는 것	7	20.6
경제적인 부담	3	8.8
타 정당의 경쟁후보와의 관계	2	5.9
기타*	5	14.7
합계	34	100.0

* 1) 합당이라는 특수한 상황에서 지역에서 기존에 존재하던 정당으로서의 기득권 행사, 2) 6대 시의회 비례대표 예정자 순위 3번. 순위에 대한 변수 긴장감.

여성이기 때문에 선거에서 유리 또는 불리했는지 여부는 '여성이기 때문에 유리했다'가 52.9%, '여성이기 때문에 불리했다'가 17.6%, '별로 관련이 없다'가 29.4%였다. 비례대표가 '여성이기 때문에 유리했다'가 63.2%로 가장 높았으며, 지역구는 '여성이기 때문에 불리했다'가 33.3%로 가장 높았다. 초선은 '여성이기 때문에 유리했다'가 60.9%로 상대적으

표 5-27 특성별 공천과정에서 가장 어려웠던 점

(단위: 명, %)

특성	구분	전체	당내 여성후보와의 경쟁 관계	당내 남성후보와의 경쟁 관계	당내 인맥 중심으로 결정되는 것	경제적인 부담	타정당의 경쟁 후보와의 관계	기타
소속의회	도의회	20(58.8)	6(30.0)	4(20.0)	2(10.0)	2(10.0)	2(10.0)	4(20.0)
	광역시의회	14(41.2)	3(21.4)	4(28.6)	5(35.7)	1(7.1)	-	1(7.1)
선거형태	지역구	15(44.1)	-	7(46.7)	3(20.0)	2(13.3)	1(6.7)	2(13.3)
	비례대표	19(55.9)	9(47.4)	1(5.3)	4(21.1)	1(5.3)	1(5.3)	3(15.8)
지방의회 의원경험	초선	23(67.6)	9(39.1)	3(13.0)	5(21.7)	1(4.3)	1(4.3)	4(17.4)
	재선 이상	11(32.4)	-	5(45.5)	2(18.2)	2(18.2)	1(9.1)	1(9.1)
소속정당	여당	15(44.1)	5(33.3)	4(26.7)	1(6.7)	2(13.3)	2(13.3)	1(6.7)
	야당	19(55.9)	4(21.1)	4(21.1)	6(31.6)	1(5.3)	-	4(21.1)
합계		34(100.0)	9(26.5)	8(23.5)	7(20.6)	3(8.8)	2(5.9)	5(14.7)

로 높았다. 야당이 '여성이기 때문에 유리했다'가 57.9%로 가장 높았으며, 여당은 '별로 관련이 없다'가 40.0%로 상대적으로 높았다.

표 5-28 여성이기 때문에 선거에서 유리 또는 불리했는지 여부

(단위: 명, %)

특성	구분	전체	여성이기 때문에 유리했다	별로 관련이 없다	여성이기 때문에 불리했다
선거형태	지역구	15(44.1)	6(40.0)	4(26.7)	5(33.3)
	비례대표	19(55.9)	12(63.2)	6(31.6)	1(5.3)
지방의회 의원경험	초선	23(67.6)	14(60.9)	6(26.1)	3(13.0)
	재선 이상	11(32.4)	4(36.4)	4(36.4)	3(27.3)
소속정당	여당	15(44.1)	7(46.7)	6(40.0)	2(13.3)
	야당	19(55.9)	11(57.9)	4(21.1)	4(21.1)
합계		34(100.0)	18(52.9)	10(29.4)	6(17.6)

여성이기 때문에 유리했다고 응답한 18명의 유리했던 이유는 '정당의 특별지원'이 23.5%로 가장 높았다. 다음으로 '여성의 꼼꼼하고 세심한 이

미지'가 20.6%로 높았다. 여성이기 때문에 불리했다고 응답한 6명의 불리했던 이유는 '남성유권자의 여성차별의식'과 '조직능력의 취약성'이 각각 50.0%였다. 그 외 가부장적 · 권위주의적 이데올로기, 공천과정에서의 불이익, 연고주의 문화, 일 · 가정 양립문제 등이 여성의원으로서 어려운 점이다.

표 5-29 여성이기 때문에 유리했던 이유

(단위: 명, %)

구분	빈도	백분율
정당의 특별지원	8	23.5
여성의 꼼꼼하고 세심한 이미지	7	20.6
여성유권자들의 동료 의식	1	2.9
여성이기 때문에 얻은 유권자들과의 접촉 용이성	1	2.9
기타*	1	2.9
합계	18	52.9

* 비례대표라서.

의정활동을 하면서 여성이기 때문에 유리 혹은 불리한 정도는 '보통'이 51.5%로 가장 많았으며, '매우 불리'와 '약간 불리'가 24.2%, '약간 유리'와 '매우 유리'가 24.2%로 비슷한 것으로 나타났으며, 유리한 정도는 5점 만점에 3.03점이었다. 지역구(평균=2.93점)와 비례대표(평균=3.11점)의 유리한 정도는 차이가 없었다. 초선(평균=3.18점)이 재선 이상(평균=2.73점)보다 유리하다고 생각하고 있는 것으로 나타났으나 통계적으로 유의하지는 않았다. 여당(평균=3.40점)이 야당(평균=2.72점)보다 유리하다고 생각하고 있는 것으로 나타났다. 그러나 여전히 여성의원의 숫자가 적고 가부장적 문화, 정치판의 파벌주의, 사회적 지지기반의 부족 등으로 여성의원들은 어려움을 겪고 있다.

표 5-30 의정활동을 하면서 여성이기 때문에 유리 혹은 불리한 정도 (단위: 명, %)

구분	빈도	백분율	평균±표준편차
매우 불리(=1점)	-	-	3.03±.77
약간 불리(=2점)	8	24.2	
보통(=3점)	17	51.5	
약간 유리(=4점)	7	21.2	
매우 유리(=5점)	1	3.0	
합계	33	100.0	

비고 : 무응답 1.

표 5-31 의정활동을 하면서 여성이기 때문에 유리 혹은 불리한 정도 (단위: 명, %)

특성	구분	빈도(백분율)	평균±표준편차	t	p
선거형태	지역구	15(45.5)	2.93±.70	-.655	.518
	비례대표	18(54.5)	3.11±.83		
지방의회 의원경험	초선	22(66.7)	3.18±.80	1.640	.111
	재선 이상	11(33.3)	2.73±.65		
소속정당	여당	15(45.5)	3.40±.74	2.768**	.009
	야당	18(54.5)	2.72±.67		
합계		33(100.0)	3.03±.77		

**: $p<.01$

6. 여성의원의 네트워크

여성의원의 58.8%가 여성의원 간 네트워크나 여성 관련 소모임에 참여하고 있다. 지역구가 73.3%, 비례대표가 47.4%로 지역구의 비율이 상대적으로 높았다. 초선과 재선 이상은 각각 43.5%와 90.9%로 재선 이상이 네트워크나 여성 관련 소모임 참여 비율이 상대적으로 높았다. 소속정당별로는 여당과 야당은 각각 60.0%와 57.9%였다.

표 5-32 특성별 현재 참여하고 있는 여성의원 간 네트워크나 여성 관련 소모임

(단위: 명, %)

특성	구분	전체	있다	없다
선거형태	지역구	15(44.1)	11(73.3)	4(26.7)
	비례대표	19(55.9)	9(47.4)	10(52.6)
지방의회 의원경험	초선	23(67.6)	10(43.5)	13(56.5)
	재선 이상	11(32.4)	10(90.9)	1(9.1)
소속정당	여당	15(44.1)	9(60.0)	6(40.0)
	야당	19(55.9)	11(57.9)	8(42.1)
합계		34(100.0)	20(58.8)	14(41.2)

여성의원 간 네트워크나 여성 관련 소모임이 있다고 응답한 20명의 소모임 명칭을 살펴보면 전반적인 여성의원 간 네트워크나 정당 관련 네트워크가 많고 그 외 여성정책 네트워크, 여성단체와의 네트워크가 많았다.

표 5-33 여성 네트워크와 소모임

내용	소모임 명칭
여성의원 네트워크	• 전국 여성 지방의원 네트워크 • 경기도 여성의원 협의회 • 여성의원의 정책 연구회 • 여성의원 모임 • 전국지방여성의원 네트워크 • 전국여성지방의원협의회 • 서울시 여성의원 모임 • 따도원(따뜻한 도시의 의원들) • 각동 여성대표들 간의 모임을 매달 갖고 있음
정당 관련 네트워크	• 여성도정 네트워크 • 민주여성협의회 • 새누리당 여성정치 아카데미 • 경기도의회 새정치민주연합 여성의원 모임 • 새누리당 여성의원 협의회 • 정당차원에서의 모임 • 당선된 의원들끼리의 모임 • 새누리당 인천광역시당 여성위원회, 평화통일 자문위원회 운영위원 활동

여성단체 네트워크	• 아이코리아 • 안성시 여성협의회 • 여성연구회 • 경기도의원 여성단체 네트워크 • 남서여성민우회
여성정책 네트워크	• 교육혁신 연구회 • 여성정책 연구회 • 제주특별자치도의회 여성정치포럼 • 경기여성정책 네트워크

여성의원 간 네트워크 구축 필요성은 '매우 필요'가 55.9%로 가장 많았으며, 필요성 점수는 5점 만점에 4.24점으로 매우 높게 나타나서 그 필요성을 많이 느끼고 있음을 알 수 있다.

표 5-34 여성의원 간 네트워크 구축 필요성

(단위: 명, %)

구분	빈도	백분율	평균±표준편차
전혀 불필요(=1점)	–	–	4.24±.92
약간 불필요(=2점)	–	–	
보통(=3점)	11	32.4	
약간 필요(=4점)	4	11.8	
매우 필요(=5점)	19	55.9	
합계	34	100.0	

표 5-35 여성단체로부터 지원 내용

(단위: 명, %)

구분	빈도	백분율
조직 지원	4	50.0
공약 및 정책 개발	1	12.5
선거운동원 지원	1	12.5
유세 지원	1	12.5
자금 지원	–	–
기타*	2	25.0

* 지지선언-추천서.

선거기간 중 여성단체로부터 지원을 받은 여성의원은 23.5%였는데 '조직 지원'이 가장 많았다.

여성단체가 여성의원들을 위해 해야 할 역할로 '전문인력 제공'이 36.4%로 가장 높았으며, 다음으로 '자원봉사 선거운동원 제공'이 33.3%, '정치교육 제공' 12.1% 순으로 높게 보았다. 지역구는 '자원봉사 선거운동원 제공'이 40.0%로 상대적으로 높았으며, 비례대표는 '전문인력 제공'이 38.9%로 상대적으로 높았다. 초선은 '자원봉사 선거운동원 제공'이 40.9%로 가장 높았으며, 재선 이상은 '전문인력 제공'이 45.5%로 상대적으로 높았다. 여당은 '자원봉사 선거운동원 제공'이 57.1%로 가장 높았으며, 야당은 '전문인력 제공'이 47.4%로 상대적으로 높았다.

표 5-36 여성단체가 여성의원들을 위해 해야 할 역할

(단위: 명, %)

특성	구분	전체	전문 인력 제공	자원봉사 선거 운동원 제공	정치 교육 제공	공정 선거 감시	선거 자금 지원	기타*
선거형태	지역구	15(44.1)	5(33.3)	6(40.0)	2(13.3)	-	1(6.7)	1(6.7)
	비례대표	19(55.9)	7(38.9)	5(27.8)	2(11.1)	2(11.1)	-	2(11.1)
지방의회 의원경험	초선	23(67.6)	7(31.8)	9(40.9)	3(13.6)	1(4.5)	-	2(9.1)
	재선 이상	11(32.4)	5(45.5)	2(18.2)	1(9.1)	1(9.1)	1(9.1)	1(9.1)
소속정당	여당	15(44.1)	3(21.4)	8(57.1)	1(7.1)	-	1(7.1)	1(7.1)
	야당	19(55.9)	9(47.4)	3(15.8)	3(15.8)	2(10.5)	-	2(10.5)
합계		34(100.0)	12(36.4)	11(33.3)	4(12.1)	2(6.1)	1(3.0)	3(9.1)

* 1) 정책제공 및 토론, 2) 여성단체의 사회적 문제 정보 제공.

비고 : 무응답 1.

특히 여성의원들은 꼭 선거 때만이 아닌 일상적으로 정당이나 여성단체들이 여성정치교육을 하기를 희망하고 있다. 이처럼 여성의 정치세력화와 젠더 정치 관련해서 여성의원과 여성단체와의 관계는 중요하다. 그러나 정당마다 이념과 성격이 다르므로 여성단체가 특정 정당을 지지하기는 쉽지 않고 정당에 소속되어 있는 여성의원과의 여성단체의 연대가 잘 이루어진다고 보기는 어렵다. 따라서 여성단체들이 여성의원들과의 소통을 통하여 여성정책과 여성들에 대한 문제점을 같이 논의하는 관심이 필요하다.

7. 여성의 정치세력화 방안

1) 여성 정치참여의 긍정적 효과와 장애요인

여성의원은 여성의 정치참여 증대에 따른 긍정적인 효과로 '환경, 복지, 교육 등 생활정치영역에 대한 관심 증대'를 48.5%로 가장 높게 보았으며, 다음으로 '정치풍토 개선과 깨끗한 정치 실현' 27.3%, '여성의 권익 증진과 여성정책의 활성화'와 '성평등적인 의회문화 조성'이 각각 12.1%였다. 지역구와 비례대표 모두 '환경, 복지, 교육 등 생활정치영역에 대한 관심 증대'가 각각 40.0%와 55.6%로 가장 높았다. 초선과 재선 이상 모

표 5-37 여성의 정치참여 증대에 따른 긍정적인 효과 (단위: 명, %)

특성	구분	전체	환경, 복지, 교육 등 생활 정치영역에 대한 관심 증대	정치풍토 개선과 깨끗한 정치 실현	여성의 권익 증진과 여성 정책의 활성화	성평등적인 의회문화 조성
선거형태	지역구	15(45.5)	6(40.0)	5(33.3)	2(13.3)	2(13.3)
	비례대표	18(54.5)	10(55.6)	4(22.2)	2(11.1)	2(11.1)
지방의회 의원경험	초선	22(66.7)	10(45.5)	5(22.7)	4(18.2)	3(13.6)
	재선 이상	11(33.3)	6(54.5)	4(36.4)	-	1(9.1)
소속정당	여당	15(45.5)	6(40.0)	3(20.0)	3(20.0)	3(20.0)
	야당	18(54.5)	10(55.6)	6(33.3)	1(5.6)	1(5.6)
합계		33(100.0)	16(48.5)	9(27.3)	4(12.1)	4(12.1)

비고 : 무응답 1.

두 '환경, 복지, 교육 등 생활정치영역에 대한 관심 증대'가 각각 45.5%와 54.5%로 가장 높았다. 여당과 야당 모두 '환경, 복지, 교육 등 생활정치영역에 대한 관심 증대'를 가장 높게 보았다.

여성의 정치참여를 저해하는 장애요인은 '여성 본인의 적극적인 도전의식 부족'을 26.5%로 가장 높게 보았으며, 다음으로 '정당 내에서 취약한 여성의 지위'가 23.5%, '정치는 남성의 영역으로 여겨 온 보수적인 사회문화' 20.6%, '여성의 사회적 지지기반 부족' 17.6% 순으로 높았다. 지역구는 '여성의 사회적 지지기반 부족'과 '정치는 남성의 영역으로 여겨 온 보수적인 사회문화'를 각각 26.7%로 가장 높게 보았으며, 비례대표는 '여성 본인의 적극적인 도전의식 부족'이 31.6%로 가장 높았다. 초선은 '여성 본인의 적극적인 도전의식 부족'이 30.4%로 가장 높았으며, 재선 이상은 '정당 내에서 취약한 여성의 지위'가 27.3%로 가장 높았다. 여당은 '여성 본인의 적극적인 도전의식 부족'을 33.3%로 가장 높게 보았으며, 야당

표 5-38 여성의 정치참여를 저해하는 장애요인

(단위: 명, %)

특성	구분	전체	여성 본인의 적극적인 도전 의식 부족	정당 내에서 취약한 여성의 지위	정치는 남성의 영역으로 여겨 온 보수적인 사회문화	여성의 사회적 지지 기반 부족	선거 비용에 대한 경제적 부담	선거 제도의 문제	기타*
선거형태	지역구	15(44.1)	3(20.0)	3(20.0)	4(26.7)	4(26.7)	-	-	1(6.7)
	비례대표	19(55.9)	6(31.6)	5(26.3)	3(15.8)	2(10.5)	2(10.5)	1(5.3)	-
지방의회 의원경험	초선	23(67.6)	7(30.4)	5(21.7)	5(21.7)	4(17.4)	1(4.3)	1(4.3)	-
	재선 이상	11(32.4)	2(18.2)	3(27.3)	2(18.2)	2(18.2)	1(9.1)	-	1(9.1)
소속정당	여당	15(44.1)	5(33.3)	4(26.7)	2(13.3)	3(20.0)	-	-	1(6.7)
	야당	19(55.9)	4(21.1)	4(21.1)	5(26.3)	3(15.8)	2(10.5)	1(5.3)	-
합계		34(100.0)	9(26.5)	8(23.5)	7(20.6)	6(17.6)	2(5.9)	1(2.9)	1(2.9)

* 1번, 3번, 6번 모두 해당됨.

은 '정치는 남성의 영역으로 여겨 온 보수적인 사회문화'를 26.3%로 가장 높게 보았다.

2) 여성의 정치참여 확대 및 정치세력화를 위한 과제

표 5-39 적절한 여성의원 비율

(단위: 명, %)

특성	구분	전체	10% 미만	10~30% 미만	30~50% 미만	50% 이상
선거형태	지역구	15(44.1)	–	–	9(60.0)	6(40.0)
	비례대표	19(55.9)	–	4(21.1)	13(68.4)	2(10.5)
지방의회 의원경험	초선	23(67.6)	–	4(17.4)	17(73.9)	2(8.7)
	재선 이상	11(32.4)	–	–	5(45.5)	6(54.5)
소속정당	여당	15(44.1)	–	2(13.3)	9(60.0)	4(26.7)
	야당	19(55.9)	–	2(10.5)	13(68.4)	4(21.1)
합계		34(100.0)	–	4(11.8)	22(64.7)	8(23.5)

표 5-40 여성의 정치 진출 확대를 위해 필요한 사회제도적 환경의 필요성

구분	전혀 불필요 (=1점)	약간 불필요 (=2점)	보통 (=3점)	약간 필요 (=4점)	매우 필요 (=5점)	평균± 표준편차
2. 비례대표 비율 확대	2(5.9)	1(2.9)	2(5.9)	5(14.7)	24(70.6)	4.41±1.13
1. 한 선거구에서 다수득표자 2인 이상을 선출하는 '중선거구제' 도입	1(3.0)	3(9.1)	5(15.2)	7(21.2)	17(51.5)	4.09±1.16
3. 한 선거구에서 남성 1명, 여성 1명을 선출하는 '남녀동반 선출제' 도입	2(5.9)	5(14.7)	3(8.8)	8(23.5)	16(47.1)	3.91±1.31
5. 3명 중 1명은 여성을 선출하는 '여성당선보장제' 실시	2(5.9)	3(8.8)	8(23.5)	5(14.7)	16(47.1)	3.88±1.27
4. 여성만을 뽑는 '여성전용선거구제' 실시	6(17.6)	5(14.7)	9(26.5)	7(20.6)	7(20.6)	3.12±1.39

여성의원들은 여성의 정치참여 확대 및 정치세력화를 위해 사회제도적 중요성을 지적하고 있다. 적절한 여성의원 비율 정도는 '30~50% 미만'을 64.7%로 가장 적정하다고 보았다. 다음으로 '50% 이상' 23.5%, '10~30% 미만' 11.8%였다. 지역구는 '30~50% 미만'을 60.0%로 적정하다고 보았다. 재선 이상은 54.5%가 '50% 이상'을 적정하다고 보았다. 초선은 '30~50% 미만'이 73.9%로 가장 높았다. 여당과 야당 모두 '30~50% 미만'을 각각 60.0%와 68.4%로 가장 적정하다고 보았다.

표 5-41 여성의 정치 진출 확대를 위해 필요한 사회제도적 환경의 필요성

특성	구분	빈도(백분율)	중선거구제 도입	비례대표 비율 확대	남녀동반 선출제 도입	여성전용 선거구제 실시	여성당선 보장제 실시
선거형태	지역구	15(44.1)	3.50±1.40	4.00±1.51	4.00±1.36	2.87±1.60	3.53±1.51
	비례대표	19(55.9)	4.53±.70	4.74±.56	3.84±1.30	3.32±1.20	4.16±1.01
	t(p)		−2.522* (.021)	−1.792 (.091)	.344 (.733)	−.935 (.357)	−1.433 (.159)
지방의회 의원경험	초선	23(67.6)	4.22±1.00	4.78±.52	3.96±1.22	3.52±1.24	4.26±.96
	재선 이상	11(32.4)	3.80±1.48	3.64±1.63	3.82±1.54	2.27±1.35	3.09±1.51
	t(p)		.952 (.348)	2.279* (.044)	.261 (.797)	2.593* (.018)	2.742** (.010)
소속정당	여당	15(44.1)	3.73±1.28	4.20±1.26	4.07±1.28	2.93±1.49	3.87±1.30
	야당	19(55.9)	4.39±.98	4.58±1.02	3.79±1.36	3.26±1.33	3.89±1.29
	t(p)		−1.667 (.106)	−.969 (.340)	.606 (.549)	−.683 (.500)	−.063 (.950)
합계		34(100.0)	4.09±1.16	4.41±1.13	3.91±1.31	3.12±1.39	3.88±1.27

*: $p<.05$, **: $p<.01$

여성의 정치진출 확대를 위해 필요한 사회제도적 환경의 필요성은 '비례대표 비율 확대'가 4.41점으로 가장 높았으며, 다음으로 '중선거구제 도입'(평균=4.09점), '남녀동반선출제 도입'(평균=3.91점), '여성당선보장제 실시'(평균=3.88점), '여성전용선거구제 실시'(평균=3.12점) 순으로 필요성이 높은 것으로 나타났다. 비례대표의원이 '중선거구제 도입'(평균=4.53점)을 지역구(평균=3.50점)보다 더 필요하다고 보았다. '비례대표 비율 확대', '여성전용선거구제 실시', '여성당선보장제 실시'에서 초선이 재선 이상보다 더 필요하다고 보았다. 여당과 야당의 필요성에는 차이가 없는 것으로 나타났다.

지방의회 내 여성문제를 다룰 별도의 상임위원회 설치의 필요성은 '보통'이 33.3%로 가장 높았으며, '약간 필요'와 '매우 필요'가 각각 24.2%로 필요하다는 의견이 많은 것으로 나타났다. 필요성 정도는 5점 만점에 3.48점이었다.

표 5-42 지방의회 내 여성문제를 다룰 별도의 상임위원회 설치의 필요성

구분	빈도	백분율	평균±표준편차
전혀 불필요(=1점)	2	6.1	3.48±1.18
약간 불필요(=2점)	4	12.1	
보통(=3점)	11	33.3	3.48±1.18
약간 필요(=4점)	8	24.2	
매우 필요(=5점)	8	24.2	
합계	33	100.0	

비고 : 무응답 1.

'의정활동을 하면서 여성이기 때문에 유리 또는 불리한 정도', '성평등 의식', '지방의회 내 여성문제를 다룰 별도의 상임위원회 설치의 필요성', '여성문제에 대한 관심정도' 간의 관계를 파악하기 위하여 피어슨의 적률 상관계수를 구하였다. 상관분석 결과 '여성문제에 대한 관심정도'는 '지방

의회 내 여성문제를 다룰 별도의 상임위원회 설치의 필요성'과 정적상관(r=.405)이 있는 것으로 나타났다. 즉, 여성문제에 관심이 있을수록 지방의회 내 여성문제를 다룰 별도의 상임위원회 설치가 필요하다고 느낀다고 할 수 있다. 여성문제에 대한 관심정도는 '성평등 의식'과 정적상관(r=.337)이 있는 것으로 나타났지만 통계적으로 유의하지는 않았다.

표 5-43 의정활동을 하면서 유리 또는 불리한 정도, 성평등 의식, 지방의회 내 여성문제를 다룰 별도의 상임위원회 설치의 필요성, 여성문제에 대한 관심정도의 상호관계

특성	의정활동을 하면서 유리 또는 불리한 정도	성평등 의식	지방의회 내 여성문제를 다룰 별도의 상임위원회 설치의 필요성	여성문제에 대한 관심 정도
의정활동을 하면서 유리 또는 불리한 정도	1			
성평등 의식	-.318(.072)	1		
지방의회 내 여성문제를 다룰 별도의 상임위원회 설치의 필요성	-.051 (.777)	.116 (.521)	1	
여성문제에 대한 관심 정도	-.187 (.297)	.337 (.051)	.405* (.019)	1

*: p<.05

여성후보의 당선율을 높이기 위해 필요한 것은 '선거제도 개선'과 '사회문화적 의식 변화'가 각각 33.3%로 가장 높은 것으로 나타났다. 선거형태별로는 지역구는 '선거제도 개선'이 40.0%로 가장 높았으며, 비례대표는 '사회문화적 의식 변화'가 38.9%로 가장 높았다. 초선은 '사회문화적 의식 변화'가 40.9%로 가장 높았으며, 재선 이상은 '선거제도 개선'이 54.5%로 가장 높았다. 소속정당별로는 야당은 '선거제도 개선'이 38.9%로 상대적으로 높은 것으로 나타났으며, 여당은 '정당의 지원'이 26.7%로 상대적으로 높은 것으로 나타났다.

표 5-44 여성후보의 당선율을 높이기 위해 필요한 것

(단위: 명, %)

특성	구분	전체	선거제도 개선	사회문화적 의식 변화	정당의 지원	여성후보의 자질	여성 단체의 지원
선거형태	지역구	15(45.5)	6(40.0)	4(26.7)	1(6.7)	3(20.0)	1(6.7)
	비례대표	18(54.5)	5(27.8)	7(38.9)	4(22.2)	2(11.1)	–
지방의회 의원경험	초선	22(66.7)	5(22.7)	9(40.9)	5(22.7)	2(9.1)	1(4.5)
	재선 이상	11(33.3)	6(54.5)	2(18.2)	–	3(27.3)	–
소속정당	여당	15(45.5)	4(26.7)	5(33.3)	4(26.7)	2(13.3)	–
	야당	18(54.5)	7(38.9)	6(33.3)	1(5.6)	3(16.7)	1(5.6)
합계		33(100.0)	11(33.3)	11(33.3)	5(15.2)	5(15.2)	1(3.0)

비고 : 무응답 1.

표 5-45 여성의 정치참여를 위해 여성후보자에게 가장 요구되는 것

(단위: 명, %)

특성	구분	전체	정치적 능력 및 전문성 배양	적극적인 도전의식	사회적 지지 기반 구축	차별화된 공약과 정책 제시
선거형태	지역구	15(44.1)	8(53.3)	5(33.3)	1(6.7)	1(6.7)
	비례대표	19(55.9)	10(52.6)	7(36.8)	1(5.3)	1(5.3)
지방의회 의원경험	초선	23(67.6)	11(47.8)	10(43.5)	1(4.3)	1(4.3)
	재선 이상	11(32.4)	7(63.6)	2(18.2)	1(9.1)	1(9.1)
소속정당	여당	15(44.1)	5(33.3)	6(40.0)	2(13.3)	2(13.3)
	야당	19(55.9)	13(68.4)	6(31.6)	–	–
합계		34(100.0)	18(52.9)	12(35.3)	2(5.9)	2(5.9)

여성의 정치참여를 위해 여성후보자에게 가장 요구되는 것은 '정치적 능력 및 전문성 배양'이 52.9%로 가장 높은 것으로 나타났으며, 다음으로 '적극적인 도전의식'이 35.3%였다. 지역구와 비례대표 모두 '정치적 능력 및 전문성 배양'이 각각 53.3%와 52.6%로 가장 높게 보았다. 초선과 재선 이상 모두 '정치적 능력 및 전문성 배양'이 각각 47.8%와 63.6%로 가장 높은 것으로 나타났으나 재선 이상의 비율이 상대적으로 높은 것으로 나타났으며, 초선은 '적극적인 도전의식'이 43.5%로 상대적으로 높은 것

으로 나타났다. 여당은 '적극적인 도전의식'이 40.0%로 가장 높은 것으로 나타났으며, 야당은 '정치적 능력 및 전문성 배양'이 68.4%로 가장 높은 것으로 나타났다.

이처럼 여성의원들은 정치적 능력 및 전문성 배양, 적극적인 도전의식을 중요하게 보았다. 기초의회와 광역의회의 정당공천제 필요성은 기초의회는 5점 만점에 3.58점, 광역의회는 5점 만점에 4.52점으로 광역의회의 정당공천제의 필요성을 더 높게 보았다. 기초의회는 지역구(평균=3.60점)와 비례대표(평균=3.56점)의 필요성 여부 차이가 없었다. 광역의회도 지역구(평균=4.60)와 비례대표(평균=4.44점)의 필요성에 차이가 없었다.

기초의회는 재선 이상(평균=3.91점)이 초선(평균=3.41점)보다 정당공천제의 필요성을 높게 보았다. 광역의회는 재선 이상(평균=4.91점)이 초선

표 5-46 기초의회와 광역의회의 정당공천제 필요성

구분	전혀 불필요 (=1점)	약간 불필요 (=2점)	보통 (=3점)	약간 필요 (=4점)	매우 필요 (=5점)	평균±표준편차
기초의회	7(21.2)	4(12.1)	1(3.0)	5(15.2)	16(48.5)	3.58±1.68
광역의회	2(6.1)	-	2(6.1)	4(12.1)	25(75.8)	4.52±1.06

표 5-47 기초의회와 광역의회의 정당공천제 필요성

특성	구분	빈도 (백분율)	기초의회		광역의회	
			평균±표준편차	t(p)	평균±표준편차	t(p)
선거형태	지역구	15(44.1)	3.60±1.68	.075(.941)	4.60±1.06	.413(.683)
	비례대표	19(55.9)	3.56±1.72		4.44±1.10	
지방의회 의원경험	초선	23(67.6)	3.41±1.84	−2.100* (.046)	4.32±1.25	1.640(.111)
	재선 이상	11(32.4)	3.91±1.30		4.91±.30	
소속정당	여당	15(44.1)	4.20±1.37	2.094* (.045)	4.93±.26	2.376*(.028)
	야당	19(55.9)	3.06±1.76		4.17±1.34	
합계		34(100.0)	3.58±1.68		4.52±1.06	

*: $p<.05$

(평균=4.32점)보다 필요성이 높은 것으로 나타났으나 통계적으로 유의하지는 않았다. 기초의회는 여당(평균=4.20점)이 야당(평균=3.06점)보다 필요성이 높은 것으로 나타났다. 광역의회도 여당(평균=4.93점)이 야당(평균=4.17점)보다 정당공천제의 필요성을 높게 보았다.

8. 여성의원의 의정활동 경험과 과제

1) 여성의원의 정치참여 경로와 의정활동의 성격

여성의원들은 정당을 통해서 정치활동을 시작한 계기가 가장 많았다. 이는 여성들에게 정당활동 경험이 여성정치인이 될 수 있는 중요한 경로임을 의미한다. 다음으로 단체활동 경험을 통해 정치에 입문하게 되었으며 여성단체가 여성의원들을 위해서 여러 가지 일들을 해야 한다고 보았다. 그러나 여성의원들이 여성단체와 관계를 맺지 않고 있는 경우도 많았는데 이는 여성단체와 여성의원들의 이해가 소속정당의 이념이나 성향 등의 차이로 항상 같을 수 없음을 의미한다고 하겠다. 여성의원들과 여성단체의 좀 더 새로운 네트워크의 구축과 활성화가 필요하다고 하겠다.

의정활동을 하면서 가장 비중을 두는 활동은 '자치단체행정의 감시 및 감독'이었으며 그 다음이 '지역주민의 민원해결'이었다. 의정활동의 주된 관심영역은 '교육 및 문화 신장'이 가장 높았으며 그 다음이 '사회복지 실현', '지역환경 개선 및 정비', '여성의 권익 증진' 순이었다. 출마동기에서도 '지역사회에 봉사하기 위해서'가 가장 많았으며 그 다음이 '여성의 권익 신장을 위해서'였다.

여성의원의 의정활동 현황을 살펴보면 스스로도 지방의회에서 영향력을 행사한다고 생각하고 있으며 적극성을 띠고 의정활동을 하고 있다. 이러한 여성의원의 적극성이 경력단절로 이어지지 않도록 방안이 필요하다고 하겠다.

2) 성평등 의식과 여성정책에 대한 관심

여성의원의 성평등 의식은 비교적 높았으며 여성문제에 대해서는 85.1%가 관심도가 높다고 응답했다. 실제로 55.9%의 여성의원이 여성 관련 공약을 제시했고 의정활동을 통해 여성 관련 조례를 발의하거나 여성정책에 대한 의견을 피력하는 경우가 많았다. 이는 여성의원의 증가가 지방의회 내에서 여성문제의 공적 의제화를 보다 용이하게 하고 여성정책에 대한 지방의회의 관심을 높였음을 의미한다. 여성의원 수의 증가가 여성친화적 정책을 수립하고 지역사회 여성이슈에 대한 관심을 높이는 데 기여할 수 있음을 의미하는 것이다. 그러나 반면 14.7%의 여성의원이 여성문제에 대한 관심을 '보통'이라고 응답하여 여성의원이라고 모두 여성문제에 높은 관심을 두는 것은 아님을 알 수 있다. 그러므로 여성의원은 비교적 성평등 의식은 높으나 여성문제에 대한 관심에서는 차이가 있음을 알 수 있다.

선거공약에서도 '사회복지 실현'이 가장 높았으며 다음으로 '교육 및 문화 신장', '여성의 권익 증진' 이었다. 이는 여성의원의 관심이 단순히 여성문제에 국한되어 있지 않으며 사회복지를 중심으로 지역정치 전반에 대해서 포괄적인 관심을 가지고 있음을 의미한다. 여성의원은 여성문제나 여성정책에 관심이 많았지만 그들의 관심을 여성문제에만 국한시키고 있지는 않음을 알 수 있다.

3) 여성의원으로서 경험하는 의정활동의 현실

여성의원으로서 경험하는 의정활동의 현실과 관련하여 여성후보자로서 불리하게 작용한 점으로 '남녀유권자의 여성차별 의식'과 '조직능력의 취약성'을 들고 있다. 그러나 다른 여성의원은 여성이라는 존재가 선거를 치르거나 의정활동을 하는 데 항상 불리하게만 작용하는 것은 아니며 유리하게 작용하는 면도 있다고 생각하고 있었다. 특히 선거에서는 유리했다고 보는 쪽이 많았으며 의정활동 경험과 관련해서는 보통이라고 생각하는 쪽이 많아서 여성이라고 해서 꼭 불리하게 생각하는 것은 아님을 알 수 있다. 이는 소속정당이 당선에 중요하게 작용했으며 여성후보의 비례대표제 50% 공천, 또한 여성의 꼼꼼하고 세심한 이미지가 여성의원에게 유리하게 작용했다고 보기 때문으로 보인다.

의정활동을 하면서 가장 어려움을 겪은 일로 '전문성의 부족'을 가장 많이 지적하고 있어서 여성의원들을 위한 역량강화 프로그램과 교육 등이 필요하다고 하겠다. 다음으로 '사회적 지지지반의 부족'과 '남성 중심적인 정치문화'를 어려움으로 보고 있어서 이에 대한 대책도 필요하다고 하겠다.

4) 여성의원의 역량 강화 및 여성의 정치세력화 방안에 대한 의식

여성의 정치참여를 저해하는 장애요인에 대해 여성의원들은 '여성 본인의 적극적인 도전의식 부족'을 가장 높게 보았으며 다음으로 '정당 내에서 취약한 여성의 지위', '정치를 남성의 영역으로 여겨 온 보수적인 사회문화'를 가장 많이 지적했다. 여성의원들은 여성후보의 당선율을 높이기 위해서 '선거제도 개선'과 '사회문화적 의식 변화', '정당의 지원', '여성후보의 자질'을 중요하다고 보았다. 따라서 제도적인 개선과 함께 정치권의 보수적인 사회문화를 바꾸기 위해서는 지역사회 유권자에 대한 교육뿐 아니라 여성의원들, 남성의원들에 대한 성평등 및 성인지 교육이 중요하다고 하겠다.

여성의원들은 학연 · 지연 · 혈연에 취약하기 때문에 새로운 네트워크 형성이 꼭 필요하다고 보았다. 여성의 사회적 지지기반 부족과 관련하여 여성정치인들을 지원하고 지역 공통문제를 공유할 수 있는 네트워크 구축이 필요하다는 것이다. 따라서 생활정치시대의 이슈의 개발과 지역여성의 조직화가 필요하며 여성단체와 여성의원간에 다양한 네트워크가 이루어져야 한다.

여성의원들은 여성의 정치참여를 위해 여성후보자에게 요구되는 것으로 '정치적 능력 및 전문성 배양', '사회적 지지기반 구축', '적극적인 도전의식' 순으로 중요하다고 보았다. 따라서 정치적 능력 및 전문성 배양을 위한 교육, 사회적 지지기반 구축이 필요하며 준비된 여성들을 정치의 장으로 인도하는 지역사회와 정당의 역할이 보다 강조되어야 하며 인턴십이나 프로그램 개발이 중요하다. 의정, 행정, 여성감시단 교육 및 활동을 지원하고 예비 여성 리더십 교육이나 여성정치교육 실시로 일상적으로 새로운 여성정치인을 발굴해야 한다. 또한 여성의원의 역량 강화를 위한 다양한 프로그램이 매우 필요하다. 여성정치인 네트워크 활성화 지원, 여성정치인 육성지원, 여성정치기금 지원을 통해 여성정치인 후보자뿐 아니라 여성의원의 역량강화방안을 위한 프로그램을 모색할 필요가 있다.

여성의 정치 진출 확대를 위해 필요한 사회제도적 환경에 대해 여성의원들은 '비례대표 비율 확대, '중선거구제 도입', '남녀동반선출제 도입', '여성전용선거구제 도입' 순으로 그 필요성이 높다고 느끼고 있었다. 이에 대한 본격적인 논의를 통해 보편적인 담론이 형성되어야 할 것이다. 또한 정당공천제에 대해서는 찬성하는 쪽이 많았다. 특히 광역의회가 기초의회보다 정당공천제가 필요하다고 보았다. 이는 정당공천제가 비례대표제, 여성정치할당제와 연계되어 여성의원 수를 늘리는 데 기여한 측면이 있기 때문인 것으로 보인다.

chapter **06**

여성의원의 현황과 의정활동

경남도의회는 1949년 7월 4일에 〈지방자치법〉이 제정 · 공포된 후 1952년 5월 10일에 선거가 실시되어 60명의 초대 의회가 구성되었다. 그 후 1956년에 2대, 1960년에 3대 의회가 구성되었으나 1961년 5·16 군사 쿠데타로 지방의회의 활동은 중단되었다. 이후 1991년에 다시 지방의회가 부활되어 4대 의회가 구성되었고 현재에까지 이르고 있다. 여기에서는 경남도 여성의원의 사례를 중심으로 의정활동 현황을 살펴보고자 한다.

1. 경남도 여성의원의 현황과 특성

경남도의회의 경우 1995년 5대의 경우 4명의 여성의원이 있었고 1998년 6대에는 2명의 여성의원이 있었는데 모두 비례대표였다. 2002년 7대 경남도 의원정수는 비례대표 5명을 포함하여 총 50명이었다. 그중 여성의원은 4명이었고 모두 비례대표였다. 2006년 8대 의회의 의원정수는 비례대표를 포함하여 53명이었는데 여성의원은 비례대표 4명, 지역구 2명이 당선되었다. 과거 지역구 당선 여성의원이 없었던 것에 비해 8대 의회 때

지역구에서 여성의원이 처음으로 2명이 당선되었는데 여성의원이 당선된 지역구는 비교적 의원정수가 많은 구 마산시(현재는 창원으로 통합)와 김해시였다. 한 여성의원(강지연 의원)은 연임되었는데 비례대표였다가 지역구로 나와서 당선된 것이었다. 2010년 9대 의회의 의원정수는 교육위원 5명을 포함하여 총 59명이었다. 비례대표 5명이 전원 여성의원이었고 지역구에서도 4명의 여성의원이 선출되었다. 8대에서 비례대표였던 여성의원(임경숙 의원)이 지역구의원으로 당선되어 연임되었다. 9대에도 여성의원이 당선된 지역구는 8대와 비슷하게 의원정수가 상대적으로 많은 지역구인 창원시와 진주시였다. 이는 의원정수의 많고 적음이 여성의원의 지역구 당선에 영향을 주며(채송미, 2013: 33) 비례대표로 활동하면서 쌓은 의정 경험과 인지도가 지역구 당선에 영향을 준 것으로 보인다.

경남도의회에서 의원직을 역임한 여성의원 현황을 시기별로 보면 제5대 4명(4.3%), 제6대 2명(3.9%), 제7대 4명(8.0%), 제8대 6명(11.3%), 제9대 9명(16.7%),[1] 제10대 8명(14.5%)으로 총 33명이다. 전체 의원 중 여성의원의 비율이 차츰 높아졌음을 알 수 있다. 1995년 본격적인 지방선거가 실시된 이후 경남도의회에서는 2006년 지방선거에서 최초로 여성 지역구의원이 선출되었다. 여성 지역구의원은 제8대 2명에서 제9대에는 4명(보궐선거로 당선된 1명까지 포함), 제10대 4명으로 점차 증가하고 있는 추세이다. 그러나 여전히 여성의원의 지역구 비율은 부족하다. 여성의원 33명 중에 지역구의원은 10명이며 나머지 23명은 비례대표의원이다. 소속정당을 보면 경남지역의 정치적 특성상 '새누리당 계열(신한국당, 한나라당)'이 22명(66.7%)으로 가장 많았으며, '더불어민주당 계열(민주당, 새정치국민회의, 새천년민주당, 열린우리당, 민주통합당, 새정치민주연합)'이 7명(21.2%), '진보정당 계열(민주노동당, 통합진보당)'이 4명(12.1%)인 것으로

1 제9대 지방의회 선거에서는 8명의 여성의원이 당선됐으나, 2012년 4월 11일에 치러진 보궐선거에서 여성의원(한영애, 지역구 의원, 새누리당 소속)이 당선됨으로써 제9대 여성의원은 모두 9명이었다.

나타났다. 제5, 6대 지방선거만 해도 비례대표의원은 별도의 선거 없이 지역구 선거의 득표율을 바탕으로 의석수를 할당했다. 제7대 선거부터는 광역의회 정당공천제가 실시되어 정당의 공천을 받아야만 입후보할 수 있었다. 이런 점을 고려하면 비례대표의원이 대부분을 차지하는 여성의원의 경우 소속정당과의 관계가 밀접할 것으로 예상할 수 있다. 실제로 여성의원 대부분은 선거출마 이전부터 소속정당에서 임원으로서 활동한 경력이 많은 것으로 나타났다. 이러한 정당에서의 활발한 활동을 바탕으로 정당의 공천을 받아 선출된 것으로 보인다.

연령별 특징을 살펴보면 제6, 7대 여성의원의 경우 모두 50대 이상이었으나 제8대부터는 연령대가 조금 낮아진 것으로 나타났다. 제8대부터 40대 여성의원이 등장하기 시작했는데, 제8대에는 6명 중에 3명 즉 여성의원의 절반이 40대였으며, 제9대에는 9명 중에 3명이 40대 여성의원이었다. 제10대는 8명 중에서 3명이 40대이다. 이는 이전에 비해 여성의원의 연령층이 낮아지고 있음을 보여준다. 학력별 특징을 살펴보면 여성의원 33명 중 절반이 넘는 19명이 대학원졸 이상으로 나타나 학력 수준이 전반적으로 높음을 알 수 있다.

표 6-1 경남도의회 역대 여성의원(제5~8대)

대수	이름	선거형태 (소속 정당)[1]	출생 연도 (나이)[2]	최종 학력	주요 경력	비고
제5대 (1995.7.1. ~ 1998.6.30.)	노은녀	비례 (신한국당)	–	대졸	• 한국가정법률상담소 마산지부 소장 • 법무부 갱생보호회 위원	
	문명숙	비례 (민주당)	–	고졸	• 민주당밀양시지구당 부위원장 • 공해추방녹색회 사무처장	
	성주향	비례 (신한국당)	–	대졸	• 울산 YWCA 회장 • 한국가정법률상담소 울산지부 소장	

	홍정희	비례 (신한국당)	–	대학 원졸 (의학 박사)	• 중앙산부인과의원 원장 • 한국여자의사회 경남지회 고문	
제6대 (1998.7.1. ~ 2002.6.30.)	이춘옥	비례 (한나라당)	1944 (55세)	대학 원졸	• 마산시 여성단체협의회 회장 • YWCA 이사	
	정막선	비례 (새정치 국민회의)	1931 (68세)	대졸	• 배꽃유아원장 • 새정치국민회의 여성특별위원회 위원장	의원직 상실 (2001.7.10.)
제7대 (2002.7.1. ~ 2006.6.30.)	강지연	비례 (한나라당)	1944 (59세)	대학 원졸 (경영학 박사)	• 한국여성정치문화연구소 이사 • 한나라당 경남도당 부위원장	
	이경숙	비례 (민주 노동당)	1949 (54세)	대학 원졸	• 마산창원여성노동자회 초대회장 • 경남여성단체연합대표	사망 (2004.9.3.)
	장옥련	비례 (새천년 민주당)	1951 (52세)	대학 원졸	• 마산 삼진중학교 교사 • 바르게살기운동 경상남도협의회 부회장	제2대 창원시 의원 역임
	장정자	비례 (한나라당)	1943 (60세)	대학 원졸	• 경상남도 여성회관장 • 한나라당 경남도지부 여성위원장	사망 (2005.10.2.)
제8대 (2006.7.1. ~ 2010.6.30.)	강지연	지역구 (한나라당)	1944 (63세)	대학 원졸 (경영학 박사)	• 한국여성정치문화연구소 이사 • 한나라당 경남도당 부위원장	재선/ 의원직 사퇴 (2008.2.4.)
	김미영	비례 (민주 노동당)	1964 (43세)	고졸	• 진주여성농민회 총연합 경남연합 부회장 • 진주여성회 회장	의원직 사퇴 (2010.4.12.)
	도난실	비례 (한나라당)	1961 (46세)	대학 원졸	• 경남신문사 문화부장, 경제부장 • 경남발전연구원, (재)경남문화재단 이사	
	신용옥	지역구 (한나라당)	1956 (51세)	대학 원졸	• 김해여성복지회 이사 • 김해시 내외동 통장단 회장	제4대 김해시 의원 역임/ 사퇴 (2010.5.12.)

	이은지	비례 (열린 우리당)	1962 (45세)	대졸	• 경상남도 약사회 상임위원장 • 한울타리 봉사회장, 로타리 지역대표	사퇴 (2009.10.22.)
	임경숙	비례 (한나라당)	1944 (63세)	대졸	• 경남 YWCA협의회 회장 • 경남소비자단체협의회 회장	

비고 : 1) 광역의회 정당공천제는 제7대(2002년)부터 시행되었기 때문에 그 이전(제5, 6대)의 경우 '경남도의회 홈페이지 역대의원 프로필'의 경력사항을 중심으로 소속정당을 유추함.

2) 제5대 의원의 경우 생년월일에 대한 정보가 기재되어 있지 않았음. 제6대 의원부터 '나이'는 선거 출마 당시의 나이이다.

자료 : 경상남도의회 홈페이지(http://www.gncl.or.kr), 중앙선거관리위원회 선거통계시스템(http://info.nec.go.kr), 경상남도의회 의정백서를 참조하여 작성함, 여기서는 이정희(2012: 11)에서 재인용.

표 6-2 경남도의회 역대 여성의원(제9~10대)

대수	이름	선거형태 (소속정당)	출생 연도 (나이)	최종 학력	주요 경력	비고
제9대 (2010.7.1. ~ 2014.6.30.)	강성훈	지역구 (통합 진보당)	1970 (41세)	대졸	• 경남여성회 지부 창원여성회 사무국장 • 민주노동당 명곡동대의원	
	김경숙	비례 (민주 통합당)	1960 (51세)	대학 원졸	• 경남문인협회이사(시인) • 사천시민참여연대 공동대표	
	김정자	비례 (새누리당)	1958 (53세)	대졸	• (사)경남기독문화원 운영위원 • 한나라당 중앙여성위원회 분과위원장	
	원경숙	비례 (새누리당)	1951 (60세)	대학 원졸	• 통영 YWCA 회장 • 도남사회복지관 어린이집원장	
	이종엽	비례 (통합 진보당)	1963 (48세)	고졸	• 한국중천전화산업 노동조합 위원장 • (사)경남고용복지센터 이사장	제4, 5대 창원시의원 역임

제9대 (2010.7.1. ~ 2014.6.30.)	임경숙	지역구 (새누리당)	1946 (65세)	대졸	• 경남 YWCA협의회 회장 • 경남소비자단체협의회 회장	재선
	정연희	지역구 (새누리당)	1952 (59세)	대졸	• 경남재향군인여성회 회장 • 창원시 여성단체협의회 회장	제5대 창원시 의원 역임
	최해경	비례 (새누리당)	1966 (45세)	대졸	• 한국중천전화산업 노동조합 위원장 • 한국노총 경남본부 사무처장	
	한영애	지역구 (새누리당)	1960 (53세)	대학원졸	• 프리빌어린이집 원장 • 경남 어린이집연합회 총무	2012.4.11. 보궐선거로 당선
제10대 (2014.7.1. ~ 2018.6.30.)	정연희	지역구 (새누리당)	1952 (62세)	대학원졸	• 전 창원시 여성단체협의회 회장 • 전 경남도의원	3선
	한영애	지역구 (새누리당)	1960 (54세)	대학원졸	• 전 프리빌 어린이집 원장 • 전 경남도의원	제9대 지역구 역임(보궐선거로 당선) 재선
	양해영	지역구 (새누리당)	1965 (49세)	대학원졸	• 전 진주국제대학교 겸임교수 • 전 경남도의원	제9, 10대 경남도의원, 3선 이상
	하선영	지역구 (새누리당)	1964 (50세)	대학원졸	• 전 5, 6대 김해시의회 의원 • 전 새누리당 전국 여성의원 공천특별위원장	제5, 6대 김해시의원 역임 3선
	이성애	비례 (새누리당)	1960 (54세)	대학원졸	• 전 경남복지정책연구원 이사 • 전 새누리당 경남도당 여성팀장	
	박금자	비례 (새누리당)	1953 (61세)	대졸	• 현 현산테크주식회사 이사 • 전 진주시 여성단체협의회장	
	전현숙	비례 (새정치민주연합)	1971 (43세)	대학원졸	전 진해 여성의 전화 회장	

	김지수	비례 (새정치 민주연합)	1970 (44세)	대학 원졸	전 경성대학교 약학대학 외래교수	

자료 : 경상남도의회 홈페이지(http://www.gncl.or.kr), 중앙선거관리위원회 선거통계시스템(http://info.nec.go.kr), 경상남도의회 의정백서, 여기서는 이정희(2012)를 참조하여 10대를 포함시켜 재작성함.

여성 국회의원들을 대상으로 한 연구에 따르면 여성 국회의원의 직업은 몇 가지로 유형화할 수 있다. 첫째, 대학교수, 법조인, 의사, 약사, 공무원, 언론, 출판인, 기업인 등의 전문직 출신, 둘째, 주로 여성운동 관련 단체에서 활동한 시민단체 출신, 셋째, 정당활동이나 지방의회의원 등을 거친 전문정치인 출신 등이다(윤이화, 2011: 166). 이러한 유형화는 경남도의회 여성의원들에게서도 비슷하게 나타난다. 먼저 의사, 약사, 교사, 신문기자, 어린이집 원장 등의 전문직 출신도 있고, YWCA, 창원여성회 등 여성단체 및 노동조합 출신도 있고, 정당에서 여성위원장이나 지역위원장을 역임한 경우들도 있다.

여기에서 특징적인 것은 기초의회의 시의원 출신이 몇 명 있다는 점이다. 이들은 기초의회에서 출발하여 정치경력을 넓혀가는 과정으로서 도의원을 선택한 것으로 볼 수 있다. 이는 기초의회에서의 의정활동 경험과 전문지식을 보다 넓은 장인 도의회에서 발휘할 수 있다는 점에서 긍정적으로 평가할 수 있다.

또한 강지연(제7~8대)과 임경숙(제8~9대) 의원처럼 비례대표의원을 거쳐 재선에 성공하거나 한영애 의원처럼 9대 지역구 보궐선거로 당선되어 10대 지역구의원에 다시 당선되는 여성의원들도 등장하고 있다. 현재 각 정당에서는 비례대표로 출마해서 당선된 경우 다음 선거는 지역구로 출마하도록 하는 '비례대표 연임제한' 규정을 내규로 정하고 있다. 그래서 여성의원이 재선에 성공하기 위해서는 우선 지역구후보로 정당공천을 받아야 하고, 지역구 선거에서 다른 후보자들과의 경쟁을 통해 유권자들의 심판을 받아야 하는 쉽지 않은 과정을 거쳐야 한다. 그렇기 때문에 재선 여성의원의 존재는 여성의 정치세력화의 과정을 보여준다고 하겠다.

2. 여성의원과 의정활동

여성의원의 의정활동을 분석한 연구들은 여성의원의 진출로 여성정책의 입법화가 활발하게 이루어지고 있다는 점을 지적하고 있다(박영애 · 안정화 · 김도경, 2011; 박지영 · 조정래, 2013). 이는 여성의원 증가가 여성 관련 활동의 활성화로 이어지고 있음을 보여주는 것이다. 여기에서는 경남도의회를 중심으로 소속위원회 현황과 여성의원들의 의정활동을 살펴본다.

1) 여성의원과 소속위원회

여성의원들의 위원회 소속 현황을 살펴보면 7대의회 여성의원의 소속위원회는 전반기와 후반기 의회에서 달라졌는데 소속은 건설소방위원회를 제외하고 모두 소속되었다. 8대의회 위원회는 7대와 동일하게 구성되었는데 7대와 마찬가지로 건설소방위원회를 제외한 전 위원회에서 활동하였다. 9대 의회의 위원회는 7, 8대와는 약간의 변화가 있어서 7개 위원회로 구성되었는데 처음으로 건설소방위원회 소속여성의원이 생겼다. 10대의 위원회는 7개인데 여성의원들은 농해양수산위원회와 건설소방위원회를 제외한 위원회에서 활동하고 있다.

표 6-3 경남도 역대 여성의원의 소속위원회 현황

	이름	지역	전반기	후반기
제7대 (2002.7.1. ~ 2006.6.30.)	강지연	비례	기획행정	의회운영, 교육사회
	이경숙	비례	교육사회	농수산
	장옥련	비례	교육사회	의회운영, 경제환경문화
	장정자	비례	의회운영, 경제환경문화	교육사회
제8대 (2006.7.1. ~ 2010.6.30.)	강지연	마산 1	기획행정	–
	김미영	비례	교육사회	의회운영, 교육사회
	도난실	비례	의회운영, 경제환경문화	경제환경문화
	신용옥	김해 3	교육사회	교육사회
	이은지	비례	의회운영, 경제환경문화	경제환경문화
	임경숙	비례	기획행정	교육사회
제9대 (2010.7.1. ~ 2014.6.30.)	강성훈	창원 2	문화복지	문화복지
	김경숙	비례	문화복지	의회운영, 문화복지
	김정자	비례	농수산	의회운영, 경제환경
	양해영	진주 1	–	경제환경
	원경숙	비례	문화복지	의회운영, 문화복지
	이종엽	비례	건설소방	의회운영, 기획행정
	임경숙	창원 7	의회운영, 문화복지	문화복지
	정연희	창원 3	의회운영, 경제환경	의회운영, 건설소방
	최해경	비례	경제환경	건설소방
	한영애	창원 6	기획행정	기획행정
제10대 (2014.7.1. ~ 2018.6.30.)	김지수	비례	기획행정	
	박금자	비례	문화복지	
	양해영	진주 1	문화복지	
	이성애	비례	의회운영, 문화복지	
	전현숙	비례	의회운영, 문화복지	
	정연희	창원 3	경제환경	
	하선영	김해 5	문화복지	
	한영애	창원 6	의회운영, 교육	

자료 : 경상남도의회 홈페이지(http://www.gncl.or.kr)를 참조하여 작성함.

2) 여성의원과 조례안 발의

경남도의회의 경우 7대 의회에서는 전체적으로 의회 발의 자체가 매우 미미하였고 4명의 여성의원들의 발의가 단 1건에 불과하였다. 그러나 8대에서는 35건, 9대에서도 점점 증가해서 여성의원이 입법활동에 적극적으로 참여하고 있음을 알 수 있다. 이는 경남도의회 여성의원의 입법활동 연구(채송미, 2013: 42)에서 구체적으로 나타나고 있는데 8대와 9대 전반의 경우 여성의원이 제정한 발의율이 남성의원에 비해 월등히 높으며 여성의원의 발의 내용은 남성의원에 비해 사회복지분야가 많았다. 특히 8대 의회의 경우 사회복지분야 조례안의 비율이 42.9%로 압도적으로 높았다.

여성의원과 조례안 유형을 살펴보면 발의된 조례안의 유형에 있어서 남성의원과 여성의원 간에 차이가 있다. 전체적으로 여성의원이 발의한 조례안의 경우 제정안의 비율이 78.8%로 개정안에 비해 월등히 높았다. 일

표 6-4 경남도의회에 발의된 조례안의 유형

발의자 성별과 기수 \ 조례안 유형		개정안	제정안	폐지안	전체
여성의원	7대	0(0.0%)	1(100.0%)	0(0.0%)	1(100.0%)
	8대	7(20.0%)	28(80.0%)	0(0.0%)	35(100.0%)
	9대	11(22.4%)	38(77.6%)	0(0.0%)	49(100.0%)
	전체	18(21.2%)	67(78.8%)	0(0.0%)	85(100.0%)
남성의원	7대	9(100.0%)	0(0.0%)	0(0.0%)	9(100.0%)
	8대	26(40.0%)	39(60.0%)	0(0.0%)	65(100.0%)
	9대	56(62.2%)	20(22.2%)	14(15.6%)	90(100.0%)
	전체	91(55.5%)	59(36.0%)	14(8.5%)	164(100.0%)
전체	7대	9(90.0%)	1(10.0%)	0(0.0%)	10(100.0%)
	8대	33(33.0%)	67(67.0%)	0(0.0%)	100(100.0%)
	9대	67(48.2%)	58(41.7%)	14(10.1%)	139(100.0%)
	전체	109(43.8%)	126(50.6%)	14(5.6%)	249(100.0%)

자료 : 채송미(2013: 40-41) 참조하여 재작성함.

반적으로 조례안의 발의에 있어서 제정안이 개정안보다 좀 더 많은 노력을 필요로 한다고 할 수 있다. 이러한 점을 생각하면 여성의원들이 남성의원들에 비해 좀 더 적극적인 입법활동을 하고 있다고 평가되며 주민들의 다양한 요구를 정책화시키기 위해 더 많은 노력을 하는 것으로 평가할 수 있다(채송미, 2013: 40).

남성의원과 여성의원이 발의한 조례안의 처리결과를 보면 남성의원이 발의한 조례안보다 여성의원이 발의한 조례안의 수정가결률이 월등히 높다. 여성의원이 발의한 조례안의 경우 수정가결률이 47.1%로 거의 과반수에 가까운 데 비해 남성의원이 발의한 조례안의 경우 수정가결률이 18.3%로 상대적으로 낮았다. 여성의원이 발의자로 참여하는 조례의 경우 사회복지, 보건, 위생, 환경 등 사회적 논란이 많은 조례안의 비중이 큰데 그러한 영향으로 심의과정에서 수정의 비율이 높은 것이 아닌가 평가된다(채송미, 2013: 35).

표 6-5 경남도의회에 발의된 조례안의 처리결과

발의자 성별과 기수 \ 처리결과		원안가결	수정가결	전체
여성의원	7대	1(100.0%)	0(0.0%)	1(100.0%)
	8대	24(68.6%)	11(31.4%)	35(100.0%)
	9대	20(40.8%)	29(59.2%)	49(100.0%)
	전체	45(52.9%)	40(47.1%)	85(100.0%)
남성의원	7대	9(100.0%)	0(0.0%)	9(100.0%)
	8대	57(87.7%)	8(12.3%)	65(100.0%)
	9대	68(75.6%)	22(24.4%)	90(100.0%)
	전체	134(81.7%)	30(18.3%)	164(100.0%)
전체	7대	10(100.0%)	0(0.0%)	10(100.0%)
	8대	81(81.0%)	19(19.0%)	100(100.0%)
	9대	88(63.3%)	51(36.7%)	139(100.0%)
	전체	179(71.9%)	70(28.1%)	249(100.0%)

자료 : 채송미(2013: 36-37) 참조하여 재작성함.

3. 여성 관련 조례와 여성의원의 성인지적 의정활동

〈표 6-6〉은 경상남도 현행 조례 중 여성 관련 조례를 나타낸 것이다. 여성 관련 조례는 소관부서가 '여성가족정책관'인 조례 21건[2]과 소관부서는 달라도 조례명에 '여성'이 포함된 조례 2건('경상남도 여성농어업인 육성 지원 조례', '경상남도 여성기업 지원에 관한 조례') 등 모두 23건이다. 이 조례안이 최초로 제정되었을 때 발의자가 누구였는지를 살펴보면, 의원발의가 활발하게 이루어지고 있으며 이 중 여성의원이 발의과정에 참여한 비율이 높음을 알 수 있다. 이는 여성 관련 조례 제정에 무엇보다 여성의원이 많은 관심과 노력을 기울이고 있음을 보여주는 예라고 할 수 있다.

표 6-6 경남도 여성 관련 조례 현황

번호	최초 제정일	조례명	소관부서	발의자	여성의원 발의
1	1999-01-14	경상남도 여성능력개발센터 운영 조례	여성가족정책관	경상남도 도지사	
2	2007-11-08	경상남도 아동학대예방 및 보호에 관한 조례	여성가족정책관	신용옥 의원 외 32명	대표발의
3	2008-03-13	경상남도 저출산대책에 관한 지원 조례	여성가족정책관	경상남도 도지사	
4	2008-05-08	경상남도 여성인력개발센터 설치 및 운영에 관한 조례	여성가족정책관	임경숙 의원 외 31명	대표발의
5	2008-12-31	경상남도 여성농어업인 육성 지원 조례	농수산해양국 농업정책과	김미영 · 이갑재 의원	대표발의
6	2009-01-15	경상남도 건강가정 지원 조례	여성가족정책관	임경숙 · 김오영 · 이은지 의원	대표발의

2 경상남도 여성가족정책관은 '여성가족담당', '여성권익증진담당', '출산지원담당', '보육담당', '청소년담당', '다문화지원담당'을 포괄하는 부서이기 때문에 여성가족정책관 담당 조례에는 청소년 관련 조례 및 학교폭력 예방 조례 등이 포함되어 있다. 이 중에서 청소년 관련 조례와 학교폭력 관련 조례는 분석에서 제외했다.

7	2009-06-15	경상남도 다문화가족 지원 조례	여성가족정책관	박상제 의원	
8	2009-08-13	경상남도 여성기업 지원에 관한 조례	경제통상국 경제기업정책과	허좌영 · 이유갑 · 도난실 의원	공동발의
9	2009-10-15	경상남도 여성인권특별위원회 설치 및 운영 조례	여성가족정책관	임경숙 · 김미영 · 도난실 · 신용옥 · 이은지 의원	대표발의
10	2009-11-12	경상남도 영유아 보육 지원 조례	여성가족정책관	신용옥 의원 외 10명	대표발의
11	2010-01-14	경상남도 경력단절여성 등의 경제활동 촉진에 관한 조례	여성가족정책관	도난실 · 정판용 의원	대표발의
12	2010-02-11	경상남도 지역아동센터 지원조례	여성가족정책관	이유갑 · 김갑 의원	
13	2010-05-06	경상남도 아동과 여성에 대한 성폭력 등의 방지 및 피해자 보호 · 지원에 관한 조례	여성가족정책관	신용옥 · 김갑 의원	대표발의
14	2010-06-03	경상남도 어린이의 안전 지원 조례	여성가족정책관	김해연 · 김윤근 · 명희진 의원	
15	2011-05-12	경상남도 한부모가족 등 지원 조례	여성가족정책관	이종엽 · 이성용 의원	대표발의
16	2011-10-13	경상남도 산후조리비용 지원 조례	여성가족정책관	심규환 · 원경숙 · 이성용 · 홍순경 · 강종기 · 김부영 · 조우성 · 정연희 · 최해경 · 김성규 · 이홍범 · 황종원 · 하학열 의원	공동발의
17	2011-11-10	경상남도 출산 · 아동양육기금 설치 및 운영 조례	여성가족정책관	경상남도 도지사	
18	2013-03-28	경상남도 입양가정 지원 조례	여성가족정책관	이성용 의원	
19	2013-10-31	경상남도 성별영향분석평가 조례	여성가족정책관	강성훈 의원	대표발의
20	2015-01-02	경상남도 모유수유 지원에 관한 조례	여성가족정책관	이성애 의원	대표발의
21	2015-02-05	경상남도 아동공동생활가정 지원 조례	여성가족정책관	이성용 의원	

22	2015-07-09	경상남도 양성평등 기본 조례	여성가족정책관	경상남도 도지사	
23	2015-08-13	경상남도 일제하 일본군위안부 피해자 생활안정지원 및 기념사업 조례	여성가족정책관	김지수 의원	대표발의

비고 : 경상남도 양성평등 기본 조례(2015-07-09)는 경상남도 여성발전 기본 조례(2006-08-24)가 개정된 것임.

자료 : 자치법규 정보시스템(http://www.elis.go.kr), 경상남도의회 회의록시스템(http://minute.gncl.or.kr), 경상남도법무행정 종합정보시스템(http://law.gndo.kr), 이정희(2012: 21)를 참조하여 재작성함.

경남도 여성의원의 의정활동을 살펴보면 여성의원은 여성과 복지 분야에 폭넓은 관심을 가지고 있었으며, 또한 여성 관련 분야에 대한 발의나 발언에서 여성의원뿐만 아니라 남성의원의 참여도 활발히 이루어지고 있었는데 관련 분야는 다르더라도 성인지적 인식에 기초한 조례 발의나 발언이 다수 있었다는 점을 알 수 있다. 이는 여성문제에 적극적인 남성의원이 존재한다는 점에서 여성의원의 증가가 남성의원의 성인지적 의정활동에 영향을 미치고 있음을 의미한다(이정희, 2012: 23-24). 이러한 점은 의회에 진출하는 여성의원 수의 증가가 여성정책에 대한 관심과 성인지적 인식의 확산에 기여하고 있다는 점에서 실질적 대표성의 확대로 이어지고 있음을 입증하는 예로 볼 수 있다.

4. 여성의원의 삶과 의정활동 사례[3]

1) 임경숙

(1) 교사에서 NGO 활동가로

임경숙 의원은 30세의 젊은 나이부터 3여 년의 긴 세월 동안 YWCA 활동을 해서 지역에서는 'YWCA 대모' 란 말이 나올 정도였다. 원래 우수교사상을 수상한 1급 정교사였는데 결혼하여 마산으로 오면서 교직을 떠났고 YWCA 활동을 하며 살았다. YWCA는 백화점식 사업을 펼쳐 왔고 여러 분야의 많은 전문가를 필요로 하고 있어서 임경숙은 다양한 경험도 할 수 있었고 전문성도 키울 수 있었다. 이때 임경숙의 별명은 '슈퍼우먼' 이었고, 남편은 소비만 하고 다닌다고 해서 '소비자 조합장'이라고 놀리기도 했다.

(2) 8대 광역의원 비례대표 1번으로 시작한 의정활동

2006년 지방선거에서 참신하고 훌륭한 새로운 일꾼을 뽑기 위한 목적으로 당시 한나라당이 외부인사 영입을 한다는 보도가 있었다. 당원이 아니라도 자격만 되면 후보등록을 할 수 있게 되었는데 광역의원 비례대표 등록자 22명 중에 임경숙은 1번으로 당선되었다. "여성계의 대모 새바람 새일꾼, 임경숙을 도의회로!" 란 문자메시지를 며느리와 몇몇 젊은 여성들이 공천심사의원들에게 보낸 것이 선거운동의 전부였다. 임경숙은 면접이 자기를 소개할 수 있는 유일한 시간이며 기회로 보아 이에 대비해 준비를 철저히 했다. 면접 차례가 되자 임경숙은 2분 동안 소신 있게 자기소개를 했는데 "제한된 시간에 침착하고 호소력 있게 하여 공천심사위원들이

3 이 부분에 대해서는 임경숙(2013), 이종엽(2013), 이혜숙 · 강인순(2015)의 자료들을 주로 참조하여 작성함.

감동을 받았던 것 같다."고 회고한다. 면접을 마친 이후로 당선될 것 같은 평안한 마음을 가질 수 있었고, 드디어 이튿날 당선 통지가 왔다.

임경숙은 NGO 활동에서 한 일들을 하나하나 접목시켜 가며 주민의 대변인도 되고 행정의 감독과 감사도 하고, 그동안 하고 싶었던 일들을 조례로 입법하기도 하며 의정활동에 흥미를 더해 갔다. 8대 전반기에는 행정을 두루 살피기 위해 기획행정위원회에 들어갔고 후반기에는 전공과 NGO 활동의 경험을 정책적으로 접목시키며 보다 더 활기찬 의정활동을 위해 교사위원회에 들어갔다. 9대 때의 일이긴 하나 경남 아동보호 전문기관에 피해아동 쉼터를 위한 예산을 전국 최초로 새롭게 신설하여, 문을 닫게 된 진주에 있는 서부지역 아동보호 전문기관을 다시 문 열게 하고 마산지역 아동보호 전문기관 피해아동 쉼터를 운영하게 된 것은 그중 대표적인 일이다.

임경숙은 도의원 중 가장 연장자로 의회에서 큰누님, 혹은 왕누님으로 통했다. 제8대 의정활동 중 대표발의한 "경상남도 노인학대 예방 및 보호에 관한 조례" 는 전국 최초로 발의된 것으로서 이로 인하여 '노인학대 예방 센터'와 '노인학대 심판위원회'가 설치되어 지금까지 운영되고 있다. 특히 부설 '노인학대 쉼터'는 작지만 모범적으로 운영되고 있다.

그밖에도 임경숙은 '경상남도 여성인권 특별위원회 설치 및 운영 조례'와 '경상남도 건강가정 지원 조례', '경남 여성인력개발센터 설치 및 운영에 관한 조례안' 등 여성 관련 조례들을 대표발의하였다. 도정질문이나 5분 자유발언 역시 식품안전관리 대책, 자살예방 대책, 지방분권운동, 도차원의 지구온난화 대책, 마약 중독환자 대책, 심각한 청소년범죄 대책, Active Aging 선포 등 생명과 직결된 주민생활과 밀접한 사안들이 대부분이었다.

(3) 2010년 지방선거, 압승으로 끝난 재선 도전

2010년 지방선거에는 교육위원 5명이 도의회에 합류하게 되는 선거이기도 했다. 따라서 상임위원회도 변화가 있었다. 임경숙이 속했던 교사위원회에서 교육청이 교육위원회로 따로 분리되면서 문화복지위원회로 명칭이 바뀌고 문화관광체육국, 복지보건국, 여성정책담당관과 여성능력개발센터가 포함된 가장 큰 상임위원회로 변모하게 됐다. 예산의 3분의 1 이상을 다루는 가장 큰 상임위가 된 것이다.

임경숙은 도의원 비례대표 1번이고, 1년 임기의 도당여성위원장을 4번이나 연임했고 당을 위한 많은 선거도 치르는 수고도 했으니 이제는 당의 충성도를 봐서도 당연히 공천은 쉽게 받으리라 생각했다. 그러나 예상을 깨고 경선을 통해서 공천하기로 공천위에서 결정이 됐다. 임경숙은 자존심이 상해서 순간 포기할까도 생각했다고 한다. 그러나 이미 예비등록에다 사무실도 얻어 선거운동은 시작했고 자원봉사자들도 정해졌던 터라 그럴 수는 없었다. 할 수 없이 계속하기를 결심하고 경험 있는 선거참모들을 불러 경선에 대비했다. 이때까지만 해도 선거 한 번 치러 보지 않은 순수 아마추어들만 캠프에 모여 있었기 때문이다.

진통 끝에 치른 후보경선 결과는 아슬아슬하고 힘겹게 이겼지만, 오히려 경선은 유권자 앞에 당당하고 떳떳한 공천을 받은 셈이고 전화위복이 되어 인지도를 높이는 좋은 계기가 되었다. "얼마나 경선에 신경을 썼던지, 정작 본선은 걱정 없이 쉽게 대응할 수가 있었고 맘도 너무 편하고 여유가 있었다. 당에 대한 원망스러웠던 맘이 오히려 진정한 감사로 변했다."(임경숙, 2013: 49)고 한다.

드디어 본격적인 선거운동이 시작됐다. 상대 후보는 네거티브 선거운동을 시작했다. "임경숙 후보는 억수로 나이 많고 여잡니더.…"라는 말로 임경숙을 비난하며 다녔다. 경선을 치루는 동안 인지도가 높아진 임경숙은 경선공천에 오히려 감사하며 맨투맨 선거운동에 올인했다. 만나는 유권자마다 하는 말이 "억수로 나이 많다더니 마 억수로 젊네 예! 그라고 억수로 똑똑네 예!"였다. 상대방의 네거티브 선거운동이 오히려 유리하게 플러스 요인으로 돌아왔다고 임경숙은 회고한다. 여성 재선 도의원이 된 것이다. 그러나 2014년 선거에서는 당의 공천을 받지 못했다.

2) 이종엽 의원

(1) 노동운동, 정당활동을 하다가 출마결심

이종엽 의원은 20대에 노동운동을 했었다. 마창노련 2, 3, 4대 부의장과 권한대행을 하며 1990년 1월 총파업을 이끈 뒤 구속되면서 해고되었다. 30대 후반에 진보정당이 출범하면서 새로운 정치가 싹트기를 기대했고 그 바람으로 민주노동당 당원이 되었다. 2002년 6월 지방선거를 앞두고 민주노동당은 30% 여성할당이 도입되어야 한다는 요구를 하고 있었다. 이종엽은 그 당시 민주노동당 창원을 지구당 여성 부위원장을 맡고 있었고 그 당시 살고 있는 동네에서 통장활동 경험이 있었다. 이런 이유로 출마 권유를 받게 되었다.

이종엽은 가족의 생계를 책임지고 있었고 초등학교 1, 2학년 아이를 키우는 엄마로서 도저히 엄두가 나지 않았다. 경제적인 조건도 전혀 갖춰지지 않았던 후보의 자격으로는 최악인 상황이었다. 며칠간의 고민 끝에 민주노동당 창당 초기에 누군가의 헌신과 노력으로 주민들께 새로운 정당의 필요성과 여성도 정치할 수 있다는 새로운 모습을 보여주는 데 의미를 두고 여성할당을 주장한 민주노동당의 책임을 다한다는 생각으로 출마를 결심하였다. 남편이 살면서 맺었던 주변 지인들과 동료들이 직장에서 하루 휴가 내고 일주일 휴가 내며 도시락 싸들고 선거운동을 하였고 그 결과는 당선이었다.

(2) 몇 배의 노력과 책임의식으로 시작한 의정활동

이종엽은 행정에 대해서 구체적인 지식을 갖고 있지 못했고 노동운동 출신이란 인식 때문인지 새로운 환경에서 공무원과의 관계가 원만하기보다는 경계심을 갖고 지켜보는 상태였다. 지역주민과의 관계는 당선은 되었지만 여성의원이 활동을 잘하는지 지켜보자는 걱정스러운 시선이 더 많은 분위기였다.

노동자 출신 경남 최초의 지역구 여성의원이란 타이틀은 이종엽의 의정활동 시작에서 많은 부담감과 책임의식을 갖게 하였다. 창원시 여성의원으로 존재감을 가지려면 남성의원들의 몇 배의 노력이 필요했다. 초기에 이종엽의 활동은 낮이면 주민접촉과 각종 현안파악, 민원처리로 늘 바쁘기만 하였고 밤이면 각종 법률 검토와 공부하는 데 시간을 보내야 했다. 그렇게 1년 6개월 정도 시간이 지나면서 공무원들은 서서히 경계심을 늦추고 이종엽에 대한 고정관념을 바꾸기 시작하면서 원만한 소통이 시작되었다. 당선 초기 지역주민 중 집단민원이 발생된 대책위원회 간부가 찾아와 "의원님 의회 내 발언권이 어느 정도입니까?"(이종엽, 2013: 58)라고 질문하였을 때 충격과 자존심이 상했던 기억을 이종엽은 아직도 생생히 기억하고 있다. 여성이 의원이 된다고 제대로 인정받는 것이 아니란 사실을 철저히 깨닫는 계기였기 때문이다.

이런 우여곡절을 겪으며 이종엽이 가장 먼저 시작한 일은 철거지역 세입자들의 오갈 데 없는 처지를 분석하고 임대아파트 건립을 요구하는 것이었다. 창원시에서는 가음정동, 중앙동, 불모산동, 삼정자동 등 재개발로 집단민원이 끊임없이 발생되었는데 집값은 비싸고 전세가도 올라 세입자들의 주거문제가 심각한 상황이었다. 상임위원회 질의와 시정 질문을 통해 임대아파트 건립 약속을 받아냈고 도계동과 봉림동에 임대아파트를 건립하였다.

그 외에도 창원시 생태하천사업, 여성정책계를 여성가족과로 승격, 비정규직 노동자 실태를 파악하여 4대보험 미가입과 주차, 월차수당 미지급 등 비정규직 노동자들에 대한 천차만별의 주먹구구식 처우를 법률에 근거하여 바로 잡고 개선, 소상인 보호를 위한 일에 앞장서는 등 주민들의 불편 해소와 요구를 반영하여 창원시민들로부터 의정활동을 열심히 하는 의원이란 평가를 받았다.

(3) 지역구에서 1위로 당선

이종엽은 4년의 임기를 마치고 재선에 도전하여 중선거구제 첫 도입으로 처음 치러지는 선거에서 10명의 후보 중 1위로 재선의원으로 당선되었다. 재선 후 전반기 창원시의회 부의장에 당선되어 골재채취 부정반출 적발, 불모산 찜질방 특혜 건을 밝히는 등 굵직한 창원시 현안에 대해 제안과 잘못을 바로 잡는 역할을 하였다. 그 후 이종엽은 경남도의회 민주노동당 비례대표 의원이 되었다.

여성의원에 대한 사회적 인식이 많이 달라졌다고는 하지만 여전히 동일한 조건에서 남성후보자와 경쟁하기에는 여성들의 조건이 취약하고 불리하다. 결혼을 통한 혈연, 지연, 학연으로부터 일정기간 단절되거나 자녀를 양육하느라 경력단절을 경험하는 여성들은 조건에서 불리할 수밖에 없는 게 현실이다. 여성의 정치세력화를 위한 방안에 대해서 이종엽은 "여성계가 앞장서서 여성들의 정치세력화 확대를 위한 끊임없는 제도개선을 요구하는 노력이 필요하다. 또한 여성들의 지도자 양성과정을 비롯한 정치의식 제고를 위한 다양한 방식의 교육 훈련이 마련되어야 한다. 여성 스스로도 지역활동, 아파트 동대표, 부녀회장, 학부모 교류, 봉사활동, 각종 동호모임 등 다양한 활동을 통한 얼굴 알리기와 주민들로부터 신뢰를 받고 자신의 역량을 검증받을 수 있는 기회를 만들도록 적극적인 활동을 해야 한다. 여성의원의 양적 확대도 중요하지만 활동의 질적 내용이 점검되고 여성이 갖고 있는 섬세함과 장점으로 의회 내 남성 중심적인 정치 분위기를 바꾸고 여성의 실질적인 대표성을 통한 변화를 촉발시키는 계기로 삼아야 한다. 그동안 양적 확대에는 많은 관심을 쏟았으나 활동 내용에 대한 평가에는 소홀한 점이 있었다. 이런 반성을 통해 정치세력화의 발전적인 내용을 만들 필요가 있다."(이종엽, 2013: 59-60)고 보고 있다. 이종엽은 경남도의회 민주노동당 비례대표 의원이 되어 활발하게 활동했으나 진보정당의 당선이 전반적으로 어려웠던 2014년 선거에서는 당선되지 못했다.

지방자치와
여성의 정치세력화

지역여성의 정치세력화와 젠더 정치: 경남지역을 중심으로

PART 3

07. 지역여성의 정치세력화의 역사와 성격

08. 지방선거 여성후보자의 성격과 선거과정

09. 지역여성운동과 여성의 정치세력화

chapter **07**

지역여성의 정치세력화의 역사와 성격

1. 경남의 지방정치 현황과 여성정책

1) 경남의 지방정치 현황

경남은 남한 전체 면적의 10.6%를 차지하며 16개 시·도 가운데 경북, 강원, 전남에 이어 네 번째로 크다. 1995년 시·군 통합을 하였고 2010년 마산, 진해, 창원이 통합 창원시로 되어 현재에는 8개 시, 10개 군, 318개의 읍·면·동으로 이루어져 있다.

지방선거는 중앙정부에 대한 중간평가의 의미로 치러져 집권당이 대개 패배하는 경향을 보이지만 그와 관계없이 경남지역의 경우는 보수적인 특정 정당 지배현상이 지속되었다. 한국의 지방정치는 지역주의의 영향에 따라 특정 정당 지배구조하에 있는 것이다(유성진, 2014). 〈표 7-1〉에서 보듯이 국회의원 선거의 경우 13대 총선을 제외하고 특정 정당의 독점현상은 크게 변화지 않고 있으며 〈표 7-2〉, 〈표 7-3〉에서 보듯이 지방선거도 예외가 아니다.

표 7-1 역대 국회의원 경남지역 정당별 당선자 수

(단위: 명)

연도	민주정의당 민주자유당 신한국당 한나라당 새누리당	통일민주당 열린우리당 통합민주당 새정치민주연합 더불어민주당	민주노동당 통합진보당	무소속
13대(1988.4.)	12	9		1
14대(1992.3.)	15			3
15대(1996.4.)	15			3
16대(2000.4.)	16			
17대(2004.4.)	14	2	1	
18대(2008.4.)	13	1	2	1
19대(2012.4.)	14	1		1

자료 : 중앙선거관리위원회 선거통계시스템(http://info.nec.go.kr)을 참조하여 작성함.

표 7-2 4회(2006.5.31.) 지방선거 경남지역 정당별 당선자 수

(단위: 명)

구분		계	한나라당	열린우리당	민주노동당	무소속
도지사		1	1			
시장 · 군수		20	14	2		4
도의원	지역구	48	44		1	3
	비례대표	5	3	1	1	
기초의원	지역구	226	169	13	9	35
	비례대표	33	23	4	6	

자료 : 중앙선거관리위원회 선거통계시스템(http://info.nec.go.kr)을 참조하여 작성함.

2014년의 경우에도 정당별 분포를 보면 광역의회의 경우 지역구로 뽑힌 전체 당선자의 정당 분포는 새누리당이 47명(94%), 노동당 1명(2%), 무소속 2명(4%)이었다. 새정치민주연합은 1석도 차지하지 못했다. 비례의 경우 새누리당 3명(60%), 새정치민주연합 2명(40%)이다. 기초의회의 경우도 크게 다르지 않은데 지역구의 경우 새누리당 151명(67%), 새정치민주연합 21명(9.3%), 통합진보당 6명(2.7%), 노동당 2명(0.8%), 무소속

45명(20%)을 차지하고 있다. 비례대표의 경우에는 소수정당이 전무한 가운데 새누리당 22명(62.9%), 새정치민주연합 13명(37.1%)으로 나타나고 있다.

표 7-3 5회(2010.6.2.) 지방선거 경남지역 정당별 당선자 수

(단위: 명)

구분		계	한나라당	민주당	민주노동당	진보신당	국민참여당	미래연합	무소속
도지사		1							1
시장 · 군수		18	11	1					6
도의원	지역구	49	35	2	4	2	1		5
	비례대표	5	3	1	1				
기초의원	지역구	226	136	12	20	4		3	51
	비례대표	33	22	5	5		1		

자료 : 중앙선거관리위원회 선거통계시스템(http://info.nec.go.kr)을 참조하여 작성함.

표 7-4 6회(2014.6.4.) 지방선거 경남지역 정당별 당선자 수

(단위: 명, %)

구분		계	새누리당	새정치민주연합	통합진보당	노동당	무소속
도지사		1	1(100.0)				
시장 · 군수		18	14(77.7)	1(5.6)			3(16.7)
도의원	지역구	50	47(94)			1(2)	2(4)
	비례대표	5	3(60)	2(40)			
기초의원	지역구	225	151(67)	21(9.3)	6(2.7)	2(0.8)	45(20)
	비례대표	35	22(62.9)	13(37.1)			

자료 : 중앙선거관리위원회 선거통계시스템(http://info.nec.go.kr)을 참조하여 작성함.

이렇게 특정 정당의 지배력이 강할 경우 지역주민이 원하는 사람이라기보다 경남지역에서 지배적 영향력을 행사하는 정당의 공천을 받은 사람이 행정과 의회를 장악하게 되는 것이 현실이다. 특정 정당의 지역적 지지기반이 강한 상황에서 웬만한 여성이슈는 당락에 영향을 줄 수 없는 상황이다. 또한 경남지역의 경우 보수적인 문화 특성으로 정치권이나 공직 등

사회영향력을 미치는 분야에 여성의 진출이 저조한 편이다.

2) 경남의 여성정책

지역여성정책의 형성과 변화과정은 중앙의 여성정책의 커다란 흐름 속에서 이루어졌지만 지방자치제라는 지역정치상황의 변화와 맞물려 미약하지만 발전도 함께 해 왔다. 지방자치제 실시로 지방은 중앙정부에서 입안한 정책을 시행하는 행정적인 기능에서 벗어나 정책의 수립과 집행을 직접 담당하는 주체적인 역할을 하게 되었다. 여성정책과 관련하여 지역여성의 참여를 통해 그들의 요구와 필요를 수렴하고 이를 반영하는 정책 추진이 가능해진 것이다.

초기 여성정책의 대상은 여성 일반이기보다는 주로 요보호 여성이었으며 여성정책의 접근은 최소한의 인간다운 생활을 유지하기 위한 잔여적 복지접근이었다고 볼 수 있다. 경남의 초기 여성정책도 부녀복지란 이름하에 요보호 여성을 대상으로 최소한의 국고보조를 하거나 아니면 국가사회의 전체적인 과제에 여성을 동원하는 것을 목표로 짜여지던 여성정책에 그쳤다. 경남은 1997년에 비로소 여성정책이라는 용어를 쓰면서, 부녀복지 차원에서 여성문제를 보는 시각에서 벗어나 여성정책의 개념을 넓혀가기 시작했으며 여성정책의 발전방향을 제시하였다.

경남지역 여성정책 담당기구는 1947년 보건후생국 후생과 부녀계의 설치로 시작된 이후 변화를 거듭해 왔는데(김혜정, 2005: 28) 2003년 이전까지 여성아동과라는 이름으로 여성복지계, 여성정책계, 아동계의 1과 3 담당이었으나 2003년 5월 직제개편을 통해 여성아동과가 여성정책과로 명칭이 변경되었다. 경남은 2010년부터는 조직개편으로 행정부지사 직속으로 여성가족정책관을 신설하여 여성정책에 대한 종합계획을 추진하고 있다(이혜숙, 2012: 255).

2003년에는 '21세기 경남여성정책 마스터플랜'을 통해 경남여성정책의 기초와 지침을 마련하고 '제2차 여성발전기본계획'을 수립하였으며 성평등한 경남사회의 구현을 위한 10대 과제를 제시하였다(민말순 외, 2003). 2008년에 '경남여성중기계획(2008~2012)'을 수립하였으며 2015년에는 '제4차 여성정책'을 수립하였다.

이처럼 경남여성정책의 전개과정을 살펴보면 1995년 〈여성발전기본법〉의 제정, 지방자치제의 본격적 실시가 성인지적 관점으로의 여성정책의 변화를 촉진시키는 정치기회구조의 역할을 하였다고 할 수 있다. 그러므로 지방자치 실시 이전보다 여성정책을 추진할 수 있는 기반체계가 구축되었고, 성인지적 관점에서 '여성발전기본계획'을 수립한 점, 또한 2008년 경남세계여성인권대회 개최를 계기로 경남여성인권특별위원회를 만든 점 등은 긍정적으로 평가할 수 있다.

2015년 경남여성정책의 기본계획을 살펴보면 정책 여건 및 전망으로 "'여성' 발전에서 실질적 '양성' 평등으로 여성정책의 패러다임 전환, 워킹맘과 워킹대디의 일 · 가정 양립지원정책 확대, 여성, 영유아 대상 폭력 근절 노력 강화, 가족해체 가속화 등에 따른 다양한 형태의 가족지원정책 확대"(경상남도, 2015: 2)를 들면서 구체적인 여성정책의 추진계획으로 "성평등정책 추진기반 정비 및 평등의식 확산, 일과 가족의 양립 기반 강화, 여성 · 영유아 대상 폭력 근절 노력 강화, 돌봄의 사회적 분담 강화 및 가족지원정책 확대"(경상남도, 2015: 3)를 제시하고 있다.

그러나 지역 성평등 수준을 분석한 연구에 따르면 16개 광역시·도 중에서 2014년의 경우 경남은 성평등 중하위 지역에 위치하고 있다(여성신문, 2015.12.30.; 경남신문, 2016.3.8.). 또한 최근에 양성평등기금까지 폐지시켜 "행정기관이 의지가 없으니 여성의 정책결정권이 없고 그 과정에 여성 입장이 반영되지 않으니 여성정책이 후퇴하는 악순환이 반복되는 것"(경남도민일보, 2016.3.8.)이라는 비판을 받고 있다.

2. 경남여성의 정치참여 흐름과 전개과정

1) 경남여성의 정치참여 흐름

지방의회는 도의 대표기관으로 조례의 제정과 개정, 폐지, 예산안 심의와 확정, 결산의 승인 등 도정의 중요 시책과 방침을 확정하는 중요한 기능을 담당하고 있다. 지방의회는 성 주류화 및 여성정책 변화에서도 중요한 행위자이다. 지방의회에 여성의원 수가 적다는 것은 여성문제의 해결이나 여성정책의 형성에 불리하므로 지방의회에 여성들이 좀 더 많이 진출하여 여성이슈를 부각하고 여성의 욕구를 대표하는 것이 중요하다. 무엇이 문제인가를 정하거나 다양한 정책문제들 사이에서 우선순위를 정하는 과정은 다양한 사회집단들 사이의 정치적인 과정이기 때문이다(이은아, 2007: 295-296). 역대 지방선거와 관련한 광역 및 기초의회 의원 현황을 전국과 경남을 비교하면 다음과 같다. 연도별로 살펴보면 여성의원의 비율이 과거보다 늘고 있지만 광역의회, 기초의회 모두에서 전체적으로 경남은 전국 평균보다 여성의원 비율이 낮다. 2014년의 경우 광역의회는 처음으로 전국 평균보다 높아졌지만 기초의회의 경우에는 계속 전국 평균보다 낮다.

표 7-5 광역의회의원 여성 비율 변화(경상남도의회/전국 현황) (단위: 명, %)

구분		전체 현황			구분	세부 현황		
		전체 의원	여성의원	여성 비율		전체 의원	여성의원	여성 비율
경남	1회 (1995)	94	4	4.3	지역구	85	0	0.00
					비례	9	4	44.44
	2회 (1998)	51	2	3.9	지역구	46	0	0.00
					비례	5	2	40.00
	3회 (2002)	50	4	8.0	지역구	45	0	0.00
					비례	5	4	80.00

	4회 (2006)	53	6	11.3	지역구	48	2	4.17
					비례	5	4	80.00
	5회 (2010)	54	8	14.8	지역구	49	3	6.12
					비례	5	5	100.00
	6회 (2014)	55	8	14.5	지역구	50	4	8.0
					비례	5	4	80.00
전국	1회 (1995)	970	55	5.7	지역구	875	13	1.49
					비례	95	42	44.21
	2회 (1998)	690	41	5.9	지역구	616	14	2.27
					비례	74	27	36.49
	3회 (2002)	682	63	9.2	지역구	609	14	2.30
					비례	73	49	67.12
	4회 (2006)	733	89	12.1	지역구	655	32	4.89
					비례	78	57	73.08
	5회 (2010)	761	113	14.8	지역구	680	55	8.09
					비례	81	58	71.60
	6회 (2014)	789	113	14.3	지역구	705	58	8.2
					비례	84	55	65.4

비고 : 광역의원 비례대표 선거는 2002년부터 실시되었으며, 그 이전에는 지역구 선거결과에 따라 정당별로 비례대표 의석을 배분하였음.

자료 : 1회, 2회 선거현황은 『전국동시지방선거총람』(중앙선거관리위원회: 1995, 1998), 3회 이후는 중앙선거관리위원회 선거통계시스템(http://info.nec.go.kr)을 참조하여 작성함.

표 7-6 기초의회의원 여성 비율 변화(경상남도의회/전국 현황) (단위: 명, %)

구분		전체 현황			구분	세부 현황		
		전체 의원	여성의원	여성 비율		전체 의원	여성의원	여성 비율
경남	1회 (1995)	451	2	0.4	지역구	451	2	0.4
					비례			
	2회 (1998)	309	0	0.0	지역구	309	0	0.0
					비례			
	3회 (2002)	314	2	0.6	지역구	314	2	0.6
					비례			

	4회 (2006)	259	35	13.5	지역구	226	2	0.9
					비례	33	33	100.0
	5회 (2010)	259	46	17.8	지역구	226	14	6.2
					비례	33	32	97.0
	6회 (2014)	260	57	21.9	지역구	225	22	9.7
					비례	35	35	100.0
전국	1회 (1995)	4,541	72	1.6	지역구	4,541	72	1.6
					비례			
	2회 (1998)	3,489	56	1.6	지역구	3,489	56	1.6
					비례			
	3회 (2002)	3,485	77	2.2	지역구	3,485	77	2.2
					비례			
	4회 (2006)	2,888	437	15.1	지역구	2,513	110	4.4
					비례	375	327	87.2
	5회 (2010)	2,888	626	21.7	지역구	2,512	274	10.9
					비례	376	352	93.6
	6회 (2014)	2,898	732	25.2	지역구	2,519	369	14.6
					비례	379	363	95.7

비고 : 1~3회까지는 비례대표 선거가 없었음.

자료 : 1회, 2회 선거현황은 『전국동시지방선거총람』(중앙선거관리위원회: 1995, 1998), 3회 이후는 중앙선거관리위원회 선거통계시스템(http://info.nec.go.kr)을 참조하여 작성함.

좀 더 구체적으로 살펴보면 경남의 경우 선거제도의 변화로 2006년 지방선거의 경우는 2002년 선거 때보다 여성의 당선율에 변화가 있었지만 지역구 후보자와 당선자에서 여성은 여전히 소수이다(심인선 외, 2007: 48).

첫째, 시장, 군수 후보자 중 여성이 출마한 지역은 통영, 함양, 산청 등 3곳에 불과하였고 모두 낙선하였다.

둘째, 광역의원 선거의 경우 53명 중 여성의원은 11.3%인 6명이다(비례 4명, 지역구 2명). 지역구 여성 출마지역 역시 마산, 김해, 합천 등 3곳이었는데 이 중 마산(강지연), 김해(신용옥, 한나라당)에서 각각 1명씩 당선되었다.

셋째, 기초의원 선거를 보면 시의원 259명 중 여성의원은 13.5%인 35명이다(비례 33명, 지역구 2명). 기초의원 선거에 지역구로 여성이 출마한 경우는 진주에서 5명, 창원에서 2명, 김해에서 2명과 거제 등 8개 지역에서 각 1명씩 출마하여 전체 17명이 출마하였으나 진주(양해영, 한나라당)와 창원(이종엽, 민주노동당)에서 각 1명씩 전체 2명만 당선되었다.

그림 7-1 광역의회 여성의원 비율변화 추이(전국과 경남 비교)

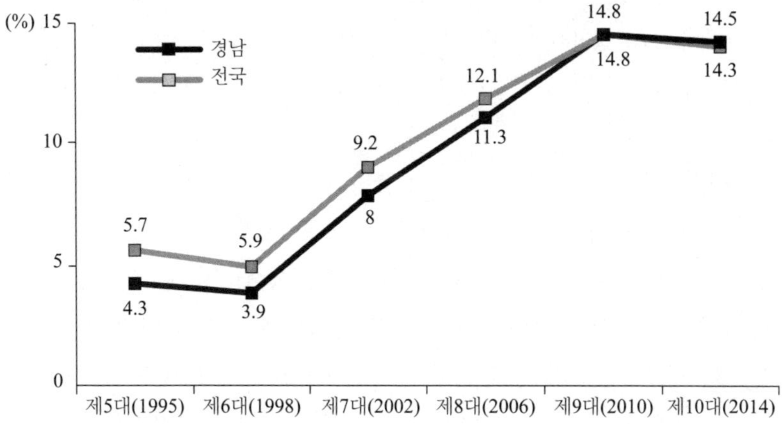

자료 : 중앙선거관리위원회 선거통계시스템(http://info.nec.go.kr)을 참조하여 작성함.

그림 7-2 기초의회 여성의원 비율변화 추이(전국과 경남 비교)

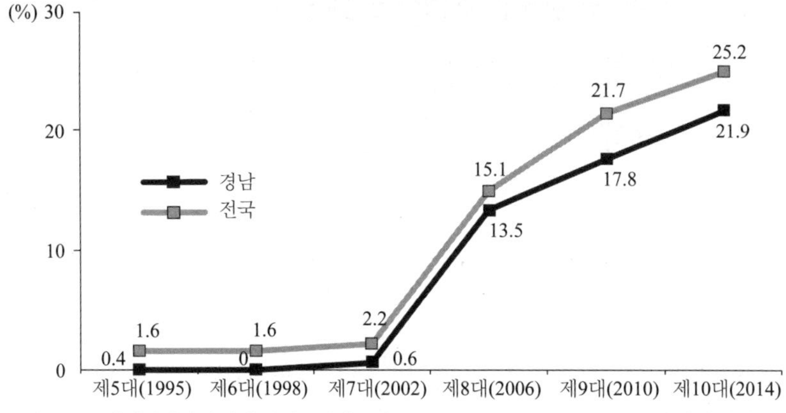

자료 : 중앙선거관리위원회 선거통계시스템(http://info.nec.go.kr)을 참조하여 작성함.

표 7-7 2006년 5·31 지방선거 입후보자 및 당선자 현황

(단위: 명)

구분	입후보자 수(비례출마)			당선자(비례당선)		
	도지사 및 시장 군수	도의원	시·군의원	도지사 및 시장 군수	도의원	시·군의원
전체	78	152(11)	810(82)	21	53(5)	259(33)
여성	3	10(7)	92(75)	–	6(4)	35(33)
남성	75	104(4)	672(7)	21	47(1)	224(0)

자료 : 중앙선거관리위원회 선거통계시스템(http://info.nec.go.kr)을 참조하여 작성함.

2010년도의 경우 2006년 선거와 비교하여 여성입후보자 비율이 3.7%p 증가했으며 여성당선자 비율은 4.0%p 증가하였지만 여전히 여성은 소수이다(심인선, 2010).

첫째, 시장, 군수 후보자 중 여성이 출마한 지역은 김해 한 곳에 불과하였으나 낙선하여 광역 및 기초자치단체장은 모두 남성이다.

둘째, 도의원 선거에 지역구 여성 출마지역은 창원, 마산, 거제, 함안, 산청 등 4곳이었고 이 중 창원 2명, 마산 1명 총 3명이 당선되었다.

셋째, 기초의원 선거에 지역구로 여성이 총 28명 출마하여 진주 4명, 김해 3명, 창원 · 마산 2명, 진해 · 밀양 · 양산에서 각각 1명씩 총 14명이 당선되었다.

표 7-8 2010년 6·2 지방선거 입후보자 및 당선자 현황

(단위: 명)

구 분	입후보자 수(비례출마)			당선자(비례당선)		
	도지사 및 시장 군수	도의원	시·군의원	도지사 및 시장 군수	도의원	시·군의원
전체	71	144(18)	569(72)	19	54(5)	259(33)
여성	1	24(15)	94(66)	0	8(5)	46(32)
남성	70	120(3)	475(6)	19	46(0)	213(1)

자료 : 중앙선거관리위원회 선거통계시스템(http://info.nec.go.kr)을 참조하여 작성함.

2010년 지방선거 결과를 보면 여성의원은 모두 54명(도의원 8명, 시·군

의원 46명)으로 기초 · 광역의원 313명(도의원 54명, 시·군의원 259명)의 17.3%를 차지했다. 이는 2006년 지방선거 여성의원 비율 13.1%보다 증가한 것이다. 지역구의원 275명(도의원 49명, 시·군의원 226명) 중 여성당선자는 도의원 3명, 시·군의원 14명 등 모두 17명으로 6.2%로 집계됐다. 이는 2006년 여성당선자 비중이 1.5%(도의원 2명, 시·군의원 2명)에 불과했던 것과 비교하면 그 비중이 증가했다고 하겠다(경남도민일보, 2010.6.8.). 정당별 여성의원(비례 포함)은 한나라당 32명(도의원 5명, 시·군의원 27명), 민주노동당 12명(도의원 2명, 시·군의원 10명), 민주당 8명(도의원 1명, 시·군의원 7명), 진보신당과 국민참여당이 기초의원 1명씩이다(경남도민일보, 2010.6.8.).

지역구 여성의원 당선자가 증가한 것은, 국회의원 선거구(도시지역)마다 기초 · 광역의원 선거구 절반 이상 후보를 내는 정당은 여성후보 1명을 꼭 내도록 〈공직선거법〉이 개정된 데 따른 것으로 풀이된다. 또한, 야권의 여성후보들이 선전했다. 특히 지역구 여성당선자 절반 이상이 '재선 배지'를 달게 됐다. 이는 2006년 기초의원 정당공천제와 함께 정당비례대표 도입으로 순위 1번으로 대거 지방의회에 진출했던 여성의원들이 이번에 지역구로 출마해 9명이 당선된 데 따른 것이다(경남도민일보, 2010.6.8.). 정당별로는 한나라당에서 도의원 창원 3선거구 정연희 당선자, 창원 7선거구 임경숙 당선자 등 2명, 민노당에서 창원 2선거구 강성훈 당선자 1명을 각각 배출했다. 시·군의원은 한나라당 5명, 민주당 2명, 민주노동당 5명, 진보신당 1명이 각각 당선됐다(경남신문, 2010.6.8.)

한나라당 비례 도의원인 임경숙 후보와 비례 창원시의원이었던 정연희 후보가 지역구 도의원에 당선됐다. 한나라당 비례 김해시의원 하선영, 밀양시의원 백경희 후보도 지역구 시의원으로 재선했다. 또 진보신당 이옥선 후보도 지역구의원으로 당선됐다. 민주노동당 비례 창원시의원 정영주, 진주시의원 강민아 후보는 지역구를 통해 재선에 성공했다. 비례 도의원이었던 김미영 후보는 진주시의원에 당선됐다(경남도민일보, 2010.

6.8.). 그러나 여성에게 정치 문턱은 여전히 높다. 2010년 선거에서 여성 당선자를 낸 창원, 마산, 진주 등은 할당제가 적용된 시 지역이었고, 여성공천을 하지 않아도 되는 군 지역에서는 단 한 명의 여성의원도 당선되지 못하였다. 이처럼 여성정치인의 외형 확대에도 불구하고 한나라당의 경우, '시장군수 후보 중 1명은 여성후보로 공천하겠다.'는 약속이 지켜지지 않았고, 여전히 지역구보다는 비례대표에 밀집해 있어 실질적인 여성공천할당제가 성공하기 위해서는 강제할당 비율을 높이는 등 대책이 필요하다는 지적이다. 그동안 여성계는 지역구후보에 대해 30% 이상 강제할당을 요구했지만 정치권은 이번 선거부터 국회의원 선거구별로 지역구 지방의원 1명 이상을 공천하는 여성공천 할당제를 적용시켰다(경남신문, 2010.6.8.)

정치권과 유권자가 여성을 바라보는 '시선'도 문제다. 2010년 비례대표에서 지역구의원으로 재선한 임경숙 도의원 당선자는 "공천과정부터 선거과정에서 여성후보를 깔보거나 약하다는 선입견이 너무 강하다."며 "선거운동 다녀보니 '여성이 무슨 일을 하느냐'라고 해서 지금은 '여성시대', '감성정치', '생활정치' 시대라고 일일이 설득했다."고 말했다. 그는 이어 "이번 선거에 여성의원이 늘었지만 적어도 의회마다 여성이 3분의 1 정도는 돼야 한다."며 "양성평등 예산과 정책을 위해 노력할 것"이라고 말했다(경남도민일보, 2010.6.8.)

단체장이 되기는 더더욱 어렵다. 2010년 시장 · 군수 선거에는 유일하게 신용옥 후보가 김해시장 선거에 출마했다. 한나라당 중앙당 공천심사위원회가 경남지역 기초단체장 중 여성후보 1명을 내도록 했으나 공천을 못 받자 무소속으로 출마한 것이다. 신용옥 후보는 여성으로서는 도내에서 처음으로 지역구 기초의원을 거쳐 지역구 도의원에 당선됐으나 시장선거에서는 뜻을 이루지 못했다(경남도민일보, 2010.6.8.).

표 7-9 경남 여성의원 현황(2010년)

(단위: 명)

	선거형태		소속정당			
도의원	지역구	비례대표	새누리당	민주통합당	통합진보당	무소속
	4	4	6	2		
	선거형태		소속정당			
시의원	지역구	비례대표	새누리당	민주통합당	통합진보당	무소속
	22	35	37	14	3	3

자료 : 경상남도의회 홈페이지(http://www.gncl.or.kr), 각 시 · 군의회 홈페이지를 참조하여 작성함.

2) 2014년 경남 6·4 지방선거와 여성

2014년 6·4 지방선거에 당선된 경남 여성의원 현황을 살펴보면 우선 도지사 및 시·군 의장 등 단체장 전원이 남성이다. 정당별로 보면 도지사로는 새누리당이 당선되었고 시·군 의장 선거를 보면 14개 지역에서 새누리당이 당선되었고 그 외는 김해 지역에서 새정치민주연합, 사천, 의령, 하동 지역에서 무소속이 당선되었을 뿐이다.

표 7-10 2014년 6·4 지방선거 입후보자 및 당선자 현황

(단위: 명)

구분	입후보자 수(비례 출마)			당선자(비례 당선)		
	도지사 및 시장 군수	도의원	시·군의원	도지사 및 시장 군수	도의원	시·군의원
전체	64	121(12)	443(68)		55	260
여성	1	14(9)	44(62)		8(4)	57(35)
남성	63	107(3)	408(6)	1	47	203

자료 : 중앙선거관리위원회 선거통계시스템(http://info.nec.go.kr)을 참조하여 작성함.

지역구만 본다면 26명의 여성의원이 당선되었는데 광역의원은 8%(50명 중 4명)로 전체 평균(8.2%)과 비슷하고 기초의원은 9.8%(225명 중 22명)로 전체 평균(14.6%)보다 낮다(김원홍, 2014a: 12). 그러나 광역비례로 4명

(80%), 기초비례로 35명(100%)의 여성의원이 당선되어 지역구와 비례를 합한 전체 여성의원은 총 65명(20.6%)으로 지난 2010년 선거 54명보다는 앞선 수치이다. 광역의원 여성당선자는 모두 8명으로 2010년 선거와 같았지만 기초의원 여성당선자는 57명으로 지난 2010년 선거 46명보다는 늘었다. 이에 따라, 거제시에서 선출직 시의원으로 여성후보 3명이 한꺼번에 당선되는 등 경남지역은 모두 여섯 곳(거창군, 통영시 등)에서 첫 선출직 여성 기초의원이 탄생했다. 그러나 여성의원의 비율이 좀 더 높아져야 하고 여성당선자에 비례대표(도의원 4명, 기초의원 35명)가 많아 여성의 정치참여 확대는 여전히 과제로 남았다고 하겠다. 지역구에서 광역의회 여성의원이 당선된 지역은 창원시 2명, 진주시 1명, 김해시 1명이다. 기초의회에서는 진주, 거제, 창원이 당선율이 높았다.

표 7-11 경상남도 광역 및 기초 의회 여성당선자 수

(단위: 명)

	광역의회(전체 55인)		기초의회(전체 260인)	
경상남도 여성당선자 수	지역구	비례대표	지역구	비례대표
	4	4	22	35

자료 : 문경희(2014: 34)를 참조하여 작성함.

역대 지방선거와 2014년 6·4 지방선거 결과를 비교하면(문경희, 2014: 35) 이제까지 지자체장 및 시·군의 장으로 여성이 선출된 바가 없다. 광역의회의 경우 1~3대까지는 여성의원이 전무했으며 할당제가 적용되기 시작한 2006년에 6명, 2010년에 9명, 2014년에 8명으로 나타났다. 기초의회의 경우 여성의원의 수는 2006년 35명에서 2010년 48명, 2014년 57명까지 꾸준히 증가했다. 새누리당과 새정치민주연합의 경우 꾸준히 증가세인 반면에 소수 진보정당의 경우는 현격히 줄어들었다.

표 7-12 경상남도 광역의회 여성의원 현황

연도	의원정수			여성의원 수			여성의원 정당별		
	계	지역구	비례	계	지역구	비례	새누리당/한나라당	새정치/민주당	진보정당
2006(4대)	53	48	5	6	2	4	3	1	1
2010(5대)	54	49	5	9	4	5	6	1	2
2014(6대)	55	50	5	8	4	4	6	2	0

자료 : 문경희(2014: 35).

표 7-13 경상남도 기초의회 여성의원 현황

연도	의원정수			여성의원 수			여성의원 정당별			
	계	지역구	비례	계	지역구	비례	새누리당/한나라당	새정치/민주당	진보정당	무소속
2006(4대)	259	226	33	35	2	33	24	4	7	–
2010(5대)	259	226	33	48	16	32	27	7	10	4
2014(6대)	260	225	35	57	22	35	37	14	3	3

자료 : 문경희(2014: 35).

chapter **08**

지방선거 여성후보자의 성격과 선거과정

여성의 정치참여 확대를 위해서는 제도적 · 문화적 변화도 중요하지만 실제 정치참여를 희망하는 여성들이 존재해야 하고 이들이 후보로 나서고 선거를 통해 당선되는 과정을 거쳐야 한다. 이 장에서는 2014년 6·4 지방선거 경남지역 여성후보자를 중심으로 여성후보자의 성격과 선거과정을 살펴봄으로써 여성의 지방정치 참여과정과 현황을 검토하고 여성 정치세력화의 방향과 과제를 제시하고자 한다. 주요 질문은 다음과 같다.

첫째, 지방정치에 참여하는 여성후보자들의 전반적 성격은 어떠한가? 둘째, 여성후보자들의 선거참여과정은 어떠한가? 셋째, 당선된 여성의원들의 성격은 어떠하며 당선과 낙선에 작용하는 주된 요인은 무엇인가? 넷째, 여성 정치세력화의 방향과 과제는 무엇인가?

이러한 질문들에 답하기 위해 이 장은 2014년 6·4 지방선거 경남지역 여성후보자 60명에 대한 선거공보, 신문보도, 참여관찰을 통한 자료수집,[1]

1 자료수집과 참여관찰을 위한 여성후보자 조사기간은 2014년 5월 19일부터 6월 4일까지였다. 훈련된 경상대 사회학과 학생 20명을 각 지역에 조사원으로 배치하여 여성후보자 3명씩 선거공보나 신문자료 등 관련 자료수집과 참여관찰, 면접(가능한 경우), 사진 찍기 등을 하고 후보자별 선거공보의 내용정리와 수집자료, 관찰기록 등을

기존 문헌자료들을 활용했다. 구체적인 접근방법은 선거공보에 나타난 항목들의 빈도나 상관관계 등을 살펴보는 양적 방법[2]과 관찰내용이나 신문자료, 선거공보의 내용분석을 통해 특성을 유형화하는 질적 방법을 같이 사용하였다.

여성후보자와 선거과정에 대한 연구는 많지 않은데 1995년 지방선거 남녀후보자의 정치의식과 충원과정 연구(손봉숙 · 김은주, 1995)가 있으며 광주 · 전남지역을 중심으로 1995년 지방선거에서 19명의 여성후보자의 선거과정과 정당 및 여성단체와의 관계를 살펴본 연구(염미경, 1996, 1997), 1995년 지방선거 지역구에 출마한 여성후보자 100명을 대상으로 선거 입후보과정, 선거운동, 공약, 당선 요인들을 포괄적으로 분석한 연구(김경애, 2001), 2006년 5·31 지방선거에서 지역구에 출마한 여성후보자 120명에 대한 조사연구(박재규 · 김원홍 · 조선미 외, 2009) 등이 있다. 2014년 6·4 지방선거와 관련해서는 2014년 6·4 지방선거 여성후보자(예비후보자 포함) 500명을 대상으로 한 설문조사연구(김원홍 · 김혜영 · 전선영 외, 2014)를 통해 출마동기, 전문성, 지역활동, 네트워크, 조직, 여성정치인 육성방안을 살펴본 연구가 있다. 이에 비해 모니터링 연구방법으로 여성후보자 8명의 선거운동 경험에 대한 심층적 사례연구를 통해 여성대표성 강화방안을 모색한 연구(이진옥 · 김민정 · 문경희 외, 2014; 이진옥, 2014)가 있으며 충북지역을 중심으로 여성후보자 공천의 문제점과 여성 정치참여 확대방안을 살펴본 연구(안성호, 2015)가 있다.

그렇지만 이를 통해 지방선거에 참여하는 여성후보자의 전반적 성격과 선거경험을 알기에는 부족하므로 다양한 지역에서 다양한 측면을 고려하

제출하도록 하였다. 조사대상자 중 여성후보자 한 명이 중도사퇴하여 분석에서 제외하였고 처음 조사할 때 누락되었던 다른 한 명의 여성후보자는 별도로 자료를 수집했다.

2 60명 여성후보자의 성격에 대한 빈도분석과 상관분석(카이제곱검증)은 SPSS 21.0을 이용했다.

면서 여성후보자의 성격과 선거과정을 좀 더 살펴볼 필요가 있다.

1. 경남지역 여성의 정치참여 흐름

1) 경남여성의 정치참여 흐름

경남지역의 경우 보수적인 문화 특성으로 여성들이 정치참여를 시도하기에는 힘든 실정이며 정치적 · 사회적으로 중요한 영향력을 미치는 분야에 여성의 진출이 저조한 편이다. 지방선거에서의 경남지역 여성의 정치참여 현황을 보면 이제까지 단체장 및 시·군의 장으로 여성이 선출된 바가 없다. 광역의회의 경우 1~3대까지는 여성의원이 전무했으며 할당제가 적용되기 시작한 2006년부터 여성의원의 비율은 광역의회의 경우 11.3%, 2010년에 16.7%, 2014년에 14.5%로 나타났다. 기초의회의 경우 여성의원의 비율은 2006년 13.5%, 2010년 18.5%, 2014년 21.9%까지 꾸준히 증가했다. 전체적으로 비례대표의원이 많은 편이나 지역구의원의 비율도 늘고 있다. 지역구 여성의원의 경우 광역의원이 4.2%, 8.2%, 8%로 변

표 8-1 경남 여성의원 현황(광역의회)

(단위: 명, %)

연도	구분	의원정수		
		계	지역구	비례
2006	전체	53	48	5
	여성	6(11.3)	2(4.2)	4(80)
2010	전체	54	49	5
	여성	9(16.7)	4(8.2)	5(100)
2014	전체	55	50	5
	여성	8(14.5)	4(8)	4(80)

자료 : 문경희(2014: 35)를 참조하여 작성함.

화해 왔으며 기초의원의 경우는 0.9%, 7.1%, 9.7%로 계속 늘고 있다.

표 8-2 경상남도 여성의원 현황(기초의회)

(단위: 명, %)

연도	구분	의원정수		
		계	지역구	비례
2006	전체	259	226	33
	여성	35(13.5)	2(0.9)	33(100)
2010	전체	259	226	33
	여성	48(18.5)	16(7.1)	32(97)
2014	전체	260	225	35
	여성	57(21.9)	22(9.7)	35(100)

자료 : 문경희(2014: 35)를 참조하여 작성함.

전국과 비교해 보면 광역의회의 경우 전국 평균보다 계속 낮다가 2014년에 전국 평균보다 약간 높아졌으나 기초의원의 경우는 전국 평균보다 계속 낮다.

2) 2014년 6·4 지방선거와 경남여성의 정치참여

2014년 지방선거는 소수정당의 몰락과 강력해진 양당의 경쟁구조 속에서 지역적으로 특정 정당의 지배적인 경향이 강화되었으며 세월호 참사의 정부책임론이 야권의 분열로 상쇄되어 정권심판론이 약화된 특징을 보였으며 현직자의 재당선율이 높았다(황아란, 2014: 319). 광역단체장은 새누리당과 새정치민주연합(현재의 '더불어민주당'),[3] 두 양당이 세력의 균형을 이루었고 정책경쟁이 실종되면서 소수정당이 설 자리가 더욱 좁아졌다. 전체적으로 새누리당 49.2%, 새정치민주연합 40.0%, 소수정당 1.4%,

3 '새정치민주연합'은 '더불어민주당'으로 정당명을 바꾸었다. 그러나 이 글에서는 2014년 6·4 지방선거 당시의 정당명인 '새정치민주연합'이라는 당명을 사용한다.

무소속 9.4%의 분포를 보였다. 이를 2010년 지방선거와 비교하면 소수정당이 크게 줄어든 대신 양대 정당, 특히 새누리당의 점유율이 크게 늘어난 것이다. 이는 자유선진당을 비롯한 보수성향의 소수정당들이 새누리당으로 통합되어 결집할 수 있었던 반면 진보성향의 소수정당은 민주노동당의 분당을 비롯한 극심한 이합집단으로 거의 몰락의 결과를 낳았던 것이다(황아란, 2014: 328). 또한 "중앙정치에 휘둘려 지역이슈는 실종, 지방정치의 중앙정치 예속 심화 우려"(경남도민신문, 2014.6.4.)라는 표현에서 잘 나타나듯이 지역발전을 위한 정책이나 행정능력 대결보다는 중앙정치권의 대리전 양상으로 진행되었다.

표 8-3 지방선거 당선자 정당분포(2014년과 2010년)

(단위: 명, %)

구분	2014년				2010년			
	새누리당	새정치민주연합	소수정당	무소속	한나라당	민주당	소수정당	무소속
전체	1,706 (49.2)	1,387 (40.0)	48 (1.4)	326 (9.4)	1,427 (41.5)	1,298 (37.8)	332 (9.7)	379 (11.0)
광역 단체장	8 (47.1)	9 (52.9)	–	–	6 (37.5)	7 (43.8)	1 (6.3)	2 (12.5)
기초 단체장	117 (51.8)	80 (35.4)	–	29 (12.8)	82 (36.0)	92 (40.4)	18 (7.9)	36 (15.8)
광역의원 (지역구)	375 (53.2)	309 (43.8)	1 (0.1)	20 (2.8)	252 (37.1)	328 (48.2)	64 (9.4)	36 (5.3)
기초의원 (지역구)	1,206 (47.9)	989 (39.3)	47 (1.9)	277 (11.0)	1,087 (43.3)	871 (34.7)	249 (9.9)	305 (12.1)

비고 : 소수정당은 2014년에는 통합진보당(31명), 정의당(10명), 노동당(7명)이며, 2010년에는 자유선진당(147명), 민주노동당(111명), 진보신당(25명), 국민참여당(20명), 친박연합(13명), 미래연합(12명), 국민중심연합(3명), 창조한국당(1명)임.

자료 : 황아란(2014: 328).

2014년 6·4 지방선거 결과 여성당선자 현황은 기초자치단체장 9명(3.9%), 광역의회의원 113명(14.3%), 기초의회의원 732명(25.2%)의 당선으로 나타났다. 총 3,952명의 당선자 중 여성이 854명으로 21.6%를 차지한다. 이는 2010년 지방선거 결과에 비하면 107명의 당선자 수가 증가하였고 비율도 2.9%p 증가하였다는 점에서 여성의 정치적 대표성 확대의 양적 측면에서 긍정적인 현상으로 볼 수 있다. 전체 후보자 가운데 여성의 비율이 20.5%로 2010년 16.7%에 비해 4%p 정도 늘었다. 그러나 교육감의 경우 2010년 선거에서 1명의 교육감을 배출했던 데 비해 2014년 선거에서는 한 명의 여성교육감도 배출하지 못했다는 점, 광역자치단체장은 한 명의 여성당선자도 배출하지 못했다는 점 등을 고려하면 여성의 정치적 대표성 확대의 질적 측면에서는 큰 진전이 없다고 할 수 있다.

경남의 경우 2014년 6·4 지방선거의 투표율은 59.8%로 17개 시·도 가운데 6위인데 2010년 61.8%보다 2%p 하락했다. 시·군 기초단체장 3.6대 1, 광역의원 2.4대 1, 기초의원 2대 1의 경쟁률을 보였다(경남도민일보, 2014.5.19.). 선거결과를 구체적으로 살펴보면 "새누리당 압승, 진보정당 참패"(경남도민일보, 2014.6.11.)로 정리할 수 있는데 통합진보당[4]의 위상 추락은 정당해산 심판, 이석기 의원의 내란음모, 선동죄 혐의 등에 따른 '종북 논란'의 결과로 보인다(경남신문, 2014.6.9.). 정당별로 보면 도지사로는 새누리당이 당선되었고 시·군 단체장 선거를 보면 14개 지역에서 새누리당이 당선되었고 그 외는 김해 지역에서 새정치민주연합, 사천, 의령, 하동 지역에서 무소속이 당선되었을 뿐이다. 광역의회의 경우 지역구로 뽑힌 전체 당선자의 정당 분포는 새누리당이 47명(94%), 노동당 1명(2%), 무소속 2명(4%)이며 새정치민주연합은 1명도 당선되지 못했다. 비례대표의 경우는 새누리당이 3명(60%), 새정치민주연합이 2명, 통합진보당, 노동당은 1명도 당선되지 못했다. 기초의회의 경우도 크게 다르지 않은데 지역구의 경우 새누리당 151명(67%), 새정치민주연합 21명(9.3%),

4 2014년 6·4 지방선거 당시는 통합진보당 해산 전이라 여기서는 정당명을 그대로 사용했다.

통합진보당 6명(2.7%), 노동당 2명(0.8%), 무소속 45명(20%)을 차지하고 있다. 비례대표의 경우에는 소수정당이 전무한 가운데 새누리당 22명(62.9%), 새정치민주연합 13명(37.1%)으로 나타나고 있다. 이처럼 경남 지역은 보수 정당의 지역적 지지 기반이 강함을 보여준다.

성별로 보면 우선 도지사 및 시·군 단체장 선거의 당선자 중에서 여성이 한 명도 없다. 광역 및 기초의회의 경우 지역구만 본다면 26명의 여성 의원이 당선되었는데 광역의원은 8%(50명 중 4명)로 전체 평균(8.2%)과 비슷하고 시·군 의원은 9.8%(225명 중 22명)로 전체 평균(14.6%)보다 낮다. 그러나 광역 비례로 4명(80%), 기초 비례로 35명(100%)의 여성의원이 당선되어 지역구와 비례를 합한 전체 여성의원은 315명 중 65명으로 20.6% 이다.

표 8-4 경남 여성당선자 성별 비율(2014년)

(단위: 명, %)

구분		전체	남성	여성	여성 비율
도지사		1	1	0	0.0
시장 · 군수		18	18	0	0.0
광역의원	지역구	50	46	4	8.0
	비례대표	5	1	4	80.0
기초의원	지역구	225	223	22	9.8
	비례대표	35	0	35	100.0

자료 : 중앙선거관리위원회 선거통계시스템(http://info.nec.go.kr)을 참조하여 작성함.

2. 여성후보자의 전반적 성격

1) 출마지역과 인구학적 특성

2014년 지방선거 지역구 여성후보자 성별 비율은 광역의원 11.5%, 기초의원은 14.1%였다(김원홍, 2014a: 14). 경남의 경우 여성후보자 성별 비율은 광역의원이 11.6%로 전국 평균보다 약간 높고 기초의원은 9.9%로 전국 평균보다 낮다.

표 8-5 지역구 선출 여성후보자의 지역별 분포

(단위: 명, %)

후보자 출마의회		경남	전국
광역의회	여성	14(11.6)	198(11.5)
	전체	121	1,719
기초의회	여성	45(9.9)	757(14.1)
	전체	453	5,337

자료 : 김원홍(2014a: 12)을 참고하여 작성함.

경남 지역구 여성후보자들을 살펴보면 광역단체장 후보는 없고 기초단체장이 1명이었다. 공천을 신청한 여성들의 비율이 적었는데 통합진보당은 46명 가운데 20명인 43.5%가 여성이었지만 새누리당의 경우는 광역단체장에서 여성 공천신청자가 없고 기초단체장 81명 중 김해에서 1명뿐이었다. 따라서 전체 공천신청자 567명 중 여성은 44명으로 7.8%에 그쳤다(연합뉴스, 2014.3.23.). 출마의회는 광역의회가 14명, 시의회 36명, 군의회 9명이었다. 출마지역은 창원이 16명으로 가장 많았으며, 다음으로 진주 10명, 김해 8명, 거제와 양산 각각 4명, 통영과 사천 각각 3명, 밀양, 의령, 함안, 남해, 하동이 각각 2명, 산청과 거창이 각각 1명이었으며, 고성, 창녕, 함양, 합천은 여성후보자가 없었다. 전반적으로 군의원에 여성후보자가 없거나 적다.

여성후보자들의 연령은 50대가 24명(40.0%)으로 가장 많고 그 다음이 40대 21명(35.0%), 60대 11명(18.3%), 30대 4명(6.7%)이었다. 학력은 대졸 29명(48.3%), 대학원졸 18명(30.0%), 고졸 12명(20.0%), 중졸 1명(1.7%) 순으로 많아 전반적으로 학력 수준이 높은 편이다. 세부적으로 살펴보면 연령에 따라 소속정당에 차이가 있는 것으로 나타났다. 여당은 50

표 8-6 여성후보자의 출마지역

(단위: 명)

구분		지역	여성후보자
출마지역	시 지역	창원	16
		진주	10
		김해	8
		거제	4
		양산	4
		사천	3
		통영	3
		밀양	2
출마지역	군 지역	남해	2
		의령	2
		하동	2
		함안	2
		거창	1
		산청	1
		고성	
		창녕	
		함양	
		합천	
합계			60

표 8-7 연령에 따른 출마의회, 지역 및 소속정당

(단위: 명, %)

특성	구분	합계	연령		x^2(p)
			40대 이하	50대 이상	
소속정당	여당	26(43.3)	5(19.2)	21(80.8)	9.717**(.008)
	야당	21(35.0)	13(61.9)	8(38.1)	
	무소속	13(21.7)	7(53.8)	6(46.2)	
합계		60(100.0)	25(41.7)	35(58.3)	

** : $p < .01$

비고 : 연령은 40대 이하와 50대 이상으로, 정당은 여당(새누리당), 야당(새정치민주연합, 통합진보당, 노동당), 무소속으로 묶어서 보았다(이하 같음).

대 이상이 80.0%로 상대적으로 높았으며, 야당과 무소속은 50대 이상이 각각 38.1%와 46.2%로 상대적으로 낮았다.

2) 정당과의 관계

정당은 현대 선거정치에 큰 영향력을 미치고 있다. 실제로 선거구 내 유권자의 정당선호성향 또는 당파적 경향은 정치후보자의 소속정당과 결부되어 유권자의 투표행위에 큰 영향을 미친다. 현실적으로 특정 지역에서 정당에 대한 선호경향이 일정한 지속성을 가질 때 정치후보자의 소속정당 또는 정당배경은 선거의 당락을 결정하는 결정적 변수가 될 수 있다(김창남, 2007: 98). 경남지역은 보수적인 정당이 오랫동안 지방정치를 지배해 왔으므로 여성후보자들의 소속정당도 새누리당이 26명(43.3%)으로 가장 많았으며, 다음으로 통합진보당 14명(23.3%), 새정치민주연합 6명(10.0%), 노동당 1명(1.7%) 이었으며, 무소속은 13명(21.7%)이었다.

표 8-8 특성에 따른 소속정당

(단위: 명, %)

특성	구분	합계	소속정당				
			새누리당	새정치 민주연합	통합 진보당	노동당	무소속
출마 의회	광역의회	14(100.0)	4(28.6)	2(13.3)	5(33.3)	–	3(20.0)
	기초의회	45(100.0)	22(48.9)	3(6.8)	9(20.5)	1(2.3)	10(22.7)
	기초단체장	1(100.0)	–	1(100.0)	–	–	–
합계		60(100.0)	26(43.3)	6(10.0)	14(23.3)	1(1.7)	13(21.7)

특성에 따른 소속정당의 차이를 검증한 결과 소속정당에 따라 차이를 보이는 특성은 출마지역과 연령이었다. 출마지역을 살펴보면 시 지역은 '야당'이 42.0%로 상대적으로 많았으며, 군 지역은 '여당'이 70.0%로 상대적으로 많았다. 연령은 40대 이하는 '야당'이 52.0%로 상대적으로 많았

으며, 50대 이상은 '여당'이 60.0%로 상대적으로 많았다.

표 8-9 특성에 따른 소속정당

(단위: 명, %)

특성	구분	합계	소속정당			x^2(p)
			여당	야당	무소속	
출마지역	시 지역	50(83.3)	19(38.0)	21(42.0)	10(20.0)	6.554*(.038)
	군 지역	10(16.7)	7(70.0)	–	3(30.0)	
연령	40대 이하	25(41.7)	5(20.0)	13(52.0)	7(28.0)	9.717**(.008)
	50대 이상	35(58.3)	21(60.0)	8(22.9)	6(17.1)	
합계		60(100.0)	26(43.3)	21(35.0)	13(21.7)	

* : p<.05, ** : p<.01

38.3%(23명)의 여성후보자들이 정당 관련 활동을 하였다. 특성에 따른 정당 관련 활동 여부의 차이를 검증한 결과 여당이 53.8%로 야당(38.1%) 보다 상대적으로 높았다. 당선된 경우 초선은 정당활동 여부가 83.3%로 재선 이상(35.0%) 보다 상대적으로 높았다.

표 8-10 특성에 따른 정당 관련 활동 여부

(단위: 명, %)

특성	구분	합계	정당 관련 활동		x^2(p)
			있음	없음	
선수	초선	6(23.1)	5(83.3)	1(16.7)	4.338*(.037)
	재선 이상	20(76.9)	7(35.0)	13(65.0)	
소속정당	여당	26(43.3)	14(53.8)	12(46.2)	7.811*(.020)
	야당	21(35.0)	8(38.1)	13(61.9)	
	무소속	13(21.7)	1(7.7)	12(92.3)	
합계		60(100.0)	23(38.3)	37(61.7)	

* : p<.05

여성후보자의 정당 관련 활동은 당의 중앙위원의 역할을 맡고 있는 경우도 있었지만 대개는 각 당의 지역당원협회나 지역사무국의 활동이 많았으며 이 중 9명(39.1%)은 지역여성의원협의회나 지역여성위원회에서 회장이나 위원장직을 맡는 등 당내 여성 관련 활동을 하고 있었다. 26.7%(16명)의 여성후보자가 특정 정치인 관련 활동을 하였다. 새누리당의 경우 박근혜 대선후보와 관련한 활동이 많았으며 새정치민주연합의 경우는 문재인 대선후보 관련 활동이 많았다. 통합진보당의 경우는 권영길 전 국회의원 관련, 무소속의 경우는 김두관 전 경남지사 등이었다.

여성후보자 중에서 21.7%(13명)가 무소속이었는데 광역의회 출마가 3명(21.4%), 기초의회 출마가 10명(22.2%)이었다. 당시 사회 전반의 분위기와 관련하여 통합진보당에 대한 부정적 이미지로 무소속으로 나온 경우와 공천과정이나 경선 불만 등으로 무소속으로 나온 경우 등이다. 무소속으로 의령군 의회에 출마했다 낙선한 강유미의 경우를 살펴보면 다음과 같다.

> "원래는 새누리당 공천을 받았었지만 당 자체에서 실시한 여론조사를 통한 결과 의령 출신(토박이)이 아니라서 경선을 할 경우 불리한 부분이 있다고 생각했다. 경선에서 탈락하면 정치참여도 할 수 없기 때문에, 결국 경선 한 달을 남겨두고 경선을 포기하고, 당을 나와서 무소속으로 선거에 참여하게 되었다"(조사원 13의 관찰기록).

창원시에 당선된 이옥선의 경우 시의원의 경우 정당공천제가 중요하지 않다고 인식했기 때문이라고 했지만 실제로는 진보정당 소속으로 출마하기엔 부담감을 안고 있었던 것으로 보인다(조사원 19의 관찰기록). 강춘한은 민주당으로 당선되었던 6대 김해시의원이었는데 공천과정의 불합리로 탈당하고 무소속으로 나왔다. 심경숙은 2010년 양산시 최다득표자였고 양산시 최초 지역 여성의원이었지만 통합진보당을 탈당하고 무소속으로 출마했다.

3) 직업과 조직기반

여성후보자들의 직업을 살펴보면 현의원을 포함하여 정당활동 등 정치활동을 하는 정치인이 70%(42명)이고 나머지는 상업 6명, 농업 2명, 가정주부 3명이었고 그 외 어린이집 대표, 시민사회활동가, 민주노총지부사무차장, 사회복지사가 각각 1명이었으며 무직은 3명이다. 그런데 정치인이 아닌 경우에도 대개 지역사회에서 사회활동을 하고 있다. 이러한 배경은 후보자들의 조직기반과 연결되는데 조직을 통한 사회참여활동과 정치영역 진입과는 큰 상관성을 갖는다. 여성후보자들은 지역에서 다양한 단체에 가입하여 활동하면서 지역주민들과 네트워크를 맺고 있는데 조직의 성격은 보수와 진보로 나눌 수 있다. 또한 66.7%(40명)의 여성후보자가 여성단체활동을 하였다. 50대 이상은 80.0%로 40대 이하(48.0%) 보다 상대적으로 높았다.

표 8-11 특성에 따른 여성단체활동 여부

(단위: 명, %)

특성	구분	합계	여성단체활동 여부		x^2(p)
			있음	없음	
연령	40대 이하	25(41.7)	12(48.0)	13(52.0)	6.720**(.010)
	50대 이상	35(58.3)	28(80.0)	7(20.0)	
합계		60(100.0)	40(66.7)	20(33.3)	

** : p<.01

이처럼 지역에서는 여성들이 단체를 통해 사회활동을 하다가 지방의회에 진출하는 경우가 많다. 여성단체를 포함한 사회단체의 성격은 정당의 성격과 관련이 있다. 새누리당 소속의 경우에는 대개 바르게살기진주시협회, 한자녀더갖기운동연합, 민주평화통일자문위원회 등 보수조직이나 참사랑봉사대 같은 봉사조직, 족구연합회 같은 취미조직, 또는 각 지역 농협중앙회새농민회 등과 연관되어 있으며 여성단체활동도 YWCA 활동이나 새마을부녀회, 고향을 생각하는 주부모임, 여성단체협의회의 등 보수적 기반이 많았다. 야당의 경우는 시민단체연대협회의회, 참여연대, 민주청년회, 경실련, 학교비정규직처우개선양산대책위원회, 세월호희생자양산시민추모위원회, 탄핵무효부패정치척결양산시민행동, 친환경무상급식실현양산시민네트워크 등 지역 시민단체에서의 활동이 많았다. 여성단체의 경우도 거제여성회, 명곡여성회, 진주여성회, 거제여성장애인연대, 김해여성의 전화 등 운동단체의 성격이 강한 조직이 많았다. 무소속의 경우에는 약사회 같은 전문조직의 활동뿐 아니라 민주노총 등 성격이 다양했고 여성단체의 경우에도 후보자 성격에 따라 보수조직인 여성단체협의회나 진보조직인 마창여성노동자회, 진주여성민우회 등에서 활동했다.

3. 여성후보자의 선거과정

1) 선거참여과정

(1) 의원경력 및 출마배경

여성후보자들은 의원경력이 있는 경우가 많았고 출마경험이 있는 경우도 있었다. 우선 의원경력 여부를 살펴보면 60명 후보자 중에서 65%(39명)가 의원직 경력이 있었으며 현 의원도 55%(33명)였다. 대개 비례대표로 있다가 지역구후보로 나온 경우가 많았다. 출마경험을 살펴보면 초선으로 당선된 6명의 경우에도 출마경험이 있는 경우가 2명이었고 낙선된 34명의 경우에도 4명이 출마경험이 있었다. 전진숙(통합진보당) 같은 경우는 오랫동안 김해 지역에서 여성운동과 통일운동 등을 해 오면서 세 번째 도전이었다. 의원경력의 시작은 비례대표가 가장 많았지만 한영애(새누리당), 서은애(무소속)의 경우처럼 보궐선거를 통해 당선하여 정치를 시작한 경우도 있다. 양해영(새누리당)도 중간에 보궐선거로 다시 당선되었다.

이처럼 선거참여과정은 대개는 비례대표의 의원경력이 있어서 지역구에 도전한 경우가 많았으나 처음 출마의 경우 출마배경은 다양하다. 김두관 전 도지사후보 홍보 특별보좌관을 지냈던 박현숙은 도의원 출마를 선언했던 전 민주당 조직국장 출신인 남편을 대신해서 출마를 결심하였다(경남도민일보, 2014.5.2.). 함안군에서 무소속으로 출마한 김운자의 경우 지난번 도의원 출마 이후 이번에 두 번째 도전인데 장애아이를 둔 엄마로서 장애인과 노인복지 증진을 위해 출마했다.

(2) 공천과정

여성할당과 여성우대공천은 여성의 정치참여 확대를 위한 중요한 제도이다. 경남에서 여성공천 비율은 새누리당이 6.18%, 새정치민주연합이 10%로 높지 않았다. 통합진보당의 경우만 62.5%의 높은 비율을 보였다(경남신문, 2014.5.19.). 새누리당으로 처음 출마해서 당선된 박옥순이나 조인옥의 경우처럼 공천과정에서 여성우대공천은 여성들에게 유리하게 작용하였다. 이번에 새누리당은 단체장에는 여성우대공천 지역이 없지만 51개 선거구 중에서 광역의회 4개 지역, 기초의회 14개 지역에서 여성우대공천을 했다.[5] 그러나 지역구 국회의원의 입김이 많이 작용하는 등 공천과정에서 여성들은 불리한 점이 많은데(안성호, 2015) 강춘한의 경우 민주당으로 당선되었던 6대 김해시의원 의원이었는데 공천과정의 불합리를 겪어서 결국 탈당하고 무소속으로 나왔다.

> "지난 5월 1일 경상남도 도당에서 새정치민주연합 공천심사위원회의 면접에서 지역구공천을 신청한 후보자 본인과 3명의 후보자의 면접 자리에서 모두 권리당원 50%, 일반시민 50%의 여론조사를 통한 경선방식에 동의

5 광역의회는 창원 두 곳과 김해, 진주였고 기초의회는 창원 네 곳, 김해 두 곳, 그 외 거제, 밀양, 사천, 양산, 진주, 통영, 거창, 함양이었다.

> 하면서 면접 마무리를 했고 결과를 기다리던 중 사전 의견조정이나 공식적인 통보도 없이 5월 4일에 일방적으로 공천발표가 났다. 하지만 그 명단에는 후보자 본인의 이름은 없었다. 공천과정에서 지역 국회의원이 김해시장 공천과정에서 부당하게 개입을 했고 부당 개입이유는 경쟁력 있는 후보에게 점수를 강화시켜 주기 위함이었다"(조사원 18의 관찰기록).

허인숙도 여성공천할당제가 지역 국회의원의 주관적인 판단에 좌지우지되고 있다고 보고 입당한 새누리당을 탈당하고 무소속으로 나온 경우이다.

> "허 예비후보는 지난 20일 새누리당 도당 공천관리위원인 김성찬(창원시 진해구) 국회의원이 지역구 사무실에서 새누리당 시·도의원 예비후보자 등 50여 명을 초청한 간담회에서 창원시의원 공천을 신청한 이혜련(여) 전 민주당 비례대표 창원시의원을 지칭해 '내가 이 이 의원을 삼고초려해서 모셔왔다.'고 말했다며 '참신한 여성 정치신인을 발굴할 것이라던 새누리당은 신진 여성정치인을 배제하는 편파적인 발언의 배경을 규명해야 한다.'고 주장했다"(경남신문, 2014.4.1.).

또한 여성우대공천을 받은 경우인데 기호 배정에서 1-가번을 배정받지 못한 후보들이 있다. 각 지역당원협의회가 적용한 기준도 제각각이어서 "'반쪽자리' 공천"(경남도민일보, 2014.5.15.)이라는 비난이 있었다. "여성 후보들을 배려해 준다고 믿고 있었는데 초선의원이라는 이유로 당선에 불리한 기호를 배정받아 아쉽다."(경남일보, 2014.5.21.)는 것이다.

(3) 후보자들 간의 연대와 경쟁

이번 선거에서 진보정당(노동당, 정의당, 통합진보당)들은 야권단일후보[6]

6 통합진보당 소속의 강영희, 김경애, 김미영, 정영주, 최미니 후보이다.

를 만들었다. 그러나 강영희(통합진보당)와 정영주(통합진보당)를 제외하고는 당선되지 못했다. 사천지역의 경우에는 야당 여성후보자끼리 맞대결이 있었다. 전 민주당 비례대표로 경남도의회에서 활동을 했던 김경숙은 무소속으로 지역구 출마를 선언하여 통합진보당 비례대표 사천시의원 여명순과 야당 여성후보끼리 경쟁했는데 둘 다 낙선하였다(경남도민일보, 2014.5 9.). 도의원으로 출마한 한영애(새누리당)와 이종엽(통합민주당)은 지역에서 여성후보자들끼리 경합한 지역이다.

2) 선거운동

(1) 선거운동방식

선거운동은 다음 일정표에서 보여주듯이 연고조직을 토대로 관련 단체를 방문하거나 대개 길거리에서 주민들과 인사하기, 명함 돌리기, 전화 돌리기 등의 방식으로 진행된다.

2014년 6·4 지방선거의 운동방식도 대체로 이와 비슷한데 특히 6·4 지방선거 전에 벌어진 세월호 침몰 사건으로 조용한 선거 분위기가 조성되었다. "이번에는 세월호의 여파로 율동이나, 신나는 음악 등을 자제하는 듯 보였고, 다른 때보다 조용한 선거 유세가 이루어졌다."(조사원 3의 관찰기록)는 것이다. 거창의 표주숙(새누리당)은 선거철마다 후보들의 유세차량과 로고송으로 인한 소음공해가 많은 국민들의 눈살을 찌푸리게 한다고 보고 "유세차와 로고송, 선거운동원 거리율동 등을 하지 말고 유권자의 눈높이에 맞춘 선거를 하자."(국제뉴스, 2014.5.8.)는 제안을 하기도 했다.

참고자료 2-1

여성의원의 선거운동 일정표

후보등록 이전 : 의정보고서 전 세대 배포

예비후보 기간 : 기업체 방문 중식인사, 지인 만남을 통한 연고조직

선거운동기간 출퇴근길 : 인사와 악수, 차량 명함 인사
낮시간 : 전통시장, 마을 구석구석 걸으면서 인사
작은 사업장 인사(대부분 여성 근무)
기관 주민프로그램 참가자 인사, 지인 만남 및 전화
저녁시간 : 초대받은 모임 인사, 늦은 시간 상가주변 인사
주말 : 종교시설, 생활체육시설, 동네 산 등산객 인사
4시~6시 : 집중 유세(거점 지역)

예비 공보물 발행, SNS 선거(카카오톡), 문자 5회

자료: 강영희(2014: 68).

"대체적인 양상을 보면 지금 우리나라의 상황이 상황이다 보니 그럴 수도 있지만, 다들 시끄러운 유세는 하지 않는 것 같았다. 유세차량도 있는 사람이 절반보다 적었고, 직접 걸어 다니면서, 한 곳에 머물러서 명함을 나누어 주고 악수를 하는 등 소신 있는 유세 모습이었다. 가끔 네거티브를 하는 후보들도 있었지만 아주 소수에 불과했다"(조사원 13의 관찰기록).

대개 선거운동은 새벽 6시 30분부터 시작해서 늦게는 8시가 되면 끝나는데 선거운동방법은 전화 자원봉사자가 문자와 전화로 선거를 돕고 거리 유세는 아침부터 계속 하는 것이 아니라 시간을 정해 주요한 위치에서 한다. 유세차와 조를 나누어 구역마다 유세를 하는데 아침에 출근하는 큰 길목과 학교 근처에 많이 가며 점심에는 주요 길목에서 실시하며 오후 3시 이후에는 유동인구가 많은 시장으로 많이 간다.

"길을 지나가는 주민들에게 명함을 나눠주는 선거운동을 하고 있었다. 유동차량이 많은 곳에서 선거팻말과 선거공보를 들고는 하염없이 차가 지나갈 때마다 인사를 하며 지지를 호소했다. 대부분은 마을마다 돌며 이장님과 같은 지역유지를 만나 지지를 호소하고 홍보차량에 서서 연설을 하며 마을을 돈다. 선거사무소에서 몇몇이 지역에 사는 사람들에게 무작위로 지지를 호소하는 메시지를 송신하며 주로 출퇴근길에 유동인구가 많은 곳에서 인사를 하며 지지를 호소한다.… 마을 주민들이 보이면 가서 이런저런 이야기를 나눌 때도 있고, 하우스 안에 들어가서라도 이런 저런 고충을 들어주기도 하며 또한 마을과 마을을 돌며 지지를 호소하는 연설을 한다. 장날에는 버스 정류장 같은 곳에서 기다리시는 어르신 분들이나 유권자들에게 직접 다가가서 버스가 올 때까지 이야기를 할 때도 있고 선거원들 역시 마을 구석구석의 어른신들을 찾아 뵈며 명함도 주며 지지를 호소하는 운동을 하고 있다"(조사원 10의 관찰기록).

창원에서 무소속으로 당선된 이옥선 후보의 경우는 땅콩펀드를 조성했다. 선거자금을 주민의 자발적 기금(펀드)으로 조성한 것이다. 거제 신금자 후보(새누리당)는 투표일을 기점으로 3일 전부터 철야 선거운동에 돌입한다고 선언했다. 신금자 후보 선거대책본부는 일 잘하는 큰며느리가 어떻게 일하는지 보여드린다는 각오로 72시간 철야 선거운동을 결정했으며 그와 겸해서 야간 도심 안전과 골목 귀갓길 등은 어떠한지 살펴볼 것이라 전했다(거제타임즈, 2014.5.28.).

여성후보자들은 젠더 전략을 많이 사용했는데 사천에서 초선으로 당선된 구정화는 정당명, 기호 등과 함께 '사천의 딸'임을 강조하며 강력하게 지지를 호소했으며 지역정서를 반영하여 새누리당과 기호를 강조했다. 선거유세차량 지지호소 내용은 다음과 같다.

"여성후보 구정화, 사천에서 태어나서 사천의 딸 건강과 안전, 여성이 잘 챙길 수 있습니다. 부모님의 건강과 복지 구정화가 큰 딸이 되어 부모님 같이 잘 모실 수 있습니다. 우리 모두가 행복한 사천! 새누리당 시의원 후보 기호 1-가 구정화가 해낼 수 있습니다. 6월 4일 투표하실 때 시의원후보 1-가 구정화 꼭 선택해 주십시오"(조사원 14의 관찰기록).

그런데 정당소속 유무에 따라 선거유세가 달라서 정당은 선거과정에서 중요한 조직기반임을 보여주었다. "정당소속 후보의 경우 선거인단의 규모가 컸다. 정당소속 후보 선거사무소의 경우는 좀 더 체계적인 업무 분담이 있어 보였다. 각 지역구에서 가장 눈에 띄는 곳에 선거사무소가 존재했다. 정당소속의 이점이 크게 작용하는 듯했다."(조사원 4의 관찰기록)는 것이다.

SNS 선거홍보도 하였는데 허인숙(무소속)은 '소통게시판'을 통해 활동상황을 공유했으며(허인숙, 2014: 61), 서은애(무소속)는 스마트한 캠프를 운영하면서 다양한 동영상, 정책 모바일 안내문, 팝업 명함 등을 사용했고(서은애, 2014: 79) 페이스북, 트위터 등을 통해 유권자와 소통하고자 했다. 대체로 정당기반이 없는 무소속 후보나 상대적으로 연령이 젊은 후보였다고 볼 수 있다.[7] 그러나 대체로 정보를 SNS나 홈페이지를 통해 알리는 경우는 많지 않았다. 강춘한 후보의 경우도 거리홍보를 주로 많이 하였고, 얼굴을 많이 비추고 주민들과 직접 소통하고자 했으며 SNS를 활용하려고 했었지만 아직 익숙하지 않아서 직접 뛰는 방법을 주로 사용했다(조사원 18의 관찰기록). 후보자들이 개인 홈페이지나, 블로그 등을 운영하지 않고, 언론에 노출이 많이 되어 있지 않아, 생각보다 정보를 모으기가 어려웠으며(조사원 19의 관찰기록). 후보자들의 이야기를 들을 만한 기사가 없었으며 인터뷰 기사가 많이 있다면 정보를 쉽게 수집할 수 있었을 텐데 어떤 사람인지 판단하기 어려웠다는 지적도(조사원 2의 관찰기록) 이러한

7 그 외 신금자(새누리당), 하선영(새누리당), 서소연(새정치민주연합), 여명순(통합진보당), 김미영(통합진보당), 강춘한(무소속), 강민아(무소속) 등이 홈페이지 운영이나 페이스북, 트위터 등을 하였다.

상황을 말해 준다.

특히 "정당에 소속된 후보는 해당 지부에 전화를 해 사무실이든 전화번호든 쉽게 알 수 있지만, 정당에 소속되지 않은 후보는 정보를 모으기도 쉽지 않고 연락하기도 매우 어려웠다. 무소속 후보의 대부분은 지지기반도 약하고 선거방법도 가족이나 친척들로 이뤄져 있기 때문에 후보가 어떤 사람인지 판단하기 어렵고 찾기도 힘든 것 같다."(조사원 2의 관찰기록)는 지적처럼 특히 무소속의 경우 후보자 정보를 알기가 쉽지 않았다.

> "경남지역에 국한되는 선거이다 보니 각종 언론매체에 노출되어 있는 후보도 드물고 개인 블로그나 웹사이트가 없었기 때문에 개인정보를 찾는 것에 더욱 어려움을 겪었다. 선거관리위원회 홈페이지에도 기본적인 자료만 기재되어 있었는데, 선거공보의 경우에도 아주 단조롭게 인적사항 내지 경력 등 기본 사항만 있는 자료집을 제출한 상태여서 구체적인 자료를 찾으려니 힘이 들었다"(조사원 13의 관찰기록).

여성후보자들은 남성 중심의 정치문화, 음주문화, 일-가정 양립의 어려움 등 여러 가지 면에서 선거과정의 불이익을 경험한다(이진옥, 2014: 398-399), 허인숙(무소속)의 경우도 세 아이의 육아를 병행하면서 선거활동을 하기에 힘들었다(허인숙, 2014a: 60). 실제로 김선예(통합진보당)처럼 열악한 후보는 "선거운동원이 3명인데 회사원이어서 저녁이나 쉬는 날에나 선거운동을 할 수 있다. 선거운동방법은 달랑 앰프 기계 하나를 끌고 다니면서 유동인구가 많은 곳에서 선거운동을 한다."(조사원 6의 관찰기록)는 것이었다. 이런 가운데 선거운동원 내부용이기는 하지만 심경숙(무소속)의 '꼭지 이야기: 우리 후보의 살아온 이야기'(2014)는 후보자를 알릴 수 있는 주요 방법이었으며 허인숙(무소속)은 『희망: 글로벌시대 더 큰 진해를 꿈꾸다』(2014b)라는 책을 발간하여 출판기념회 등을 개최하면서 후보자를 유권자에게 알리고자 하였다.

(2) 선거운동의 지지기반

선거운동의 주요 지지기반은 후보자와 연결되어 있는 조직이다. 광역의원에 출마한 강성훈의 경우처럼 통합진보당 소속의 경우 선거운동의 지지기반은 통합진보당 당원들과 노동자, 일반지지자들이다. 야권 단일후보이기 때문에 통합진보당, 정의당, 노동당이 그 조직적 기반을 담당하고 있었다. 대부분 후보자들의 선거운동모습을 보면 전반적으로 중년여성이 선거운동을 하였다. 그러나 실제 선거사무소 대표인 사무장은 남성이 많았다.

> "평상시 봐오던 남성후보의 선거유세와 마찬가지로, 대다수 선거 자원봉사자의 경우 중년여성들이 많았다. 하지만 사무원들을 총괄하고 선거사무소 대표인 사무장은 모두 '남성'이었다"(조사원 4의 관찰기록).

가족은 주요 지지기반이었는데 밖에서 선거운동을 하는 사람들도 가족이 대부분이어서 여성후보자에 대한 가족들의 지지를 보여주었다. 배효연(새누리당)은 도와주는 지지기반이 가족이라고 했으며 강성훈(통합진보당)은 남편이 사무장을 맡아 일을 처리하고 있었다(조사원 2의 관찰기록). 김경연은 딸이 열심히 선거운동을 돕고 있었으며 이따금씩 친인척들이 선거사무소를 방문하였다. 그러나 여전히 허인숙(무소속)의 경우는 "보수적인 집안 분위기와 정치출마에 대한 부정적인 시각으로 선거기간 동안 육아와 가족들의 반대에 맞서 이중 삼중의 고통을 감수"(허인숙, 2014a: 63)하였으며 표주숙(새누리당)은 친정아버지의 '주부의 정 위치는 가정'이라는 입장과 부딪혀 허락을 얻는 데 어려움이 많았다(뉴스 1, 2014.3.17.).

지지기반과 관련하여 경남지역에서는 6·4 지방선거를 앞두고 시민후보선정위원회를 구성하여 '시민이 선정한 좋은 후보' 58명을 뽑았으며 이 중 여성후보는 15명이었다.[8] 그러나 이 중 전체 당선인은 17명이었고 여성당

8 검증작업에는 법조계, 학계, 언론계, NGO 인사 등 15명으로 구성된 선정위원이 참

선인은 3명이었다.[9] 그런데 여성운동단체들은 여성의 정치세력화를 위해 노력하고 있지만 선거국면에서 특정 후보를 바로 지지하기는 어렵다. 허인숙(무소속)은 "여성후보에 대한 적극적인 지원을 여성단체 차원에서 이끌어 주길 희망"(허인숙, 2014a: 63)했으며 이종엽(통합진보당)도 "여성운동단체가 정치중립이라는 입장에서 선거지원을 전혀 하지 않아서 아쉬웠다."(문경희, 2014: 43)고 보았다.

3) 홍보전략

(1) 슬로건

선거과정에서 유권자에게 전하는 메시지는 정치후보자가 투표자로부터 긍정적 반응을 얻기 위해 투표자에게 전달하는 자극으로(김창남, 2007: 37)

표 8-12 슬로건 유형 (단위: 명, %)

정당유형	새누리당	새정치 민주연합	통합 진보당	노동당	무소속	계
젠더 전략	13	2	6	1	6	28(46.7)
인물	7	1	2	0	3	13(21.7)
공약	4	3	2	0	3	12(20.0)
지역	2	0	1	0	0	3(5.0)
현안 사회문제	0	0	2	0	0	2(3.3)
호소	0	0	1	0	1	2(3.3)
계	26	6	14	1	13	60(100.0)

여했으며 도덕성, 민주성, 개혁성, 전문성, 정책 능력 등 6가지를 선정의 주요 기준으로 삼았다. 이외에도 민주노총과 참여연대, 희망제작소 등 150여 개의 시민단체가 함께 지방선거 정책 공동대응 기구인 '6·4 지방선거 좋은 정책 연대'를 출범하여 활동하였다(경남도민일보, 2014.6.17.).

9 강영희(통합진보당), 정영주(통합진보당), 이옥선(무소속)이다.

표 8-13 슬로건 유형과 구체적 내용의 예

유형	슬로건
젠더	• 사천의 큰딸 • 종갓집 맏며느리: 경남안전 창원안전 엄마의 마음으로 지켜내겠습니다. • 행복한 당신을 위한 참 좋은 시의원, 잊지 않겠습니다. 어머니의 마음으로 지켜내겠습니다. • 야무지고 따뜻한 엄마의 정치! 야권단일후보, 시민이 선정한 좋은 후보 • 여성의 섬세함으로 꼼꼼하고 당당하게 일하겠습니다.
인물	• 함께 장유혁신을 이끄는 새 이름, 하선영 • 따뜻한 시의원 후보, 교육 · 복지 전문가
인물	• 사람을 살리는 정치! 경남 6·4 지방선거 시민후보선정위원회 시민이 선정한 좋은 후보, 야권 단일후보 • 도동이 키운 사람! 일편단심 강민아 • 참 좋은 선택! 일 잘하는 군의원
공약	• 정의와 상식을 바탕으로 주민을 섬기겠습니다. • "군민을 위해 똑 소리나게 일하겠습니다" • 말보다 발로 뛰겠습니다. "문정선과 함께 가요, 희망으로!" • 주민과 함께 더 잘하겠습니다. 다정한 민원해결사 강영희 • 가족처럼 어려운 이웃에게 힘이 되겠습니다. 아름다운 선택
지역	• 살기좋은 지역사회 건설!! 복지행정전문가 옥영숙 • 청실홍실, 행복동네 • 마산을 살리는 정치, 일하는 사람부터 바꿉시다.
현안 사회문제	• 우리동네 살림꾼! 박근혜 정권 심판! 야권 단일후보(진보당, 정의당, 노동당) 시민이 선정한 좋은 후보 • 박근혜 정권 심판! 야권 단일후보 "서민을 위한 진짜 일꾼 살아온 길이 말합니다."
호소	• 가만히 있을 수 없는 마음들을 모아 주십시오! • 이번에도 역시

비고 : 지면관계상 모든 내용을 수록하는 것은 생략하고 각 유형별 대표적인 것만 제시함.

선거공보를 통해 정치후보자는 그들의 메시지를 전략적으로 전달하고자 한다. 슬로건 내용 검토에 대한 기존 연구를 살펴보면 김만기(2012)는 표지슬로건에서 강조하는 것이 인물, 지역발전, 복지, 정치, 교육 순으로 많았다고 보았으며 조희정 외 연구(2014a)는 인물, 변화, 안전, 지역발전

순으로 많았다고 보았다. 이처럼 대개 인물을 많이 강조하고 있는데 2014년 6·4 지방선거 광역의회 지역구 여성당선자에 대한 연구(이혜숙, 2015a: 135)에서도 인물(33.3%)을 가장 많이 강조하였고 젠더 전략(31.6%), 지역(21.1%), 공약(12.3%), 현안 사회문제(1.7%) 등을 강조하는 것으로 나타났다. 여기에서는 젠더 전략이 46.7%(28명)로 가장 많았고 그 다음으로 인물(21.7%), 공약(20.0%), 지역(5.0%), 현안 사회문제(3.3%), 호소(3.3%) 등으로 나타났다.

(2) 젠더 전략

80.0%(48명)의 여성후보자들이 젠더 전략을 사용했으며 이 중 58.3%인 28명은 슬로건에서 젠더 전략을 사용했다. 새누리당이 88.5%로 가장 많이 사용했으며 무소속 76.9%, 통합진보당 71.4%, 새정치민주연합 66.7%이다.

표 8-14 소속정당에 따른 젠더 전략

(단위: 명, %)

특성	구분	합계	소속정당				
			새누리당	새정치 민주연합	통합 진보당	노동당	무소속
젠더 전략	있음	48(80.0)	23(88.5)	4(66.7)	10(71.4)	1(100.0)	10(76.9)
	없음	12(20.0)	3(21.5)	2(33.3)	4(28.6)	–	3(23.1)
합계		60(100.0)	26(100.0)	6(100.0)	14(100.0)	1(100.0)	13(100.0)

젠더 전략을 구체적으로 살펴보면 여성을 호명함으로써 여성성의 긍정적 이미지를 가져오고자 했고 여성적 특성을 강조하거나 여성의제 실현의 적임자 등을 내세웠다. 여성 호명에서는 어머니(엄마)가 가장 많이 등장했으며 그 외 (맏)(큰)며느리, 아내, 딸, 아줌마, 처녀, 언니(누나, 이모), 여성 등이 있었다. 특히 '어머니(엄마)'를 강조하는 모성정치 젠더 전략이 많았다. 그 외에는 여성적 특성이라 할 수 있는 꼼꼼함(세심함), 따뜻함(부드

러움, 나눔의 가치, 배려와 헌신 등 포함)을 강조하는 것이 많았으며 여성의 제를 제시하는 것도 있었다. 이종엽(통합진보당)은 '늘 든든한 맏며느리'라는 여성의 전통적 이미지를 사용했는데 과거 선거에서 노동운동가 출신인 후보자를 일 잘하는 여성 일꾼이라는 이미지를 만드는 데 긍정적으로 기여했다는 판단하에 이번 선거에도 사용했다고 한다(문경희, 2014: 40).

표 8-15 여성후보자들의 젠더 전략 유형과 구체적 내용

구분	유형	젠더 전략
여성 호명	어머니	• 여성의 눈으로 어머니의 마음으로 • 가족을 사랑하는 애뜻한 "엄마의 마음"을 담아 주민감동서비스를 실천하겠습니다. • 한결같은 모습, 한결같은 마음, 엄마의 마음 같은 정치가 진짜 생활정치입니다. • 교육, 복지를 책임지는 엄마의 힘! 엄마는 여자보다 강하다고 했습니다.
	여성	• 반듯하고 힘 있는 여성 일꾼! • 준비된 여성 시의원 • 이번에는 일하는 여성시의원 • 지역구 최초 여성의원
	아줌마 (아지매)	• 연약하지만 열정적인 봉사활동과 추진력으로 새마을 아지매라 불리는 조인옥이 주민의 의견을 대변하고 삼랑진, 가곡, 상남의 발전을 위해 당당하게 아줌마의 뚝심으로 확~ 풀어드리겠습니다. • 아줌마로서 주부의 고충을 반으로 덜어드리겠습니다. • 마산의 유일한 '아지매' 시의원
	아내	• 기본부터 실천하겠습니다. 엄마의 마음으로 아내의 마음으로 생활인의 마음으로 한땀 한땀 바느질 하는 정성으로 생활정치를 실천하겠습니다.
	딸	• 사천의 큰 딸 • 진해의 딸! 이해련은 똑바로 보고 똑바로 일해 왔습니다. • 군민의 딸로서 효자손이 되겠습니다. • 마산의 "딸"이옥선
	(맏) 며느리	• 우리거제 큰며느리 • 통합창원의 큰며느리, 창원의 아들 국군장병 여러분! 도의원 아줌마입니다.

<table>
<tr><td></td><td></td><td>• 맏며느리의 알뜰함으로 군 살림살이의 불요불급함을 꼼꼼히 챙겨 군민의 혈세가 적재적소에 쓰여지도록 역할을 다하겠습니다.
• 늘 한결같은 든든한 맏며느리</td></tr>
<tr><td></td><td>처녀</td><td>• 착한 바람 강유미, 처녀군의원</td></tr>
<tr><td></td><td>언니</td><td>• 언니, 누나, 이모로서 따스한 상담자가 되겠습니다.</td></tr>
<tr><td rowspan="2">여성적 특성</td><td>따뜻함</td><td>• 이런 점에서 생활의 필요를 더욱 잘 아는 생활인인 여성들이 여성의원으로서 지방의회 정책 활성화를 위해 절대적으로 필요하며 여성적 가치는 나눔의 가치라고 생각합니다. 여성리더십이 강한 사회는 싸우지 않고 이길 수 있으며 이기면서 베풀 수 있다고 생각합니다.
• 시민의 다양한 목소리가 의사결정과정에 반영되어야 하며 더욱 여성의 가치, 여성의 감성, 여성의 경험이 필요합니다.
• 표주숙은 따뜻함'과 '열정'의 능력을 갖춘 검증된 후보입니다.
• 따뜻한 시의원 후보</td></tr>
<tr><td>꼼꼼함</td><td>• 섬세한 생활정치
• 여성특유의 감성과 섬세함으로 생활정치를 폈습니다.
• 꼼꼼한 분석력, 여성의 세심함.
• 우리동네 살림꾼!</td></tr>
<tr><td>여성 의제</td><td>여성의제 실현</td><td>• 주민과 함께 더 잘하겠습니다. 다정한 민원해결사</td></tr>
</table>

비고 : 지면관계상 모든 내용을 수록하는 것은 생략하고 각 유형별 대표적인 것만 제시함

이러한 젠더 전략은 여성의 전통적 이미지와 성고정 관념을 활용한다는 점에서 부정적인 시각이 있지만 여성의원들은 여성의 꼼꼼하고 세심한 이미지가 여성후보에게 유리하다고 생각하고 있고(이혜숙, 2014a: 146-147) 이번 선거에서도 이러한 전략을 사용했다고 보여진다. 2014년 6·4 지방선거 여성후보자 선거운동 경험사례를 심층적으로 분석한 연구(이진옥, 2014: 393; 이진옥 · 김민정 · 문경희 외, 2014: 57)와 2014년 6·4 지방선거 광역 지역구 당선자에 대한 연구(이혜숙, 2015a)에서도 다수의 여성후보자들이 젠더 전략을 활용하고 있다. 젠더 전략의 활용에 대한 이번 연구결과는 새누리당과 비수도권에서 젠더 전략을 더 많이 사용한다는 기존 연구결과(이혜숙, 2015a: 144)와 일치한다. 실제로 SNS 선거캠페인 전략에 대한 유권자 반응을 통해 성 고정관념을 이용하여 여성후보자의 장점을

부각시키는 전략이 더 긍정적이라는 연구(문원기 · 김현정, 2014)가 있다. 그러나 장기적인 면에서 여성의 정치세력화를 위한 선거 홍보전략으로서의 젠더 전략이 계속 필요하고 유리한 것인지는 경험적으로 좀 더 검토해야 할 것이며 여성의원의 입장에서도 새로운 전략모색이 필요해 보인다.

4) 여성공약

여성의원들은 여성친화적인 문제나 쟁점에 대해서 관심이 있고 실제로 의정활동을 통해 여성의 권익 증대를 위해 노력한다(이혜숙, 2014a: 161). 51.7%(31명)의 여성후보자들이 여성공약을 제시했는데 특성별로 보면 여성 · 가족의 복지 및 건강권, 돌봄 지원과 일 · 가족 양립 기반 구축, 여성에 대한 폭력 근절 및 인권 보장, 여성의 경제적 역량 강화, 성평등정책 추진 역량 및 책무성 강화 순으로[10] 많았다.

표 8-16 소속정당에 따른 여성공약 여부

(단위: 명, %)

특성	구분	합계	소속정당				
			새누리당	새정치 민주연합	통합 진보당	노동당	무소속
여성 공약	있음	31(51.7)	13(41.9)	2(6.5)	8(25.8)	1(3.2)	7(22.6)
	없음	29(48.3)	13(44.8)	4(13.8)	6(20.7)	–	6(20.7)
합계		60(100.0)	26(43.3)	6(10.0)	14(23.3)	1(1.7)	13(21.7)

여성공약으로는 여성 · 가족의 복지 및 건강권이 많았는데 여성이 행복한 동네, 공공산후조리원 설립 및 출산장려금 현실화, 학습-일-여가 연계프

10 여성공약의 유형은 제4차 여성정책기본계획 대과제 중심으로 분류했다(여성가족부, 2013: 32). 대과제 중 여성의 대표성 제고 및 참여 확대, 평등의식과 문화의 확산 부분은 여성공약에서 나타나지 않았다. 이하 표 내용은 후보자의 여성공약 내용들을 모두 수록한 것이다.

로그램 구축 및 확대, 임산부 검사비, 한방난임치료비 지원, 갱년기 여성의 건강관리 프로그램 운영, 유모차 쉼터 만들기 등을 제안하고 있다.

표 8-17 여성 · 가족의 복지 및 건강권

정당	여성 · 가족의 복지 및 건강권
새누리당	• 어른이 존중받는 동네, 여성이 행복한 동네, 아이가 즐거운 동네 • 공공산후조리원 설립 및 출산장려금 현실화 • 아이와 여성이 행복한 하동을 만들겠습니다. • '여성친화도시 김해'를 위한 프로그램 구축 및 편의시설을 확충하겠습니다. • 학습-일-여가 연계프로그램 구축 및 확대로 노년기를 은퇴시기가 아닌 새 출발의 시기로 만듦 • 임산부 검사비, 한방난임치료비를 시가 지원하고 갱년기 여성의 건강관리 프로그램을 운영 • 공공화장실 내 기저귀 교환대, 영유아용 보호의자 등이 있는 '가족화장실'을 조성하여 여성들이 어린 자녀와 함께 공공시설을 이용할 때 편의성을 대폭 보강 • 아이키우기 편안한 창원만들기 • 농촌여성들의 사회활동과 참여를 적극 유도하고 지원 • 여성회관 신축사업 추진
새정치민주연합	• 아이와 엄마가 안전하고 행복한 거제 • 다문화가정 지원대책강화 여성 한부모, 미혼모 지원강화
통합진보당	• 여성과 아이들을 위해 안전마을 지역시스템을 구축 • 아동과 여성이 안전하고 보육하기 좋은 명곡 · 팔용 • 민행복프로젝트: 여성이 행복한 사천 • 여성과 아동이 안전한 마을, 진주! • 여성과 아이들이 안전한 마을 만들기, 귀가상황 휴대폰 자동전송 • 인도에 유모차 쉼터 만들기 • 공공산후조리원 공약
무소속	• 여성 · 아동의 안전과 건강권을 지켜내겠습니다. • 엄마와 아이가 함께하는 문화센터 설립

돌봄 지원과 일 · 가족 양립 기반 구축에는 교육정보센터를 설치하여 학부모 교육프로그램과 육아교육 학부모 동아리 활동 지원, 농번기 여성들의 주방 부담을 덜기 위한 아동급식소 운영지원, 워킹맘, 맞벌이 부부를

위한 육아보육환경 개선을 위한 지원 확대, 24시간 유아돌봄센터나 여성쉼터 건립 추진, 여성 한부모, 미혼모 지원 강화 등을 제안하고 있다.

표 8-18 돌봄 지원과 일 · 가족 양립 기반 구축

정당	돌봄 지원과 일 · 가족 양립 기반 구축
새누리당	• 일하는 엄마들의 편안한 교육환경, 일하는 사람이 신나야 아이들의 교육도 달라집니다. • 김해여성센터 내 '교육정보센터'를 설치하여 학부모 교육프로그램과 육아교육 학부모 동아리 활동 등을 시가 공적으로 지원 • 농번기 여성들의 주방 부담을 덜기 위한 아동급식소 운영지원 • 워킹맘, 맞벌이 부부를 위한 육아보육환경 개선을 위한 지원 확대 • 일하는 엄마들이 편안한 교육환경, 일하는 사람이 신나야 아이들의 교육도 달라집니다.
새정치 민주연합	• 1. 24시간 유아돌봄센터 설립 추진 2. 여성쉼터 건립 추진 3. 여성 한부모, 미혼모 지원 강화
통합 진보당	• 국공립 어린이집 확충 • 여성의 일 · 가정 양립과 성평등 사회를 만들겠습니다.
노동당	• 미래를 키우는 보육과 교육의 허브 옥포, 공공형 어린이집 확충, 영유아플라자 설치, 지역아동센터 돌봄교실 내실화 등
무소속	• 경로당과 육아를 연계하여 시범운영

표 8-19 여성에 대한 폭력 근절 및 인권 보장

정당	여성에 대한 폭력 근절 및 인권 보장
새누리당	• 밀양의 여성인권 및 여성농민, 고령여성 권익 보호에 앞장서겠습니다. • 여성 · 아동의 폭력방지를 위해 최선을 다하겠습니다.
통합 진보당	• 전문적 성교육
무소속	• 결혼이주여성 언급, 공공어린이집 야간, 가정폭력문제, 성폭력 문제 • 취약계층의 복지향상

여성에 대한 폭력 근절 및 인권 보장에는 여성인권 및 여성농민, 고령여성 권익 보호, 여성 · 아동의 폭력방지, 전문적 성교육 등을 제안하고 있다.

여성의 경제적 역량 강화에서는 임신/출산/육아로 인해 경력이 단절된 여성의 재취업 지원, 이와 관련된 조례 제정, 여성일자리 확보, 다문화가정 주부들의 모국에서의 활동을 위한 창업과 취업 지원 확대 등을 제안하고 있다.

표 8-20 여성의 경제적 역량 강화

정당	여성의 경제적 역량 강화
새누리당	• 임신/출산/육아로 인해 경력이 단절된 여성의 재취업 지원 • 다문화가정 주부들의 모국에서의 활동을 위한 창업과 취업 지원 확대
통합진보당	• 경력단절 여성 재취업 지원 조례 제정, 여성일자리 확보

성평등정책 추진 역량 및 책무성 강화에는 성평등 추진정책의 체계화, 지역아동센터 지원 조례 등을 제안하고 있다.

표 8-21 성평등정책 추진 역량 및 책무성 강화

정당	성평등정책 추진 역량 및 책무성 강화
새누리당	• 성평등 추진정책을 체계화하겠습니다
새정치민주연합	• 기본 조례, 경상남도 지역아동센터 지원 조례 등

4. 당선자 현황과 당선 요인

1) 당선자 현황과 성격

2014년 지방선거 결과 경남지역에서는 지역구 여성후보자 60명 중 당선이 26명(43.3%)이었다. 지역구 전국 성별 여성당선자 현황은 단체장은 한 명도 없고 광역의회가 8.2%, 기초의회는 14.6%였는데 경남의 경우 광역의회가 8.0%로 전국 평균보다 약간 낮으며 기초의원은 9.8%로 전국

평균 14.6%보다 많이 낮다.

표 8-22 지역구 선출 여성당선자의 지역별 분포 비교

(단위: 명, %)

당선자 출마의회		경남	전국
광역의회	여성	4(8.0)	58(8.2)
	전체	50	705
기초의회	여성	22(9.8)	369(14.6)
	전체	225	2,519

자료 : 김원홍(2014a: 12)을 참고하여 작성함.

당선자 여성의원 26명은 광역의원이 4명, 기초의원이 22명이었고 초선 6명(23.1%), 재선 13명(50%), 3선 7명(23.1%)이었다. 즉 당선된 여성의원의 76.9%(20명)가 의원경력이 있어 경력을 쌓은 중견 여성정치인의 비중이 늘고 있음을 보여주며 현 의원이 다시 당선된 경우도 61.2%(16명)여서 "현직효과"(황아란, 2012, 2014)의 영향도 있다고 보여진다. 현직효과는 공직선거와 관련하여 현직에 있는 후보가 선거에서 가지는 유리함을 의미한다(Mayhew, 2008: 205-206). 현직 정치인의 경우 처음 출마한 후보자에 비해 인지도와 지지도가 높은 경우가 많다. 의정활동 경험이 있는 전현직 의원의 경우에는 의정활동 보고 등 다양한 방법으로 의정활동과 업적을 홍보할 수 있어서(김상진 · 허신열 · 엄경영, 2014: 58-59) 평소에 유권자의 인지도를 높일 수 있다. 정당별로 보면 새누리당이 73.1%(19명), 새정치연합이 3.8%(1명), 통합진보당이 7.7%(2명), 노동당이 3.8%(1명), 무소속이 11.5%(3명)이다. 초선은 6명 중 노동당 1명을 제외하고는 모두 새누리당이다.

전국과 비교해 볼 때 경남 광역의회의 경우 3선이 더 많으며 기초의회의 경우에는 재선이 54.5%로 경남지역에 여성 재선의원이 늘어났음을 보여준다. 전국적으로 보면 지역구 기초의원은 초선이 74.0%로 많은데 경남은 재선 이상이 많다.

표 8-23 경남지역 여성당선자 현황

(단위: 명, %)

특성	구분	합계	초·재선 여부		
			초선	재선	3선
출마의회	광역의회	4(15.4)	–	1(25.0)	3(75.0)
	기초의회	22(84.6)	6(27.3)	12(54.5)	4(18.2)
	기초단체장	–	–	–	–
소속정당	새누리당	19(73.1)	5(26.3)	11(57.9)	3(15.8)
	새정치민주연합	1(3.8)	–	1(100.0)	–
	통합진보당	2(7.7)	–		2(100.0)
	노동당	1(3.8)	1(100.0)	–	–
	무소속	3(11.5)	–	1(33.3)	2(66.7)
합계		26(100.0)	6(23.1)	13(50.0)	7(26.9)

표 8-24 6회 지방의회 여성 지역구 당선자 선수별 전국 현황(지역구)

출마의회	지역	초선	재선	3선	4선	5선	6선	합계
광역의원	전국	14(24.1)	33(56.9)	9(15.5)	1(1.7)		1(1.7)	58
	경남		1(25.0)	3(75.0)				4
기초의원	전국	273(74.0)	80(21.7)	15(4.1)	1(0.3)			369
	경남	6(27.3)	12(54.5)	4(18.2)				22

참조 : 중앙선거관리위원회 선거통계시스템(http://info.nec.go.kr), 여기서는 김원홍(2014a: 22)에서 재인용하여 경남을 추가하여 다시 작성함.

표 8-25 지역구 여성후보자의 당선율

(단위: 명, %)

출마의회		경남	전국
광역의회	여성후보자	14	198
	여성당선자	4(28.6)	58(29.3)
기초의회	여성후보자	45	757
	여성당선자	22(48.9)	369(48.7)

자료 : 김은희(2014: 15-16)를 참조하여 작성함.

경남지역 여성후보자의 당선율은 광역의회가 28.6%, 기초의회가

48.9%로 광역의회는 전국 평균 29.3%보다 약간 낮지만 기초의회는 전국 평균 48.7%보다 약간 높다.

표 8-26 여성당선자의 공약 및 활동 여부

(단위: 명, %)

구분	젠더 전략	여성공약	여성단체 활동	정당 관련 활동	특정정치인 관련 활동
당선자(26명)	23(88.5)	15(57.7)	20(76.9)	12(46.2)	8(30.8)
전체 후보자(60명)	48(80.0)	31(51.7)	40(66.7)	23(38.3)	16(26.7)

표 8-27 여성후보자의 출마지역과 당선 여부

(단위: 명)

		지역	후보자	당선		
				광역의회	기초의회	계
출마지역	시 지역	창원	16	2	5	7
		진주	10	1	4	5
		김해	8	1	2	3
		거제	4		3	3
		밀양	2		1	1
		사천	3		1	1
		통영	3		1	1
		양산	4			
	군 지역	남해	2		1	1
		하동	2		1	1
		함안	2		1	1
		거창	1		1	1
		산청	1		1	1
		의령	2			
		고성				
		창녕				
		함양				
		합천				
합계			60	4	22	26

여성당선자의 홍보전략과 여성공약, 활동을 살펴보면 88.5%(23명)가 젠더 전략을 사용했고 57.7%(15명)가 여성공약을 제시했다. 76.9%(20명)가 여성단체활동을 하였고 46.2%(12명)가 정당 관련 활동을 했으며 30.8%(8명)가 특정 정치인 관련 활동을 했다. 이는 모두 전체 후보자의 평균보다 높은 수치를 보여주고 있다.

지역구에서 광역의회 여성의원이 당선된 지역은 창원 2명, 진주 1명, 김해 1명이다. 기초의회에서는 창원과 진주에서 여성당선자가 많았다. 거제, 사천, 통영, 거창, 산청, 하동에서 처음 지역구 여성의원이 당선되었는데 통영의 김미옥, 산청의 정명순, 하동의 서임수의 경우는 비례대표를 경험한 재선의원이었지만 거제의 송미량, 사천의 구정화, 거창의 표주숙은 초선으로 당선되어서 다양한 시·군지역에서의 여성의 당선가능성을 보여주었다.

광역의원의 경우 모두 새누리당인데 창원 2명(한영해, 정연희), 진주 1명(양해영), 김해 1명(하선영)이다. 기초의원의 경우 새누리당이 15명이고 새정치민주연합 1명(박명옥, 거제), 통합진보당 2명((강영희, 창원), (정영주, 창원)), 노동당 1명(송미량, 거제), 무소속이 3명((이옥선, 창원), (강민아, 진주), (서은애, 진주))이었다. 새누리당이 아닌데 여성의원이 당선된 지역은 창원, 거제, 진주뿐이다.

표 8-28 당선과 소속정당

(단위: 명)

특성	구분	합계	소속정당				
			새누리당	새정치 민주연합	통합 진보당	노동당	무소속
출마 의회	광역의회	4	4				
	기초의회	22	15	1	2	1	3
합계		26	19	1	2	1	

표 8-29 여성당선자의 출마지역과 소속정당

구분		지역	후보자	당선					
				새누리당	새정치민주연합	통합진보당	노동당	무소속	계
출마지역	시지역	창원	16	4		2		1	7
		진주	10	3				2	5
		김해	8	3					3
		거제	4	1	1		1		3
		밀양	2	1					1
		사천	3	1					1
		통영	3	1					1
		양산	4						
	군지역	남해	2	1					1
		하동	2	1					1
		함안	2	1					1
		거창	1	1					1
		산청	11	1					1
		의령	2						
		고성							
		창녕							
		함양							
		합천							
합계			60	19	1	2	1	3	26

2) 당선 요인

특성에 따른 당선 여부의 차이를 검증한 결과 당선 여부와 관계가 있는 특성은 소속정당과 학력이었다. 소속정당은 여당인 새누리당 당선이 73.1%였으며, 야당은 19.0%, 무소속은 23.1%로 새누리당의 당선비율이 월등하게 높았다. 그리고 여성우대공천이 중요한 역할을 했다. 여성우대공천을 한 광역의회 4개 지역 모두에서, 기초의회에서는 14개 중 8개 지역에서 당선됐으며 초선의 경우도 2명이 있었다(경남신문, 2014.4.21.). 학력은 대학원졸 당선의 비율이 72.2%로 가장 높았으며,[11] 대졸은 31.0%, 고졸 이하는 30.8%였다.

표 8-30 특성에 따른 당선 여부

(단위: 명, %)

특성	구분	합계	당선 여부		x^2(p)
			당선	낙선	
소속정당	여당	26(43.3)	19(73.1)	7(26.9)	16.583**(.000)
	야당	21(35.0)	4(19.0)	17(81.0)	
	무소속	13(21.7)	3(23.1)	10(76.9)	
학력	고졸 이하	13(21.7)	4(30.8)	9(69.2)	8.740*(.013)
	대졸	29(48.3)	9(31.0)	20(69.0)	
	대학원졸	18(30.0)	13(72.2)	5(27.8)	
합계		60(100.0)	26(43.3)	34(56.7)	

* : p<.05, ** : p<.01

이처럼 교육 수준이 높고 특정 정당소속이면 경남지역에서는 기본적으로 당선되는 데 유리했다. 지역을 중심으로 특정 정당의 지지기반을 확보하고 있는 "지역주의"(유성진, 2014)의 영향이 강했기 때문이다.

> "이번 조사과정에서 느낀 점은 아직 경남지방은 무조건 1번, 새누리당이면 다 된다는 그러한 느낌을 너무 많이 받았다. 그 사람의 됨됨이나 앞으로의 행보에 대한 생각보다는 당의 힘이 더 강한 느낌을 많이 받았다"(조사원 8의 관찰기록).

특히 2014년 6·4 선거에서는 통합진보당을 포함한 진보정당의 당선이 어려워서 소외계층과 여성을 위한 의정활동을 펼쳤던 진보정당의 의원들

11 경남지역 남성당선자의 교육 수준은 대학원졸이 23.3%로(이창언, 2014b) 남성에 비해 여성의 학력이 높음을 보여준다.

이 대거 낙선하였다(이경옥, 2014: 85). 이종엽(통합진보당)도 통합진보당이라는 정당 요인을 선거패배의 주요 요인으로 보았는데 실제로 선거과정에서 많은 네거티브 공세를 받았다(문경희, 2014: 42). 강영희(통합진보당)도 "당만 아니면 당선될 텐데… 무소속으로 나오지" 등의 반응을 받았고(강영희, 2014: 69) 정영주(통합진보당)도 선거운동 기간 동안 '색깔론'에 시달렸다(오마이뉴스, 2014.6.8.). 또한 새누리당 강세 지역에서 해당 지역구 현직 국회의원이 선거 막바지에 유세에 적극 참여하여 집중적인 정당홍보와 시너지 효과를 유권자들에게 호소한 것도 작용했다고 하겠다(문경희, 2014: 42).

득표율과 관련하여 기초의회 당선자 22명 중 1위 당선자 5명(22.7%), 2위 당선자 11명(50%), 3위 당선자 6명(27.3%)으로 한 곳에서 여러 명을 뽑는 중선거구제가 중요하게 작용했다. 그 외 현직효과, 조직기반, 지역기반 등이 중요하게 작용했으며 야권단일후보는 큰 효과가 없었다. 하선영의 경우 5대(김해, 비례대표), 6대(김해, 지역구) 시의원이었다가 다시 당선되었는데 새누리당의 여성우대공천, 의정활동 경험, 지역사회활동 등이 당선 요인이라 하겠다. 김정선(새누리당)은 함안 비례대표 군위원이었다가 지역구로 출마해 최다득표로 당선되었는데 전형적인 보수조직기반에다가 남편이 전 함안군 기획감사실장, 함안 토박이라는 점도 작용하였다고 볼 수 있다. 새누리당의 강세와 통합진보당에 대한 부정적 이미지 속에서도 통합진보당의 강영희와 정영주는 활발한 의정활동으로 3선으로 당선되었으며 거제의 박명옥(새정치민주연합)과 송미량(노동당)은 활발한 지역 내 시민단체활동을 기반으로 하여 당선되었다. 강민아와 서은애, 이옥선의 경우는 무소속으로 나왔는데도 활발한 의정활동을 통해 재선, 3선으로 당선되었다.

낙선한 34명 중 55.9%(19명)가 의원경력이 있으며 출마경험을 가진 경우도 있다. 현역의원 낙선은 비례대표에서 지역구로 나온 경우이기도 하지만 특정 정당소속 여부가 중요하게 작용했으며 특히 진보정당에 대한 부정적인 이미지가 크게 작용했다고 하겠다. 통합민주당 소속이었던 현 의원들이 많이 낙선했으며 김해의 박현수는 제5, 6대 위원이었는데 새정치민주연합 소속으로 지역구에 도전하여 낙선했다.

5. 요약과 함의

1) 여성후보자의 성격과 선거과정

이 글은 2014년 6·4 지방선거 경남지역 여성후보자를 중심으로 여성후보자의 성격과 선거과정을 살펴봄으로써 여성의 지방정치 참여과정과 현황을 구체적인 지역 사례를 통해 검토하였다. 연구결과를 요약하면 다음과 같다.

첫째, 경남 여성후보자 성별 비율을 보면 단체장 도전은 1명뿐이었으며 광역의원이 11.6%로 전국 평균(11.5%)과 비슷하고 기초의원은 9.9%로 전국 평균(14.1%)보다 낮아서 전국과 비교해 볼 때 기초의원 후보자 비율이 낮다. 전반적으로 군 지역은 여성후보자가 적고, 없는 지역도 있었다. 60명의 여성후보자의 성격을 살펴보면 70%(42명)가 정치활동을 하고 있는 정치인이었으며 의원경력이 있는 경우도 65%(39명)로 지방정치에서 중견 여성정치인이 등장하고 있음을 보여주며 여성후보자들의 교육 수준이 높다. 여성후보자 중에서 보수정당인 새누리당 소속이 43.3%(26명)로 많아서 조직기반도 보수적 단체에서 활동한 후보자가 많았으며 66.7%(40명)의 여성후보자가 여성단체활동을 하였다. 연령은 여당은 50대 이상, 야당은 40대 이하가 많았으며 출마지역별 정당소속을 살펴보면 군 지역은 여당인 새누리당 소속이 많고 시 지역은 야당 소속이 많다.

둘째, 선거과정에서 주요 지지기반은 가족과 더불어 후보자와 연결되어 있는 조직이었는데 새누리당 소속이 많아서 보수적인 조직과 연결된 후보자가 많았다. 여성후보자들의 선거과정을 살펴보면 정당공천은 여성에게 양면적이라 할 수 있다. 지역주의에 기반한 특정 정당의 영향력이 강한 지역이라 특정 정당소속의 경우 정당공천만 되면 당선율이 높으며 여성우대공천도 긍정적인 효과를 가져왔다. 그러나 공천과정에서 불리한 점도 있었다. 선거방식으로는 주로 길에서 주민에게 인사하거나 명함 돌리기, 피케팅, 전화 돌리기 등을 하였으며 SNS는 많이 사용하지 않았다. 선거 홍보전략으로 슬로건에서 인물, 젠더, 지역, 공약 등을 강조했으며 80%(48명)가 여성성의 긍정적 이미지를 강조하는 젠더 전략을 사용했다. 51.7%(31명)의 후보자들이 여성공약을 제시했다.

셋째, 60명의 여성후보자 중 26명의 여성의원이 당선되었는데 광역의원은 8%(50명중 4명)로 전체 평균(8.2%)과 비슷하고 기초의원은 9.8%(225명 중 22명)로 전체 평균(14.6%)보다 낮다. 경남지역 여성후보자의 당선율은 광역의회가 28.6%, 기초의회가 48.9%로 광역의회는 전국 평균 29.3%보다 약간 낮지만 기초의원은 전국 평균 48.7%보다 약간 높다. 당선자의 특성을 보면 우선 26명 중 19명(73.1%)이 새누리당 소속으로 특정 정당의 소속 여부가 당선에 크게 작용했으며 이는 생활정치를 기반으로 하는 지방선거에서도 지역주의에 기반한 정당선호가 강한 경남지역의 특성을 보여주었다. 특히 통합진보당의 경우에는 지방선거 당시 부정적인 분위기가 작용하여 당선이 어려웠다. 반면 무소속 3명(11.5%)이 재선 또는 3선으로 당선되어서 의정활동이 활발하면 무소속이라도 당선가능성이 있음을 보여주었다. 당선에 영향을 미친 주된 요인으로는 정당이 가장 중요했지만 교육 수준이나 의정활동, 현직효과, 지역활동과 조직기반도 영향을 미쳤으며 여성우대공천, 중선거구제도도 여성의 대표성 확대에 유리했다고 하겠다. 여성후보자와 당선자는 지역차이가 있어서 군 지역은 시 지역보다 여성후보자와 당선자가 적었다. 전국적으로 보면 지역구의 경우 기초의원은 초선이 많은데 경남은 재선 이상이 많았다. 이는 비례대표 의원경력이 경남에서 여성의 정치참여의 지속성을 가져오는 중요한 기반이며 지역사회에서 중견 여성정치인의 활동이 늘고 있음을 의미한다.

2) 여성 정치세력화의 방향과 과제

경남지역 여성후보자의 성격과 선거과정을 통해서 여성의 정치세력화를 위한 함의를 살펴보면 제도적인 면에서 비례대표, 여성우대공천, 정치할당제, 정당공천제, 중선거구제 등이 여성의 정치참여 확대를 가져오는 효과가 있었음을 알 수 있다. 정당공천제의 경우 정당공천제의 불합리한 점을 개선하고 현재 지역구 여성할당 30%를 의무화하는 등 좀 더 제도적 부분에서 보완해야 할 것은 무엇인가를 고민해야 할 것이며 기초단위 지방선거에서 정당공천제가 폐지될 경우의 다양한 제도적 보완을 검토해야 한다. 또한 지역주의에 기반한 정당선호가 강하고 그 결과 보수적인 조직기반을 가진 여성들이 많이 당선된다는 한계가 있어서 여성의 정치세력화의 전망과 관련하여 여성의 '기술적 대표성'이 '실질적 대표성'을 의미하는지는 좀 더 검토가 필요하다. 이를 위해서는 이들 후보자들의 정책공약이나 당선 이후의 의정활동에 대한 구체적인 검토가 수반되어야 할 것이다. 경남지역을 중심으로 여성의 정치세력화의 전망과 과제는 다음과 같다.

첫째, 여성후보 발굴과 여성후보 양성이다. 경남지역은 광역 및 기초단체장 모두에서 여성후보자가 1명뿐이었으며 기초의원의 경우에도 지역구 후보자 비율 자체가 낮으며 시·군별 지역차가 있어서 여성후보자가 없는 지역이 있다. 지방자치가 실시된 지 20년이 되어가므로 이제 단체장에서도 여성후보자 발굴과 양성이 필요하고 그동안 여성의원이 전혀 없었던 군 지역에서도 여성후보자가 발굴되고 양성될 수 있도록 해야 한다. 기초의회의 경우 광역의회와 달리 전국 평균보다 여성후보자 수가 적은데 그 결과 여성당선자 수가 적게 되는 것이다. 여성당선율은 전국과 비교하여 큰 차이가 없으므로 여성의 정치참여를 높이기 위해서 후보자 발굴과 양성이 더욱 필요하다. 지방정부와 정당, 여성단체 등 다양한 수준에서 "여성정치교육"(송태수 · 양민석, 2014: 3)을 지속적으로 실시하고 일상 속에서 생활정치를 이끌어 왔던 여성들의 경험이 지방정치에서 반영될 수 있도록 해야 한다.

둘째, 여성의원들에 대한 역량 강화를 통해 여성정치인의 전문성 확보와 정치역량 수준을 높여야 한다. 몇 차례 지방선거를 치르면서 비례대표의 경험 등으로 의원경력이 있는 여성후보자가 존재하고 재선 이상 여성 당선자들이 크게 증가했으며 이들은 정치참여의 지속을 원하고 있다. 실제로 여성들의 의정활동 경험은 당선에도 크게 영향을 미쳤다고 볼 수 있으므로 여성단체에서는 여성의원들의 활발한 의정활동을 지역사회에 알리고 지방정부와 정당에서도 이들에 대한 역량 강화 프로그램을 만들어야 한다. 이를 통해 이들의 정치경력이 단절되지 않고 지속될 수 있도록 해야 한다.

셋째, 선거과정에서 남성후보에 비해 조직이나 지지기반 등 정치적 자원이 부족한 여성후보의 경쟁력을 키우면서 여성후보 지원과 적절한 홍보전략이 필요하다. 재선의원이 많은 데서 알 수 있듯이 여성의원의 활발한 의정활동은 당선에 영향을 미친다. 그러므로 평상시에 활발한 의정활동을 홍보하고 선거 국면에서 적절한 홍보전략이 필요하다. SNS 활용이 별로 없어서 후보자 정보에 대해서 부족한데 이에 대한 적극적인 관심이 필요하다. 홍보전략으로 젠더 전략을 많이 사용하고 있는데 이는 성역할 고정관념과 연결되므로 이에 대해서는 그 효과 여부에 대한 검토가 필요하고 장기적으로는 새로운 대안이 나와야 할 것이다. 선거과정에서의 여성후보 지원과 관련하여서는 여성운동단체의 입장에서 정당소속 후보자와 어떤 거리를 유지할 것인가, 어떤 식으로 연대가 가능할지가 간단하지는 않다. 여성단체들이 정당소속의 특정 후보를 지지하기는 힘들다 하더라도 후보자들의 공약이나 의정활동, 개인적 능력과 자질을 검증할 수 있는 공론의 장을 만들어서 여성후보자에 대한 유권자 관심을 높이고 좋은 후보를 당선시킬 수 있도록 해야 할 것이다.

넷째, 지역 수준에서 여성의 정치세력화에 주된 관심을 두는 여성운동 단체나 여성정치인네트워크가 필요하다. 이를 통해 일상적으로 정치에 대한 여성의 관심과 참여를 높이는 방안, 여성유권자의 투표참여 증대방안, 지역사회에서의 여성의제 및 다양한 생활의제 발굴 등을 모색하고 지방정치나 선거참여 경험을 공유할 수 있어야 한다. 경남지역의 경우 지역주의에 기반한 정당선호가 강한데 지역주의보다는 생활정치와 주민자치의 실현이라는 지방자치 원래의 취지를 살릴 수 있도록 해야 한다. 이를 통해 지역의 생활정치를 통해 구축해 온 사회적 네트워크를 활성화시키고 후보 발굴과 공천부터 당선 이후의 활동까지 지원해 줄 수 있는 정치적 기반을 유지하고 정치활동 경험을 나눌 수 있는 연대활동 등을 발전시켜야 한다.

chapter **09**

지역여성운동과 여성의 정치세력화

1. 지역사회와 여성단체

해방 직후 경남지역은 다양한 성향을 가진 여성운동조직이 활발히 활동했으나(이혜숙 · 강인순, 2015: 62-71) 1948년 이승만 정부가 들어서고 한국전쟁을 거치면서 여성단체활동은 주로 여가활동이나 취미활동, 몇몇 명망가 위주의 봉사활동 등 비정치적인 활동이 많았으며 이러한 흐름은 현재에까지도 이어져 내려오고 있다. 1983년에 창립된 경남여성단체협의회(이하 '경남여협'이라 함)는 단체의 구성원이 주로 여성인 봉사단체, 혹은 직능단체가 대부분이다. 단체의 기능과 역할에서 1980년대 이후 서울과 수도권 등 대도시 지역에서는 그 세력이 약화되어 왔지만, 지역에서는 여전히 회원 수가 많으며 지방행정과 밀착하여 지원과 행사동원의 관계를 유지하면서 협조적 관계를 유지하고 있다(김희경, 2009: 8-10). 경남여협은 자원봉사와 시·군사업과 관련하여 다양한 활동을 하고 있는데 지방정치에 여성후보를 내거나 당선되기도 하였다. 그러나 경남여협의 전반적 활동을 살펴보면 여성운동으로서의 정체성은 약한 편이다. 한편 경남지역 여성복지와 인권을 위해 상담소 활동을 하는 각 단체들이 긴밀한 유대관계를 가지며 공동사업을 수행하고 여성에 대한 폭력을 추방하고 성평등한 사회를 이루기 위해 1999년 경남여성복지상담소시설협의회가 결성되었다. 여기에 속한 단체들은 여성운동단체라고 보기 힘든 점도 있지만 여성문제에 관심을 가지고 있으며 지역사회에서 활동하고 있다.

2011년 창립한 경남여성연대는 정치적 문제, 민족적 문제, 통일의 문제에 보다 주된 관심을 두고 있다. 이는 신자유주의 반대, 평화적 통일의 실현, 여성들의 정치세력화를 위해 여성농민, 여성노동자, 진보정당 등 다양한 계층과 부문의 여성들이 모여 2007년 7월 창립한 전국여성연대와 연결되어 있는데 한반도의 평화적 통일을 중요한 순위로 삼고 있고 여성노동자와 여성농민들이 함께 하는 당사자 조직을 지향한다. 이들은 풀뿌리 조직에 대한 문제의식과 목적의식이 강하며(강경란, 2013: 32-33) 이 조직의 형성과 활동은 창원지역과 농촌지역 등 기층 여성에 기반하고 있는데 지방행정과의 관계는 소원한 편이다.

그 외 아동과 여성을 대상으로 하는 범죄 예방 및 피해자 보호를 위한 지역 내 관련 기관 간 네트워크인 경남아동여성안전지역연대[1]가 활동하고 있다. 경남지역에는 1990년대 후반에 등장하여 진보운동 내부의 가부장성과 성차별적 문화를 비판했던 영페미니스트(전희경, 2008)의 존재는 보이지 않는다는 점에서 서울지역과 차이를 보인다.

경남지역의 여성운동의 주된 흐름은 경남여성단체연합의 활동을 통해서 알 수 있다. 1990년대 지방자치제가 실시되면서부터 지역여성정책과

1 경남아동여성안전지역연대는 경남여성폭력방지협의회(2002)가 경남아동여성인권연대(2009)로 되었다가 2014년 현재 경남아동여성안전지역연대로 된 민·관 협력 연계기구라고 할 수 있는데 경찰청, 교육청, 의료기관, 보호시설, 성폭력상담소 등 지역의 유관기관과 단체로 구성되어 있다. 여성단체만으로 구성되어 있지 않지만 성희롱 · 성폭력 관련 등 여성문제를 다루고 있으며 도 단위 여성 관련 위원회에 참석하고 있다. 여성폭력 관련 기관으로서 여기에 소속된 단체들은 경남여성복지상담소시설협의회에도 소속되어 있다. 경남지역의 경우 다른 지역보다 활발하다고 평가된다(경상남도아동여성안전지역연대, 2014).

관련한 지역여성운동단체들의 활동이 활발해졌다(안진, 2007, 2013; 이송희, 2009: 54-57; 이혜숙, 2012: 99-102). 경남지역도 1980년대 후반 이후 자율적인 지역여성운동이 시작되었으며 1990년대 시민사회의 활성화, 지방자치제의 실시, 여성주의 시각의 확산 등은 지역여성운동단체의 설립에 유리한 정치기회구조(Tarrow, 1994: 85)로 작용했으며 운동영역도 확대되었다(강인순, 2007). 이 단체들은 2002년 경남여성단체연합을 결성하여 경남지역 여성정책에 대한 평가 등 다양한 활동을 하고 있다(이혜숙, 2008). 경남여성단체연합 소속단체는 경남여성회 외에 거제여성회, 경남여성장애인연대, 김해여성의전화, 김해여성회, 마산창원여성노동자회, 진주여성민우회, 진해여성의전화, 창원여성살림공동체, 창원여성의전화, 창원여성회, 통영여성장애인연대이다(이혜숙 · 강인순, 2015: 308). 이처럼 경남지역에는 현재 여러 성향의 여성단체들과 관련 연대조직이 활동하고 있으며(이혜숙, 2014b: 260-261) 보수적 여성단체들이 속한 경남여협에 여성들이 많이 속해 있다.

2. 여성의 정치세력화를 위한 활동

지방자치제 실시와 더불어 지역여성정책과 관련한 지역여성운동단체들의 활동이 활발해졌으며 경남지역 여성운동단체는 여성에게 사회활동과 여성문제에 대한 공유 기회를 제공하고 여성인권의 증진, 성평등 의식 확산 등 그 활동영역을 지속적으로 확대해 나가고 있다.

여성의 정치적 저대표성의 문제를 극복하기 위해 여성들은 정치참여 확대와 여성의 정치세력화를 위한 다양한 활동을 해 왔다. 여성의 정치세력화는 민주화 과정 속에서 성장한 여성운동단체들이 중심이 되었으며 '영향력의 정치'와 함께 직접적인 '참가의 정치'라는 이중전략을 실천해 왔다. 여성운동단체들은 여성이해의 정치쟁점화, 여성의 의회진출을 위한 여성후보 발굴과 지원, 여성할당제 실현을 위한 연대, 성차별 해소를 위한 각종 법 제정과 집행을 위해 활동하였다. 지방자치가 본격적으로 실시되고 생활정치가 강조되면서 더욱 여성의 정치참여 확대의 중요성이 강조되었는데 지방자치의 기본 이념이 주민자치라면 지역주민 의사를 반영하기 위해서 주민이 골고루 참여하는 것이 바람직하며 특히 주민의 반을 차지하는 여성의 지방정치 참여는 더욱 독려되어야 하기 때문이다.

여성운동단체의 정치세력화 활동에는 유권자 교육활동, 후보자 발굴과 홍보, 후보자 공천지원, 여성정책 공약의 개발과 단체장에의 여성정책 질의, 선거운동 지원, 연구, 출판 활동 등이 있다(김경애, 2001: 140-165). 경남지역 여성단체들도 여성의 정치세력화와 관련하여 다양한 활동을 전개하였다. 경남지역의 여성정책이나 여성이슈에 주된 관심을 가지고 활동하고 있는 것은 경남여성단체연합이므로 이경옥(2010b, 2014)의 정리와 경남여성회(2011)의 자료집을 참조하여 여성의 정치세력화를 위한 지역사회 수준에서의 여성들의 활동을 살펴본다.

1) 1990년대

경남지역의 여성정치세력화를 위한 여성단체의 활동은 1991년 지방선거 때 지방의회활동과 도덕성을 감시하는 의정감시활동을 펼침으로써 시작되었다. 이후 여성의 정치참여 확대를 높이기 위해 선거철이 아닌 때에도 여성후보들의 의회진출 기반을 마련하고 여성유권자의 적극적인 정치활동 모델을 제시함으로써 생활정치를 만들어 가고자 했다(이경옥, 2010b). 또한 선거 국면에서는 지역여성의 정치참여 확대를 위한 연대활동을 했다.

1995년에 경남여성회와 가톨릭여성회관, 한국여성유권자연맹 경남지부, 마산 YWCA 등 경남지역 19개 여성단체가 참여하여 '여성후보 발굴을 위한 범여성단체연대 모임'(이하 '범여성연대'로 함)을 창립하여 여성후보를 발굴하고 각 정당에게 여성후보공천을 요구하였다. 범여성연대 활동을 목표로 여성후보를 내기로 하고 후보로 최경화, 이춘옥(마산시 도의원 출마)을 발굴하여 출마하였다. 비록 여성후보를 당선시키지는 못했지만 진보와 보수의 여성운동단체들이 여성정치참여 확대를 위해 한 목소리를 내는 성과를 얻을 수 있었다. 1990년대는 우선 여성후보를 발굴하고 지원해야 한다는 공감대가 있었고 실제로 후보지원을 위해 노력했는데 "후보를 발굴했던 경남여성회의 경우 그 기간 동안 문을 닫아 버리고 올인했다." (이혜숙, 2009a: 112)고 한다. 그리고 자격이 좀 안 되더라도 일단 여성이 나와야 한다는 분위기가 있었다.

1996년 15대 총선 때는 마산, 창원 후보자들에게 여성정책 질의서를 보내고 후보자들의 답변서를 분석하였다. 3회 지방선거인 1998년에는 좀 더 조직적으로 활동하였는데 '여성정치참여를 위한 경남여성연대모임(이하 '경남여성연대모임'이라 함)[2]을 발족하여 4명의 여성후보들을 공식 추천하여 각 정당에 여성공천과 할당을 요구하고 신청서를 제출하였다. 그러나 1998년 경남여성연대모임은 비례대표로 여성후보 1명만 당선시켰는데 이러한 과정을 거치면서 남성정치의 견고한 벽을 느끼게 되었고 기존 정치판에 단순히 끼어들기가 아닌 여성의 조직화와 풀뿌리 지역여성운동을 통한 새로운 여성 정치세력화의 필요성을 느끼게 되었다.

2) 2000년대

여성의 지방정치참여 확대와 관련한 조직적 연대활동으로 경남여연의 활동을 들 수 있다. 창립된 해인 2002년 11월 여성유권자교육을 하였으며 지방선거 후보자들에게 경남지역 여성 관련 정책을 제시해 적극적으로 수

2 경남여성회, 가톨릭여성회관, 경남여약사회, 창원 · 마산 YWCA, 창원여성의전화, 일 · 여성예술, 여성신문마산지사, 가정법률상담소 마산지부, 가정폭력상담소, 성가족상담소, 생명사랑회 등 13개 여성단체들이 참여하였다.

용하는 후보를 지지한다고 밝혔다(경남도민일보, 2002.5.25.). 즉 지방선거 후보자에게 제안하는 경남여성정책 10대 과제 선언대회를 갖고 각 정당과 무소속 후보들에게 여성유권자의 표를 얻기 위한 선심성 공약이 아닌 실질적인 정책을 채택할 것을 요구했다.

2002년 지방의회 선거에서 여성단체가 여성후보를 발굴하고 직접적인 선거지원을 하게 되었다. 이 과정에서 여성단체활동이 정치적 의도가 있는 것으로 오해를 받게 되어 지역사회 대중운동에 부정적 영향을 끼치는 경우가 있다. 특히 여성단체가 지원하는 여성후보가 정당공천을 받은 경우에는 특정 정당과 유착되었다는 말까지 듣기도 한다. 그러므로 특정 정당을 지지하고 활동하는 것은 여성운동의 입장에서는 바람직하지 않다고 보고 있다.

> "경남여성회의 경우 특정 정당의 비례대표로 당선된 후 '특정 정당 지지하는 단체가 아니냐.'라는 덧칠이 아직까지도 남아 있다. 이런 문제와 회원들의 지적으로 정관개정을 통하여 임원은 정당의 당직자와 정당의 간부를 할 수 없도록 하였다. 또 임원이 선거에 입후보하고자 할 시, 선거일 기준으로 2개월 이전에 사임하는 것으로 하였다. 여성단체는 어느 정당의 당원이든지 또는 지지정당이 없더라도 성평등의 실현이라는 목적에 동의하면 누구든 회원이 될 수 있는 조직이다. 그러므로 특정 정당을 지지하고 활동하는 것은 풀뿌리 여성을 조직할 때나 대중여성운동의 활동선상에서 볼 때 바람직하지 않다"(이경옥, 2010b: 37-38).

2004년 10월에는 여성정치인의 양성과 발굴, 지원과 관련하여 창원시의원 보궐선거의 여성후보 추대와 지원이 있었다. 창원에서 시의원 자격이 상실되어 보궐선거가 실시되는 지역에 여성후보를 선정하여 시민후보로 추대하고 선거운동을 지원한 것이다. 후보지원이 충분하지는 못했고 당시 승혜경 후보가 추천되었는데 별로 여성단체에서 밀지 못했다고 평가하고 있다. 범시민후보의 경우 누가 직접 나서기 어렵다는 것이다. 또 승혜경 후보의 경우 민주노동당에서 돕겠다고 했지만 정확히 공식적으로 나온 게 아니니까 지속적인 지원을 받지 못했다.

경남여성단체연합 소속 경남여성회는 여성의 정치참여 확대와 관련한 여러 가지 활동을 하였으며 연대활동에서 여성의 정치세력화 부분을 주관하였다. 2002년에는 지방의회에 진출할 여성을 발굴하고 훈련시켜 생활정치에 여성이 보다 주체적으로 참여하기 위하여 여성정치학교를 마련하였다. 이는 각 지부와 지역을 찾아다니면서 활동하는 생활정치학교로서 여성의 정치참여의식 확산, 여성의 자치능력 향상, 성평등 정치문화 만들기, 여성정치 지도자 발굴 및 육성이라는 목적을 갖고 있다. 즉 생활에서 느끼는 불평부터 여성의 힘으로 바꾸어 보자는 여성 생활정치운동이다.

본격적인 여성단체의 여성후보 지원은 2002년 지방선거부터였다. 그 결과 실제로 2002년 지방선거에서 이경숙 의원이 민주노동당 비례대표로 도의원에 당선되었고 경남여성회는 이를 "진보적 여성운동이 '여성정치의 원년'을 만들어 내는 중요한 시기"(경남여성회, 2011: 37)라고 평가했다. 이는 2002년 3월에 정당명부식 선거제도가 생김으로서 가능했다. 여성단체의 지원을 받고 당선된 이경숙 의원은 도의회 내 여성특별위원회를 만들어 1년 동안 활동하였는데(이경숙선생 추모사업추진위원회, 2005) 이 활동으로 경상남도의 여성정책 업무를 점검하였으며 경남지역 여성들의 요구를 살펴보았다.

이러한 활동을 기반으로 경남여성회는 2004년 6월 10일 여성의 정치세력화를 위한 상설기구 설치의 필요성에 따라 경남여성회 안에 여성정치발전소를 만들어서 여성의 정치참여 확대를 위해 노력하였다(경남여성회, 2011: 232-256). 지역의 여성후보를 발굴하고 여성 정치지도자를 양성하면서 지역여성의 정치세력화를 위한 적극적 활동을 추진하였으며 '육쪽마늘'이라는 소모임을 통해 의정감시활동을 하면서 지역여성들의 정치에 대한 일상적 참여를 활성화시켜 나갔다.

표 9-1 여성주의 의정활동가 양성과정

일정	강의주제	세부 추진내용
1주	의사소통 훈련	-의사소통 프로그램을 통한 마음열기
2주	여성의 눈으로 세상보기	-여성의 눈으로 세상을 본다는 것(여성학 강의) -여성문제에 대한 공감 나누기
3주	살림의 정치, 여성이 나선다	-정치의 주변부에 머물러 있는 여성들의 정치참여와 지역에서 여성 네트워킹 구성의 전망을 나눈다.
4주	여성리더십과 정치리더십	-여성리더십의 유형 -나의 리더십유형의 장단점
5주	여성의 삶과 일, 돌봄 노동의 가치평가에 대하여	-여성의 돌봄 노동에 대한 가치평가와 여성의 일에 대해 고민을 나눈다.
6주	여성정치인 초청특강	-여성정치인 초청특강 및 간담회 -의정활동 및 선거경험 나누기
7주	지방예산과 정책 이렇게 보자!	-성인지적 관점으로 지방예산을 분석하고, 여성정책을 이해한다.
8주~	여성보좌관 파견활동	-교육 수료생들을 중심으로 창원시의원 보좌관 파견사업을 진행하고, 생활정치의 현장에서 활동하는 계기를 갖고자 한다.

자료 : 경남여성회(2006: 48).

또한 여성운동의 대중화를 위해 지부조직의 건설과 동 여성회의 확대·강화사업에 노력하여 마산, 창원 지부와 동 여성회를 건설하고자 하였다. 지역여성만이 가지고 있는 능력을 개발할 수 있는 특강을 다양하게 개최하여 주체적 사회참여 의지를 높였으며 자원봉사자, 마을활동가, 소모임 지원을 통하여 돌봄과 교육의 지역공동체를 실현하고 지역 내 단체 및 유관기관과의 연계를 통한 평생학습 네트워크를 구축하고자 했다.

2006년 지방선거에는 여러 여성후보가 나왔으며 진해여성의 전화는 이덕자 후보를 무소속으로 내세워 지원했다. 이덕자 후보는 지역사회의 활동기반도 있었지만 당시의 지역 지배정당인 한나라당의 벽을 못 넘었고 재정적인 면에서 힘들었다. 경남여성회 여성정치학교를 졸업한 이종엽의 경우는 민주노동당 소속으로 지역에서 활동하다가 2006년 선거에서 지역구에서 당선되었는데 김해, 창원의 민주노동기반이라는 지역조직력의 역할이 컸다고 하겠다(이혜숙, 2009a: 113).

그러나 이러한 적극적이고 조직된 활동에도 불구하고 각 정당의 지방선거공천 결과는 참담했다. 공직선거법에는 지역구 30%를 여성으로 추천하도록 노력해야 한다고 권고사항으로 되어 있다. 하지만 한나라당은 광역의원 47명 중 2명(4%), 기초의원은 225명 중 3명(1%)에 그쳤고, 열린우리당은 광역, 기초 의원은 한 명도 없고 기초단체장 후보를 1명 공천하였다. 민주노동당은 광역의원 7명 중 1명(14%), 기초의원 47명 중 7명(15%)을 공천하여 다른 정당에 비해 상대적으로 높았다(이경옥, 2010b: 36).

앞서 언급했듯이 2004년 시의원 보궐선거에서 경남여성단체연합은 여성후보를 추대하고 지원했다. 시민후보선거대책본부조직 결성을 위한 지원을 했으며 실무자를 한 달 동안 파견하였고 상임대표를 비롯한 회원단체들이 수시로 홍보와 선거운동을 지원하였다.

경남여선단체연합은 특정 정당으로부터는 중립적인 입장을 취하고 있지만 2004년 선거 국면에서는 '여성의 정치세력화 실현을 위한 4·15 총선 경남여성연대' 등을 조직하여 활동했는데 여성정책의 10대 과제를 발표했으며 후보로 나선 여성이 당이나 조직에서 기반을 잡을 수 있도록 지원하고 각 정당의 여성정책이 올바르게 채택되고 실현될 수 있도록 견제, 감시하는 역할을 하였다. 후보로는 진주의 민주노동당 김미영 후보를 적극 지지하였다(경남도민일보, 2004.3.31.).

그 후 경남여성단체연합은 경남지역의 여성단체에 제안하여 22개 여성단체[3]들이 참여하는 '2006, 평등정치 실현을 위한 경남여성연대'(이하 '평등정치경남여성연대'라고 함)라는 연대기구를 2005년 9월에 발족하였다.

3 가톨릭여성회관, 거제여성회, 경남여성단체연합, 경남여성장애인연대, 경남여성회, 김해여성회, 김해여성의전화, 남해여성회, 사천여성회, 양산여성회, 전여농 경남연합(거창, 고성, 산청, 진주, 함안, 합천 여성농민회 포함), 진주여성민우회, 진주여성회, 진해여성의전화, 창원여성의전화, 함안여성회 등이다. 이 기구는 각 단체의 회장이 공동대표를 맡고 경남여성회 회장이 상임대표를 맡았다.

참고자료 9-1

2006, 평등정치 실현을 위한 경남여성연대 발족 선언문

1. 깨끗한 정치를 할 수 있는 능력 있는 여성의 기준을 제시할 것입니다. 그리고 각 분야에서 지역 발전과 양성 평등을 위해 일해 온 여성들이 자신의 경험과 지혜를 정치분야에서 펼칠 수 있는 길을 활짝 펴 나갈 수 있도록 할 것입니다.
2. 각 정당에 돈 있는 여성이 아닌 지방정부의 정책 수립과 자원의 배분과정에서 성인지적 관점을 가진 여성후보들을 발굴 및 공천할 것을 강력하게 요구하며 양성 평등한 정치문화를 지역에 확산시켜 나갈 것입니다.
3. 여성들이 풀뿌리 정치의 주역으로 나설 수 있도록 정치참여의식 확산과 유권자운동을 해 나가겠습니다.
4. 여성후보 양성과 발굴을 알리고 성인지적 관점을 가지고 있는 여성후보 자질을 검증하고, 여성 정치세력화의 대안을 모색하기 위해 초청토론회를 개최하겠습니다.

자료 : 경남여성단체연합(2006: 45-46).

평등정치경남여성연대의 활동은 1년 동안 지속되었는데, 계획성 있고 조직적으로 준비하여 진행되었다. 평등정치경남여성연대는 먼저 지방선거에 출마하는 여성후보는 단순히 생물학적인 여성을 의미하는 것이 아니라고 보아 여성후보자가 갖추어야 할 다섯 가지 기준을 제시하였다.

또한 각 정당에 '13대 경남여성정책 가이드라인'을 제시하여 공약에 반영하도록 요구하였으며, 도지사후보의 여성공약을 분석하여 평가하였다. 이 가이드라인에는 여성발전 기본조례 제정과, 여성 부단체장 요구, 고위직 여성공무원 30% 승진할당제, 여성 관련 예산 증액, 여성정책, 여성농민 · 여성노동자에 대한 전문화된 정책개발, 국공립보육시설 확대 등이 포함되어 있다.

참고자료 9-2

2006, 지방선거 여성후보자 기준

하나. 활동경력

여성운동경력이나 시민사회단체운동경력, 소외계층에 대한 사회봉사활동 경력을 갖춘 후보

둘. 도덕성을 갖춘 후보

셋. 전문성을 갖춘 후보

여성현실에 대한 정확한 인식과 성인지적 관점을 갖춘 후보
지방정책에 대한 전문성을 갖춘 후보
차이와 다양성을 인정하는 열린 세계관을 가진 후보

넷. 여성리더십을 갖춘 후보

민주적, 상생, 유연함, 자율성, 포용적인 여성리더십을 갖춘 후보

다섯. 개혁성을 가진 후보

지역주의, 패거리정치, 연고주의, 권위주의를 벗어나 풀뿌리 정치를 기반으로 지역정치를 개혁할 소신이 있는 후보

자료 : 경남여성단체연합(2006: 56).

평등정치경남여성연대는 법제도적 개정을 통해 여성의 정치참여 확대를 위해 다각적으로 노력하였는데, 지방선거에 30% 이상 여성할당제를 의무화하기 위해 한국여성단체연합과 함께 선거 관련법 개정운동을 하였다. 여성유권자운동도 전개하였는데 맑은 정치, 생활정치, 새바람, 5Yes(5·31 지방선거에 투표하고, 투명한 후보를 선택하고, 정책과 공약을 보고 투표하기 등)와 생활정치 더럽히는 5No(반인권적, 반여성적, 반도덕적 후보와 지연·학연 연고주의, 돈 선거, 부패선거는 No) 운동을 펼쳤다. 실제로 평등정치경남여성연대 소속단체의 여성후보 10여 명이 출마하여 기초의원 2명(지역구 1명, 비례 1명)과 도 비례의원 1명을 당선시켰으며, 기초 지역구

에서 몇몇 여성후보들이 선전하기도 하였다(이경옥, 2010b: 35-36).

이처럼 평등정치경남여성연대는 "여성후보자 기준제시 기자회견, 경남도당과의 간담회, 선거구 획정 관련한 긴급 기자회견, 지방선거 여성정치 참여 확대를 위한 토론회, 4인 선거구 분할 반대를 위한 대책위원회 기자회견 등"(경남도민일보, 2005.10.11.)의 활동을 하였다. 이들은 여성을 대상으로 한 유권자운동, 여성후보자 되기, 여성정책 개발 등 여성이 주체적으로 지역정치에 참여해 생활정치, 풀뿌리정치를 기반으로 한 평등정치 실현을 목적으로 다양한 활동을 전개하였다.

2005년 3월부터 12월까지는 소통과 비전을 위한 지역여성캠프, 여성정치학교, 여성지도자 리더십 강화교육, 여성후보자 리더십 컨설팅, 여성정치참여를 위한 토론회 등을 하면서 2006년 지방선거 여성참여 준비를 하였다. 경남여성단체연합 정기총회 자료집에 따르면 8월 19일에는 '2006년 지방선거대비임시이사회'를 개최하여 "첫째, 경남지역의 여성단체의 지도력이나 회원 중에서 출마 가능한 사람이 있는지에 대하여 찾아보고 가능한 적극적으로 발굴, 둘째, 정당공천제로 바뀜에 따라 현재 정당활동을 하지 않는 사람은 불리한 상황이므로 우선 정당에 소속되어 있는 임기 만료 회장단이나 임원은 적극적으로 발굴, 셋째, 2006년 지방선거를 대비하여 지역의 관련 단체와의 연대체 구성이 필요하므로 바로 연대구성을 제안"(경남여성단체연합, 2006: 20)하기도 하였다. 2006년 지방선거에서 후보자 발굴과 교육, 훈련사업, 지방정부의 여성정책 분석과 개발 및 예산 모니터링, 지방의회 의정지기활동, 지역여성의 정치참여의식 확산을 위한 실천 활동 전개, 지역여성단체와의 네트워크 강화, 지방선거제도 연구 및 성 평등한 지방분권 실현을 위한 제도개혁운동 등을 사업 목표로 하였다. 이러한 지역여성운동단체활동에 기반하여 2006년에 당선된 여성의원들의 현황은 다음과 같다.

표 9-2 2006.5.31. 전국동시지방선거 경남지역 기초의원 당선자 현황

번호	출마형태	이름	소속정당	선수	출마지역	단체
1	정당공천	이종엽	민주노동당	재선	창원시 기초(아선거구)	경남여성회
2	정당공천	이옥선	민주노동당	초선	마산시 기초(비례대표)	경남여성회
3	정당공천	정영주	민주노동당	초선	창원시 기초(비례대표)	경남여성회
4	정당공천	하선영	한나라당	초선	김해시 기초(비례대표)	경남여성회
5	정당공천	김미영	민주노동당	초선	경상남도 광역(비례대표)	진주여성회
6	정당공천	박현주	민주노동당	초선	합천군 기초(비례대표)	합천군 여성 농민회
7	정당공천	강미나	민주노동당	초선	진주시 기초(비례대표)	진주여성회

자료 : 이종엽(2007: 42-43).

2007년 경남여성회 부설 여성정치발전소는 창원, 마산 지역에서 마을로 찾아가는 '동네방네 행복정치학교'와 정치교육 수료생을 중심으로 도의회, 마산시의회, 창원시의회에 의정모니터링을 진행하였다. 또 마을 · 여성의제를 발굴하여 마을의제 발표회를 열기도 하였다.

경남여성회는 여성운동의 대중화와 일상화를 위한 지역사업과 소모임 지원, 확대를 통하여 돌봄과 교육의 지역공동체를 실현하고자 하였다. 또한 지역 내 단체와 유관기관과의 연계를 통한 여성주의 평생학습 실현 등의 활동을 해 오고 있다. 2008년에는 '경남세계여성인권대회'를 준비하면서 사전 워크숍인 '여성정치지도력 강화를 위한 워크숍'을 주관하면서 여성 정치참여 확대를 위한 다양한 활동을 전개하였다(이경옥, 2010b: 36). 즉 생활에서 느끼는 불평부터 여성의 힘으로 바꾸어 보자는 여성 생활정치운동이다.

경남여성회의 여성정치발전소는 지역여성캠프, 여성정치학교, 여성지도자 리더십 교육 등 꾸준한 교육사업을 통해 여성후보 발굴을 준비하였다. 특히 여성리더십과정을 통해 여성후보가 발굴되어 여성단체와 당을 중심으로 마산, 김해, 진해, 진주 등의 지역에서 여성후보 발굴을 적극적으로 진행하였다. 이처럼 여성정치발전소는 여성후보 발굴과 정책지원, 유권자운동 등을 하였다.

참고자료 9-3

여성정치발전소의 사업목표

1) 여성유권자교실을 통해 여성유권자들의 정치의식을 함양하고 2006년 지방선거에 관심을 가지고 참여할 수 있도록 '여성유권자 참여단'(가칭) 등의 후속모임을 꾸려낸다. 후속모임의 성원들이 직접 '이제 선거는 축제가 된다! 여성유권자 한마당'을 준비하고 진행해서 여성들이 보다 주체적이고 즐겁게 선거에 참여하고 대안적이고 양성 평등적인 선거문화를 만들어 내고자 한다.

2) 경남지역의 여성단체들이 모여 '평등정치 실현을 위한 경남여성연대'를 2005년 9월 결성했다. 이에 후속활동으로 여성후보자 기준제시, 각 정당별 여성정책 비교분석 등의 여성유권자운동을 함께 진행하고 지역의 여성단체들과 연대해 여성정치참여의 파급력을 높이자.

3) 여성 의정모니터링 활동은 우리 지역의 현안을 제대로 비판, 감시하여 지역에서 여성들이 보다 밀접하게 참여정치를 실천해 내고 의정모니터링 활동보고회를 통해 보수적이고 폐쇄적인 창원시의회를 변화시킬 수 있도록 해 나간다.

4) 여성보좌관 활동사업을 통해 생활정치에서 여성리더십을 발휘하고 정치의 장에 진출할 수 있는 경험과 자신감을 확보한다.

자료 : 경남여성회(2006: 46).

경남여성회의 여성정치발전소는 여성의 정치세력화에 대한 지역여성운동단체의 사업으로 긍정적으로 평가할 만한 사항이다. 지역여성캠프, 여성정치학교, 여성지도자 리더십 교육 등 꾸준한 교육사업을 통해 의사소통훈련, 여성리더십, 여성정치교육 등의 과정을 통해 내실 있게 여성후보 발굴을 준비하였다. 특히 여성리더십과정을 통해 여성후보가 발굴되었고 여성단체와 당을 중심으로 마산, 김해, 진해, 진주 등의 지역에서 여성후보 발굴이 적극적으로 진행되었으며 이후에 정책지원, 유권자운동 등도

하였다. 그러나 결국 2009년 여성정치발전소는 해소되고 여러 가지 과제를 남겼다. 처음에 만들 당시 경남여성회 세부 중점사업의 하나로 시작하였으며 역량이 커갈 것으로 보았으나 성장이 더 이상 안 된다는 것이다. 해소시키는 과정에서 여러 가지 논의가 있었지만 결국 해소하기로 결정하였다(이혜숙, 2009a: 117). 현재 경남여성단체연합 안에 여성정책센터가 활동하고 있지만 지역사회에서 좀 더 가시적인 활동이 가능한 여성정치조직의 모색이 중요하다고 하겠다.

경남여성회의 여성발전연구소가 조직상 · 재정상 문제점으로 해소되고 독립된 여성정치세력화를 위한 조직의 모색으로서 경남여성단체연합을 중심으로 '경남여성정치발전센터'에 대한 논의가 진행되었지만 당과의 관련 등이 정리되지 못해서 바로 만들어지지는 못했다. 이처럼 여성 정치세력화를 위한 조직의 필요성은 인식하고 있지만 그것을 실제적으로 추진할 인적 자원이 지역에서 풍부하지 않기 때문에 현실적인 어려움이 존재했던 것이다. 그러나 이는 2012년 경남여성단체연합 내에 여성정책센터를 만드는 기반이 된다.

경남지역 여성들은 지방자치에 대해 지속적인 관심을 가지고 다양한 활동을 벌여 왔다. 의회방청을 통한 지방의회 감시활동에서부터 지방자치단체의 예산 분석, 조례의 제·개정운동에 이르기까지 다양한 방식으로 지역여성운동을 전개해 왔다. 지역여성운동은 '생활정치', '일상의 정치화'와 맞물리는 지점이다. 깨끗한 물 문제, 안전한 교육환경, 교통문제, 쓰레기문제 등 생활세계와 관련하여 생기는 많은 문제들이 여성들의 삶과 무관하지 않기 때문이다. 따라서 여성들의 삶의 경험, 생활의 경험을 토대로 무능하고 부패한 지방의회를 변화시키고 안전하게 살 권리를 지키기 위한 차원에서 교육, 환경, 먹거리, 지역예산, 주민참여 등 지역의제와 생활의제를 정책으로 연결시키고자 하였다.

2009년 경남여성회 사업계획에서 알 수 있듯이 정치, 경제, 사회적 위기에 대한 대응활동을 강조하고 "첫째, 보수정권의 등장으로 정치, 사회,

경제 등 모든 영역에서 사회공공성과 성평등주의가 후퇴하지 않도록 국가와 지방자치단체의 여성정책, 사회정책 등에 대한 대응활동과 대안 제시능력을 강화하며 둘째, 2010년 지방선거를 앞두고 여성주의 정치담론, 정책을 확산하고 여성유권자운동을 해 나간다."(경남여성회, 2009)를 목표로 삼았다.

3) 2010년대

2010년 지방선거에서는 '2010 경남여성유권자희망연대'를 구성하여 활동하였으며 여성의 정치세력화를 위해 여성유권자운동과 여성정책요구활동을 진행하였다. 정당과 후보에게 여성분야 4대 과제인 '성 주류화 및 성인지 예산제도 전면화, 함께 일하고 함께 돌보는 사회 만들기, 성폭력 없는 안전한 지역사회 만들기, 취약계층 여성의 인권보호 및 지원 강화'와 25개 정책을 기자회견을 통해 공개적으로 요구하였으며 여성정책을 기반으로 한 여성유권자운동, 부재자투표 독려활동 등 다양한 활동을 전개하였다(경남여성단체연합, 2011). 2010년에는 경남여성회 회원 중 6명이 후보로 나왔으며 그중 4명이 당선되었다.

경남여성단체연합의 활동은 여성끼리의 연대, 지역 속으로 들어가 생활정치를 풀어내는 것, 제도개선 등의 다양한 활동을 전망할 수 있는 일련의 과정이 되었다. 그러나 사업 추진 중 개선사항 및 애로점도 제기되었다. 많은 여성들과 함께하기 위해 정치의 문턱을 낮추는 것이 중요하다는 것이며 일부 회원, 활동가 중심이 아니라 대중적으로 확산할 것에 대한 고민이 필요하다는 것이다. 따라서 지역사회에 공론화시킬 다양하고 전문적인 의제들의 발굴과정이 필요하며 일상의 정치를 지속적으로 전개하여 구조화된 조직력을 갖추는 것이 중요하다.

표 9-3 경남여성단체연합의 여성 정치세력화사업(활동)(2002~2015년)

2002년	• 여성의 정치세력화를 위한 경남여성연합 기자회견 • 여성유권자 축제 • 6·13 지방선거 여성당선자 축하 한마당, '여성이 하는 정치, 여성이 바라는 정치' • 대선 여성연대(캠페인, 여성유권자 교육)
2003년	• 한국여연 정치발전소위원회 참석 • 한국여연 여성 정치참여 확대 기획안회의 참석
2004년	• 4·15 맑은 정치여성 캠페인 '잘 보자, 잘 찍자, 확 바꾸자' • 6·5 도지사 보궐선거 여성 공약 요구 기자회견 • 창원시 시의원 보궐선거 여성후보 추대 및 지원
2005년	• 소통과 비전을 위한 지역여성 캠프 • 여성정치학교 • 여성지도자 리더십 강화 교육 • 여성후보자 리더십 컨설팅 • 여성 정치참여 확대를 위한 토론회 • 2006년 지방선거 여성참여 준비
2006년	• 비영리민간단체 공익사업(성평등한 지역살림 가꾸기) • 지역여연 비전 토론회 및 워크숍
2007년	• 여성유권자 캠페인(대선유권자 캠페인)
2008년	• 활동가 역량 강화 사업(민들레포럼, 캠프 등) • 통일평화위원회 사업 • 여성유권자 캠페인 • 여대생들의 정치지도력 강화를 위한 워크숍
2010년	• 경남여성 유권자 희망연대 활동 • 여성정치인과 활동가 만남의 날 '경남! 성평등 날개를 달다'
2011년	• 살림정치 경남여성행동(준) 활동, 2012 선거 관련 대응활동
2012년	• 여성투표행동 '퍼플파티' 발족
2013년	• 여성 정치세력화 세미나
2014년	• 여성 정치세력화 세미나
2015년	• 여성정치학교

자료 : 각 연도(2002~2016)『경남여성단체연합 정기총회자료집』을 참고하여 작성함.

3. 쟁점과 과제

1) 여성후보자의 자격

여성 정치세력화의 활동으로 여성의원의 비율이 점차로 늘어났고 정치인이 되고자 하는 여성도 증가하였다. 초기의 여성 정치참여운동을 할 때에는 후보로 나서는 여성이 없었기 때문에 여성이 선거에 나오는 것 자체가 여성운동이 되었다. 즉, 생물학적으로 여성이면 큰 과오가 없는 한 후보로 추천하였고 출마를 안 하겠다는 사람을 후보로 발굴하기도 하였다.

그러나 이제는 여성운동단체들도 여성후보자의 자격에 관심을 가진다. 제대로 자격을 갖춘 여성이 들어가서 제대로 된 의정활동을 통해 여성정책을 만들어 내고 깨끗한 정치문화를 만들어 내야 한다는 것이다. 돈 선거, 지역 선거 등 잘못된 정치문화를 바꾸어 나갈 수 있는 여성이 들어가야 한다는 것이다. "이것은 여성후보라고 해서 남성후보보다 책임을 더 가져야 한다는 것이 아니다. 적어도 여성운동의 성과로 진출한 여성들이 무임승차할 것이 아니라 여성의원은 성평등한 사회를 만들 책임을 지고 의원으로서 역할을 충실히 해내야 한다. 이러한 과정을 통하여 여성정치인이 선순환이 되어 여성할당제를 더 요구할 수 있다."(이경옥, 2010b: 38)는 것이다.

2) 정당과의 관계

"신미란(창원): 잘하고 있는 여성후보자가 있다면 사실 조금 더 회원들한테 독려도 하고 그 이백 몇 표차는 극복할 수 있는 문제였는데 사실 너무 근소한 차이로 떨어졌기 때문에 저는 당의 문제도 있지만 그런 우리 지역의 같은 여성으로서… 그래서 정당과 여성단체가 정말 적절하게 공조를 한다면 그렇게 아까운 사람들을 놓치지도 않고 또 우리가 굳이 못했던 보석들을 이렇게 발굴해 낼 수도 있거든요…"(이진옥, 2015b: 34-35).

여성 정치세력화의 방식과 관련해서 기존 정치, 특히 정당과의 관계를 어떻게 설정하느냐에 대한 입장정리가 요구되고 있다. 기존 정치세력과 무관한 독자적 정치세력화, 기존 정치세력과 제휴하는 연합세력화의 두 가지 방식이 모두 가능한 방식이지만 독자세력화는 정체성 유지라는 장점과 세력확장의 한계라는 단점을, 후자의 연합세력화는 세력확장이라는 장점과 정체성 유지의 어려움이라는 한계를 가지고 있다. 대개 여성운동가들은 당과 여성운동단체와 거리를 두려고 하고 있다. "당에 속한 후보들은 지원하기가 힘들다. 당의 색깔로 보여지는 것이 부담스럽다."(이덕자, 2009), "정당은 정치권력을 잡는 것이 목적이고 운동은 일이 목적이다."(이경옥, 2009)는 것이다. 이러한 점은 실제 지역에서 여성의 정치세력화를 위해 노력했던 여성운동가들의 말에서도 잘 나타나고 있다.

"이경옥(창원): 여성단체에서 할 수 있는 역할은 지금 뭐 추천하는 것도 힘들고 저희들이 여성단체에서 키워가지고, 무소속으로 나가면 굉장히 힘든 구조 아닙니까. 그죠. 그럼 정당에 들어가야 되는데 그럼 정당에서 정당활동을 안했던 여성활동가나 운동가들을 선뜻 지지하지 않는 거죠. 그 정당에 들어가서 열심히 활동해야 지지를 받는 이런 약간의 정당에서 요구하는 여성정치인과 여성계, 운동계에서 요구하는 여성정치인이 다른 것 같아요. 그래서 그런 갭들을 얼마큼 줄이느냐의 문제가 있고 여성운동에서 사실 정당가입하는 걸 저도 한 번도 안했지만, 정당가입을 굉장히 좀 두려워하거나 비판을 받을 수도 있는 소지가 있습니다. 특히 대표 같은 경우는 정당에 가입하게 되면 그 대표가 모든 걸 대표하는 건 아니지만 그 정당의 일원으로 생각을 하는 여론화되는 게 쉽다는 거죠"(이진옥, 2015b: 33).

"이덕자(창원): 그런데 우리가 그렇게 지지하고 나면 당을 지지하는 것처럼 되어서 그 당이 우리의 순수성을 훼손하는 또 다른 짓을 하기 때문에, 이런 어떤 항상 그런 두려움이 있는 거예요.… 저 사람을 정말 지지하고 싶은데 내가 괜히 우리 이름, 내가 대표일 때 그렇게 그 사람을 지지했는데 그 사람을 이용한 당은 봐봐, 여성단체들이 이렇게 우리 당을 지지하잖아. 그렇게 하면서 그것을 묘하게 이용해 먹는,이런 어떤 것들을, 우리가 그런 경험들이 조금씩은 있기 때문에 그런 두려움들이 결코 벗어날 수 없는게 아닌가, 그런 생각이 들어요"(이진옥, 2015b: 35).

지방의회의 정당공천은 지역을 중앙정치에 더욱 종속시킬 것이라 짐작할 수 있다. 또 여성후보가 남성후보에 비해 사회적 네트워크가 약하고 재정능력이 떨어진다는 이유로 전문적 역량을 가진 후보들이 공천심사과정에서 탈락되기도 하였다. 그러나 정당정치의 구현 및 비례대표제도를 통한 여성참여 확대 측면에서 긍정적 측면도 있다. 이에 대해서 여성의원이었던 김미영은 "여성이 이만큼이나 진출할 수 있었던 것은 비례대표제의 역할이 컸다."(김미영, 2009)고 보고 있다. 시의원과 국회의원에 출마했던 전진숙도 "여성들은 첫발을 떼기가 힘들다. 비례는 매우 소중한 경험이다. 비례를 하면 그 다음에 책임을 준다. 여성들은 자신감이 생기고 정치욕구가 생긴다."(전진숙, 2009)고 보았다. 여성운동가 이경옥도 "기초의원 정당공천제에 대해서 시민운동단체들은 반대하지만 여성운동단체는 결론을 못 내리고 있다."(이경옥, 2009)고 보았다.

지역사회에서 대의정치를 변화시키거나 그 구도를 넘어서기 위해서는 정당들이 독점하고 있는 정치구조가 바뀌어야 한다. 지역정당조직이 중앙정당의 하부조직으로 기능하고 정당공천제하에서 해당 지역구의 국회의원에게 공천 권한이 집중되어 있다 보니 지역정당조직이 지방정치나 지역현실보다는 중앙정치와 관련하고 있는 중앙정당의 움직임이나 기조에 민감할 수밖에 없다(김희경, 2009: 13).

시간이 갈수록 이러한 현상들은 더 복잡하고 다양한 양상으로 나타날 수 있는 것이다. 이처럼 정당과의 관계가 어렵지만 정당을 고려하지 않는 여성의 지방정치참여는 쉽지 않다. 그러나 당과 결합한 경우 여성단체가 특정 정당과 유착되었다는 공격을 받게 되고 여성단체가 정치참여의 경로로 오해되어 활동의 순수성을 인정받지 못할 우려가 있으므로(김희경, 2003: 20) 의제의 공공성 확보와 여성정치인의 전문성 강화가 필요하다.

3) 연대

경남에서는 지방선거 초기 때부터 범여성계의 여성후보 발굴을 위한 연대가 꾸려져서 활동하긴 했지만 계속 이어오지는 못했다. 시민후보는 시민단체 간에 합의를 보기 어렵고 오랜 역사를 가진 여성운동단체들은 스펙트럼이 다양해서 한 후보를 지지하기 어렵다(이혜숙, 2009a: 119). 경남여성회의 경우 구성원들의 색깔이 다양하여 어느 한 후보를 지지하기 어렵다는 것이다.

한국여성단체협의회(이하 '여협'이라 함)와 한국여성단체연합(이하 '여연'이라 함)은 1990년대 이후에 여러 가지 사안에서 연대하여 활동하였고 그 활동의 성과 또한 뚜렷하였다. 중앙 차원의 여성운동에서 성폭력특별법의 제정이나 여성의 정치세력화와 관련된 운동에서 여연과 여협이 연대했던 경험은 1990년대를 제외하고는 경남지역에서는 거의 나타나지 않는다. 지역 차원에서 여협 단체와 여연 단체들이 함께 연대활동을 하는 경우가 있으나 오히려 약간의 갈등이 있기도 하다. 이처럼 여성운동에 대한 다양한 차이가 연대의 걸림돌이 되지만 공통의 의제에 대해서는 여성들 간의 연대가 아직 유효하다고 평가하고 있다(이경옥, 2008: 59).

지방자치와
여성의 정치세력화

여성
정치세력화의
방향과 과제

PART 4

10. 여성의 정치참여 확대를 위한 정부의 역할과 제도적 장치

11. 정당제도 개선과 여성정치인의 양성 및 역량 강화

12. 여성정치조직의 활동과 연대

chapter **10**

여성의 정치참여 확대를 위한 정부의 역할과 제도적 장치

여성 정치참여의 필요성은 대의민주주의 실현, 지연되는 여성문제의 의제화와 정책적 해결, 새로운 정치에 대한 욕구 등으로 설명되고 그것을 위한 여러 가지 제도적 방안 등이 실시되어 왔지만 여전히 여성과 정치에 거리가 존재하고 있다. 피선거권을 가진 개인이 정치권에 후보로 나서고 당선되기까지는 몇 단계의 과정을 거치는데 이러한 과정 속에서 여성들은 여러 가지 제약적 상황에 직면한다. 여성 정치참여의 어려움은 우선 정치적 훈련과 경험의 부족문제를 들 수 있으며 선거비용의 문제와 네트워크 부족, 여성정치인에 대한 편견, 혈연 · 지연 · 학연을 중심으로 하는 연고주의, 권위주의적이고 남성 중심적 정치문화도 여성들이 불리한 조건이 된다.

지금까지 여성 정치세력화의 개념, 여성 정치참여의 제도와 여성정치의 흐름, 지방의회 여성의원의 선거와 의정활동 경험, 여성의원의 의식, 지역여성의 정치참여의 역사와 여성의 정치세력화를 위한 지역여성운동 등을 살펴보았다. 그 결과 비례대표제나 여성정치할당제 등 제도적 개선으로 여성의 정치참여가 늘어나기는 했으나 여성의원의 비율이 기존 정치문화 변화가 가능한 임계량이라 할 수 있는 30%를 아직 넘지 못하고 있어 여전히 부족한 점이 많다는 것이 확인되었다. 특히 비례대표의 경우는 여성정치할당제의 도입으로 여성의 정치참여 확대에 기여한 측면이 있지만 지역구의 경우는 여전히 미약한 수준에 머물고 있다.

지방의회 여성의원들은 적극성을 띠고 의정활동을 하고 있으며 성평등의식이 비교적 높고 여성정책에 대한 관심도 크다. 그러나 여성의원의 관심이 단순히 여성문제에만 국한되어 있지는 않으며 지역정치 전반에 대한 포괄적 관심을 가지고 있다. 여성의 정치세력화는 단순히 여성이해의 반영이나 여성권익의 신장뿐 아니라 평등과 민주주의의 실현 등을 위해서도 중요하다. 이 장에서는 여성의 정치참여 당위성에 대한 보편적 담론의 개발과 교육이 중요하다는 입장에서 정부의 역할과 여성들의 정치참여 확대를 위한 제도적 장치를 중심으로 여성의 정치세력화의 방향을 정리하고자 한다.

여성의 정치의식이 높아지고 정치를 하려는 여성후보자가 늘어난다고 해도 정치문화와 사회적 · 제도적 환경이 개선되지 않으면 여성의 정치참여는 여러 가지 한계 상황에 부딪치게 된다. 여성의 정치세력화를 위해서는 여성의 의식이나 문화, 사회적 지위 향상뿐만 아니라 이러한 변화를 지원하는 정치사회적 제도 변화가 중요하다. 실제로 여성정치할당제 도입은 한국 지방정치에서 여성의 정치참여를 확대하는 데 긍정적 효과를 가져왔다. 그러나 여전히 부족한 점이 있으므로 여성의 정치적 대표성을 더욱더 높이기 위한 정부의 역할과 제도적 장치가 필요하다.

1. 정부의 역할

현재 한국은 〈양성평등기본법〉 제23조에서 '국가와 지방자치단체는 공직에 여성과 남성이 평등하게 참여하기 위한 시책을 마련하고 여성과 남성의 동등한 정치참여를 지원하기 위한 시책을 마련하도록 노력하여야 한다.'는 독립된 법조항을 두고 있다. 중앙정부 수준에서 여성가족부 같은 여성정책 담당기구를 통해 적극적인 여성 정치참여정책 추진이 필요하며 지방정부 수준에서도 여성의 정치참여 확대를 위해 노력해야 한다.

1) 여성의 정치참여 당위성에 대한 보편적인 담론의 개발

한국 사회는 지속적으로 정치권의 부정부패, 부의 양극화문제, 소통문제 등 남성 중심 정치의 한계를 보이고 있다. 이를 극복하기 위해서는 이들 문제의 중요성과 문제해결의 이슈화 과정에 여성참여의 중요성이 부각되어야 한다. 생활정치의 실현, 여성친화적 의제의 발굴, 정치 새판짜기, 정치문화 개선 등과 관련하여 여성의 정치참여 당위성에 대한 보편적 담론을 개발해야 하고 공감대 형성이 있어야 한다. 이를 통해 여성유권자 책임론, 여성후보의 경험부족과 능력 시비, 할당제 요구에 대한 여성운동가 자리주기라는 등의 논란에 대한 적극적 대안논리를 개발해야 한다. 아직도 정치권에서는 "여자라는 이유만으로 당선되는 것이 과연 옳은 일이냐? 여자가 나서서 왜 말이 많은가? 정치계에서 여성이 쓸모 있겠느냐?"(유병선, 2014) 등 여성을 폄하하는 말이 있는데 여성의 정치참여의 당위성에 대한 보편적 담론개발과 사회적 설득, 공감대 형성이 중요하다.

여성의 정치권 진출이 약자의 몫을 가져가는 것이 아니라 약자 전체를 위한 파이를 늘리는 중요한 역할을 하는 것이라는 설득이 뒤따라야 한다(김원홍 · 이수연 · 김민정, 2012: 195). 또한 여성의 정치영역에의 참여가 확대됨으로써 의정활동 등 정치에서의 성과가 다르고 정치문화가 바뀔 수 있음을 보여주어야 한다.

"생물학적으로 여성이나 여성의원으로서 갖추어야 할 인식 수준이 낮은 의원이 많은 것도 현실이다. 단순히 여성의원의 수만 늘리는 선거구제 개선은 오히려 유권자의 동의를 구하기 어려울 것으로 판단된다"(경남, 비례대표, 40대).

"여성의 정치참여를 높일 수 있는 다양한 사업이 실시되어야 한다. 지방의회의 역할에 여성이 가진 섬세함과 구체성이 어떻게 도움이 되고 있는지에 대한 사회적 공감대를 확산시켜야 한다"(충남, 비례대표, 40대).

"정치인을 포함한 정치권 전반이 비난을 받는 우리의 현실을 보면서 정치인의 한 사람으로 무한한 책임감을 느낀다. 더불어 여성의 정치참여 확대는 남성 중심의 정치영역에서 발생하는 문제점을 극복할 수 있는 좋은 대안이 된다고 생각한다. 저 또한 그 부분에 더욱 관심을 갖고 의정활동을 해 나가겠다"(대구, 비례대표, 50대).

여성의원들의 적극적인 의정활동 성과에 대한 홍보가 필요하며 여성의 정치참여는 남성정치의 한계성을 극복하며 여성친화적 정책을 수립하고 생활정치와 지방자치, 여성의 능력활용 측면에서 증가되어야 할 것임을 체계적으로 보여주고 공감대를 얻는 것이 중요하다. 어떠한 여성이라도 여성이라면 정치적 지위 향상과 여성문제의 해결을 위해 바람직하다는 주장, 여성의 섬세함 등을 통한 생활정치의 실현이 필요하다는 주장에서 더 나아가 "정치판의 '새판짜기'를 위해 여성의 참여가 중요하다."(김경애, 2001: 167)는 것을 명백히 할 필요가 있다.

여성정치할당제에 대한 사회적 역작용은, 한국에서 여성정치할당제가 충분한 논의를 거쳐서 사회적 합의를 마련한 토대 위에서 받아들여졌다기보다는 "정치적인 필요와 여성운동의 이익이 만남 시점"(김민정, 2014: 231)에서 이루어졌기 때문이다. 사회적 역작용에 대응하기 위해서는 여성의 정치참여 당위성에 대한 보편적 담론의 개발이 중요한데 이를 위해서는 정치영역에서 여성의 저대표성이 여전하므로 여성문제의 의제화와 정책적 해결을 위해 그 필요성이 있다는 점과 함께 여성의 대표성 확대로 정치문화가 바뀌었고 실질적인 민주주의의 실현에 기여했으며, 기여할 수 있다는 점이 확실히 제시되어야 한다. "여성정치할당제를 통해 정치영역에서 여성 대표를 늘리는 일은 민주주의를 진보하게 만드는 하나의 방법"(문지영, 2012: 182)이라는 인식을 확산시켜야 한다.

이와 함께 지방자치시대 여성의 정치참여 확대와 정치세력화의 중요성이 강조되어야 할 것이다. 단순히 여성이 지역 수준의 생활정치에 적합하다는 시각에서 나아가 "중앙의 시선에 의해 외부로부터 규정되었던 지역에서 벗어나 지역 내부, 지역적 차원에서 여성경험의 특성과 지역여성의 다양성과 다층성, 주체성에 관심을 두고 접근"(이혜숙, 2014b: 243)하는 지역여성주의의 관점에서 지역여성의 정치세력화를 다루어야 한다. 또한 여성의 정치세력화는 정치영역을 포함한 모든 의사결정분야에서의 여성의 평등한 참여의 필요성 논의로 더욱 확장되어야 할 것이다.

2) 여성의 정치참여 확대를 위한 연구와 프로그램 개발 및 지원

정부는 여성의 정치참여 확대 및 정치세력화 방안에 대한 자료수집과 연구에 전력할 수 있도록 지원해 주어야 하며 이러한 과정이 한국여성정책연구원을 포함한 연구기관과 학계에서 효율적으로 이루어질 수 있는 기반을 마련해야 한다. 현재에도 한국여성정책연구원이나 개별 연구자들을 통해 다양한 보고서나 연구결과가 나오고 있으나 충분하지 않으므로 여성정치인 양성을 위한 표준 모델 프로그램 개발과 보급, 각종 공식선거에 있어서의 남녀유권자에 대한 정치의식 및 투표행태에 대한 지속적인 조사연구, 각종 공직선거에 있어서의 성별 통계산출, 여성의원 및 의정활동에 대한 자료들의 체계적 정리, 여성후보자들에 대한 검증방식 개발, 여성후보자·여성정치인에 대한 정보구축 등이 필요하다. 여성유권자 표의 조직화를 위한 전략 연구, 여성에 관련된 입법을 담당하게 되는 여성의원들의 성평등 의식조사, 여성의 정치참여를 확대할 수 있는 선거제도 연구, 경선제와 여성후보 확대방안 등에 대해서 좀 더 심층적인 연구가 진행될 수 있어야 한다(김원홍 · 김은경, 2010: 98).

여성단체나 시민단체가 단체활동을 통해 성숙한 선거문화를 조성하는 사업을 추진할 경우 여성가족부는 공동협력사업의 형태로 예산 지원이 있어야 한다. 그러나 정부의 여성 정치참여 확대에 대한 지원 등이 자칫 정권유지나 특정 정치활동으로 오인될 소지가 있으므로 객관성을 유지하도록 하는 것이 중요하다. 정치적 중립을 견지하면서 여성의 정치세력화를 위한 정부의 적극적인 사업 지원 노력이 절실한 것이다(강현아 · 전진희, 2012: 146). 이러한 과정을 통해 구체적인 정책 구상이 이루어지고 여성의 정치참여를 촉진하는 데 일조할 수 있다.

3) 여성정치교육의 체계화 : 여성정치교육기관의 설립과 지원체계 확립

여성의 정치세력화를 위해 중요한 것은 여성들로 하여금 정치와 선거에 대한 관심을 높이는 일이다. 여성이 정치에 대해 자기의 견해와 이익에 부합하는 선택을 하려면 선거과정에 대한 관심과 더불어 최소한의 선거정보를 획득해야 한다. 여성후보에 대해 투표하려면 여성후보에 대한 관심과 더불어 여성후보에 대해 인지하고 여성후보에 대한 평가가 선행되어야 하는 것이다. 그러할 때 "유권자의 심리적 태도로서 '자신이 행동을 하면 무엇인가를 이뤄낼 수 있다.'는 일종의 자신감"(김형준, 2008: 107)을 의미하는 정치 효능감(political efficacy)도 커지기 때문이다. 여성의 정치참여와 정치세력화를 이루기 위해서는 여성들의 정치적 행위가 기대하는 만큼의 가시적인 결실을 맺어 결과적으로 여성들이 정치 효능감을 느끼도록 해야 한다. 그러할 때 여성들의 정치에 대한 관심도 커지기 때문이다. 이를 위해서는 꼭 선거 때만이 아닌 일상적으로 여성정치교육이 필요하다.

"정치가 모든 분야에서 가장 상위에 있기 때문에 정치가 변해야 다른 모든

> 것들도 변한다. 이 변화는 기존의 남성들과 그들의 방식으로는 불가능하다. 새로운 정치를 위해서 보다 많은 여성이 정치에 참여해야 한다. 여성이 정치에 참여하기 위해서 필요한 것이 전문성 있는, 역량 있는 여성을 발굴하여 교육시켜야 하는데… 꼭 선거 때만이 아니라 일상적인 여성정치학교를 통해 일반 여성들도 정치에 대한 관심과 이해를 갖도록 하고 이들 중에 자발적으로 정치지망생이 나올 수 있도록 해야 한다"(전북, 지역구, 40대).

여성들의 능동적 정치참여를 활성화시키기 위해서는 정치와 선거에 대한 관심, 정치 효능감 등의 정치적 태도 면에서 변화가 이루어져야 한다. 이를 위해서는 여성을 대상으로 한 지속적인 여성정치교육을 적극적으로 펼칠 필요성이 있다. 여성정치교육은 여성들에게 정치가 사적인 생활과 무관한 것이 아니며 그들이 가지고 있는 정치적인 힘을 인식하도록 한다는 점에서 여성의 정치세력화를 이루기 위한 출발이라 하겠다.

(1) 여성정치교육 현황

여성정치교육은 "여성들로 하여금 정치현상을 올바르게 인식하고 스스로의 역량을 계발하여 시민으로서의 권리와 의무를 적극적으로 행사하게 하는, 즉 정치와 사회에 능동적으로 참여할 수 있게 하는 인지능력과 태도를 기르도록 하는 교육"(송태수 · 양민석, 2014: 235)이다. 여성정치교육의 내용으로는 여성의 정치참여 확대방안, 여성의 정치역량 강화 프로그램, 여성리더의 권한 증대 및 직업으로서의 여성정치인 양성 등을 들 수 있다(송태수 · 양민석, 2014: 235-236).

정부와 지방자치단체는 다양한 기관을 통해 여성정치교육을 수행하고 있다. 또한 대학부설 리더십센터나 시민단체, 여성단체에서도 여성정치교육을 실행하고 있기는 하다. 국가기관 중 여성에 특화되어 정치교육을 실시하고 있는 단위는 여성가족부 산하 단체인 한국양성평등교육진흥원이다. 또한 여성가족부는 1999년부터 여성정치인 육성을 위해 다양한 사업을 진행하였고 이후 여성정치대학 교육프로그램을 개발하기도 하였다. 그러나 시간이 지날수록 여성정치인보다는 여성의 취업 성공이나 젠더 감수성, 자기개발 같은 부분으로 교육방향이 전환되었다고 지적되고 있다(김경미, 2014: 11).

표 10-1 2013년 한국의 여성정치교육 기관과 교육대상

교육기관		주요 교육대상	정파성
공교육기관	초·중·고 대학교 대학부설리더십센터 등	일반 성인/ 차세대 여성	비정파적
국가기관	선거연구원 의정연수원 등	일반 성인/ 차세대 여성	비정파적
정당	새누리당(새누리여성파워네트워크) 새정치민주연합(여성리더십센터) 통합진보당(여성정책아카데미) 정의당(시·도당별 여성위원회)	여성정치인/ 여성후보	정파적
여성단체	한국여성유권자연맹 한국여성단체협의회 한국여성단체연합 한국여성정치문화연구소 한국여성정치연구소 여성정치세력민주연대 등	일반 성인/ 차세대 여성 여성정치인/ 여성후보	비정파적

자료 : 김경미(2014: 4).

정치교육을 담당하고 있는 기관은 여성에 특화된 정치교육프로그램의 개발과 심화교육을 적극적으로 고려할 필요가 있으며(김원홍·김혜영·전선영 외, 2014: 17) 교육과정의 체계화 및 세분화가 필요하다(최정원, 2008). 한국의 정당과 여성단체의 여성정치인 육성과 지원 관련 교육프로그램 현황을 보면 해외 사례들에 비해 여성정치교육에 대한 재정이 열악하다는 점과 공적 국가기관이 여성정치교육에 매우 소극적임을 보여준다(김경미, 2014: 20-23; 김원홍·김혜영·전선영 외 2014: 77). 또한 정당이나 여성단체에서 진행 중인 여성정치인 육성 지원방안의 한계로는 "일회성,

이벤트성, 단기성, 간헐성, 비차별적 커리큘럼"(김원홍 · 김혜영 · 전선영 외 2014: 77) 등이 문제점으로 지적되었다. 교육프로그램이나 교육내용이 대부분 비슷하다는 점, 교육이수자에 대한 후속프로그램과 재교육이 없다는 점, 강의가 대부분 일반적인 이론이나 지식 위주로 이루어져 차별성이 없다는 점이 지적되었다. 그동안 민주시민으로서 그리고 유권자로서 일반 여성과 차세대 여성지도자에 대한 교육이 주로 정부와 정당, 시민단체 등을 중심으로 이루어져 왔는데 교육프로그램이나 그 내용이 서로 유사하다고 평가되고 있다. 즉 여성정치교육이 교육과정이나 프로그램에 있어서 차별성을 갖지 못하고 유사한 과정이 분산적으로 시행되고 있으며 교육이수자에 대한 후속 내지 심화 프로그램을 제공하지 못하고 있다는 것이다(송태수 · 양민석, 2014: 243).

그동안 시행되었던 여성정치교육의 문제점은 첫째, 대부분 여성정치교육 과정 및 프로그램이 지속적으로 유지되지 못하는 문제, 둘째, 교육과정 및 프로그램의 단절성 · 간헐성 등 제약을 안고 있어 내용적 범위가 제한되고 교육의 질과 수준의 한계를 드러내는 문제, 셋째, 교육이수자에 대한 후속 또는 심화 프로그램 부재의 문제, 넷째, 여성정치교육의 대부분이 수도권에 집중되어 있는 문제라고 할 수 있다. 특히 지역으로 갈수록 형편이 더욱 열악하여 안정적으로 여성정치교육 프로그램이 제공되지 못하고 있다(김경미, 2014: 20-23).

(2) 여성정치교육원(가칭)의 설립

여성정치교육은 현실성을 갖추고 내실화되어야 한다. 장기적인 관점에서 볼 때 일회성 행사가 교육의 효과가 클 것이라고 기대하기는 어렵다. 정치교육이 정치의식의 향상이라는 효과를 거두기 위해서는 지속적이고 반복적으로 운영되어야 한다. 한국의 여성정치교육이 간헐적이고 분산적으로 실행되고 있는 비효율성을 극복하기 위해서는 중심적인 여성정치교육기관의 설립과 지원체계의 확립이 이루어져야 하며 여성정치교육의 체계화와 지속성을 가능케 하는 제도적 인프라를 구축할 필요가 있다(송태수 · 양민석, 2014; 송태수, 2014: 62-63). 국가는 실질적인 성평등과 여성의 대표성을 향상시켜야 할 기본적인 책무를 지니고 있다는 점을 고려할 때 국가가 여성정치교육의 필요성과 중요성을 인식하고 여성정치교육을 장기적이고 종합적인 차원에서 검토하고 추진해 나가는 것이 필요하다.

이를 통해 정당이나 사회 제반 민간단체들의 여성정치교육을 소통시키고 상호정보교환을 가능하게 하며 교육지원을 통합적으로 추진할 수 있도록 해야 한다. 여성정치교육이 상호연관성 없이 분산되어 실행되고 있는 비효율성을 극복하기 위해서는 국가기관을 중심으로 한 여성정치교육 지원기관의 설립과 지원체계의 확립이 이루어져야 할 것이다(박의경, 2010: 216-217). 정부와 국가기관은 "여성정치교육 역량 강화를 위한 교육자료의 발간이나 지원방식의 다각화"(송태수 · 양민석, 2014: 243)를 통해 여성정치교육을 활성화시키며 여성과 정치의 거리를 좁혀야 한다.

독일의 연방정치교육원과 같이 정치인, 유권자 구분 없이 민주사회 시민에 대한 정치교육의 장이 상시적으로 존재할 필요가 있는 것이다. 따라서 중앙정부 차원이든 지방정부 차원이든 상설기관으로 '여성정치교육원(가칭)' 같은 기관설치도 고려해 볼 수 있다(박의경, 2010: 216-217). 독일의 연방정치교육원과 주정치교육원은 시민대학 등의 주민자치 성격의 지방자치단체기관, 각 정당 및 정당 관련 재단들, 교회, 노동조합, 시민운동단체 등의 비정부기관이 다양한 교육을 지속적으로 수행할 수 있도록 재정적 재원을 하는 방식으로 운영되고 있다. 또한 민주시민교육의 기본적 내용을 충족시켜 줄 다양한 자료를 발간하여 교사 및 활동가, 혹은 전문가들에게 제공하고 있다(송태수 · 양민석, 2014: 246).

(3) 여성정치프로그램 개발과 교육방법 및 운영의 내실화

여성의 정치참여를 확장시키고 여성정치인을 육성하기 위한 방법으로 여성정치교육의 체계화와 다양한 프로그램 개발이 필요하다. 그런데 제도와 기관의 설치도 중요하지만 어떤 대상에게 어떤 내용과 프로그램을 제공하는냐도 중요하다. 구체적으로 여성의 정치의식을 높이고 다양한 참여를 유도하기 위한 프로그램이 개발되어야 하며 교육이 정치의식 향상에 그치지 않고 실제적인 정치참여 활동으로 연결될 수 있도록 교육내용을 구체적이고 실용적으로 구성해야 한다.

교육활동은 우선 일반 여성들의 정치적인 의식을 고양시키고 정치에 대한 관심을 불러일으키기 위한 교육과 여성후보자와 참모들에 대한 전문적

참고자료 10-1

교육내용에 따른 여성정치교육

1. 성평등사회 속에서 평등한 시민으로서의 자질과 권리를 갖는 민주시민교육으로서의 여성정치교육
   : 가장 광범위하고 포괄적인 의미에서의 여성정치교육으로서 모든 여성뿐만 아니라 남성들도 대상이 되는 기본적인 정치교육이다.
2. 정치영역에서 적극적으로 참여하기를 원하는 여성들을 대상으로 여성 정치지도자로서의 능력을 배양하고 정치영역의 세부적인 측면까지 두루 포괄하는 심화된 교육
   : 지역 중심의 생활정치를 직접 경험하고 있는 예비정치인들에 대해서는 정치현상에 대한 직접적인 소양을 쌓을 수 있는 보다 심화된 교육과정이 필요한 것이다. 이들에 대한 교육과정은 다양한 방식으로 이루어질 수 있으며 멘토링과정은 적절한 사례 중 하나로 고려될 수 있다.
3. 정치영역에 진입해 있는 여성정치인들 또는 직업으로서 정치훈련을 받기를 원하는 여성들을 대상으로 한 교육
   : 후보자 양성 교육에서 선거전략에 이르기까지의 과정을 다루는 것으로 정치영역에서 보다 강력한 역할을 할 수 있도록 능력을 제고시키는 교육과정이다.

자료 : 송태수 · 양민석(2014: 241-247).

인 교육, 선거 자원봉사자를 위한 교육, 여성의원 심화교육 등으로 구별할 수 있다. 일상적으로 이루어지는 교육은 대상층을 다양하게 하여 초·중·고등학교 학생, 대학생, 일반 여성 등에게 실시되며 여성들의 사회적 위치에 대한 인식, 정치에 대한 올바른 관심 불러일으키기, 정치에서 여성들의 역할 등이 주요 내용이 될 수 있다. 선거에 임박해서는 여성후보자들과 참모를 위한 교육, 여성후보 지원을 위한 선거 자원봉사자를 위한 교육과 지원이 필요하다. 이처럼 교육의 다양화를 위해서는 우선 교육의 대상층을 구분하는 것에서부터 출발해야 한다.

이와 함께 지역별, 연령별 특성을 고려한 교육 내용과 방법의 다양화가 이루어져야 할 것이다. 교육 내용 및 방법에서도 다양한 교육적 요구를 파악하여 수준을 달리하여 차별적인 방식의 교육이 이루어져야 한다. 또한 독일의 여성정치인 멘토링제도와 같이 여성정치교육에 있어 앞선 경험이 있는 정치인들과 예비여성정치인들의 역동적인 멘토링프로그램을 통해서(양민석, 2014) 한국 여성정치의 역사적 경험이 반영되고 전수되는 살아 있는 정치교육이 이루어져야 할 것이다.

선거에 출마의사가 있거나 혹은 출마를 준비하는 여성을 대상으로 운영하는 교육과정은 이론과 실습을 병행하면서 실습내용을 풍부하게 하는 방향으로 구성하는 것이 필요하다. 여성정치인에게 요구되는 실전을 연습할 수 있는 교육내용을 비롯하여 지역유권자의 특성 및 분석 방법, 선거과정 추진전략 교육 등이다.

교육과정의 주요 내용은 선거 실전에 직접 관련성이 있는 이론과 실습을 병행하되 실습에 보다 많은 초점을 둘 필요가 있다. 예를 들면 출마가 예상되는 지역구를 대상으로 "지역구의 지리적 특성, 유권자의 구성과 사회경제적 특성, 유권자의 정치적 지향 및 후보자 지지성향, 유권자의 실제 투표행위, 지역사회 각종 자원을 활용할 수 있는 방법 및 연계활동, 이상의 이해를 바탕으로 지역구 정책공약 개발, 그리고 선거과정에서 직접 도움을 받을 수 있는 자원봉사자 모집 및 운영을 비롯한 선거과정에서 자문을 받을 수 있는 전문가 집단 구성과 운영”(박재규 · 김원홍 · 조선미 외, 2009: 180) 등을 실습 중심으로 운영하여 교육내용이 현장에 직접 접목될 수 있도록 한다.

교육프로그램을 진행함에 있어 정치를 복잡하거나 어렵다든지, 자신과 관계없는 것으로 생각하지 않도록 생활 속에서 드러나는 구체적인 문제를 통해 접근할 수 있도록 해야 한다. ‘생활정치’라는 말에는 생활밀착형 이슈들의 개발이 중요하다는 의미가 깔려 있다(박의경, 2010: 217). 살림을 하면서 생활과 밀착된 일반 여성들의 문제의식에 대한 교육이 한국 민주주의의 실질적 정착을 위해서 필요하게 된 것이다. 따라서 이슈형성과 정책대안 제시를 위한 사회적 훈련과 교육이 실생활의 현장에서 지속적으로 이루어져야 한다. 아울러 교육프로그램에 맞는 전문적이고 실용적인 내용을 담고 있는 교재와 지침서를 제작하여 보급하여야 할 것이다. 지역에 따라 전공별 강사은행을 구성하고 강사들이 상호연계성을 가지고 교육 관련 정보와 지식을 교환, 교류할 수 있도록 해야 한다.

교육이수생들에게 계속 실천적 활동을 할 수 있는 통로를 제공하는 것도 중요한데 유권자 교육과정을 이수한 사람들에게 정보를 교환할 수 있는 기회나 국회나 지방의회에서 인턴으로 활동할 수 있는 기회를 제공하는 것도 필요하다. 이를 위하여 교육을 제공한 여성정치교육기관은 교육을 이수한 사람에 대한 체계적인 관리를 위해 인력은행제도를 도입하는 것도 필요하다.

특히 여성정치인 양성을 위해 지역에서 목적에 맞게 교육과정을 운영하고 연구기관과 시민단체, 여성단체가 초당적 입장에서 포괄적인 교육과정 운영을 통해 지역의 정치환경을 개선하는 것이 효율적인 방안이며 지방정부도 이에 대해 관심을 갖고 지역실정에 맞는 프로그램을 개발하거나 지원해야 한다. 여성 정치지도자 양성 교육과정의 프로그램은 여성과 정치, 성차별과 개선방안, 여성과 정치이론, 여성리더십, 여성을 위한 네트워크 구축과 활용, 여성정치인과 가족, 정당론과 여성, 정치과정론과 여성,

공공정책과 여성, 여성운동사와 정치참여, 여성정치와 선거자금 등을 내용으로 하여 구성할 수 있다.

현재 여성의 정치참여 활성화와 관련한 지방자치단체의 사업은 중앙의 사업에 대해 보조금을 지급하거나 리더십 교육의 실시 정도에 그치고 있는데 사업이 보다 다양화되어야 할 것이다. 가령 여성발전기금사업에 여성 정치참여 활성화 지원을 위한 사업을 포함하여 유권자교육이나 여성정치인력 양성 교육이 단기 교육에 그치지 않고 체계화되고 전문화된 프로그램 속에서 지속적으로 운영될 수 있도록 지원해야 한다. 의정활동 정책 모니터링, 선거 자원활동, 지역공동체 가꾸기 등 여성의 정치의식을 키워줄 수 있는 다양한 수요처를 개발하고 지원할 수 있다(김명화, 2006).

경남의 경우 과거 몇 년간 여성정책과 추진계획, 사업을 보면 여성정치대학 및 지방의회 인턴사업, 워크샵과 간담회 등을 실시하였다(심인선 외, 2007: 61). 여성의 대표성 제고와 관련하여 차세대 여성지도자 양성이 중요한 점을 고려하여 여성지도자 육성을 위한 대학위탁교육 실시가 대표적인 사업으로 추진되었다. 그러나 지역의 여성지도자 양성을 위한 프로그램을 살펴보면 정치세력화에 주된 관심을 두고 있지 않으며 프로그램 내용도 전문성에 있어서 부족하다고 평가된다(이혜숙, 2009b). 지방정부는 여성의 정치세력화를 위한 보다 심화된 프로그램을 통해 여성의 정치적 대표성 확대를 위해 노력해야 한다.

2. 선거제도 개선

여성에게 불리한 정치제도와 선거구조를 개선하지 않으면 여성의 정치진출은 계속 힘들 수밖에 없다. 여성의 정치적 대표성 제고를 위한 선거제도 개선이 필요한데 이를 모색함에 있어서는 남녀동수의 가치를 담아야 하며 대표의 공정성이 있어야 한다. 또한 여성끼리의 경쟁구도를 지양해야 하며 위헌성이 없어야 한다(김은주, 2013a: 72).

> "여성의 정치세력화를 위해서 법제도 개선이 수반되어야 한다. 비례대표를 대폭 확대하는 선거제도 개선이라든가 일정 비율 여성이 공천받을 수 있도록 하는 정당의 자체 노력(현재 정당에서 시행하고 있으나 비율을 높여갈 필요 존재), 이를 위해서 실현 가능성을 검토해 봐야겠으나 여성전용선거구 도입 등 다양한 방법을 모색하고 실행에 옮겨야 할 것이다"(대구, 비례대표, 50대).

여성의 정치참여 확대를 위한 선거제도 개선에 대해서는 그동안 어느 정도 연구가 진행되었으므로 앞에서 검토한 내용들과 기존 연구들의 결과를 토대로 몇 가지 점에서 여성의 정치참여 확대를 위한 제도적 장치에 대해 살펴보기로 한다.

1) 지역 여성정치할당제 의무화

여성의 정치참여를 확대하기 위해서는 정당의 소극적인 여성후보 공천 문제를 해결해야 한다. 선출직 여성의무공천의 경우 적용 대상을 도시지역에 한정하고 "기초 또는 광역"으로 규정하여 상대적으로 광역의원으로 입후보하려는 여성에게 불리할 수 있다는 문제점이 있다. 이러한 문제는 선거결과에 그대로 반영되어 지역구 여성당선자 수에 있어 지역적 편차를 보이고 광역의원은 기초의원보다 여성당선자 수가 적다. 각 정당이 해당 조항을 편법적으로 이행함으로써 이른바 '허수아비 여성후보' 공천 등 해당 조항의 입법취지에 어긋나는 행태도 나타나고 있다(김원홍 · 김은경, 2010: 46-47). 더구나 각 당은 여성의무공천제 대상 이외에 여성기초단체장 공천 약속을 실천하는 데 인색했다.

연구자들이 잘 지적하고 있듯이(김원홍 · 김인순 · 김은주, 2014: 105; 김원홍 · 김복태 · 김혜영 · 전선영 · 김은주, 2015: 290-294) 여성의 정치참여를 높이기 위해서는 지역구 여성할당제 30%가 법적으로 의무화되어야 정치지망생들이 늘어나고 여성들이 정치에 보다 활발하게 진출하게 될 것이다. 현행 공직선거법에는 '비례대표 50% 여성할당 의무화, 지역구 30% 여성할당 노력'으로 되어 있는데 이를 좀 더 현실화할 필요가 있다. 그 방안으로 관련 규정을 '기초와 광역'으로 개정하고 이 제도의 적용을 농어촌으로 확대하는 것이 제시될 수 있다(이진옥 · 김민정 · 문경희 외, 2014: 90-91). 지킨 정당에 대해 국고보조금 30% 추가지급 등도 필요하다.

또한 지방화 시대를 맞아 생활정치를 실현하기 위하여 자치단체장에 여성참여 확대는 필수적이다. 여성 지방자치단체장 후보의 지역별 추천 의무화 제도를 고려할 수 있다. "도시 30%, 도농복합지역 20%, 농촌지역 10%를 목표로 하여 여성자치단체장을 발굴하고 공천을 확대하는 것"(김원홍 · 김복태, 2013a: 202)이 필요하다.

2) 비례대표제 비율의 확대

비례대표제는 정당공천제의 장점을 극대화하기 위한 것으로 주민의 투표결과를 가장 정직하게 반영하는 방법일 뿐만 아니라 다양한 계층의 대표성을 확보하기 위한 최선의 방법으로 인식된다(이용마, 2014: 132).

현재의 여성의 정치참여 현황을 보면 비례대표에서의 여성의원의 비율이 상대적으로 높다. 여성정치할당제가 적용되는 비례대표 부문을 통해 신진 여성정치인의 정치참여가 용이한 것이다. 이러한 추세라면 "비례대표의 수를 늘릴수록 여성의원의 의회 진출도 더 확대될 것으로 기대할 수 있다. 비록 비례대표가 지역구와 밀접한 관계가 아니어서 일정 부분 지역의 현황에 즉각 반응하지 못하는 부분이 있을 수 있겠지만 특정 지역을 위한 정책에 대해서 어느 정도 거리를 두면서 전체적인 정책의 방향을 결정하는 데 역할을 할 것"(채송미, 2013: 48)이다.

그러나 비례직이 전체 의원의 10%밖에 되지 않는 현실에서 비례대표를 통한 여성 정치참여는 이미 그 효과가 한계에 다다른 만큼 비례대표의 비율을 높이는 방안으로 지방의회 선거에 비례대표제를 전면적으로 확대할 필요가 있다(이진옥 · 김민정 · 문경희 외, 2014: 92).

3) 중선거구제의 개선

지방선거에서 중선거구제의 도입은 실질적인 여성대표성 확대에 긍정적인 요인으로 작용할 것으로 기대된다. 그러나 현실적 한계를 드러내고 있는데 우선 2인 선거구의 비율이 과다하여 중선거구제 도입의 본질적 취지가 실현되지 못하고 있다(최웅식, 2011). 여성의 정치적 대표성 확대를 위해서는 기초의회의원 선거에서 3인 선거구의 비율을 확대하는 방안이 필요하다.

4) 여성정치인에 대한 재정적인 지원과 선거공영제의 확립

다양한 지역사회 네트워크를 장악 또는 선점하고 있는 남성정치인들에 비해 여성들이 선거 및 정치활동을 하는 것은 너무나도 불리한 조건이다.

> "무한경쟁시대 적당한 재정이 필요한 선거무대를 여성이 감당하려면 가족의 지원과 함께 선거지원 인센티브가 필요하다고 느낀다"(인천, 비례대표, 50대).

여성의 정치참여를 가로막는 또 하나의 실질적 제한 요인은 정치자금의 부족이다. 재정적인 지원과 관련하여 여성추천보조금 배분방식 개선과 여성정치인 육성펀드 조성, 여성정치발전기금 확대 등도 필요하다. 여성추천보조금 배분방식에 있어서 새로운 기준이 필요하며(김원홍 · 김복태 · 김혜영 · 전선영 · 김은주, 2015: 48) 여성정치인 육성펀드를 조성할 필요가 있다. 이를 통해 역량 있는 여성리더의 발굴과 교육, 선거자금 지원, 전략지원 등을 담당할 필요가 있다. 지역사회에서도 여성의 정치참여 증진을 위한 재정 지원이 필요하다.

유능한 여성 지방의원의 진출을 보다 촉진하기 위해서는 모든 지방의원과 그 후보자들에게 자율적으로 정치자금을 모금할 수 있는 후원회제도를 허용함으로써 유능한 여성이 경제력에 구애받지 않고 정계에 입문할 수 있도록 지원해야 한다. 이는 여성뿐 아니라 자질 있고 유능하나 재정능력이 약하여 공직선거에 입후보하지 못하는 후보자를 지원하기 위해서이다. 즉 지방의원 소액 후원금을 허용하여 선거를 치르거나 의정활동에 필요한 정책개발과 자문비용으로 사용할 수 있도록 해야 한다. 여성정치지망생들을 훈련하고 그들의 선거를 지원하기 위하여 여성정치자금을 마련하는 것은 여성의 정치참여 확대에 실질적으로 기여할 수 있을 것이다. 여성후보의 기탁금과 선거운동비용을 지원하는 다양한 방안을 모색해 볼 필요가 있다.

여성의 정치참여를 제고시키기 위해서는 선거공영제를 보다 확립하는 것이 중요하다. 선거관리위원회는 여성 정치참여 활성화 기금을 설치하고 선거비용을 최소화하는 방안을 검토하여야 한다. 선거공영제가 확립되어야 재력이 없어 선거에 입후보하지 못하는 유능한 사람에게도 기회를 주고 선거운동의 과열방지와 후보자 간 선거운동의 기회균등을 도모할 수 있다. 이러한 선거공영제는 여성들에게 정치에 참여할 수 있는 유리한 기회를 제공하게 될 것이다. 선거관리위원회에서 선거 자원봉사자를 파견하고 지원함으로써 보다 원활한 여성의 정치참여를 이룰 수 있을 것이다.

5) 후보검증시스템의 도입

지방선거의 경우 후보자들의 정책에 대한 정보가 제한되어 있고 후보자에 대한 검증기회가 적다. 합동연설회가 금지되어 후보자를 비교 평가할 수 있는 기회가 대폭 축소되었으므로 후보검증시스템이 도입되는 것이 필요하다. 정책선거가 구현되려면 선거캠페인과정에서 정당과 후보들이 정책내용을 구체화하고 이를 명확히 제시할 수 있도록 할 필요가 있으며 정책선거 구현의 연결고리로서 정치행위자들과 유권자들 간의 원활한 의사교환이 이루어질 기제들이 마련될 필요가 있다. 그럴 경우에만 정당과 후보 간 정책상의 차이가 유권자들에게 명확하게 전달되어 선거가 정책을 중심으로 수행될 수 있을 것이다(유성진, 2014: 111). 후보검증시스템은 정책선거 소통의 제도화라 할 수 있다.

2014년 지방선거를 살펴보면 성희롱 및 성폭력의 전과경력을 가진 후보들도 다수를 차지하고 있다. 사회적으로 증가하는 성희롱 및 성폭력에 대한 경각심을 고려할 때 선거공보물에 이러한 것을 수록하도록 하여 후보자 자질을 검증하도록 하는 것이 필요하다(이진옥 · 김민정 · 문경희 외, 2014: 94-95). 후보자 공보물에 성 관련 범죄경력의 포괄적 포함방안이 고려되어야 할 것이다.

6) 명함 돌리기 선거운동 공직선거법 개정 방안

예비후보자의 배우자가 동행인 1명을 지정해 명함을 교부하고 지지 호소를 할 수 있는 선거운동은 "남성에 비해 상대적으로 배우자나 가족의 도움을 받기 어려운 비혼여성을 포함한 여성후보자들에게는 성차별의 결과를 낳을 소지가 있다."(이진옥 · 김민정 · 문경희 외, 2014: 95)는 지적이 있는 만큼 이같은 내용은 규정 개정이 필요하다.

7) 여성의 정치세력화를 위한 제도 개선 노력

2014년 광역 시·도에 당선된 여성의원 설문지 조사에 따르면(5장) 여성의 정치 진출 확대를 위해 필요한 사회제도적 환경에 대해 여성의원들은 "비례대표 비율 확대, 중선거구제, 남녀동반선출제, 여성당선보장제, 여성전용선거구제" 순으로 긍정적으로 보고 있으므로 비례대표제 확대뿐 아니라 다양한 제도에 대한 적극적인 검토가 필요하다.

chapter 11

정당제도 개선과 여성정치인의 양성 및 역량 강화

1. 정당제도 개선

선거제도와 더불어 여성의 대표성에 큰 영향을 미치는 요인은 정당이다. 정당은 여성정치인에게 중요한 정치적 기반으로 작용하며 정당이 여성정치할당제 및 여성우대정책을 적극적으로 채택하는 경우 여성의 정치참여가 활발하다. 현재 정당들은 대부분 공직선거법상 여성정치할당제의 취지에 따라 당헌 및 당규에 여성할당의 비율을 규정하는 등 여성의 정당정치참여 확대를 위한 제반 규정을 마련하고 있다.

그러나 남성 중심적 정치문화를 지닌 한국 정당은 여성이슈에 둔감할 뿐 아니라 실제 선거에서도 여성후보자 추천에 큰 영향을 주지 못하고 있다. 이와 함께 여성들은 경제력과 인맥, 정치적 경험, 조직력이 약하기 때문에 정당 내에서 취약한 위치에 놓여 있다(안태윤 · 서해정 · 김은선, 2010: 100). 정당은 여성의 대표성 확대와 관련하여 효과적인 리더십교육, 선거출마전략, 여성후보 발굴 작업 등 실제 정치에 참여할 예비여성후보군 양성에 사실상 제 기능을 다하지 못하고 있다는 평가를 받고 있다(최정원, 2008: 237).

2004년 개정된 〈정치자금법〉에 따라 정당은 국고보조금의 10% 이상을 여성정치발전비로 사용해야 한다. 그러나 이미 시행 초기부터 기금의 상당 부분이 여성의 정치교육을 위해서가 아니라 당의 여성국이나 여성위원회 인건비로 지출되고 있다는 비판이 제기되었다. 이 장에서는 정당제도의 개선과 여성정치인의 양성 및 역량 강화에 대해서 살펴본다.

1) 정당 내 제도 개선과 할당제 정착

> "정당에서의 비례대표는 단체장 선거의 당선을 돕는 조력으로서의 역할을 더 우선적으로 두고 있음. 그러다 보니 여성단체가 주장하는 젠더 전문성 또는 사회적 약자를 대변하는 입장, 다양한 사회적 공공성을 담은 가치보다는 여성후보가 어떤 조직을 더 많이 갖고 있는지, 정당에서 얼마큼 헌신봉사를 해 왔는지, 누가 다음 국회의원 선거에서 도움을 줄 수 있는지가 훨씬 더 중요한 선발기준으로 작동함. 물론 비례대표에 맞는 후보를 고르는 기준, 검증, 서류, 면접 등 전반적으로 취지에 대한 동상이몽, 위원회 구성 원칙, 심사의 객관적 기준 등은 기본 가이드라인 조차도 마련되어 있지 않음…. 앞으로는 정당의 민주주의를 어떻게 일굴 것인지를 고민하는 것이 필요할 것임"(임원정규, 2014).

정당을 통하지 않고는 의회 진출이나 목표한 정치적 활동을 효율적으로 해 나갈 수 없으며 지방의원의 경우에도 정당의 공천이 결정적인 역할을 하기 때문에 여성의 정치참여에 있어 정당의 역할은 매우 중요하다. 여성의 지방의회 진출을 늘리기 위해서는 정당활동 경험과 배경을 가진 여성후보군을 다수 확보하는 것이 필요하며 여성들의 정당 내 활동과 환경에 대해서 주목해야 한다.

그런데 정당 내에서 여성당원들은 여성위원회나 여성국과 같은 여성 관련 부문에서 활동하게 되고 제한된 경력과 인맥만을 쌓게 됨으로써 정당 소속 기간에 관계없이 주변부에만 머무르게 된다(이화영, 2007). 이러한 현실은 정당에서 여성들이 주요 당직 진출에 한계를 가지며 주요 당무나 국정운영에 영향력을 미칠 수 없게 되고 또한 여성들이 공천과정에서 배제되어 여성의 의회 진출에도 장애요인으로 남게 하는 결과를 가져왔다. 지방의회 상임위원회의 배정은 대체로 전문성, 지역, 경륜 등 여러 가지 기준이 적용되나 현재 여성의원 수가 소수이다 보니 여성의원들이 상임위원장이나 간사로 선출되는 경우가 적다. 또한 있다 하더라도 여성 관련 상임위원회에 몰려 있는 경우가 대부분이다.

여성들의 경우 지구당에서 비중의 정도가 적은 당직을 맡고 있으며 중앙당 차원의 당직을 맡는다 해도 형식적 수준으로 비중이 낮은 당직을 맡는 경우가 대부분이다(김원홍 · 이현출 · 배선희 외, 2012: 94). 그러다 보니 여성들은 공천과정에서 누락될 가능성이 컸고 그것이 현실로 작용하는 것으로 나타나고 있다(강현아 · 전진희, 2012: 144; 김원홍 · 이현출 · 배선희 외, 2012: 94-95). 따라서 주요 당직자에 일정 비율 여성을 포함시키는 주요 당직 여성할당제 도입정책을 의무화시키는 것이 필요하다. 여성의원들도 의장단과 상임위원장으로의 역할이 가능하도록 의장단 및 상임위원회 위원장에 여성을 할당하는 규정을 당헌 · 당규에 명문화하도록 해야 한다(김원홍 · 이현출, 2010: 215-216; 강현아 · 전진희, 2012: 144). 즉 정당 내 주요 공직에서 할당제를 정착시킬 수 있도록 해야 하며 이를 위반할 때에는 그에 상응하는 국고보조금이나 예산지원 규제 같은 벌칙규정을 두어 이행을 강제할 필요가 있다. 또한 "여성인재 영입과 양성을 위한 정당 내 여성정치인 발굴과 육성 시스템 구축, 멘토제도 운영, 당내 경선전략 강화, 여성정치인 경력지속 강화, 정당과 여성단체와의 네트워크 강화"(김원홍, 2014a: 32) 등도 필요하다. 이와 더불어 정치적 경력이 없거나 지역 기반이 미비한 여성의 경우 후보로 공천됨과 동시에 정당의 적극적인 지지를 바탕으로 선거를 치를 수 있도록 정당의 지원책이 구체화되어야 한다.

여성의원의 의원경력 지속성을 위한 방안 마련도 요구된다. 초선보다는 경력자로 의회활동을 할 수 있도록 비례대표 여성의원 중 의정활동에 있어 모범적인 활동을 한 사람의 경우 비례대표제 재선을 보장해 주거나 다음 선거 시 지역구에 당 우세지역에 일정 비율을 전략공천하는 정책을 도입하여 여성의원의 경력 지속을 유지해야 한다.

2) 정당공천제의 개선 : 여성친화적 정당공천 시스템 확립

선거는 대부분 정당을 중심으로 진행되며 선거를 통한 여성의 대표성 확보는 정당의 공천과 직결되어 있다. 지역구의 경우 주요 정당이 당선 가능한 지역에 공천을 했느냐의 여부가 후보의 당락을 결정짓는 중요한 요인이다. 특히 남성에 비해 조직력과 자금동원능력이 열세인 여성의 경우 주요 정당의 공천효과는 더욱 크다.

그동안의 선거결과를 보면 당선율에 있어서는 여성이 남성과 그리 큰 차이를 보이지 않는다. 그러나 여성후보에 대한 정당공천의 수가 적은데 이는 정치의 입문과 활동이 사회적 · 경제적 활동과 연계되어 있어서 남성에 비해 여성의 정치 진입이 어렵기 때문이다. 출마의지를 가진 여성의 경우에도 정당의 공천과정에서 여성에 대한 편견으로 당의 공천을 받기가 어렵다. 정당 내에 여성의 수가 적고 여성의 지위도 낮을 뿐 아니라 정당의 정책결정직 대부분을 남성이 차지하고 있으며 공천절차 자체가 여성에게 불리하게 되어 있는 것이다. 여성이 지역구공천을 받게 되는 경우는 대개 당에 오랫동안 공헌하여 당이 인정하거나 경선을 통해 인정받은 경우와 여성단체활동이나 다른 사회활동 경력을 인정받은 경우인데 대개 정당은 여성의 공천에 적극적이지 못하다(김병록, 2015: 311).

> "여성들이 보다 적극적으로 정치에 참여하여야 한다. 당에 열심히 봉사해도 공천과정에서 많은 불이익을 받는다"(경기도, 지역구, 50대).

그러므로 정치적 전문지식과 소양, 능력을 갖춘 여성정치인을 양성해야 하며 일정기간 중앙정치로의 진출은 여성정치할당제를 통해 주로 가능할 것이지만 동시에 선출직으로 당선가능한 지역에 여성을 우선 공천할 수 있도록 해야 한다. 정당공천제에 대해서는 여성의원들 간에도 "정당을 통한 후보검증의 필요성, 여성의 정치 진출 기회제공, 책임정치" 등의 이유로 찬성한다는 입장과 "건전한 선거풍토 조성, 소신 있는 의정활동, 주민을 위한 정치" 등의 이유로 반대하는 입장이 있다(이혜숙, 2014a: 156). 이처럼 정당공천제 찬반에 대해서는 여러 가지 쟁점들이 존재한다.

표 11-1 정당공천제에 관한 생각

정당 공천제 찬성	• 정당공천제가 없을 경우, 후보검증이 어려울 뿐만 아니라 여성의 정치 입문이 어렵기 때문에 • 지방의원이 인지도가 낮아 정당을 배제한 의원 간의 차별화가 되고 있지 않음. 정당 없는 투표는 인기투표나 묻지마 투표 및 지역 토호세력들의 당선확률이 높을 것으로 예상됨 • 변별력을 가질 수 있음. 책임정치, 정당에서 한 번 걸러주는 역할 필요 소명의식 등등 • 정당이 정책에 대한 책임을 지고 의원들에게도 책임 있는 정치활동을 권유할 수 있음 • 후보가 난립할 수 있고, 능력이 없는 사람이 당선될 수도 있음 • 여성의 정치참여 기회 부여 • 여성우선공천 등 정당공천과 관련한 여성배려 기반이 사라질 경우 여성의원 감소 우려가 있음 • 광역의원은 정당적 성향에 의해 움직여야 하는 경우가 많음 • 정치관계법에 의한 여성참여 의무조항이 정당공천제에 기반을 두고 있으므로, 만약 정당비례대표제나 지역구별 여성의무공천제가 없다면 지방의회 여성참여는 현재의 10% 수준일 것임 • 개개인으로 흩어져서는 정책이나 예산수립이 집단적 이해관계를 충족시키기 어려움 • 사전 1차적 검증기능이 있다고 봄 • 정당공천제 적극 필요. 그렇지 않을 시 무질서, 당 끼리의 싸움으로 번질 우려가 있음 • 기초의회는 주민과의 소통 봉사다. 지역의 현안 파악 등 준비되어 있는 후보가 필수적임

정당 공천제 반대	• 공천과정에서 1차 인물 검증을 한다는 부분에서 필요하나 원칙대로 되지 않는 경우가 많고 공천에 지역의 국회의원이나 그 외 여러 힘들이 작용하기 때문에 기초나 광역 의원 후보들의 맹목적 충성과 줄서기가 반복되는 경향이 있음 • 비례보다는 지역구의원으로 출마하는 데 여성공천우대제도를 활성화하면 좋겠으며 적극 선거운동에 대한 지원이 필요함 • 지역발전을 위해 일해야 할 지역일꾼들이 특정 정당이나 정파의 이익을 대변하거나 국회의원들의 눈치보기로 지역발전을 위한 정책제언을 할 수 없는 것들을 원천적으로 차단하기 위해서 • 광역의회는 정당의 책임정치이고 기초의회는 지역일꾼의 대표로서 당과의 독립적 활동을 통해 시장과의 정파적 거수기 역할을 하지 말아야 하기 때문 • 모든 정치가 주민들을 위한 것보다 정당의 이익이나 특정 줄서기에 매몰되어 제대로 된 풀뿌리 민주주의가 정착되지 못하고 있기 때문 • 기초의원의 경우 지역주민과 밀접하게 접하기 때문에 굳이 정당이 없이도 가능하다고 봄

자료 : 2014년 지방선거 광역시도 여성의원 당선자에 대한 설문조사(5장).

그러나 2014년 지방선거 광역시·도 당선자에 대한 설문지 조사에 따르면(5장) 기초의회와 광역의회의 정당공천제 필요성은 기초의회는 5점 만점에 3.58점, 광역의회는 5점 만점에 4.52점으로 모두 정당공천제가 필요하다고 보았고 광역의회의 정당공천제의 필요성을 더 높게 보았다. 정당공천제는 필요하되 정당공천제의 개선이 필요하다고 본 것이다.

> "공천 제도 및 방식의 개선과 함께 여성의 적극적인 정치참여 등을 위한 사회적 기반 조성 및 사회제도 변화가 필요하다. 남성과 다른 정치를 보여줄 수 있는 생각의 정립과 집행부에 맞설 수 있는 내공이 필요하다"(경남, 지역구, 50대).

> "여성이 정치에 더 많이 진출하기 위해서는 정당의 공천제도가 개혁되어야 한다. 당내 문화가 남성 중심이기 때문에 여성이 공천을 받는 것 자체가 상당히 어렵다. 중선거구제에서 각 정당의 여성공천율이 30%만 지켜진다면 지금보다는 훨씬 더 많은 여성이 지방의회에 진출할 수 있을 것으

로 기대한다"(부산, 비례대표, 40대).

한국적인 현실에서 사회적 합의가 가능한 선거제도 개선방향을 어떻게 잡아야 할지가 앞으로의 과제이겠지만 여성의원들도 정당공천제의 필요성을 인정하고 있고 여성의 정치세력화의 맥락에서 보아도 정당공천은 필요하다고 하겠다. 정당은 여성후보를 발굴하고 육성하는 데 노력해야 하며 이를 위해서 공정하고 투명한 공천시스템 마련이 중요하다. 공천권에 관한 지역위원장의 권한이 절대적이기 때문에 이를 합리적으로 제한할 수 있는 제도적 방안이 마련되어야 한다. 지역구 여성의무공천제 보완과 공천심사의 절차적 표준안을 제정해야 하고 여성친화적 공천심사제도 마련이 요구된다. 공천심사기준에 의정활동 실적을 반영하여 의정활동 우수의원의 재공천 등도 필요하다.

당헌에 규정되어 있는 공천관리와 관련한 사항들이 모호한 것이 많은데 이를 점수화하고 엄격한 서류심사를 통해 체계적이고 투명하게 심사하고 계파갈등 해소와 심사의 공정성을 보장해야 한다. 공천제도가 보다 체계화되고 세밀화되어야 하며(이진옥 · 김민정 · 문경희 외, 2014: 93-94) 중앙의 국회의원이나 당협 위원장의 영향이 미치지 않도록 해야 하며 지방자치 본연의 기능을 회복할 수 있도록 해야 한다. 여론조사방법이 공정하게 진행될 수 있도록 하는 제도적 보완도 필요하다.

공천심사위원회에 50% 이상의 여성의원참여 의무화와 당 우세지역에 여성후보 전략공천 확대가 필요하다. 이처럼 당내 영향력의 증대를 위한 제도적 장치가 마련되어야 하며 여성에 대한 정당의 적극적인 지지와 지원이 좀 더 구체화될 필요가 있다. 또한 여성정치후보자 육성과 발굴 작업뿐만 아니라 지역구 선출직에서 여성의원의 수적 확대를 위한 정당의 노력이 필요하다. 당선가능성이 낮은 지역을 중심으로 허울 좋은 '생색내기용 여성(token women)' 공천으로는 여성의 대표성 확대를 위해 아무런 실질적 효과를 이끌어 낼 수 없다. 실질적인 개선방안으로 당선가능성이 높은 지역에 여성후보를 공천하는 당헌 · 당규를 신설하는 것이 필요하다.

북유럽 국가들은 대부분 정당명부 작성에서 상향식의 공천방식을 택하고 있고 많은 여성들은 이른 시기부터 정당에서 활동하여 정당 내 지지기반을 탄탄하게 형성함으로써 공천을 받는다. 그러나 한국의 경우 현재 정당의 민주개혁의 일환으로 진행하고 있는 상향식 공천제도가 여전히 자금동원력과 조직동원력 등에 의해 좌우되는 결과가 많아 이 부분에서 열세인 여성들의 정치영역 진입에 결코 긍정적이지 않다는 입장이 있기 때문에(김원홍 · 김혜영 · 전선영 외, 2014: 281; 김민정, 2012) 여성들의 경우에는 별도의 여성정치할당제와 우대공천이 적용되어야 한다.

경선제도는 지역사회에서 인지도가 낮은 정치신인이나 여성들에게 불리하다. 조직력과 자금에 있어서 열악한 여성들이 당내 경선에서 당내의 기득권층과 싸워 이긴다는 것은 매우 어려울 뿐만 아니라 적지 않은 경선비용은 여성들의 출마의지를 약화시켜 버리기 때문이다. 특히 정치신인들은 인지도와 정보력, 당내 영향력이라는 측면에서 취약하기 때문에 경선을 통과하기가 쉽지 않다. 따라서 정치신인이나 여성들의 정치참여 확대를 위한 제도적 보완이 절실히 필요하다(김원홍 · 김인순 · 김은주, 2014: 97).

여성후보 가산점제도에 대한 당내 합의와 정당화에 대한 노력 강화가 필요하며 가산점제도의 개선이 필요하다. 여성 가산점제도는 본인 득표수의 10%이기 때문에 여성의 대표성 확대에 큰 영향을 미치지 못한다. 가산점의 기준을 본인이 득표한 수가 아닌 전체 선거인단 수 혹은 전체 유효표본을 기준으로 비율을 확정해야 한다(김원홍 · 김인순 · 김은주, 2014: 97). 이와 더불어 정당별로 유리한 지역구에 일정 비율의 여성후보를 공천하는 우세지역 여성후보 전략공천 비율 의무화가 필요하다.

3) 의정활동과 정치문화 개선

정치공간에서 여성들의 입지를 확대하기 위한 당내 민주적인 구조와 문화를 만들어 내고 이를 통해 남성 중심의 정치구조를 변화시키는 과정 또한 매우 중요하다. 여성정치인의 리더십이나 정치하는 여성들의 능력에 대한 편견이 존재하기 때문이다.

> "아직까지 우리나라에서 여성으로서 의원활동 하는 것이 매우 힘들다는 것을 느꼈으며, 특히 지역주민들이 여성의원이라고 조금은 무시하는 듯한 모습을 보이는 것에 대해 국민들의 의식이 많이 바뀌어야 하겠구나 하는 생각을 했다"(광주, 지역구, 50대).

> "한국의 정치적 여건 자체가 남성 중심으로 형성되어 있기 때문에 의정활동을 하는 현실에서도 상당히 가부장적, 남성 중심적 가치관 때문에 힘들 때가 많다. 특히 대구는 가부장적, 권위주의적 이데올로기가 상당히 온존하고 있는 지역이고 특정 정당이 오랫동안 정치권력을 독점해 온 지역이어서 이러한 조건들이 플러스되어 더욱 조건이 좋지 않은 상황이다"(대구, 비례대표, 50대).

> "의회 내 소수에 속한 여성의원 입장으로 남성의원과 부딪치거나 소수의 권익이 다수의 논리에 의해 무시되는 경우가 종종 있다. 예산편성에 있어 성인지 예산 등이 반영되었다고 하더라도 여전히 개발 중심의 논리가 예산편성에 있어 정치인 주장에 우위를 점한다"(경남, 지역구, 50대).

여성의 정치참여 확대를 위해서는 정치문화 개선과 정당민주화가 절대적으로 필요하다. 정당의 조직과 문화가 바뀌지 않은 상황에서 주요 정당의 여성인사 영입경쟁을 통해 정치권에 입문한 여성후보들은 자칫 정당개혁의 '선전용'으로 이용될 소지가 있다. 정당지도부의 이해관계를 바탕으로 영입된 인사는 의원으로서의 자질 부족과 의정활동에 있어서의 성과 미흡으로 여성의 대표성에 대한 국민들의 공감대 형성을 저해할 우려가 있다(윤이화, 2009: 83). 또한 여성의원의 수가 여전히 적어서 남성의원들은 여성문제에 대한 이해도가 약하다.

> "성인지 예산과 관련한 이해도가 남성의원들이 낮음에도 불구하고 이에 대한 대책이 없다. 남성의원들이 여성 관련 사업들에 대한 중요성을 잘 못 느끼고 있어서 정책반영에 힘을 받지 못하는 경우가 있다"(충남, 비례대표, 40대).

> "인구의 반을 차지하는 여성들의 숫자는 여성들의 정치참여가 1/3은 되어야 하는데 시의회 같은 데는 35명 중 여성이 3명 정도이기에 항상 남성의원 속에 파묻혀 있다(비례까지 합쳐서). 여성들의 목소리에 남성들의 호응도가 약하고 도와주지 않기 때문에 여성의 목소리는 파묻혀 버릴 수밖에 없다"(인천, 비례대표, 60대).

따라서 여성의원들에 대한 교육뿐 아니라 남성의원들에 대한 성평등 및 성인지 교육이 중요하다고 하겠다. 남녀 지방의원들 전체에 대해 성인지적 의정활동의 활성화를 위한 의회운영방식 개선과 정기적인 성평등교육을 실시하는 것이 필요하다.

2. 여성정치인 양성과 역량 강화

1) 여성정치인 양성

지역여성들은 이제 더 이상 조직화의 대상이 아닌 정치의 주체가 되어야 한다. 여성은 정치영역에서 수동적인 위치에 있었으나 이제는 여성이 생활정치의 적임자임을 자임하며 적극적인 자기 표현과 참여를 통해 지방정치에 참여해야 한다(이종엽, 2007: 42). 또한 여성의 정치세력화와 관련하여 자격을 갖춘 여성이 들어가서 제대로 된 의정활동을 통해 여성정책을 만들어 내고 돈 선거, 지역 선거 등 잘못된 정치문화를 바꾸어 나가고 깨끗한 정치문화를 만들어 내야 한다.

여성이 정치참여를 하기 위해서는 정치란 할 만한 가치가 있고 자신이 성공할 수 있는 자질을 갖추고 있다는 신념이 있어야 한다. 여성의 권리에 대한 관심과 동기도 정치입문 계기로 작용한다. 2014년 지방선거 광역시·도 여성당선자 설문지 조사(5장)에 의하면 여성의 정치참여를 저해하는 장애요인에 대해 여성의원들은 '여성 본인의 적극적인 도전의식 부족'을 중요하다고 보았다. 실제로 여성들의 정치에 대한 관심이 정치사회화 과정을 통해서 형성된다고 볼 때 여성이 정치에 적합하지 않다는 사회문화적 환경 속에서 여성들이 적극적인 도전의식을 갖기는 쉽지 않다.

정치사회화란 개인의 정치적 태도와 행동이 형성되는 과정을 의미한다. 그것은 개인이 속하고 있는 사회의 정치문화와 관련되며 개인의 경험과 성격과의 상호작용에 의해 결정된다. 무엇보다도 여성에게 정치, 정당, 후보 등에 대한 충분한 정보가 제공되어야 한다. 남녀 간에 나타나는 매체, 후보와 정당에 대한 정보, 그리고 선거 및 정치 관심에서의 차이가 여성의 정치참여와 정치세력화를 방해하기 때문이다. 그러므로 지역에서도 여성의 정치참여 확대를 위해서는 적극적인 준비와 도전의식을 가진 여성후보자의 발굴과 양성이 중요하다.

> "여성들의 목적의식과 강한 의지가 중요하며 함께 모아내는 힘 역시 중요한데 아직 그러한 부분들에서 남성들에 비해 많이 부족하다 느낀다. 정치와 사회운동은 다른 영역이라는 것을 경험하고 있다"(경남, 비례대표, 40대).

> "더 많은 여성의원들이 정치에 참여하면 좋겠으나 준비도 되어 있지 않은

상태에서 무조건적으로 여성이라서 정치에 참여한다는 것은 문제가 있다고 생각한다. 좀 더 많은 준비와 노력이 필요하다고 생각한다"(광주, 지역구, 50대)

"여성으로서 도전의식도 필요하고 전문지식도 필요하다. 우리나라의 정치 힘차게 여성의 힘으로 정화해야 한다"(세종, 비례대표, 50대).

개인의 선택에 따른 여성의 정치 진입이 필요하지만 운동의 조직적 힘과 주도권 행사를 통한 여성의 정치 진입 조건의 마련을 위한 방안이 필요하다. 지역정치의 어려움은 인적 자원의 불균형에서 비롯될 수 있다. 중앙은 학교, 조직, 연구기관, 단체, 기업 등 다양한 영역들 간에 서로 연결고리가 많은 반면 지역여성들은 도움을 주고받을 장치가 늘 부족한 실정이다. 그 결과 지역은 여성정책전문가, 여성운동가, 정치후보자를 배출할 기회가 활발하지 못하며 이는 다시 지역발전을 어렵게 한다(임우연, 2007: 77). 따라서 정치적 전문지식과 소양, 능력을 갖춘 여성정치인을 지역현장에서 양성해야 한다. 전반적으로 지역은 여성정치후보자를 배출할 기회가 활발하지 못한 실정이지만 어떤 의미에서는 지역여성이 그동안 주변화되었고 비가시화된 측면도 있다. 그러므로 정당별로 여성정치인 육성 및 발굴 시스템 구축이 중요하다.

여성정치인 양성 교육프로그램이 정착되기 위해서는 재정 지원의 현실화, 프로그램 추진에 대한 정치적 지원 현실화, 여성정치인들의 참여의지, 교육과정의 만족도, 교육대상자 발굴 및 참여 유도정책의 현실화가 필요하다(문순덕 · 김진호, 2011: xii). 정치적으로 성공한 여성정치인에 대한 다양한 역할 모델을 제공함으로써 여성정치인의 성공에 대한 인지와 함께 적극적 도전의식을 갖게 함으로써 차세대 여성들이 정치에 관심을 가지도록 해야 한다.

> “여성의 정치참여와 정치세력화를 확대하기 위해서 가장 중요한 것은 여성들의 강력한 도전의식이라고 생각한다. 남성 중심의 정치영역에서 도전하지 않으면 어서옵쇼라고 할 상황은 절대 만들어지지 않을 것이기 때문이다”(대구, 비례대표, 50대).

> “한 번 비례하고 지역구 출마하지 않으면 무슨 소용 있습니까. 여성이 정치에 참여할 수 있는 발판으로 삼아야 할 것이다”(세종, 비례대표, 50대).

> “우선 여성 본인이 깨어 있어야 하며, 주어진(남성들에 의해) 환경에 안주해선 안 된다. 능력, 도전의식, 열정 등 모두 갖추고 당당히 나서라고 말하고 싶다”(경기도, 지역구, 50대).

예를 들면 ‘여성정치아카데미’ 같은 것을 통해 실질적인 정치교육프로그램을 운영할 수 있는 것이다. 여성정치아카데미는 여성정치지도자 양성을 위한 기초교육을 제공하고 교육과정의 심화를 통해 전문적 여성정치인을 양성하여 대안적 여성정치지도자를 배출할 수 있다는 점에서 중요하다. 특히 차세대 여성지도자 양성이 중요하며 이를 위한 인적 · 물적 지원제도가 필요하다. 적극적인 도전의식과 정치적 능력, 전문성 배양을 위한 교육이 필요하고 준비된 여성들을 정치의 장으로 인도하는 정당의 역할이 보다 강조되어야 하며 인턴십이나 프로그램 개발이 중요하다. 예를 들면 인턴제 실시는 차세대 여성지도자에게 정치현장에서의 경험을 쌓게 해 줌과 동시에 여성정치지도자의 멘토십을 통해 차세대 인력 양성을 확대할 수 있을 것이다(이은하, 2005: 94). 이를 위하여 정당은 지역대학과 연계를 가지고 여대생들이 정당에서 인턴으로 실습하는 경우 학점으로 인정해 주는 제도 마련도 고려해 볼 수 있다. 다음은 열린우리당(현재의 ‘더불어민주당’)의 우리여성리더십센터의 교육자료에서 나온 리더에 대한 내용이다.

표 11-2 리더의 몇 가지 체크 포인트

1) 나에 대한 이해를 충분히 하라.	• 자신의 핵심가치와 장점, 단점을 충분히 파악하라. • 예상후보와의 비교우위에 대해 생각해 보라. • 나는 왜(무엇을 대변하기 위해) 이 선거에 나왔는가를 30분/10분/1분용으로 만들어 보라. • 내가 꼭 선거에 나와야 하는 이유는 무엇인가? • 나의 슬로건은 무엇인가? • 나는 선거를 치를 만큼 충분한 체력을 유지하고 있는가?
2) 해당 지역의 다음 지방선거의 핵심쟁점을 파악하라.	• 출마 예상지역의 지역적 특징은? • 지역의 최대 현안은 무엇인가? • 숙원사업은 무엇인가? • 주민들이 여당에 바라는 바는 무엇인가? • 현대 지방자치단체장이나 지방의원에 대한 주민들의 생각은?
3) 자신이 동원 가능한 힘에 대해 체크해 보라.	• 당신은 선거를 치를 충분한 조직을 가지고 있는가? • 선거비용문제는 어떻게 해결할 것인가? • 당신이 소속하고 있는 단체들은 당신을 얼마나 지지할 것인가? • 당신에 대한 언론 환경은 어떠한가? • 지인들에 대한 연락처는 잘 관리되어 있는가?
4) 자신의 리더십 스타일을 분석하라.	• 당신의 리더십 스타일은 어떠한가? • 사람들은 당신을 리더로 인식하고 있는가? • 당신의 지역발전과 국가발전의 비전은 무엇인가? • 당신은 말로써 사람들을 설득하고 감동시킬 수 있는가?

자료 : 우리여성리더십센터(2005 : 102-103).

이와 더불어 여성들의 정치적 경험의 축적과 이를 통한 후보 발굴과 훈련의 장기적인 계획을 수립해 선출직의 폭을 넓혀야 할 것이다. 좀 더 심화된 여성정치인 양성 프로그램이 실시되어야 하며 여성후보 지역구 개척을 위한 지원 프로그램 운영이 필요하다.

한편 교육과정을 이수한 사람들이 서로 정보를 교환할 수 있는 기회를 제공하고 선거자원봉사활동이나 의정모니터링, 자치단체모니터링 활동 등 정치현장에서 활동할 수 있는 통로를 제공하려는 노력도 필요하다. 이를 위하여 교육을 이수한 사람을 체계적으로 관리하기 위한 인력은행제도의 도입이 요청된다. 또한 재교육의 기회를 제공하여 정치에 대하여 지속적으로 관심을 가지도록 한다. 아울러 정당이나 사회단체에 관련 인력에 대한 정보를 제공하여 교육이수자가 실제 정치현장에 접근할 수 있는 네트워크를 조성해 주는 노력도 필요하다.

표 11-3 여성지도자의 자세와 요건

방향설정	• 부처업무와 관련해 올바른 비전을 제시하고 있다. • 창의적인 아이디어를 제시하는 리더다.
방향설정	• 항상 문제의식을 갖고 개선가능성을 본다. • 부서 간의 다양한 의견을 수렴해 공감대를 이끌어 낸다.
결단력	• 모호하지 않고 한 번 결정하면 즉시 실행에 옮긴다. • 맡은 일에 대한 책임감이 강하다. • 갈등과 대립의 순간에 용기 있는 결단을 내린다. • 경쟁을 즐기며 경쟁할 수 있는 자체를 기회로 본다. • 직접 챙기는 일은 빈틈없이 치밀하게 처리한다. • 융통성이 있어 급박한 상황에서도 여유 있게 대응한다.
추진력	• 조직을 원하는 방향으로 이끄는 능력이 있다. • 리더로서 신뢰를 준다는 평을 듣고 있다. • 계획수립과 실행과정에서 전략적 사고능력을 보여준다. • 부처의 주요 정책 Ⅰ, Ⅱ
대인관계	• 커뮤니케이션(연설, 발표, 혹은 설득 등) 능력이 탁월하다. • 국회 · 언론 등 조직 외부와 원활환 관계를 유지해 부처이익을 잘 챙긴다. • 언행에서 겸손한 리더라는 평을 듣는다. • 속마음을 털어놓는 직설적인 성격이다.
가치관	• 도덕 · 윤리적으로 깨끗하게 처신한다. • 다른 사람의 실수를 포용하고 인격을 존중한다.

자료 : 우리여성리더십센터(2005: 20-21).

2) 여성후보 지원과 선거전략

선거에서 여성은 자금이나 조직력 면에서 뒤질 수밖에 없기 때문에 들러리로 전락할 수 있다. 여성의원들 사이에 "정치하는 것보다 선거가 더 어렵다."(조현옥 · 오유석, 2006: 61)는 말이 돌 정도이다. 여성정치인에 대한 편견, 열악한 자금력과 조직기반, 지역구 관리의 어려움 등을 극복해 갈 수 있는 훈련이 필요하며(김원홍 · 이현출, 2010: 217) 이를 위해서는 선거에 직접적인 도움이 될 수 있는 교육프로그램이 중요하다.

지역구 출마 여성후보자가 목적을 달성하기 위해서는 지역구 유권자의 지지를 획득해야 한다. 지역구 유권자의 지지를 획득하기 위해서는 무엇보다도 유권자가 누구이며 유권자의 요구가 무엇인지 파악하는 것이 필요하다. 이러한 지역구 민원파악은 평소 지역사회활동에 참여하거나 혹은 지역주민과의 접촉이나 지역구 내의 주요 이슈들을 제공해 줄 수 있는 이른바 '자문 전문가' 그룹을 형성하여 수행할 수 있을 것이다(박재규 · 김원홍 · 조선미 외, 2009: 186).

2014년 지방선거 광역시·도 지역구 여성당선자의 선거공보 내용(4장)을 검토해 보면 슬로건에서 젠더 전략을 많이 사용하고 있고 특히 모성정치를 강조하는 젠더 전략을 중요하게 사용하고 있다. 여성후보 홍보전략에 대한 것으로 중앙정치와 지방정치에 따른 후보 진출의 차별화된 전략이 필요하다는 입장과 지방정치와 중앙정치의 구분 없이 여성의 참여가 필요하다는 단일논리를 개발해야 한다는 입장이 있다(김경애, 2001: 167). 지방자치가 생활의 문제를 다루는 공간이기 때문에 여성들의 정치참여가 유리하다는 것은 생활의 일차적인 담당자를 여성으로 규정함으로써 성별 분업에 기반한 성역할 고정관념을 더 공고히 할 수 있다는 문제제기를 할 수 있다. 여성들이 지방자치에는 잘 맞고 중앙정치 무대에는 적당하지 않다고 생각될 여지가 있기 때문이다. 여성이 중앙정치 무대에는 적당하지 않고 생활정치를 다루는 지방의회 공간에만 적합하다고 보아서는 안 될 것이므로(허강숙, 2009: 22) 여성의 정치참여 당위성에 대한 보편적 담론의 개발과 관련하여 볼 때 앞으로도 이러한 젠더 전략이 유효한지 등에 대해서는 좀 더 논의가 필요하며 새로운 선거전략을 모색해야 할 것이다.

정보화 시대 여성의 정치참여 기제로서 SNS는 중요한 역할을 수행하고 있는데 여성은 남성에 비해 정치정보 유통의 경로가 인터넷 커뮤니티나

SNS 소셜미디어 등을 더 많이 이용하고 있으며 비관습적인 정치에 더욱 적극적인 것으로 나타났다(송경재, 2014). 여성의 정치참여 및 정치세력화를 위해서 SNS의 활용방식에 대한 보다 적극적인 관심이 필요하다. e-카드 보내기 운동, e-사인운동, 사이버 멘토링 시스템 구축, 사이버 토론장 개설 등 첨단 캠페인 기법을 사용하는 선거전략을 통해 여성의 정치세력화를 꾀하여야 한다. 매니페스토는 구체적인 목표가 확실한 정치, 명확한 평가가 가능한 정치, 구체적인 정책집행을 담보하는 정치를 실행하는 도구로서 중요한 역할을 한다. 그 역할이 일반공약과는 다르게 선거공약의 목표치를 구체적이고 확실하게 내세워 실현을 위한 재정적 근거와 로드맵을 구체적으로 제시하고 한국의 정치문화, 선거풍토를 정책경쟁의 장으로 발전시키고자 하는 데에 있다(김원홍 · 김혜영, 2009). 여성의제와 지역의제 관련 공약을 매니페스토로 정리해서 검증이 가능할 수 있도록 해야 할 것이다. 이외 낙선자에 대한 관리도 중요하다. 근소한 차이로 떨어진 여성후보들을 독려해서 다음에 다시 출마하게 하는 일이 중요하다.

3) 여성의원의 역량 강화

> "의정활동의 어려움을 의논하고 자문해 주는 전문적인 그룹이나 관련 전문가와의 접촉도 강구해야 할 숙제다"(강원, 비례대표, 50대).

> "광역이든 기초든 여성비례대표의 질적 수준이 현저히 낮아 질 높은 의정활동을 하기엔 역량이 부족하다. 이러한 현상은 여야를 막론하여 모두가 해당되는 문제다. 지방선거에서 비례대표 선발이 정치논리가 아닌 전문가를 영입하여 분야의 내용을 담보한 의정활동이 이루어질 수 있도록 해야 하는 문제가 시급하다"(전북, 지역구, 40대).

여성의원들이 겪고 있는 어려움으로 "남성 중심 관행 및 비공식 단위 의사결정, 사회적 지지 네트워크의 부족, 정치현장경험의 부족"(양민석, 2015)이 지적되고 있다. 이는 실제로 2014년 지방선거 광역시·도 여성당선자에 대한 설문지 조사(5장)에서도 잘 나타나고 있다. 여전히 여성의원의 숫자가 적고 가부장적 문화, 정치판의 파벌주의, 사회적 지지기반의 부족 등으로 여성의원들은 어려움을 겪고 있다.

여성들은 경제력과 인맥, 정치적 경험, 조직력이 약하기 때문에 정당 내에서 취약한 위치에 놓여 있다. 실제적으로 지구당, 동료 당원들과의 관계를 어떻게 해야 할지 고민하고 있고 정당활동에 있어서도 남성들의 보조적인 역할만 주어지는 성차별적 업무에 실망하기도 한다. 정당 내의 활동과 관련하여서는 위원장의 공천 기준이 자신의 후속선거를 위해서 표밭 관리를 잘해 줄 사람을 찾는 데 맞추어져 있고 그런 면에서 여성은 충성도가 약하다는 선입견 등 공천심사의 기준이 불투명하고 불합리하며 편파적이라는 지적이 있었다(안태윤 · 서해정 · 김은선, 2010: 91-100).

그러므로 여성정치인의 전문성 확보 및 정치적 역량 수준을 끌어올릴 필요가 있다. 여성의 정치참여 확대과정을 살펴보면 제도적 변화도 중요하지만 당선된 여성의원이 의회에서 적극적인 의정활동을 전개하고 능력 있는 정치인으로 검증되면서 정당이나 유권자들이 여성정치인을 지지하게 되는 것이다(김명숙, 2015: 95). 여성의원들도 정치적 능력 및 전문성 배양, 적극적인 도전의식을 중요하게 보았으며 그 외 적극적인 의정활동을 중요하게 보았다.

"의원 한 분 한 분이 책임의식을 갖고 의정활동을 해야 한다고 생각한다. 공부를 많이 해서 제안도 많이 해야 한다. 자기도 바꿀 만큼 과감한 정치를 해야 할 것이다. 기존의 틀을 바꿔서 현장에서 짚을 것은 확실히 짚는 과감한 정치, 창조정치가 필요하다고 본다"(울산, 비례대표, 50대).

"선거에 2번 도전하여 2번째 당선되었다. 여성이기에 유권자들에게 다가

가기는 쉬우나 남성후보처럼 적극적인 지지층이 부족한 면이 무엇인가 파악하려 노력을 하였고, 다행히 찾아내었다. 그래서 2014년 부족한 면을 보완하여 당선될 수 있었다. 의정활동은 여성이라기보다는 의원 개개인의 성향이 많이 좌우한다고 생각한다. 적극적인 도전정신과 상대를 파악하고 접근하면 의정활동은 자연스럽게 잘되리라 생각한다"(경기도, 지역구, 40대).

"의정활동은 초선이라서 업무보고, 결산심의, 조례안 등 활동을 했지만 이제야 조금 알 것 같다. 많은 것을 배우고 열심히 활동해서 지역주민 현안과 도정의 견제 역할을 잘해 보겠다"(제주, 비례대표, 50대).

의정활동에 사용하는 시간이나 출석률 면에서 여성의원들은 적극적으로 의정활동을 하고 있고 이런 과정을 거치면서 여성의원의 수가 늘어날 것으로 기대하고 있다.

"여성으로서 특혜를 받으려고 공천 비율만 높여서는 안 된다. 능력과 자질을 키울 수 있는 기회를 많이 만들어 주고 당당한 경쟁구조에서 당선돼야만 자신 있게 의정활동을 할 수 있다. 자질부족의 여성의원이 비례나 특혜로 인해 당선된다면 오히려 열심히 해 온 선후배의원들에게 피해를 줄 것이다. 사전에 정당활동과 정치, 지역 상황에 대한 더 많은 교육과 훈련이 필요하다"(경기도, 지역구, 40대).

"여성이라고 해서 위축되고 소극적인 자세를 지니는 것이 아니라 한번 먼저 다가가는 적극적인 자세로 시민들이 고객이므로, 고객만족을 위해서 열심히 해야 한다고 생각한다. 남녀 구분할 것 없이 정당활동은 봉사활동이기 때문에 각 의원들은 지역발전, 나아가서는 국가발전에 이바지할 수 있도록 최선을 다해야 한다"(울산, 비례대표, 50대).

“남성후보자보다는 더욱 열정을 보여야 했다. 상대경쟁자가 있는 경우는 더욱 그렇게 한다. 본인의 경우는 비례로서 남녀 함께 선택되었고 선출직 구의원과 시의원을 지지하도록 정당이 선거유세에 합류하여 폭넓은 지역과의 현안사업을 인지하며 다녔고 그 결과 의정활동 중에 우선순위에 역점을 두고 있다”(인천, 비례대표, 50대)

여성들은 의회 내에서 소수이고 주변화된 집단으로 취급받기 때문에 여성들이 정치인으로 자신의 영향력을 확보하기 위한 전략으로 가장 많이 활용하는 것이 ‘전문성’이다.

“지방의회 진출을 목표로 한다면 다양한 교육의 기회를 통하여 자신을 연마하여야 한다. 봉사로서 지역주민에게 인정을 받는다 해도 정치참여를 하게 되면 많은 경험을 갖춘 상대후보와 경쟁을 하여야 하고 당선 이후에 기다리고 있는 현안사항을 자력으로 판단하고 입법 내지 조례개정 등 수많은 과제를 해결해야 의정을 수행할 수 있다. 1981년 민주정의당에 입당하여 34년간 지역과 호흡하고 법학을 전공하며 8년간 학업을 재정비하였다. 정치에 뜻을 두기 전 공부와 함께 바른 인성을 연마하는 것이 필요하다”(인천, 비례대표, 50대).

“처음 출마하는 정치인으로서 부족함과 선거의 두려움도 있지만 평소 공평성 있게 회사운영도 하며 CEO라는 리더의 경험을 바탕으로 정치입문을 하게 된다면 여성의 섬세함과 삼성전자에서 많이 공부하고 경험한 참다운 변화로 발전의 의지 또 연구하는 자세로 좋은 장점을 끊임없이 노력하여 여성의 힘으로 경제 경영 더 잘할 수 있도록 자긍심을 알려 드리고 싶다. 항상 노력하는 삶의 자세를 지향해 왔으며 세상의 어떤 일도 노력하면 반드시 이룰 수가 있다는 신념으로 최선을 다하겠다”(울산, 비례대표, 50대).

"여성으로서 정치에 참여한다는 것이 어렵고 힘든 일이지만 주민들을 위해서 봉사한다는 생각을 가지고 참여한다면 더 많은 여성의원들이 나올 것이라고 생각한다"(광주, 지역구, 50대).

"여성도 전문적인 지식을 갖추고, 정당활동에 더 적극적이어야 한다. 각 정당에서 전문영역의 여성들을 비례대표로 추천하는 경우가 많고 정당활동을 활발히 하는 여성에게 지역구공천을 주는 경우가 많기 때문이다. 정치는 남의 일이 아니라 내 일이라는 의식으로 꾸준히 정당활동에 참여하고, 정당에서 자기 목소리를 낸다면 여성의 공천 비율은 지금보다 나아지리라 생각한다"(부산, 비례대표, 40대).

실제로 여성의원들의 학력은 매우 높아서 대학원졸 이상이 상당수를 차지하고 있다. 자신의 영향력을 확대하기 위한 전략으로는 전문성 기반으로 연대와 연합, 그리고 토론과 합의를 통해 좀 더 적극적이고 능동적으로 관계를 형성하고자 한다(이아미, 2006).

2014년 지방선거 광역의회에 당선된 여성의원의 설문지 조사(5장)에 의하면 여성의원은 여성후보로서 유리했다고 보는 쪽이 많았는데 그 이유로 '정당의 특별지원'을 들고 있어서 정당의 역할이 중요함을 보여준다. 그 외에는 여성의 꼼꼼하고 세심한 이미지를 들었다. 의정활동 면에서는 '유리하다'고 보는 비율이 많았는데 특히 비례의 경우가 많아서 이는 여성정치할당제의 효과를 의미한다고 하겠다. 여성후보자로서 불리하게 작용한 점으로 '남녀유권자의 여성차별 의식'과 '조직능력의 취약성'을 들고 있다. 또한 여성의원의 숫자가 적고 가부장적 문화, 정치판의 파벌주의, 사회적 지지기반의 부족 등으로 여성의원들은 어려움을 겪고 있다.

지방선거 출마 이전에 지방자치나 여성의 정치세력화, 여성의 리더십에 대한 강의나 교육을 받았지만 향후에도 여성의원의 전문성 향상을 위한 교육프로그램이 필요하다고 보고 있는데 이는 여성의원의 역량 강화를 위한 다양한 프로그램이 매우 필요함을 의미한다. 2012년 경남지역의 설문지 조사에 따르면 83.3%의 여성의원들 대부분이 다음 지방선거에 재출마할 의향을 지니고 있는 등 적극성을 띠고 의정활동을 하고 있다(이혜숙, 2014a: 129). 이러한 여성의원의 적극성이 경력단절로 이어지지 않도록 지속적인 관심과 지원이 이루어져야 하며 중견 여성정치인을 양성해야 한다.

이와 더불어 여성의원 의정활동에 대한 홍보지원이 필요하다. "여성의원으로서 힘은 약하게 보일지 모르지만, 도민들의 세세한 부분까지 아파하고 약자들이나 서민들의 고충을 반영하려고 노력한다."(경남, 비례대표, 60대)는 말처럼 여성의원은 남성의원에 비해 의정활동에 성실하며 지역주민의 생활과 직접 관련된 이슈에 보다 관심이 높고 관련 의정활동도 활발한 것으로 나타나고 있다. 그러나 이러한 장점들을 충분하게 설명하고 지역주민에게 홍보하는 것이 현실적으로 쉽지 않기 때문에 이를 지원할 수 있는 방안 모색이 필요하다(박재규 · 김원홍 · 조선미 외: 2009: 190-191).

3. 여성조직과 네트워크

1) 여성조직

여성의원들이 활용할 수 있는 자원은 스티븐스가 "안전한 공간(safe space)"(스티븐스, 2010: 272)이라고 본 여성조직활동의 확보이다. 동료 여성의원들이 존재한다는 사실은 여성의원들이 남성 동료와는 다른 자신들의 관심 있는 의제에 대해 행동을 취할 수 있는 중요한 전제조건이 된다.

여성조직은 정당 간, 때로는 성별 간 협력이 가능한 여지를 제공할 것이며 여성친화적 제도를 증진하고자 하는 사람들에게는 유대감과 신뢰감을 제공한다. 젠더화된 제도정치의 내부에 존재하는 "여성을 위한 제도적 피난처"(스티븐스, 2010: 272)는 궁극적인 변화를 불러오는 데 임계량의 달성보다 더욱 효율적일 수 있다.

여성조직의 예로는 미국의회 내 여성 코커스(Women's Caucus)와 영국의 여러 지방자치단체에 설치된 여성위원회(Women's Committees) 등을 들 수 있다. 이들은 적극적이면서도 가시적인 활동을 전개하였다. 한국의 경우 각 정당 내에 여성위원회 혹은 여성의원협의회를 두고 있어서 여성의원들의 조례 발의 등을 함께 연구하기도 한다. 2014년 지방선거 광역시·도 여성 당선자 설문지 조사(5장)에서도 이러한 여성위원회 조직에 대해서 48.4%의 여성의원들이 필요하다고 보았다.

그러나 여성 개개인이 가진 조건의 차이, 문제의식과 소속정당의 당론의 차이 등 때문에 연대하는 것이 쉽지 않다(안태윤 · 서해정 · 김은선, 2010: 93). 이러한 조직의 약점을 스티븐슨은 "여성의 이해관계와 관련된 사안을 다루는 데 있어서 정치시스템의 다른 부분이 실패한 것을 정당화하는 것으로 비쳐질 수 있다는 점, 남성이 포함된 경우에도 남성들은 당혹감을 느끼거나 때로는 위협을 느끼게 되어 손을 떼는 경향이 있다는 점, 관련 여성들도 여성위원회의 내부 업무에 매몰되어 외부와의 소통에 실패할 수 있다는 점. 이들 조직은 종종 정당지도부의 선의에 의존하여 명맥을 이어가는 경우가 있다."(스티븐스, 2010: 275)라고 지적한다.

여성조직들만의 분리활동은 여성의원들 간의 연결에 방해가 될 뿐 아니라 정당 내 여타 부서의 남성의원들과도 유리된 경험을 가져오기도 한다. 여성들만의 조직활동이 조직 전체를 조망하는 주요 리더로서의 훈련에 있어 남성들에 비해 한계를 가지며 여성들의 네트워크 형성에 장애가 될 수 있다는 점이다. 즉 "여성들의 경험을 협소하게 하고 남성들과의 전략적인 네트워크 구축에도 장애가 된다."(이화영, 2007: 195)는 지적이다. 그렇지만 전체 조직과 고립되지 않는 범위라면 여성이슈에 대한 공감대 형성을 하기 쉬운 여성조직의 활동은 중요하다고 하겠다.

2) 네트워크와 여성

여성의원의 경우 당내에서의 역할만으로는 힘을 갖기 어렵다. 당 외부에서 뭔가 인적인 풀을 만들고 전국적인 네트워크를 갖추어야 한다(서헌주 · 김경숙 · 송미영, 2010; 김은희 · 김민정 · 오유석, 2013: 29).

(1) 네트워크

네트워크란 일반적으로 여러 지점들 간의 연계체계 또는 연계유형을 의미하는데(심재호, 2000: 153), 시스템을 구성하는 단위인 개인 또는 집단들 간의 유형화된 일련의 관계로 정의할 수 있다. 네트워크는 내부의 구성원들에게 정보의 배분과, 조직과 개인들의 연결 서비스를 제공하기 위해 구성되는데 조직보다 덜 위계적이다. 네트워크는 자율과 협력을 기본으로 개체와 집단이 유기적 조화를 구축하는 관계망이다(최배근, 2003: 8).

이처럼 네트워크는 행위자들이 서로 교류하고 관계를 맺는 사회적 공간인데(지충남, 2007: 173) 다양한 목적에 따른 다양한 구조를 가지고 있으며 형태는 사례와 상황에 따라 공식적일 수도 있고 비공식적일 수도 있다. 네트워크는 첫째, "네트워크의 구성단위가 개인 수준인가, 단체(조직) 수준인가? 즉 네트워크가 개인별 차원에서 형성되는 것인가? 또는 관련 단체들 간에 이루어지는 것인가 아니면 네트워크가 그 중간적 성격인 개인과 단체가 연계된 것인가? 둘째, 네트워크 활동이 상시적 수준인가 아니면 일시적 수준인가? 셋째, 네트워크 조직이 전국적인가 아니면 지역적인가? 넷째, 네트워크를 구성하는 행위자 간의 연계행태가 협력적인가, 갈등적인가, 아니면 무관심형인가?"(서헌주 · 김경숙 · 송미영, 2010) 등으로 나누어 볼 수 있다.

(2) 여성정치네트워크

"지역문화가 발달하다 보니까 실질적으로 여성의원들이 그 속에 들어가지 못해서 중요한 정보를 공유하지 못하지 않았나 싶다"(박진경, 2014: 36).

"남성의원들은 주민자치위원들과 주로 술로 맺어진 끈끈한 관계를 유지하고 있다. 우리 여성들은 대개 술을 잘 못해 잘 끼지 못하기 때문에 그만큼 실력으로 승부를 해야 한다고 생각한다"(박진경, 2014: 36).

여성들은 네트워크 면에서 남성들보다 불리함을 겪고 있다(황영주, 2006; 박진경, 2014: 31). 여성의 사회적 지지기반 부족과 관련하여 여성정치인들을 지원하고 지역 공통문제를 공유할 수 있는 네트워크 구축이 필요하다. 여성의원들은 학연 · 지연 · 혈연에 취약하기 때문에 여성의 정치세력화를 위해서는 여성정치네트워크가 중요하다(박진경, 2014). 여성의 정치권 내지 제도권 진입뿐 아니라 정치권 진입 후의 여성정치인에 대해 지속적인 지원이 필요한데 이를 위해서는 여성정치네트워크의 형성이 중요한 것이다. 여성정치네트워크는 여성들 자신이 할 수 있는 여성단체조직이나 여성운동, 국제적 활동 등을 집단적 또는 조직적으로 네트워크를 결성하여 이들이 개인적인 차원의 조직적인 참여를 가능하게 해 주며(서헌주 · 김경숙 · 송미영, 2010: 208-209) 정치권 내지 제도권에 진입 이전 단계에 있는 잠재적 여성정치지도자들에게 좀 더 폭넓은 관계형성과 정치적 교육, 학습의 기회와 장을 제공하는 역할을 한다.

이러한 여성정치네트워크는 정치권 내지 제도권에 진입한 여성정치지도자들의 의정활동과 지역활동의 지원을 위한 배경이 된다. 시민단체나 여성단체네트워크의 정책적 · 조직적 지원을 받는다면 해당 지역의 여성관련 의제형성 등에 있어서 크게 도움을 받게 될 것이며 아울러 이를 통하여 여성정치지도자 자신의 전문성과 자질을 크게 향상시킬 수 있을 것이다. 여성정치네트워크는 각종 수준의 선거를 통한 정치과정에서 개인적 차원이나 조직 차원에서 영향력을 얻기 힘든 여성 관련 이슈 등을 의제화시키는 데 있어서도 중요한 역할을 할 수 있다. 실제로 여성의원들도 네트워크의 절실함을 크게 느끼고 있다.

"여성의원들이 때론 경쟁이 불가피하기도 하나 여성의원들끼리 자주 만나고 선후배적 관계로 지내면 큰 도움을 받게 되기에 서로 챙겨주려는 노력이 있어야 한다"(박진경, 2014: 43).

"우리 여성의원들이 뭉쳐야 한다. 제가 의회에서 본 바로는 남성들은 윈-윈(win-win)을 잘 한다. 남성의 이러한 특성은 조직생활에서 많은 경험이 있다 보니 원활한 반면, 몇 안 되는 여성들은 그마저도 부족하여 힘을 모으지 못한다. 여성의원들끼리 역량을 모아서 발전된 모습과 여성정책이라는 한 개의 목표로 활동을 해야 한다"(박진경, 2014: 43).

"정치세력화라기보다는 여성의원들의 정치참여 기회가 많아지고 여성의원의 숫자 증가를 위해서는 여성의원들 간의 소통과 단결된 모습들이 필요하다고 생각한다. 실패에 따른 도전정신 부족과 여성의 적은 여성이라는 사회적인 편견과 알 수 없는 시기를 접어두고 선배 여성의원들이 후배 여성의원들의 육성에 힘써야 한다고 생각한다. 여성의원의 숫자가 적은 만큼 앞으로 여성의원에 대한 기회는 많아질 것이라 생각된다"(경기도, 지역구, 40대).

현실적으로 적용가능한 네트워크 구성방안으로는 개인네트워크-지역네트워크-전국네트워크의 수준으로 여성의원들이 중심이 되는 여성정치네트워크 형성방안과 여성 관련 단체들이 중심이 되는 여성단체 간의 여성정치네트워크 형성방안을 고려해 볼 수 있다(서헌주 · 김경숙 · 송미영, 2010). 여성정치네트워크의 역할은 〈참고자료 11-1〉과 같다.

여성정치네트워크를 살펴보면 한국과 일본의 여성정치네트워크 양상이 다른데 이와 같은 차별성을 배태시킨 배경은 한국과 일본의 사회구조와 역사적 배경의 차이에 있다. 한국의 네트워크는 기존의 상하관계, 혹은

참고자료 11-1

여성정치네트워크의 역할

1. 여성정치네트워크는 자신감 회복과 적극적 참여를 유도하여야 한다. 성별 역할의 오래된 분리와 정치경험의 부재, 유권자의 여성정치인에 낮은 인식은 여성으로 하여금 남성에 비해 정치참여에 있어 소극적일 수밖에 없고 직접적 참여라는 정치활동에 대한 부담감이 커 많은 한계를 안고 있다는 점에서 조직적 힘을 통해 극복할 수 있을 것이다.
2. 여성정치네트워크는 남성적이고 개인적인 네트워크가 아닌 공식적이고 사회적인 네트워크 구축을 통해 여성이 부족한 자원과 권한을 보충하여야 할 것이다.
3. 여성정치네트워크는 여성적 특수성에 기반한 정치적 훈련기회를 제공하여야 한다.
4. 여성정치네트워크는 여성정치인의 의정활동 및 지역활동의 조직적 지원체계가 되어야 한다. 사회운동 및 지역활동에 근거하여 출마한 여성의원들이 지속적인 연계를 통해 의정활동의 전문성을 발휘하여 성과를 내고 있다는 점에서 여성정치네크워크를 통한 조직적인 지원은 당선 이후에도 중요한 성공요인이 될 것이다.
5. 여성정치네트워크는 조직적 힘에 기반하여 선거시기는 물론 일상적으로 여성 관련 이슈 등을 의제화시키는 역할을 하여야 한다.
6. 여성정치네트워크는 친목도모 및 정보공유의 장으로서 여성의 부족한 자원과 활동의 경험을 보충할 수 있어야 할 것이다.

자료 : 박진경(2014: 52).

중심과 주변, 서울과 지역, 고도의 조직력과 결속력, 효율성 등이 발달되어 있으며 이는 전통적으로 인본주의와 가족주의적 세계관, 한국전쟁 등의 역사적 충격에 기인한다고 본다. 일본의 시민단체나 네트워크는 전통적인 봉건제적 문화 등의 영향으로 느슨한 수평적 형태의 네트워크가 지속되기 쉬운 사회구조를 가지고 있다(서헌주 · 김경숙 · 송미영, 2010: 211). 일본의 여성정치네트워크들은 한국의 경우와 달리 특정 시기에 특정 목표 달성을 위해 일시적으로 정치 등의 활동을 전개하는 조직이 아니라 지속성을 가지고 있으며 조직의 응집성이 한국보다 높다.

남성에게 학연, 지연이라는 인맥 중심의 연고주의와 네트워크는 견고하게 형성되어져 정치적 자원으로 활용되어 왔다. 여성의원들의 네트워크 형성은 선거 국면에서 활용되거나 여성의 정치세력화 운동 중심의 여성단체와 각 정당 간 여성의원들의 연대 등 대부분 공식적인 네트워크 모임 형태로 드러나 있다.

정치영역에 있어 사회적 자원을 얻기 위한 네트워크 형성은 선거에서부터 시작된다. 여성후보들이 선거에서 도움을 받는 조직으로는 여러 형태의 여성모임과 조기회, 계모임, 여성단체, 종교단체, 동창회 등으로 나타난다. 정치권 내지 제도권에 진입한 여성정치인들에 대한 여성단체들의 지속적인 지원과 후원이 중요하지만 더 나아가 지역 여성정치인들의 네트워크 형성을 통한 예비 여성정치인의 육성과 지원도 중요하다.

그러나 정당 내 여성네트워크의 유형에 대한 연구에 의하면(이화영, 2007: 189-191) 여성들이 정당에서 네트워크를 구축하는 것이 힘든 이유에는 구조적인 요인과 개인적 요인이 있는 것으로 나타나고 있다. 여성들은 일단 조직에 대한 경험이 적고 그 활동범위가 좁다. 조직경험이 많은 여성일지라도 한정된 영역에서 좁은 시각을 가지고 외부와는 격리된 채 자신의 활동에만 몰두해 있다는 것이다.

여성들이 속한 정당 간의 이념 및 관행에서 오는 차이도 이들 여성의 네트워크 형성에 영향을 주고 있다. 정당조직에서 여성의제나 여성지원제도가 실제로는 그 효과성을 담보하지 못하고 있으며 정당의 이념과 괴리되어 운용되고 있는 것이다. 즉 보수정당의 여성지원제도나 여성 정강정책은 단순히 명시적인 것으로 실제 정당활동과정에서는 잘 작동되지 못하고 있으며 반면 진보정당의 여성당직자들은 남성 중심의 계파 네트워크에 안

주하면서 여성문제에 무심하거나 이를 외면하고 있다. 이러한 계보이익에 따르는 여성들은 집단적인 여성연대를 형성하고 있지 못하며 여성문제는 이러한 계급적 이념과 이해관계를 뛰어넘지 못하는 것으로 드러나고 있다 (이화영, 2007: 191).

정당의 지방조직과 중앙조직 간의 차이는 여성들 간의 네트워크 형성을 막는 또 하나의 요인이 되고 있다. 지방당의 남성책임자들은 자신들이 보호-수혜의 연계망을 계속 유지하려고 하면서 여성 정치발전을 가로막고 있다. 따라서 지방당의 여성당직자들은 중앙당직자들보다 더 어려운 현실 속에서 정당활동을 수행하고 있는 것이다(이화영, 2007: 191).

> "나는 무슨 무슨 계파에 속해 있지 않은 상태에서 정당에 가입하지 않은 평범한 전문직 종사자로 비례대표에 당선되었다. 그러다 보니 정치판에선 여전히 계파 간 끼리끼리의 구도가 주를 이루는 것 같다"(강원, 비례대표, 50대).

정당소속이 다른 여성의원들의 네트워크도 가능할 수 있다. 그러므로 조직의 효율성과 적극적인 참여율을 얻기 위해서 지역별로 여성광역의원협의회, 여성기초의원협의회와 같은 좀 더 세부적이고 규모가 적은 조직을 구성하는 것이 필요하다. 지역 수준의 도 또는 시·군을 단위로 하는 여성정치네트워크 또는 전·현직 시·군 및 도 여성의원들을 중심으로 한 여성정치네트워크 구성을 추진하는 것도 좋은 방안이 될 수 있다.

정당 내에서 지방 여성의원들의 네트워크가 이루어진 것은 1998년 9월 새정치국민회의 '여성지방의원 네트워크'이다. 광역과 기초 여성의원 40명이 참여한 모임으로 새로운 정치문화 형성과 개인의 능력 함양, 여성들 간의 네트워크 강화를 통해 정치적 리더십 구축을 목적으로 형성되어 의정활동에 대한 교육활동 등이 이루어졌다(이아미, 2006: 26).

2004년도에는 열린우리당 국회의원 여성당선자 17명이 '열린정치 여성의원 네트워크'를 결성하여 여성당선자가 힘을 모아 권위적이고 가부장적인 정치와 단절하고 깨끗하고 도덕적인 정치, 약자와 소수자를 위한 나눔과 돌봄의 정치 실천 의사를 밝혔다. 이후 당내 '우리여성리더십' 센터를 개설하고 지방의회 여성의원 교육과 후보자 교육, 여대생 리더십 아카데미 등 당 안팎의 여성을 대상으로 하는 교육프로그램을 실행하였다(이아미, 2006: 26). 17대 총선 여성당선자 16명이 '한나라 여성파워 네트워크'를 구성하기도 했다.

2006년에는 소속 정당과 단체를 초월해 각 정당의 여성인사 등이 참여한 '초당모'라는 모임의 네트워크를 통한 원활한 정보교류가 각 당에서 여성의 정치참여를 위해 더 좋은 정책을 낼 수 있도록 협력하자는 취지에서 이루어지기도 했다(이아미, 2006: 27). 17대 총선 직후에는 '여성전진 네트워크'가 있었다. 2013년 5월 창립된 한국의정여성포럼은 전·현직 여성국회의원으로 구성된 네트워크 기구이다. 전·현직 여성국회의원의 의정경험과 경륜을 활용하여 "여성정치인의 역량을 강화하고 교육·홍보를 통한 예비 여성 정치인력의 육성과 시민의 올바른 정치의식을 함양시킴으로써 정치가 사회갈등 해소와 사회통합 기능을 해소할 수 있는 건강한 정치문화를 조성하여 민주 국가발전에 기여함을 목적"(박진경, 2014: 55)으로 한다. 지방정치와 관련한 여성정치네트워크의 예로는 2008년 5월 구성된 전국여성지방의원네트워크를 들 수 있다.

2008년 전국여성지방의원네트워크는 전국 지방의회 여성의원들을 네트워킹하는 조직으로 여성의원들에 의해서 만들어졌다. 이 조직은 지역에서의 여성정치를 세력화하고 생활정치를 실현하기 위해 지역과 정당을 초월하여 여성들 간에 상호협력하는 것을 목적으로 하고 있다. 교류를 통해 성평등하고 생활에 밀착된 지역현안을 개발하고 정책화하며 여성의원들의 의정활동을 강화하기 위한 모임이다.

이 네트워크는 우수 조례연구 및 조례 제정 및 개정 활동과 예산, 결산 심의, 행정사무감사, 정보공유 그리고 해외 선진지역 연수와 여성 지방의

참고자료 11-2

전국여성지방의원네트워크 소개

전국여성지방의원네트워크는 지역에서의 여성 정치세력화와 생활정치 실천을 목적으로 성평등하고 생활과 밀착된 지역현안을 개발 · 정책화하고, 상호협력과 교류를 통해 여성의원들의 의정활동을 강화하기 위한 전국 지방의회 여성의원의 연대 단체이다.

1 광역 및 기초, 정당을 초월한 여성 지방의원들이 중심이 된 네트워크를 통해 성평등하고 생활과 밀착된 지역이슈를 개발하고 정책화시키는 활동으로 지역을 변화시키고자 한다.

2. 네트워크를 통해 그동안 개인의 고민과 성과로만 남겨졌던 생활의 문제들을 정치의 중심으로 끌어올리고, 선배와 후배가 함께 끌어주고 공유하는 연대의 힘을 발견하고자 한다.

3. 여전히 소수인 여성의원들이 경험에 바탕한 생활정치 실천을 통해 그동안 남성의 전유물이었던 정치를 생활정치, 맑은 정치, 평등정치로 바꾸고자 한다.

자료 : 전국여성지방의원네트워크 홈페이지(http://www.womanparty.or.kr).

원 간 관계 형성 및 교류 그리고 의정활동 홍보 등의 주요 활동을 활발하게 전개하고 있다(서헌주 · 김경숙 · 송미영, 2010: 210).

전국여성지방의원네트워크는 성평등과 생활밀착형 지역현안 개발, 상호협력과 교류를 통해 여성의원 의정활동을 강화하고자 '여성지방의원 우수의정활동 사례'를 선정해 왔다. 2010년 개최된 '민선 4기 여성지방의원 우수의정활동 사례발표'를 통해 교통약자 이동 편의증진, 지자체 업무추진비 공개, 사회적 기업 육성, 대학생 학자금 대출이자 지원, 아동 · 여성폭력 방지 및 피해자 보호, 여성 사회참여 지원, 장애아동 부모지원, 쓰레기 재활용, 작은 도서관 설치, 맑은 정치, 평등정치 등 여성 지방의원들의 우수한 사례들을 발굴하기도 했다(유병선, 2014).

이 네트워크는 실제적으로 도움이 되는 프로그램을 다양하게 운영했다. 2010년 2월에는 6·2 지방선거에 대비한 선거 전략과 공약에 대한 워크숍을 개최하였고 3월에는 민선 4기를 마감하면서 여성지방의원 우수의정활동 사례를 공모하여 우수 사례를 선정하였으며 선정된 사례를 책으로 출판하였다. 특히 지방정치에 대한 중앙정치의 과다한 개입과 남성 중심적인 지방의회의 문제점을 지적하고 여성의 정치참여의 확대를 위하여 지방선거 선출직 30% 여성할당 강제조항의 입법화, 각 정당의 당헌 당규에 선출직 30% 여성할당 강제조항 삽입, 정당의 선출직 할당에 현직 여성의원의 우선 공천을 요구하는 성명서를 정치개혁특별위원회에 전달했다(안태윤 · 서해정 · 김은선, 2010: 94). 이처럼 여성의 사회적 지지기반 부족과 관련하여 여성정치인들을 지원하고 지역 공통문제를 공유할 수 있는 네트워크 구축이 좀 더 필요하다. 여성의원들이 당이나 지역을 초월하여 함께 힘을 모으고 서로 정보와 지식을 공유하며 힘 실어주기를 위한 조직을 만들어 활성화하는 것을 적극적으로 추진해야 할 것이다. 여성의원 간 네트워크 외에 다음과 같이 다양한 여성네트워크가 활성화되어야 한다.

① (전·현직) 여성의원들과 여성공무원들 간의 네트워크

여성의 정치참여 확대를 위한 전·현직 여성의원들과 여성공무원들의 교류 증진과 협력 네트워크 구축이 필요하다. 또한 여성 간 업무협력 네트워크 활용을 통해 여성의 정치참여 기회가 확대될 수 있다. 남성 중심적 네트워크와 편향적 문화를 함께 경험한 여성의원들과 여성공무원들은 '힘 실어주기'를 통해 서로 간의 영향력을 확대하는 관계를 형성할 수 있다(이아미, 2006).

② (전·현직) 여성의원과 정치희망생들 간의 네트워크

전·현직 여성의원과 정치희망생들과의 멘토링운동도 필요하다. 여성은 정치를 직접적으로 배울 수 있는 통로, 인적 네트워크가 협소하기 때문에 이러한 멘토링운동을 통해 정치에 관심 있는 정치희망생들이 정치분야에 비교적 쉽게 접근할 수 있다.

③ (전·현직) 여성의원들과 여성운동조직과의 네트워크

여성의원들과 여성운동조직 간에 네트워크 형성 및 공동행동의 지속이 있어야 할 것이다. 지역정치에 참여하고자 하는 지역여성들은 정당공천제의 제도적 한계를 넘어서서 같은 지역공동체 구성원으로서 공동의 여성후보를 발굴하고 준비하는 과정에서부터 지역의 자원을 네트워크해서 준비해야 하는 것이다.

이처럼 여성의원들과 여성운동조직들 간의 네트워크가 중요한데 여성의원들은 여성단체가 여성의원들을 위해서 여러 가지 일들을 해야 한다고 보았다. 그러나 여성의원들이 여성단체와 관계를 맺지 않고 있는 경우도 많았는데 이는 여성단체와 여성의원들의 이해가 소속정당의 이념이나 성향 등의 차이로 항상 같을 수 없음을 의미한다. 여성의 정치세력화와 관련하여 여성의원들과 여성운동조직의 좀 더 새로운 네트워크의 구축과 활성화가 필요하다고 하겠다. 이러한 네트워크 형성과 연대를 통해 단순히 후보자 지원뿐 아니라 의정활동 기간 동안에도 연대가 이루어져야 한다.

당선 후에도 여성의원들과 네트워크를 통해서 의정활동을 잘 할 수 있도록 의제발굴을 돕고 여성의원들의 활동을 모니터링 하는 등 후원세력이 되어주는 것이 중요하다. 여성의원이 재선, 3선으로 이어질 수 있도록 네크워킹 지원과 홍보활동 지원이 필요하다(허명숙, 2011: 40).

④ (전·현직) 여성의원과 지역주민과의 네트워크

지방정치는 보다 직접적이고 인간적인 대면에 기초한 공동체 구성원을 정치의 대상이자 주체로 삼고 있기 때문에 지방의원은 주민으로 하여금 자신이 수행코자 하는 일이나 행동에 대해 호감을 갖고 지지하도록 하는 것이 필수적이다. 전문성을 가지고 주민들의 생활현장 속에서 경험하고 있는 문제들을 해결하면서 직접적인 대면을 통해 주민의 신뢰와 지지 세력을 확대해 나가며 그렇게 획득된 지지세력은 지속적인 지지를 의원에게 보낼 수 있다.

주민활동이나 시민운동 지역 내 활동을 배경으로 "정책의제 거버넌스 구축"(양민석, 2015: 25) 등 생활정치를 제도정치로 연동시켜 가는 노력을 여성정치인이 지역주민과 함께 추진해 갈 때 기존 정치권력의 폐쇄성을 넘어설 수 있는 정치적 힘과 역량을 가질 수 있을 것이다.

⑤ 지방선거 낙선자 및 당선자 네트워크

지방선거에 출마하여 낙선한 여성후보자의 경우 정당활동이나 지역사회활동 등에 참여하지 않는 경향이 있다. 또한 무소속으로 출마한 여성후보의 경우 참여할 수 있는 기회가 상대적으로 제한적일 뿐만 아니라 현실정치와 연계할 수 있는 기회도 제한적이다. 여성후보자의 선거출마는 단순한 일회성 사건이 아닌 지속성을 갖는 것으로 나타나고 있기 때문에 이들의 정치역량을 강화시키고 정치감을 잃지 않도록 지원한다면 다음 선거에서 반드시 유권자의 지지를 받을 수 있을 것이다. 낙선자들을 지방선거 여성예비후보자로 보고 당선자인 여성의원과의 만남을 가질 수 있도록 한다면 긍정적인 성과를 기대할 수 있을 것이다.

chapter **12**

여성정치조직의 활동과 연대

1. 여성정치조직의 모색과 활동 방향

정치와 관련한 시민운동은 그동안 공명선거감시운동에서 낙천낙선운동, 물갈이 운동, 후보추천운동으로 변화해 왔다. 개별 여성운동단체들은 여성의 정치참여 확대를 위한 노력을 해 왔으며 선거 국면에서는 연대조직을 구성해서 활동해 왔다.

이제는 단순한 여성 정치참여의 수적 증가가 아니라 정치문화의 개선과 실질적 평등이 이루어질 수 있도록 여성의 정치세력화를 위한 본격적인 여성정치운동조직이 필요하고 이를 통한 지속적인 활동을 모색해야 할 것이다(김경희b, 2009: 2-5). 지역에서도 다양한 영역에서 이미 조직화되어 활동하는 여성들에게 지방정치에의 참여의 중요성을 연계하는 것이 필요하고 지역에서 여성의 정치세력화를 주된 목표로 하는 여성정치조직이 필요하다.

1) 지역사회와 여성정치조직

1995년 지방자치가 본격적으로 실시된 이후 여성들은 지방정치에 대해 지속적인 관심을 가지고 다양한 활동을 벌여 왔다. 의회방청을 통한 지방의회 감시활동에서부터 지방자치단체의 예산 분석, 조례의 제정과 개정 운동에 이르기까지 다양한 방식으로 지방정치에 참여해 왔으며 쟁점이 되는 여성이슈에 개입하는 지역여성운동을 전개해 왔다(이혜숙, 2012: 105-139). 이러한 활동을 통해 지역여성운동은 생활정치의 중요성을 제기해 왔다. 깨끗한 물문제, 안전한 교육환경, 교통문제, 쓰레기문제 등 일상생활과 관련하여 생기는 문제들이 여성들의 삶과 무관하지 않기 때문이다. 생활정치시대의 이슈의 개발은 지방자치의 실현을 위해 필요하며 지역여성들의 생활정치참여는 정치에 대한 관심과 문제의식을 불러일으킨다.

지역여성들은 지방의회의 활동, 지방행정에 대한 모니터링 등을 조직화함으로써 참여와 감독을 통해 지방자치제도의 확립에 기여해야 한다. 여성들의 삶의 경험과 생활의 경험을 기반으로 지역사회를 변화시켜야 하며 안전하게 살 권리 지키기 차원에서 교육, 환경, 먹을거리, 지역예산, 주민참여 등 지역의제와 생활의제를 지방자치의 정책으로 연결시켜야 한다. 그러기 위해서는 지방정치 참여 확대가 필요하며 지역여성들이 중심이 되어 생활정치를 지속적으로 전개하여 조직력을 갖추는 것이 중요하다. 풀뿌리 지역운동과 결합된 일상적인 정치활동, 교육의 장이 필요한 것이다. 마을 단위 풀뿌리 조직사업을 추진하면서 지역의 여성들과 일상적으로 소통할 수 있는 각종 교육 등 프로그램을 통해 정치교육의 장이 열려야 하고 이를 통한 여성의 정치참여 확대와 마을운동이 결합할 수 있는 방안을 모색해야 한다(오미란, 2011: 26).

지역에 따라 여성의 정치세력화를 위해 활동하는 여성조직들이 있다. 2002년에 조직된 '충북여성정치세력민주연대'는 지역여성의 정치세력화를 위한 활동을 본격적으로 하는 여성운동조직으로 지역 수준에서 만들어져 항시적으로 생활의제와 여성정책 개발, 유권자운동, 의정모니터링, 여성후보 발굴 등 여성의 정치세력화를 위한 활동을 하고 있다. 2007년에는 '대전여성정치네트워크'가 조직되었는데 이처럼 여성의 정치권 진입 전후의 활동이나 전문성과 자질함양을 위해 지역 수준에서도 지속적인 성격을 띠는 여성의 정치참여를 위한 조직이 구성되어야 한다.

광주전남의 경우에도 2010년 1월 '2010 지방선거 광주전남여성정치네트워크'가 구성되어 산하에 후보발굴지지위원회를 두어 좋은 후보를 지지하였고 정책위원회 활동을 통해 후보들에게 좋은 정책을 수용하도록 촉구했다. 또한 유권자 의식 증진활동을 전개하였다(오미란, 2011: 24-25). 그런데 꼭 선거 국면이 아니라 상시적으로 여성의 정치세력화에 주된 관심을 두는 여성운동조직이 필요하다.

경남지역의 경우 경남여성단체연합, 경남여성단체협의회, 경남여성연대, 경남여성복지상담소시설협의회, 경남아동여성인권연대 등 다양한 성향의 여성 관련 단체가 활동하고 있으며 경남여성정책포럼도 활동하고 있다(이혜숙, 2010, 2013a: 45-47). 여성의 지방정치참여 확대와 관련한 조직적 활동으로는 경남여성회, 경남여성단체연합의 활동을 들 수 있으며(이혜숙, 2009a, 2013a) 이들은 생활정치운동, 후보 발굴과 여성정책 공약 개발, 여성후보에 대한 지원, 조직적 연대활동 등을 해 왔다. 그러나 이들 단체는 여성의 정치세력화를 가장 중요한 목표로 하여 조직된 단체들은 아니다.

경남여성회 내에 있었던 여성정치발전소가 조직상 · 재정상으로 해소되고 경남여성단체연합을 중심으로 '여성정책센터'를 만들어서 여성활동가의 정책역량 강화를 위한 젠더 전문가 양성교육과 여성정치세력화를 위한 여성정치학교, 예산 감시활동, 의정모니터링 등을 지속하고 있다(경남도민일보, 2012.4.26.). 그러나 이것만으로는 한계가 있기 때문에 여성정치인의 발굴과 여성후보의 정치능력을 강화할 수 있는 본격적인 조직활동이 이루어져야 할 것이다. 이러한 활동은 정치교육, 의정지기활동, 지방자치단체의 여성정책 분석, 성인지정책과 예산요구, 여성후보 지원을 위한 모금운동, 여성유권자운동 등으로 진행되어야 할 것이다. 지역여성의 정치참여 확대를 위해서 정치세력화를 위한 지역기반 여성조직의 활동이 중요하다고 하겠다.

이러한 지역사회의 정치조직은 선거 후에도 여성정치인에게 보다 적극적이고 직접적으로 정책과 활동에 대한 지속적인 연대와 견제가 가능하다는 장점이 있다. 또한 지역사회의 조직은 보다 긴밀한 협조와 연계로 여성정치인의 든든한 지원의 역할을 할 수 있다. 정치적 연대를 통하여 정치세력화를 형성하게 될 것이며 정당에 여성 정치참여 확대는 물론 정책적 요구를 할 수 있게 됨으로써 보다 직접적인 정치참여의 계기가 될 수도 있다(오명희, 2010: 67). 그런데 여성 정치세력화 운동의 경험들이 각 지역마다 상이하게 축적되면서 그에 대한 전망 또한 지역마다 다르게 나타나고 있다. 여성정치조직을 통한 여성 정치세력화 운동도 "지역 맞춤형으로 다양한 전술과 전략을 취할 것"(이진옥, 2015b)이 요구된다고 하겠다.

2) 여성정치조직의 활동 방향

지방선거는 중앙정치에 대한 정권심판이 되거나 지역주의에 기반한 정당선호가 그대로 나타나서는 곤란하며 정책선거가 필요하다. 그렇다면 지역 수준에서 여성정치조직은 어떤 활동을 할 수 있을까?

(1) 생활정치시대 여성의제와 지역의제 개발과 중앙정치로부터의 자율성 확보

여성정치조직은 우선 지역여성들과 함께 일상생활 속에서 여성의제와 지역의제 발굴 등을 통해 대중에게 다가가는 활동들을 해 나가야 한다. 생활권에서의 지역특성에 맞는 다양한 활동을 통해 일상적인 "지역여성의 소통의 장, 참여의 장"(주경미, 2007: 287)을 마련함으로써 지역여성활동의 기초를 마련해야 한다. 지역여성들의 생활정치참여를 통해 정치에 대한 관심과 문제의식을 불러일으켜야 하며 지역사회에 공론화시킬 다양하고 전문적인 의제들이 발굴되어야 한다. 이런 과정을 통해 여성정치조직은 지역사회와 긴밀한 유대관계를 형성하여 여성의 정치세력화를 도모할 수 있을 것이다(김명화, 2006). 그러나 실제로 지역에서의 활동은 쉽지 않은데 다음은 2014년 6·4 지방선거의 경험을 나타내 주고 있다.

> "결국 정당공천과 비례대표 제도는 정당의 이해관계로 살아났지만 여성의 입장에서는 어떻게 진입 또는 끼어들기가 가능할지 외에 더 큰 고민과 준비는 하기 어려운 여건이었음. 여성운동단체도 중앙을 중심으로 국회를 향해 수없이 요구하였지만 제대로, 진실로 의견을 수렴하는 장치는 부족하였고 지역에서의 목소리는 긴급성명서를 발표하는 정도 외에 제도개선을 위한 노력을 발휘하지는 않았음"(임원정규, 2014).

여성정치할당제나 비례대표제 등 여성의 정치참여 확대를 위한 제도를 도입하지 않은 일본의 경우 도시부를 중심으로 시민참여정치의 실현을 위한 지역사회활동 참여를 통해 지방의회 여성의원의 비율이 지속적으로 상승하고 있다(이지영, 2014). 이러한 경험은 한국의 현실에도 시사하는 바가 크며 2014년 경남 지방선거에서도 여성들이 단체를 통해 사회활동을 하다가 지방의회에 진출하는 경우가 많았다(이혜숙, 2016: 65). 지방정치에 있어 여성의제를 쟁점화하고 여성정책을 부각시키는 것은 물론이고 지역의 현안에 대한 지속적인 관심과 지역활동의 적극적인 참여를 지원하는 것이 필요하다.

지방정치 여성감시단을 구성하여 의정모니터링 활동을 일상적으로 전개하고 이를 여론화할 수 있다. 각종 지방조례의 제정이나 개정 운동에 지역여성의 참여와 결집으로 생활정치의 실현이 가능할 것이다. 이처럼 중앙에만 의존하지 말고 지역의 문제를 적극적으로 발굴하고 해결하려는 자세를 가져야 하며 이런 활동을 통해 시의원, 구의원 같은 주민정치활동가가 준비될 수 있을 것이다.

(2) 교육과 유권자운동

지방정치의 활성화는 민주주의 제도로만 정착되지 않으며 그것을 지탱하는 민주적인 시민과 그들의 적극적인 정치참여가 있을 때 확고해진다. 지방정치의 활성화를 위해서는 민주시민교육이 중요하다(라미경, 2009: 58)

여성의 정치참여를 확대하고 깨끗한 정치문화를 조성하기 위하여 유권자의 반수를 차지하는 여성유권자의 역할이 중요하다. 여성의 정치참여와 정치세력화의 실천적인 대안은 바로 여성들의 정치적 행위가 기대하는 만큼의 결실을 맺어 결과적으로 강한 정치 효능감을 갖도록 하는 것이다. 정치적 효능감은 두 가지의 요소를 전제로 하는데 하나는 '외적 효능감'으로 정치체제가 개인의 요구들을 과연 잘 수용하고 들어줄 수 있는 혹은 문제를 해결할 능력이 있는 체제인가에 대한 믿음이다. 다른 하나는 '내적 효능감'으로 개인들이 정치 체제나 과정에 대한 이해와 토론을 위한 스스로의 정치적 역량에 대한 자신감을 갖는 것이다(박원호, 2014: 43).

여성들의 정치 효능감을 높이기 위해서는 여성들의 능동적 · 자발적 참여 기회를 확대시켜 그들 스스로 자신감을 강화시켜야 한다. 여성들이 참여하면 그동안 무시되었던 여성친화적 정책이 수립되고 궁극적으로 세상을 바꿀 수 있다는 자신감을 갖게 하는 것이다. 여성의 정치참여와 정치세력화를 통해 여성 관련 정책에서 여성들이 체감할 수 있는 변화를 가져올 수 있다는 믿음을 가지도록 해야 한다(김형준, 2008: 126-127).

여성의 정치참여를 제고시키고 정치세력화를 강화시키기 위해 가장 필요한 것은 여성들로 하여금 정치와 선거에 대한 관심을 증대시키는 것이다. 무엇보다도 여성에게 정치 상황이나, 정당, 후보자의 자질이나 공약 등에 대한 충분한 정보가 제공되어야 하며 유권자들에게 후보자들의 정책 차이가 잘 전달될 수 있어야 한다. 이를 위해 지역 수준에서 여성정치조직의 역할이 무엇보다 중요하다. 여성유권자를 대상으로 한 지속적인 여성정치교육을 적극적으로 펼칠 필요성이 있으며 구체적인 선거 국면과 관련해서는 여성유권자의 투표참여 증대라는 측면도 고려해야 한다(이준한, 2015: 214).

여성정치조직은 지역사회에 대한 여러 가지 활동을 함으로써 여성들이 정치 효능감을 가질 수 있도록 해야 한다. 유권자교육에서는 지역사회의 의제를 중심으로 보행자 도로, 공원, 상수도, 쓰레기, 아동복지, 공해방지, 환경문제, 지역사회의 복지, 의료 및 교육 환경 등에서 기본적 조건을 보장하는 지역정책의 수립과 참여를 유발하는 방식의 교육을 기획할 수 있을 것이다. 이를 통해 자신의 삶의 공간인 지역사회에서 펼쳐지는 생활정치에 관심을 가짐으로써 정치 효능감이 높아지고 여성정치인들을 발굴하고 양성할 수 있다(송태수 · 양민석, 2014: 243).

지역여성정치조직은 선거 국면에서 후보자의 정책과 공약 등을 검증함으로써 여성문제의 해결을 적극적으로 요구하고 후보자 초청 토론회나 간담회 등을 통해 유권자가 여성의 정치참여문제에 관심을 가질 수 있도록 유도하는 역할을 담당해야 한다. 각 지역에서 출마하는 후보에 대한 자료를 축적하고 이후에 정보를 공개하는 활동도 필요하다(김희경, 2003: 22).

유권자운동에는 공명선거를 위한 감시활동, 언론보도 감시활동, 불법선거 고발활동, 정책선거를 유도하기 위한 후보초청 토론회 등이 포함된다. 유권자들이 정책에 근거한 투표를 하기 위해서는 유권자들이 중요하다고 생각되는 이슈가 쟁점으로 떠올라야 하며 쟁점이슈에 대한 각 정당 혹은 후보들이 갖고 있는 차이가 선명하게 부각되어야 한다. 이와 더불어 유권자들은 전달된 정책적 차이를 명확히 인지하고 그것에 기반하여 투표에 임하여야 한다. 쟁점이슈의 성격 역시 중요하다. 쟁점이슈가 선거에서 파급력을 발휘하기 위해서는 이슈에 대해 유권자들이 중요하게 인식해야 할 뿐 아니라 해당 이슈에 대해 후보 또는 정당이 내세우는 정책적 차이를 쉽게 인식할 수 있어야 한다(유성진, 2014: 99).

이와 관련하여 매니페스토운동이 보다 확대될 필요가 있다. 매니페스토란 일반적인 선거공약과는 달리 구체적인 목표, 실현방법, 실현에 필요한 기한, 재원조달 등이 제시되어 있는 검증가능한 선거공약이다(김용복, 2009: 9).

표 12-1 한국의 매니페스토정책 공약의 평가 기준

평가자	정책 공약의 평가 기준
5·31 매니페스토정책 선거추진본부	1) 스마트(SMART) 지표 ① 구체성(Specific) ② 측정가능성(Measurable) ③ 달성가능성(Achievable) ④ 정책의 타당성(Relevant) ⑤ 시간계획성(Timed) 2) 셀프(SELF) 지표 ① 지속가능성(Sustainability) ② 자치역량 강화(Empowerment) ③ 지역성(Locality) ④ 이행평가(Follow-up)
김상묵 외 (2007)	① 정책 우선순위 ② 주요 쟁점과 이슈 ③ 정책 공약 실현가능성 ④ 당선자의 재임기간 동안 공약 이행 수준
한국의회발전 연구회	파인(FINE) 지표 ① 실현성(Feasibility) : 재정적 실현성 및 정치적 실현성 ② 반응성(Interactiveness) : 지역적 반응성 및 국가적 반응성 ③ 효율성(Efficiency) : 경제적 효율성 및 사회적 효율성

자료 : 김원홍 · 김혜영(2009: 20).

매니페스토운동은 선거문화와 정치문화를 바꾸자는 데에 목적을 두고 있다. 매니페스토운동은 선거에서 후보들이 내놓은 공약의 실현가능성을 따져 보고 당선 후 공약을 지켜 나가도록 한다는 의미를 담은 '참공약' 시민운동을 말한다. 지역네트워크를 토대로 활발하게 진행된 매니페스토운동은 후보자 차원의 정책환경을 활성화하는 데 기여하고 있다. 따라서 매니페스토운동의 확대는 지역주의로 인해 지역 차원의 정당경쟁이 본격화되고 있지 못한 한국 지방선거의 현실에서 유권자들로 하여금 후보자 간 정책의 현실성과 우선순위의 차이 등을 파악할 수 있도록 도움으로써 정책선거의 토대를 마련해 줄 가능성을 높이고 유권자의 참여와 관심을 유도하는 데 긍정적인 기여를 할 수 있으리라고 기대된다(유성진, 2014: 111). 정당과 후보자가 구체적인 정책 목표와 방안을 제시하도록 유도함으로써 정책경쟁이 되도록 만들고 유권자가 정책공약을 평가하여 정당과 후보자를 선택하도록 함으로써 유권자의 정책투표를 가능하도록 선거문화를 바꾼다는 것이다. 지방선거에 매니페스토 도입은 "지방정치의 경쟁구도를 변화시키고 지방행정의 실효성을 확보함과 동시에 책임정치를 실현함으로써 주민들에게 신뢰를 심어줄 수 있다."(김용복, 2009: 10)고 평가되며 민주시민교육에서 중요하다.

이러한 매니페스토는 여성의 정치참여를 확대하기 위한 대안이 될 수 있다. 자금 동원력이나 조직 등에서 남성후보보다 불리한 여성후보의 경

그림 12-1 매니페스토 사이클과 민주시민교육

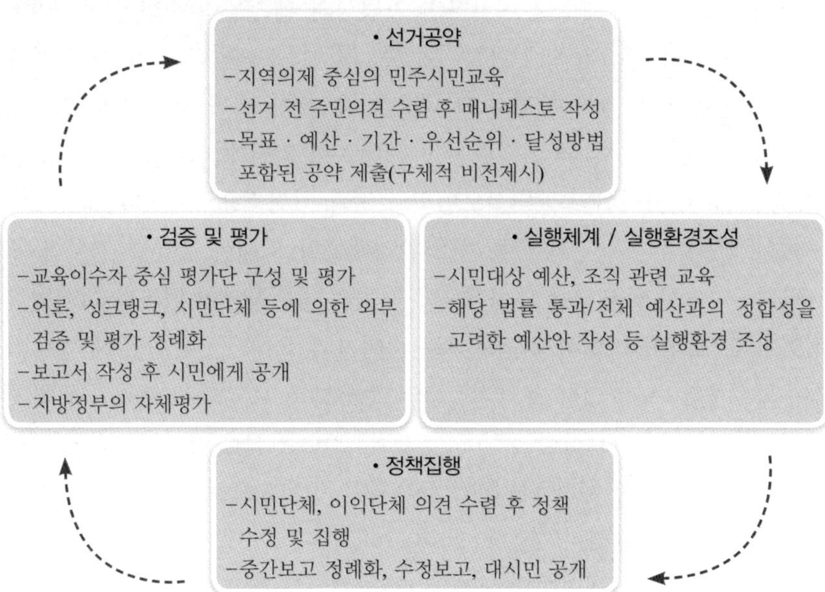

자료 : 라미경(2009: 61).

우 생활밀착형 매니페스토를 통해 "생활정치 담론과 아이디어, 프레이밍에 성공한다면"(이정진, 2014a: 174) 지방선거에서 당선율을 높일 수 있을 것이다. 정당 및 후보들에게서 여성정책 의제 제공, 선거후보자들을 대상으로 매니페스토 여성정책 의제에 대한 교육 강화, 매니페스토운동 전개와 평가항목에 여성정책 의제가 포함되도록 해야 한다. 여성정책 실천을 위한 지속적인 여성정책 모니터링 시스템 구축도 필요하다(김원홍 · 김혜영, 2009: 320-323)

정당과 후보들이 선거캠페인에 임하는 과정에서 유권자들의 자유로운 정치참여와 공적 토론이 이루어져야 한다. 공개토론회의 내용과 이로부터 확인된 후보자들의 자질과 정책 내용들을 지역단위로 형성된 지역의 유권자들에게 적극적으로 전달할 필요가 있다(유성진, 2014: 111-112). 하나의 방법으로 독립적인 '공약평가기구'를 설치하여 평가의 장을 마련하고 여기에 공신력 있는 시민단체나 전문가 집단, 그리고 유권자들을 아우르는 행위자들이 평가의 주체로 참여한다면 공정성의 훼손을 최소화하면서 공약에 대한 검토와 평가가 이루어질 수 있을 것이다. 모범적인 여성의원들에 대한 제대로 된 평가를 통해서 그 내용을 유권자들에게 적극 홍보하는 역할도 해야 한다. 성실한 의정활동을 하는 여성의원에 대한 홍보 · 선전은 장기적으로 여성정치인의 역할모델의 설정과 직접적으로 관련된다.

이와 더불어 남녀 전체 후보자들의 정책공약에 대한 충분한 검토가 필요하다. 지역문제 해결에 있어서 후보자들의 정책공약이 얼마나 여성친화적인가에 대하여 면밀하게 검토하는 준비가 필요하다. 이를 위해 정당이 추구하고 있는 이념이나 공약집, 그리고 후보자 토론회를 통해 꼼꼼하게 분석하는 자세가 필요하다(강현아 · 전진희, 2012: 157). 여성친화적인 의원에 대하여는 여성단체나 메니페스토본부가 정기적으로 포상하는 방안을 마련하는 것도 중요하다(김원홍, 2010: 30).

또한 여성의 정치세력화의 과제는 단순히 여성 대표성 향상에 그쳐서는 안 되며 그것이 아래로부터의 직접적인 참여를 자극하여 정당 중심 정치의 약점이 개선되고 극복될 수 있도록 하는 데까지 나아가야 한다. 따라서 유권자교육 등을 통해 아래로부터 자신의 이익과 관심사를 형성하고 표출할 수 있는 다양한 방법과 통로가 마련될 수 있도록 해야 할 것이다(문지영, 2015: 13).

(3) 여성후보 발굴과 지원

여성정치조직은 여성의 정치세력화 운동에서 중요한 목표인 여성후보자 발굴과 지원, 당선 운동을 해야 한다. 여성후보의 낙선에 큰 영향을 미치는 요소는 선거과정에서 지원해 주는 세력이 얼마나 있었는지와 선거운동방식이 얼마나 차별성이 있어 유권자에게 호소력 있게 다가갔는지의 여부이다(이은하, 2005: 85). 실제로 여성의원들은 "여성폄하, 정치자금, 여성에게 불리한 사회적 네트워크"(황영주, 2006) 등으로 불리함을 겪고 있다. 또 여성정치인에 대한 인식도 문제이다. 여성정치, 여성정치리더십, 정치하는 여성들의 능력에 대한 편견이 있다. 이러한 상황에서 여성후보 지원에 대해서는 구체적인 전략이 필요하다. "여성후보 지원을 위한 자원봉사자 교육, 여성후보 지원을 위한 모금운동, 후보의 선거운동 전략 교육 및 훈련, 여성단체의 역할 분담"(임우연, 2007: 20) 등이다. 지역구에 출마하는 여성후보자의 정책개발 지원을 위한 '여성정책개발 특별위원회' 같은 것을 구성하여 여성후보자 모두에게 적용할 수 있는 공통적인 정책개발을 비롯하여 여성후보자 지역구 특성에 적합한 개별 정책을 개발하여 제공하는 것도 필요하다(박재규 · 김원홍 · 조선미 외, 2009: 187). 여성후보 경쟁력 강화를 위한 지원 노력으로 여성공약/정책 협약, 여성후보에 대한 인적 자원 지원, 여성정치박람회 정기적 개최 등을 들 수 있다.

지금까지는 여성의원의 경우 비례대표가 많았는데 지역구에서도 당선될 수 있도록 여성후보 지원에 대한 구체적인 전략이 필요하다. 주요 정당으로 하여금 지역구 출마 공천자 선정과정에서 여성 30% 할당제를 실천하도록 압력을 행사해야 한다. 특히 지역주의에 기반한 보수적인 특정 정당이 지배적인 지역의 경우 여성주의자들은 지역경험을 토대로 보수적인 여성은 곤란하다는 입장을 가지고 있다. 여성의 정치참여 및 정치세력화와 관련하여 정당소속과 여성후보와의 관계 설정을 어떻게 해야 할지, 의제의 공공성과 여성정치인의 전문성을 어떻게 확보하여 여성후보 지지에서 유연성을 가질 수 있을지 논의가 필요하다.

여성후보의 발굴과 지원에 대해서는 여성운동단체에서 직접 후보를 배출하는 방법과 여성후보를 정당에 연결시켜 주는 작업, 정파를 가리지 않고 기준에 맞는 여성후보를 지원하는 방법 등으로 구분할 수 있다. 이러한 것들이 좀 더 논의되어야 하며 여성후보자에 대한 검증의 방식을 개발하는 것이 필요하다. 여성공약이나 정책 협약과 관련해서 그동안 여성운동단체에서는 전국 차원과 지역 차원에서 여성, 보육, 교육, 복지, 환경, 문화 등에 걸쳐 공약을 개발하고 후보들과 협약식을 체결하는 등 여성이슈를 지방자치에서 현실화하기 위한 활동을 벌였다(김원홍 · 김은경, 2010: 45). 지역현실과 관련하여서도 생활의제나 여성의제를 중심으로 이슈를 개발하고 공약을 만든 작업을 통해 여성후보를 지원할 수 있다. 공약의 내용으로는 '성폭력 없는 지역사회', '보육의 사회화', '취약계층 여성의 인권보호 및 지원 강화', '성 주류화 및 성인지 예산제도 확립' 등을 들 수 있다.

여성후보에 대한 인적 자원 지원과 관련해서는 자금과 조직이 부족한 여성을 위해 자원봉사자를 모집하여 사전교육을 통해 여성후보에 대한 지원을 할 수 있다. 선거법 범위 내에서 홍보를 통해 여성후보를 공동으로 지원할 수 있는 방안을 모색할 필요가 있으며 여성후보를 지원하는 자원봉사자의 교육을 실시하는 것도 필요하다(박재규 · 김원홍 · 조선미 외, 2009: 187). 사전교육에는 여성 정치참여의 중요성과 출마현황에 대한 교육부터 선거 일정과 선거법 강의, 자원봉사 실무에 대한 노하우 전수 등을 들 수 있다(김원홍 · 김은경, 2010: 46). 이러한 점에서 제19대 총선에서 등장하였던 "커피파티나 타운미팅 등의 방식"(강현아 · 전진희, 2012: 149)은 주목할 만하다. 지역별 모임을 통해 여성들의 일상생활과 지역사회에 대한 이슈들에 대한 생각을 교환하는 한편 여성후보자들이 자신의 소속 지역 지지자들과 직접 만나 면대면 방식으로 소통할 수 있는 기회를 마련할 수 있기 때문이다.

이와 더불어 여성의원의 의정활동에 대한 홍보 지원이 필요하며 이를 위해서는 여성의원의 의정활동에 대한 백서를 발간하는 것이 좋다. 즉 여성의원이 임기 동안 수행한 각종 활동(조례제정이나 상임위원회 활동 및 본회의 활동 참여 등)이나 의정활동, 정당활동, 혹은 지역사회 민원 및 문제해결을 위해 노력한 결과 등을 수집하여 정리하는 것이다. '지방의회 여성의원 의정활동백서'는 여성의원의 의정활동 우수성을 홍보할 수 있는 기본자료가 되며 지방선거에 출마하는 여성후보 또한 선거과정에 활용할 수 있는 좋은 자료가 될 수 있을 것이다(강현아 · 전진희, 2012: 156). 여성정치세력민주연대에서 한 것처럼 '지방선거 당선자들의 필승 선거운동 노하우' 등 여성후보자 승리를 위한 이론부터 선거운동 실무까지 정리한『여성이 당선된다!』(조현옥 · 오유석, 2006)나 생활정치 실천을 위한 여성 지방의원 의정활동 사례집(이재천, 2002; 여성정치세력민주연대, 2008), 여성의원의 우수 의정활동 사례(전국여성지방의원네트워크, 2010) 같은 것을 좀 더 체계화해서 만들 필요가 있다. 이를 통해 여성의원의 의정활동을 평가하고 분야별 모범적인 의정활동을 펼친 여성의원에게 표창장을 수여하고 지역주민에게 우수성을 알릴 수 있는 자료를 제공하는 것이다(강현아 · 전진희, 2012: 156).

> "비례가 여성정치 훈련을 위한 중요한 장이었고 4년 연속 우수 의정활동 수상 등이 이후 기존 지역구 후보와의 공천경쟁에도 도움이 되었다. 이러한 평가는 지역 풀뿌리 단체와의 공동 노력에 최선을 다했던 결과이다"(박진경, 2014: 38).

여성의 대표성 확대를 위해서는 다양한 여성들 간 차이와 소수자의 목소리를 담아내지 못하는 이른바 "주류 여성운동의 과잉 대표성과 정치세력화 방식에 대한 반성"(조희원, 2011: 259)이 필요하다는 지적이 있다. 다양한 여성들의 이해를 반영할 수 있는 여성정치인을 발굴해야 하는 것도 과제이다.

2. 여성주의 연대

정치참여는 여성의 권익신장과 성평등 실현에 중요한 과제 중 하나이며 여성단체들은 그동안 '영향력의 정치' 또는 '참가의 정치' 등 다양한 방식을 통해 여성참여 확대를 통한 여성의 정치세력화를 요구해 왔다. 때문에 여성정치할당제 또는 선거제도 개선 등 진보와 보수를 넘어 범여성계가 하나로 연대하는 모습을 보여 왔다. 이처럼 여성의 정치참여와 관련하여 여성단체 간의 연대가 중요하다. 한국 사회에서 여성단체는 조직이 지향하는 가치와 이념의 동질성을 가장 주요한 근거로 삼아 왔다.

그러나 여성의 정치참여활동이 여성단체 간의 연대를 특성으로 하며 그 연대의 범주가 다양하고 넓을 수는 있지만 '여성'이라는 이슈를 넘어서서 정치적 이념의 단계에 들어서거나 여성후보의 자질 검증의 문제로 들어가면 연대가 어렵거나 깨져버릴 수 있는 가능성이 있다(조현옥, 2005: 65). 어떠한 후보들을 지원할 것인가 하는 문제, 즉 수적인 증가만을 위해 여성이면 모두 지원할 것인가 아니면 엄격한 기준으로 여성후보를 선별할 것인가의 문제가 쟁점이 된다. 여성들 사이의 공통점을 중심으로 하는 사회운동론적 연대 관점은 최근 들어 현실적 어려움을 드러내고 있다. 그렇다면 과연 여성후보에 대한 지역여성단체와 정당소속 여성들이 이념과 정치적 지향을 초월하는 전략적인 사고와 제휴를 통해 소속에 얽매이지 않는 자유로운 유대와 협력을 도모하고 여성주의를 지향하는 "집합적 정체성(collective identity)"(임우연, 2007: 151)과 연대가 가능할까?

지역에서는 다양한 여성단체들이 활동하고 있다. 지역 수준에서의 여성단체의 활동들을 살펴보면 회원의 친목도모나 취미활동을 목적으로 하는 단체가 많고 여성의 지위 향상 및 지역사회 발전 또는 사회 내부의 불평등구조를 개혁하기 위한 단체가 적어 여성의제에 대한 목소리를 내는데 큰 힘을 발휘하지 못하고 있다. 또한 단체운영이 몇몇 지도자와 소수회원들에 의해서 이루어지고 있고 다양한 여성들과의 유대를 형성하고 있지 못한 것이 문제점이기도 하다.

그러나 지역에서는 여러 가지 형태의 공동체운동에 참여하고 있는 여성활동가들이 있다. 이들은 이러한 활동경험을 통하여 가정이라는 사적 공간에 어머니와 아내로만 머무는 것 외에 다른 내용으로 지역공동체사업에 참여하고 있었다. 그리고 이러한 활동을 통하여 "자신과 자신을 둘러싼 관계들, 마을과 공동체 사회를 성찰하고 있었고 이러한 성찰은 지역공동체의 긍정적 변화, 혹은 발전으로 연계"(주혜진, 2011)되고 있다. 이러한 활동들이 여성이슈와 직접 연결되지는 않는다 하더라도 간접적으로라도 연결되어 있으며 여성의 정치세력화를 위한 여성조직화의 기반이 될 수 있다. 이처럼 지역에서는 다양한 이념적 성향을 가진 여성단체들이 활동하고 있는데 이들의 잠재력은 크다. 이들의 잠재력을 생활정치에 관심을 두는 지역여성의 조직화와 여성연대를 통해 어떻게 활성화할 것인지가 중요하다. "지역 내 다양한 영역에서 이미 조직화되어 활동하는 여성들에게 성평등 의식과 정치참여의 중요성을 연계하는 것이 필요하다."(임원정규, 2014)는 지적도 이런 의미이다.

여성운동과 관련하여 연대를 논하는 연구(강이수, 2003; 김영희, 2000; 장미경, 2006)들에 따르면 한국 사회에서 여성단체조직 간의 연대에 대해서는 조직이 지향하는 가치와 이념의 동질성을 가장 주요한 근거로 삼아왔다고 한다. 그러나 여성의 정치참여 확대를 위하여 활동해 온 여성단체들의 운동방식에 대한 고민의 지점이 드러나고 있다. 여성들은 동질적인 집단이 아니며 그들 간에도 차이가 있기 때문이다.

그러므로 여성의 정치세력화에 대한 목적과 목표, 그에 따른 전략과 방법을 보다 정교하게 논의하고 정리할 필요가 있으며(박재규 · 김원홍 · 조선미 외, 2009; 김형준, 2010; 안태윤 · 서해정 · 김은선, 2010) 앞으로의 운동방식과 연대에 대해서는 보다 진지한 성찰이 필요한 시점이다. '여성'이라는 범주로 모든 계층과 성향의 여성들의 연대가 어떻게 가능할지 본격적으로 논의해 가야 할 시점이기도 하다. 즉 사회의 개인화 경향에 주목하여 여러 가지 다양성에 기반한 사회변화 논리, 즉 차이에 기반한 연대가 모색될 필요가 있다.

여성의 정치세력화의 방식과 여성후보 지원과 관련해서 기존 정치, 특히 정당과의 관계를 어떻게 설정하는냐에 대한 입장정리가 요구되고 있다. 기존 정당과 여성의 정치참여의 관계 설정에 있어서 입장 차이가 있는데 여성단체 자체의 후보를 낼 경우에는 여성단체의 역량으로는 소수의 후보만을 관리할 수 있고 정당의 후보를 지원할 경우에는 중립적이지 못하다는 지적을 듣고 여러 당의 여성후보를 지지하자니 단체 내 여성후보들의 성향이 부딪치게 되는 문제가 있는 것이다(임우연, 2007: 18-26).

"지역 대의정치를 변화시키기 위해서는 지역유권자가 정당을 초월해 지방선거에 적극 참여하는 전략이 필요하다."(하승수, 2009)고 본다면 여성후보 지지의 유연성을 발휘하는 전략적 사고가 필요하며 의제의 공공성 확보가 중요하다. 정당과의 관계를 어떻게 설정할 것인가에 따라 독자적 정치세력화나 기존 정당과 제휴하는 연합세력화의 방식이 가능하다. 독자세력화는 정체성 유지라는 장점과 세력 확장의 한계라는 단점을, 연합세력화는 세력 확장이라는 장점과 정체성 유지의 어려움이라는 한계를 가지고 있다. 실제로 여성단체와 정당과의 연계가 이루어져 특정 정당에게 공천을 받도록 추천한다면 특정 정당의 주변단체로서의 이미지가 부각되어 앞으로 여성운동을 전개할 때 있어 그 순수성을 의심받을 위험이 있기 때문에 후보자 선정 기준을 명확하게 제시하도록 해야 할 것이며 여성단체에서는 여성후보를 직접적으로 지원하고 진출시킬 때에는 회원들과 충분한 토론과 합의를 거쳐 결정되어야 한다고 본다. 이러한 과정에서 어떻게 지역여성들이 네트워크를 형성해야 할지 어떤 여성주의 연대를 해야 할지가 앞으로의 과제라 하겠다.

그동안의 여성운동은 여성들만의 운동으로 진행되어 왔고 정치영역에서 여성의원들과의 연대를 확장하는 데 집중해 왔다. 그러나 여성의원들만 항상 여성의 이해를 대표하는 것이 아니고 여성의원이 단일하고 동질적인 집단도 아니다. "여성의원들만이 아니라 남성의원들도 적극적으로 포섭하는 전략을 취할 필요가 있다."(권수현, 2015: 359)는 지적처럼 궁극적으로 여성의 정치세력화를 위한 노력과 여성주의 연대는 여성 간의 차이를 고려하면서 여성과 남성이 같이 갈 수 있도록 노력해야 할 것이다.

참고문헌

가상준(2014) "중앙정치 중심의 지방선거: 국회의원, 광역의원, 기초의원 먹이사슬 공천… 경쟁 없는 선거," 『한국 지방자치의 현실과 개혁 과제: 지방 없는 지방자치를 넘어서』, 사회평론, pp.57-72.

강경란(2013), "여성단체 활동가들의 풀뿌리 여성운동 조직 경험 분석," 성공회대학교 NGO대학원 석사논문(미간행).

강경태(2012), "민주주의의 작은 완성, 지방선거," 21세기 정치연구회 엮음, 『지방정치학으로의 산책』, 한울, pp.95-115.

강동구(2004), "선거공보를 통한 정치인 이미지 형성에 관한 연구," 국민대 대학원 정치외교학과 석사논문(미간행).

강영희(2014), "여성의 정치참여," 『경남의 여성정치세력화, 얼마만큼 왔나?』, 경남여성단체연합, 2014년 여성주간기념 6·4 지방선거와 여성정치세력화 토론회 자료집, pp.67-71.

강원택(2014), "총론: 지방자치를 보는 새로운 시각," 『한국 지방자치의 현실과 개혁 과제: 지방 없는 지방자치를 넘어서』, 사회평론, pp.13-39.

______(2015), "2014년 지방선거에서 이슈의 영향: 세월호 사건을 중심으로," 강원택(편), 『2014년 지방선거분석』, 나남, pp.15-36.

강원택 편(2014), 『한국 지방자치의 현실과 개혁 과제: 지방 없는 지방자치를 넘어서』, 사회평론.

강이수(2003), "90년대 여성운동과 연대 그리고 정체성의 문제," 김진균(편), 『저항, 연대, 기억의 정치 2: 한국사회운동의 흐름과 지형』, 문화과학사, pp.103-128.

강인순(2007), "마산, 창원 지역 여성운동의 현황과 과제," 『한국여성학』, 제23권 4호, 한국여성학회, pp.177-213.

강현아 · 전진희(2012), “광주지역 여성정치참여 및 대표성 확대방안 연구: 지방의회를 중심으로,” 광주여성재단.

거제타임즈, 2014.5.28.

경남 거창=뉴스 1, 2014.3.17.

경남도민신문, 2014.6.4.

경남도민일보, 2002.5.25., 2004.3.31., 2005.10.11., 2010.6.8., 2012.4.26., 2014.5.2., 2014.5.9., 2014.5.15., 2014.5.19., 2014.6.9., 2014.6.11., 2014.6.17., 2015.10.11., 2016.3.8., 2016.3.9.

경남신문, 2010.6.8., 2012.11.13., 2014.4.1., 2014.4.21., 2014.5.13., 2014.5.15., 2014.5.19., 2014.5.21., 2014.6.9., 2016.3.8.

경남여성단체연합(2002~2016), 『경남여성단체연합 정기총회 자료집』.

경남여성신문, 2012.12.1.

경남여성회(2006), 『제20차 경남여성회 정기총회』, 자료집.

_________(2009), 『제23차 경남여성회 정기총회』, 자료집.

_________(2011), 『민주화의 길, 그러나 소외된 Herstory 25년을 열다』, 불휘미디어.

경남일보, 2014.5.21.

경상남도(2015), 『여성정책기본계획』.

경상남도 각 시·군의회 홈페이지.

경상남도법무행정 종합정보시스템(http://law.gndo.kr).

경상남도아동여성안전지역연대(2014) “경상남도아동여성안전지역연대 구성현황,” 내부자료.

경상남도의회 홈페이지(http://www.gncl.or.kr).

경상남도의회 회의록시스템(http://minute.gncl.or.kr).

공선영 외(2008), 『지역여성정책의 성과 및 전망』, 여성부.

국제뉴스, 2014.5.8.

권수현(2011), “여성운동과 정부, 그리고 여성정책의 동학: 한국 사례를 중심으로,” 『아시아여성연구』, 제50권 1호, pp.7-48.

______(2014), “민주화 이후 젠더개혁 연구: 한국 여성정책 입법과정 분석을

중심으로," 고려대학교 대학원 정치외교학과 박사논문(미간행).

______(2015a), "호주제는 왜 제17대 국회에서 폐지되었나? 젠더이슈 · 행위자 · 맥락의 상호작용에 의한 입법과정 분석,"『입법과 정책』, 제7권 제1호, 국회입법조사처, pp.181-218.

______(2015b), "여성정책 법안에 대한 제17 · 18대 국회의원 투표행태 분석,"『한국여성학』, 제31권 4호, 한국여성학회, pp.331-366.

김경미(2014), "한국 여성정치교육 실태와 문제점,"『한국 여성정치교육 이대로 좋은가』, 한국여성정책연구원 · (사)한국여성의정, 제4차 여성현안포럼, pp.3-24 .

김경애(2001),『여성의 정치세력화와 지방자치』, 풀빛.

김경희a(2012), "19대 총선을 통해 본 여성 정치할당제의 지속가능성과 여성정치세력화,"『경제와 사회』, 비판사회학회, 여름호(통권 제94호), pp.118-147.

김경희b(2009), "'좋은 정치'를 위해 여성들은 지역에서 무엇을 할 것인가,"『여성정치세력화 영남권 포럼 자료집』, 울산여성회.

김금옥(2014), "토론문,"『한국 여성정치교육 이대로 좋은가』, 한국여성정책연구원 · (사)한국여성의정, 제4차 여성현안포럼, pp.67-70.

김도경 · 허윤주(2012), "19대 총선의 후보선출과정과 여성후보: 새누리당과 민주통합당을 중심으로,"『여성연구논집』, 제23집, 신라대학교 여성문제연구소, pp.37-60.

김만기(2012), "선거공보물에서 후보자의 메시지 전략 분석: 2010년 6·2 지방선거공보를 중심으로," 한국디지털정책학회,『디지털정책연구』, 제10권 7호, pp.69-75.

김명숙(2015), "지방정치에서의 여성참여 현황과 확대방안: 지방선거 참여를 중심으로,"『대한정치학회보』, 23집 2호, 대한정치학회, pp.77-108.

김명화(2006),『지방선거를 통해서 본 여성 풀뿌리 정치의 가능성』, 경북여성정책개발원, 2006-3 연구보고서.

김미경(2009), "한국과 독일의 정치교육 비교: 시민사회단체의 활동을 중심으로,"『교육문화연구』, 제15권 1호, pp.33-64.

김미영(2009), 심층면접자료.

김민정(2012), "상향식 공천제와 여성의 대표성," 『아시아여성연구』, 제51권 1호, 숙명여자대학교 아시아여성연구소, pp.37-70.

______(2014), "한국 여성의 정치적 대표성 확대를 위한 여성할당제의 효과," 『페미니즘 연구』, 가을, 제14권 2호, pp.203-241.

______(2015), "프랑스 남녀동수법과 양성평등," 『젠더리뷰』, 제36호, pp.70-82.

김민정 · 문경희 · 민경자 외(2009), 『여성정치인의 경력 지속성 향상 방안』, 국회여성위원회.

김병록(2015), "남녀차별에 관한 조사사례 연구: 한국 여성의 공직 참여를 중심으로," 『법학논총』, 제22권 제3호, 조선대학교 법학연구원, pp.295-337.

김봉갑(2006), "기초의회의원 선거구제," 『입법정보』, 제201호, pp.1-12.

김상진 · 허신열 · 엄경영(2014), 『100% 당선 키워드』, 석탑출판사.

김성희(2012), "기초의회 지역구 여성의원의 당선결정요인에 관한 연구: 선거제도의 영향을 중심으로," 『한국지방자치연구』, 제14권 제1호, 대한지방자치학회, pp.23-48.

김애령(1999), "여성정책의 변화에 관한 정치사회학적 연구: A도를 중심으로," 이대 대학원 석사논문(미간행).

김영일(2012), "생활정치의 장으로서의 지방의회," 21세기 정치연구회 엮음, 『지방정치학으로의 산책』, 한울, pp.27-66.

김영희(2000), "차이와 연대: 여성운동을 중심으로," 『창작과 비평』, 제108호, pp.6-21.

김용복(2009), "지방선거에서 매니페스토 운동과 민주시민교육," 『인문사회과학연구』, 호남대학교 인문사회과학연구소, 제25집, p.5-38.

김용화(2014), "여성차별철폐협약 이행보고서 심의 결과에 따른 입법적 · 정책적 대안에 관한 소고: 여성차별철폐협약 가입 30주년에 즈음하여," 『법학논총』, 제21권 제3호, 조선대학교 법학연구소, pp.363-399.

김원홍(2010), "지방정치에서 여성의 대표성 확대가 의정활동에 미친 영향: 10개 지역 기초의회 분석을 중심으로," 『젠더리뷰』, 16호, 한국여성정책연구원, pp.23-30.

______(2013a), “기초의회 선거공천 변화가 여성대표성에 미치는 영향,” 『젠더리뷰』, 제30호, 한국여성정책연구원, pp.14-20.

______(2013b), “의정역량: 여성의원을 중심으로,” 『지방행정』, 제62권 720호, 대한지방행정공제회, pp.16-19.

______(2014a), “2014년 지방선거 여성참여 평가와 과제,” 국회의원 황인자 · 한국여성정책연구원, 제87차 여성정책포럼, 『6·4지방선거를 통한 여성의 정치참여 평가와 향후 과제』 자료집, pp.3-33.

______(2014b), “2014년 지방선거 여성대표성분석과 향후과제,” 『젠더리뷰』, 34권, 한국여성정책연구원, pp.59-66.

김원홍 · 김복태(2013a), 『지방선거 공천제도 변화와 여성의 정치적 대표성 전망 및 과제』, 한국여성정책연구원.

____________(2013b), “2014년 지방선거와 여성대표성 전망과 과제,” 『2014 지방선거와 여성대표성 확대방안』, 여성현안포럼 자료집, 한국여성정책연구원 · 여성가족부, pp.3-55.

김원홍 · 김복태 · 김혜영 · 전선영 · 김은주(2015), 『여성의 정치적 대표성 관련 선거법 · 제도의 효과성 연구』, 한국여성정책연구원.

김원홍 · 김은경(2010), 『2010 지방선거와 남녀유권자의 정치의식 및 투표행태에 관한 연구』, 한국여성정책연구원, 2010 연구보고서(수시과제)－1.

김원홍 · 김은경 · 정현주 외(2007), “공직선거의 여성정책 공약 평가틀 개발에 관한 연구: 대통령 선거 및 총선을 중심으로,” 한국여성정책연구원, 2007 연구보고서－16.

김원홍 · 김인순 · 김은주(2014), 『2014 지방선거 결과 분석을 통한 정치분야 여성대표성 제고 방안 모색』, 한국여성정책연구원.

김원홍 · 김혜영(2009), 『2010 지방선거대비 여성정책 의제 발굴』, 한국여성정책연구원.

김원홍 · 김혜영 · 김민정 외(2005), 『지방정부 여성정책의 활성화를 위한 지방의회 여성의원 역할강화 방안에 관한 연구』, 한국여성개발원 연구보고서.

김원홍 · 김혜영 · 전선영 외(2014), 『여성정치인 육성 지원 방안 연구: 기초의회를 중심으로』, 한국여성정책연구원, 2014 연구보고서 11.

김원홍 · 배선희 · 전선영 외(2010), 『지방의회 여성의원 의원경력 지속 및 확충방안연구』, 2010연구보고서, 한국여성정책연구원.
김원홍 · 양경숙 · 정형옥(2009), 『기초의회 여성의원 증가에 따른 남녀의원 의정활동 변화에 관한 연구』, 한국여성정책연구원.
김원홍 · 윤덕경 · 김은경 외(2007), "기초의회 선거제도의 변화가 여성의 의회진출에 미친 효과성에 관한 연구: 2006년 5·31 지방선거를 중심으로," 한국여성정책연구원, 『여성연구』, 제73권 제2호, pp.119-158.
김원홍 · 윤덕경 · 최정원(2008), "한국 여성정책 의제의 변화와 확대: 17대 국회 전반기 입법활동을 중심으로," 『여성연구』, 제74권 1호, pp.139-169.
김원홍 · 이수연 · 김민정(2012), 『국회의원 선거에서의 여성공천과정 분석을 통한 대표성 증진방안』, 한국여성정책연구원.
김원홍 · 이수연 · 김민정 외(2013), "19대 총선 지역구 공천과정 분석과 여성의 정치적 대표성 확대 방안 모색: 새누리당과 민주통합당을 중심으로," 『현대정치연구』, 제6권 제1호, 서강대학교 현대정치연구소, pp.31-52.
김원홍 · 이현출(2010), 『지방의회 여성의원 의원경력 지속 및 확충방안 연구』, 2010연구보고서, 한국여성정책연구원.
김원홍 · 이현출 · 김은경(2007), "여성의원이 국회를 변화시키는가?: 17대 국회의원조사결과를 중심으로," 『한국정당학회보』, 한국정당학회, 제6권 제1호, 통권 10호, pp.27-54.
김원홍 · 이현출 · 배선희 외(2012), "여성의원 경력지속성: 2010년 지방선거를 중심으로," 『아시아여성연구』, 제51권 1호, 숙명여자대학교 아시아여성연구소, pp.71-102.
김은경(2004), "여성의 정치세력화, 그 가능성과 딜레마," 『여성과 사회』, 한국여성연구소, 제15호, pp.275-301.
______(2010), "여성대표성 확보의 기제로서 할당제 효과: 16, 17대 여성의원의 대표발의 활동을 중심으로," 『의정연구』, 제16권 제2호(통권 제30호), 한국의회발전연구회, pp.102-134.
______(2013), "2010 지방선거에 나타난 여성공약 분석," 『의정연구』, 제19권

제3호, 한국의회발전연구회, pp.5-35.

김은주(2013a) "여성대표성 확대를 위한 선거제도 개선방안,"『2014 지방선거와 여성대표성 확대방안』 여성현안포럼 자료집, 한국여성정책연구원·여성가족부, pp.59-78.

______(2013b), "기초지방의회선거 여성대표성 확대를 위한 대안 비교,"『젠더리뷰』, 제30호, 한국여성정책연구원, pp.4-13.

______(2013c), "기초지방선거제도 개선 방향: 남녀동수를 통한 평등의 실현,"『2014 지방선거 남녀동수 의회 구성을 위한 전략 모색』, 한국여성정책연구원, pp.45-48.

______(2014), "남녀동수 정치참여 확대방안," 국회의원 황인자·한국여성정책연구원, 제87차 여성정책포럼,『6·4 지방선거를 통한 여성의 정치참여 평가와 향후 과제』자료집, pp.37-57.

김은희(2010), "공직선거법상 여성정치할당제 제도화의 효과분석: 2010년 동시지방선거 결과를 중심으로,"『이화젠더법학』, 제1권 제2호, 이화여자대학교 젠더법학연구소, pp.73-99.

______(2013), "지방의회 여성참여와 의정활동 변화 그리고 여성정치세력화: 제도정치 개입을 통한 지역여성운동의 정치세력화 경험에 대한 고민," 경상남도(주최), 경남여성단체연합(주관),『여성정치세력화와 제도개선 어떻게 되고 있나』, 2013 여성주간기념 여성정치세력화 세미나 자료집, pp.45-61.

______(2014), "지방선거 여성참여, 2014년의 경험 그리고 그 다음을 위한 모색,"『경남의 여성정치세력화, 얼마만큼 왔나?』, 경남여성단체연합, 2014년 여성주간기념 6·4지방선거와 여성정치세력화 토론회 자료집, pp.7-27.

______(2015), "지금 여기, 여성정치세력화운동: 2004년 그 후, 여전한 암중모색," 젠더정치연구소 여.세.연,『〈2016 총선을 맞이하는 여성정치 Platform 만들기〉 기초다지기 토론회 Part 1. 여성정치세력화를 평가하자』, pp.31-44.

김은희·김민정·오유석(2013),『정치의 한복판, 여성 젠더정치의 그늘』, 신명기획.

김인숙(1999), “선거 홍보물의 메시지 전략에 관한 연구: 기초단체장 선거사례를 중심으로,”『한국언론학보』, 제44호 1호, 한국언론학회, pp.90-139.

김재선(2010), “공직선거제도에서 여성후보추천할당제의 타당성 검토: 공직선거법 개정방안을 중심으로,”『세계헌법연구』, 제16권 제1집, 국제헌법학회, pp.115-148.

김정미(2013), “2014년 지방선거와 여성대표성 확대방안,”『KWDI Brief』, No.25. 한국여성정책연구원, pp.1-8.

김종갑(2006), “기초의회의원 선거구제,”『입법정보』, 제201호, 국회도서관, pp.1-12.

김주완(2010), “지방의 권력구조와 토호세력: 문제는 관변단체와 국회의원이다,”『황해문화』, pp.84-103.

김창남(2007),『선거캠페인의 원리와 실행전략』, 나남출판.

김현조 · 이수구 · 박영강(2014), “기초단체정당공천제 폐지에 따른 보완과제: 기초의회의 여성참여를 중심으로,”『한국지방정부』, 제17권 제4호, pp.51-74.

김형준(2008), “정치 참여를 통한 여성의 정치 세력화에 대한 고찰,”『여성학논집』, 제25집 1호, 이화여자대학교 한국여성연구원, pp.101-138.

______(2010), “2010 지방선거, 여성의 정치참여 확대를 위한 방안 고찰,”『젠더리뷰』, 16호, 한국여성정책연구원, pp.4-13.

김혜정(2005), “경상남도 여성정책의 현황과 과제: 성인지적 관점을 중심으로,” 신라대학교 사회복지대학원 여성학과 석사논문(미간행) .

김희경(2003), “17대 총선과 여성의 참여전략,” 경남여성회,『2003 여대생 정치캠프』, pp.15-26.

______(2009), “지방자치와 지역여성운동,”『지구화 · 지방화 시대의 지역여성과 여성운동』, 경상대 여성연구소 창립기념 학술대회, pp.1-15.

남윤인순(2004), “여성의 정치참여운동의 현황과 과제,”『기억과 전망』, 제7호, 민주화운동기념사업회.

________(2005), “17대 총선과 여성후보 추천운동: 맑은정치여성네트워크 활동을 중심으로,” 조형옥 외,『한국의 여성정치세력화운동』, 도서출판

사회와 연대.

네이버뉴스, 2014.5.17.

노융희 · 최창호 · 김안제 외(2015), 『지역리더를 위한 지방자치 사용설명서 200문 200답』, 조선뉴스프레스.

노지연(2013), "한국의 여성정치할당제와 정치대표성: 여성의 실질적 정치대표성의 성과와 딜레마," 이화여자대학교 대학원 석사논문(미간행).

농촌여성신문, 2016.4.15.

뉴스 1, 2014.3.17.

뉴시스, 2014.5.8.

동아일보, 2016.4.15.

라미경(2005), "여성의 정치적 대표성 제고를 위한 여성단체의 역할," 『한국거버넌스학회보』, 제12권 제2호, 한국거버넌스학회, pp.211-232.

______(2009), "민주시민교육을 통한 지방정치의 위상 제고," 『인문사회과학연구』, 호남대학교 인문사회과학연구소 제25집, pp.40-69.

문경희(2007), "여성과 정치 그리고 할당제: 국제적 동향과 쟁점," 『페미니즘 연구』, 봄, 제7권 1호, pp.273-300.

______(2013), "여성정치세력화와 제도개선," 경상남도(주최), 경남여성단체연합(주관), 『여성정치세력화와 제도개선 어떻게 되고 있나』, 2013 여성주간기념 여성정치세력화 세미나 자료집, pp.7-26.

______(2014), "반복되는 '위기'상황 속에서 우리는 과연 '기회'의 길을 찾을 수 있을까?: 6·4 지방선거가 남긴 경남의 여성정치세력화를 위한 교훈과 과제들," 『경남의 여성정치세력화, 얼마만큼 왔나?』, 경남여성단체연합, 2014년 여성주간기념 6·4 지방선거와 여성정치세력화 토론회 자료집, pp.30-56.

문경희 · 전경옥 · 김미성(2007), "제도화된 여성운동의 가능성과 한계: 스웨덴의 페미니스트 정당(Feminist Initiative)을 중심으로," 『국제정치논총』, 한국국제정치학회, pp.149-172.

문순덕 · 김진호(2011), "제주지역의 여성 정치참여 확대 방안: 지방의회 진출 여성 도의원을 중심으로," 제주발전연구원, 기본연구 2011-22.

문원기 · 김현정(2014), "여성 정치후보자의 눈 선거 캠페인 전략에 대한 유권

자 반응: 성 고정관념의 반영을 중심으로," 『한국언론학보』, 제58권 6호, 한국언론학회, pp.302-328.

문정란(2005), "한국여성의 지방의원 참여에 대한 제도적 육성방안 연구: 경기도의회를 중심으로," 이화여대 정책과학대학원 석사논문(미간행) .

문지영(2012), "한국의 민주주의와 양성평등: 여성정치할당제 문제를 중심으로," 『기억과 전망』, 여름호, 통권 26호, pp.149-186.

_____(2015), "한국의 자유민주주의와 여성 정치참여: 과제와 전망," 젠더정치연구소 여.세.연, 『〈2016 총선을 맞이하는 여성정치 Platform 만들기〉 기초다지기 토론회 Part 1. 여성정치세력화를 평가하자』, pp.7-16.

문춘단(2014), "지방의회 여성의원 의정활동 활성화 방안," 『지방의회 여성의원 의정활동 활성화 방안 모색 토론회』, 한국여성정책연구원 · 한국여성의정 · 전국여성지방의원네트워크, pp.61-64.

민말순(2012), "성주류화 패러다임 도입과 경남 여성가족정책," 이자성 · 손상락 외(2012), 『지방자치와 지역발전』, 한울, pp.486-505.

민말순 외(2003), 『21세기 경남여성정책 마스터 플랜』, 경상남도.

박경미(2012), "여성할당제의 적용 요인 연구: 제19대 총선의 여성 지역구 후보의 정당 공천," 『의정연구』, 제37권, 한국의회발전연구회, pp.73-103.

박기남 · 김연순(2008), "여성, 지역을 세상의 중심으로 바꾸다," 『여성운동 새로 쓰기』 한국여성민우회 20년운동사 연구위원회(엮음), 한울, pp.331-376.

박기남 · 신경아(2010), "지역 여성 연구의 현황과 쟁점: '차이의 페미니즘'의 실천적 모색," 『여성주의 지역연구, 어떻게 할 것인가?』, 2010년 한국여성학회 제2차 학술포럼 자료집, pp.23-54.

박영애 · 안정화 · 김도경(2011), "기초의회 여성의원 증가에 따른 입법활동 변화에 관한 연구: 부산시 기초의회를 중심으로," 『여성학연구』, 제21권 제1호, 부산대학교 여성연구소, pp.33-62.

박원호(2014), "한국인의 시민문화: 참여의 위기와 지방정치," 『한국 지방자치의 현실과 개혁 과제: 지방 없는 지방자치를 넘어서』, 사회평론, pp.40-56.

박원호 · 신화용(2014), "정당 선호의 감정적 기반: 세월호 사건과 지방선거를 중심으로,"『한국정치학회보』, 한국정치학회, pp.119-142.

박의경(2010), "지방자치 20년: 지역 여성정치의 현황과 과제," 전남대학교 5·18연구소,『민주주의와 인권』, 제10권 1호, pp.197-224.

박인숙(2015), "민주노동당의 여성할당제 도입 과정 연구," 성공회대학교 NGO대학원 석사논문(미간행).

박재규 · 김원홍 · 조선미 외(2009),『경기도 여성의 정치적 대표성 확대방안 연구: 여성정치지도자 양성 및 여성후보자 지원방안을 중심으로』, 경기도가족여성연구원, 정책보고서 2009-19.

박지영 · 조정래(2013), "지방의회 여성의원이 여성친화적 정책도입에 미치는 영향에 관한 연구: 출산장려금 정책을 중심으로,"『지방행정연구』, 제27권 제3호, pp.289-316.

박진경(2014), "여성지방의원이 말하는 지방정치 현실과 여성정치네트워크 필요성: 6개 지역 여성지방의원 간담회를 중심으로,"『지방의회 여성의원 의정활동 활성화 방안 모색 토론회』, 한국여성정책연구원 · 한국여성의정 · 전국여성지방의원네트워크, pp.31-56.

박채복(2014), "여성정치할당제: 숫자를 넘어서,"『평화학연구』, 제15권 5호, 한국평화연구학회, pp.245-270.

박홍식(1996), "한국여성의 정치세력화에 관한 연구," 전남대 정치학과 박사논문(미간행).

배정아 · 윤태섭(2014), "선거제도와 여성참여,"『지방행정연구』, 제28권 제1호, 한국지방행정연구원, pp.29-54.

서복경(2010), "17-18대 여성의원의 의정활동 비교: 투입측면을 중심으로,"『여성연구논총』, 제18권, 성신여자대학교 한국여성연구소, pp.33-60.

서은애(2014), "여성정치세력화, 풀뿌리 여성정치 도전기,"『경남의 여성정치세력화, 얼마만큼 왔나?』, 경남여성단체연합, 2014년 여성주간기념 6·4 지방선거와 여성정치세력화 토론회 자료집, pp.75-80.

서헌주 · 김경숙 · 송미영(2010), "한 · 일 여성 정치네트워크 비교 고찰을 통한 정치참여 확대 방안에 관한 연구,"『여성연구』, 제78권 제1호, pp.201-227.

손봉숙 · 김은주(1995), 『지방선거 남녀후보자의 정치의식과 충원과정 연구』, 한국여성정치연구소.

송경재(2014), "정보화 시대의 여성 정치참여: 행동하는 여성의 등장?," 『국가전략』, 제20권 4호, 세종연구소, pp.67-98.

송광태(2015), "지방선거 결과의 비교분석: 제4회 · 5회 · 6회 동시지방선거의 지방의원선거를 중심으로," 『한국지방자치연구』, 제17권 제1호, 대한지방자치학회, pp.156-184.

송태수(2014), "한국 여성정치교육 활성화 방안," 『한국 여성정치교육 이대로 좋은가』, 한국여성정책연구원 · (사)한국여성의정(2014), 제4차 여성현안포럼, pp.45-64.

송태수 · 양민석(2014), "여성정치참여와 여성정치교육 활성화 방안 연구," 『사회과학연구』, 제30집 제4호, 경성대학교 사회과학연구소, pp.235-257.

스티븐스, 앤(2007), 『여성, 권력과 정치』, 김영신 옮김(2010), 명인문화사.

신순옥(2006), "여성의 제도정치 진입을 위한 선거과정 참여 연구: 기초의회 여성후보의 경험을 중심으로," 이화여자대학교 대학원 여성학과 석사논문(미간행).

심경숙(2014), 『우리 후보의 살아온 이야기』(미간행).

심인선(2010), "경상남도 성주류화정책 현황과 과제," 경남여성단체연합, 『성평등한 지역사회를 위한 여성정책 세미나』, 발표자료.

심인선 외(2007), 『경남 여성정책 중기계획(2008~2012)』, 경상남도.

심재호(2000), "지역복지네트워크 구축에 관한 연구," 『한국사회복지행정학』, 제3권, 한국사회복지행정학회, pp.151-171.

안경주(2015), "지역 여성 활동가들의 행위력이 소환한 미생(未生)의 '여성학'과 지역현장여성주의의 동학: 광주지역 차세대 과정을 중심으로," 『한국여성학』, 제31권 4호, 한국여성학회, pp.253-294.

안성호(2015), "6·4지방선거 여성후보자공천 문제점과 여성정치참여 확대방안: 충북지역중심으로," 『사회과학연구』, 제32권 1호, 충북대학교 사회과학연구소, pp.31-75.

안숙영(2014), "젠더와 정치공간: 여성 정치인의 수사학을 중심으로," 『한국

여성학』, 제30권 2호, pp.203-231.

안진(2007), "광주전남지역 여성운동의 성격 변화에 관한 연구: 진보적 여성운동단체들을 중심으로," 『여성학논집』, 제24집 1호, 이화여자대학교 한국여성연구원.

____(2013), "광주전남지역 여성운동의 연대를 위한 모색," 『여성과 역사』, 제18집, 한국여성사학회, pp.83-135.

안청시 편저(2008), 『한국 지방선거에는 지방이 안 보인다』, 집문당.

안태윤 · 서해정 · 김은선(2010), 『경기도 지방의회 여성의원의 의정활동과 정치역량 강화 연구』, 경기도의회.

양민석(2014), "독일 여성의 정치적 대표성과 여성정치교육: 멘토링 프로그램을 중심으로," 『인문연구』, 영남대학교 인문과학연구소, pp.407-436.

______(2015), "여성의 지방의회 정치참여 영향요인 분석," 『사회과학연구』, 제31권 3호, 경성대학교 사회과학연구소, pp.203-231.

엄태석(2010), "여성의 정치참여가 지역 여성정책에 미치는 영향에 관한 연구," 『정치정보연구』, 제13권, 제1호, 한국정치정보학회, pp.71-94.

______(2011), "충북지역 여성 지방의원의 정치참여와 의정활동에 관한 설문조사," 『정치정보연구』, 제14권 제2호, 한국정치정보학회, pp.227-259.

여성가족부(2013), 『제4차 여성정책기본계획: 2013~2017』.

여성부(2001), 『제5차 유엔여성차별철폐협약 이행보고서』.

여성신문, 2015.12.30.

여성정치세력민주연대(2008), 『민선4기 지방의회 2년을 돌아보다: 생활정치 실천을 위한 여성 지방의원 의정활동 사례집』.

연합뉴스, 2014.3.23., 2014.5.7.

염미경(1996), "지방의회선거에서 여성후보자의 선거과정," 『현대사회과학연구』, 제7권 1호, pp.209-238.

______(1997), "지방의회선거와 여성의 정치참여: 정당, 여성단체, 여성후보자의 상호관계를 중심으로," 『현대사회과학연구』, 제8권 1호, pp.197-222.

오경희(2010), "여성의원의 의정활동의 문제점," 한국지방정부학회 학술대회 자료집, pp.212-216.

오마이뉴스, 2013.5.21., 2014.6.8.

오명희(2010), "여성의 정치참여 증진을 위한 지역사회 기반조성에 관한 연구," 경기대 정치전문대학원 석사논문(미간행).

오미란(2011), "광주전남 여성정치참여 현황과 과제,"『여성 대표성 확대를 위한 호남권 토론회 자료집』, 광주여성재단, pp.9-28.

오미영(2007), "여성이 지역에서 산다는 것은," 부산여성사회교육원,『함께하는 여성지역문화』, 신정, pp.290-311.

오승용(2014), "6·4 지방선거와 민주주의의 품질,"『6·4 지방선거와 한국정치: 평가/전망/대안』, 6·4 지방선거 결과 및 평가 토론회 자료집, 진보정치연구소 · 한국선거학회 · 한국정치연구회, pp.1-21 .

오유석(2008a), "여성의 지역정치참여,"『젠더리뷰』, 5호, 한국여성정책연구원, pp.43-52.

______(2008b), "민주화 이후 여성운동의 변화와 분화: 여성정치세력화를 중심으로,"『한국 민주화 과정과 사회운동: 어떤 변화와 분화를 경험하고 있나?』, 제11회 비판사회학대회 자료집, pp.3-18.

______(2009), "여성의 지역정치참여," 한국여성정책연구원,『젠더리뷰』, 15호, pp.43-51.

오유석 · 김은희(2008), "한국 여성 정치참여 현황과 비전: 국내외 현황과 대안모색,"『여성정치지도력 강화를 위한 work-shop』, 2008년 경남세계여성인권대회 사전워크숍 자료집, pp.9-28.

____________(2010), "여성운동의 변화와 분화: 여성정치세력화를 중심으로,"『거대한 운동에서 차이의 운동들로: 한국 민주화와 분화하는 사회운동들』, 한울, pp.245-288.

우리여성리더십센터(2005),『우리여성 지방자치 아카데미 1기』, 열린우리당.

유경화(2014), "지방선거와 정당공천에 관한 연구: 정당공천의 한계와 개선방안,"『현대사회과학연구』, 18권, 전남대학교 사회과학연구소, pp.109-131.

유병선(2014), "여성의 정치참여 현황과 과제: 지방정치를 중심으로," 대전여성정치네트워크,『2014년 1차 지방자치여성포럼 자료집』.

유성진(2014), "지방선거에서의 정책선거: 한계와 가능성," 『한국정치학회보』, 제48권 제5호, 한국정치학회, pp.97-117.

유숙란(2006), "'크리티칼 매스'와 성평등 구조 구축과정: 한국의 민주화 이후 정치적 대표성을 중심으로," 『국제정치논총』, 한국국제정치학회, 제46집 1호, pp.123-142.

육동일(2015), 『지방자치와 국가 · 지역발전론: 육동일 교수가 국민들과 소통해 온 지방자치 이슈와 발전전략 Ⅲ』, 충남대학교출판문화원.

윤이화(2009), "비례대표 여성후보 공천할당제의 성과에 대한 비판적 검토," 『한국지방자치연구』, 제11권 제2호(통권 27호), 대한지방자치학회, pp.69-93.

______(2011), "한국여성의 대표성 확대의 딜레마, 차이와 다양성의 정치: 제16대 국회에서 제18대 국회를 중심으로," 『대한정치학회보』, 제19집 1호, 대한정치학회, pp.153-186.

윤이화 · 하세헌(2014), "비례대표 여성후보 공천할당제 확산효과에 관한 연구: 프랑스 지방의회 동수법을 중심으로," 『한국동북아논총』, 70권, 한국동북아학회, pp.345-368 .

이경숙선생 추모사업추진위원회(2005), 『삶을 무엇으로 채울 것인가』.

이경아(2015), "대만여성의 정치참여 연구: 법적 · 제도적 기반과 사회문화적 요인 분석," 『의정연구』, 제44권, 한국의회발전연구회, pp.132-164.

이경옥(2008), "여성이 들어가서 정치판을 바꾸자," 『여성정치지도력 강화를 위한 work-shop』, 2008년 경남세계여성인권대회 사전워크숍 자료집, pp.57-59.

______(2009), 심층면접자료.

______(2010a), "경상남도 여성관련 조례," 경남여성단체연합, 『성평등한 지역사회를 위한 여성정책』, 자료집, pp.6-18.

______(2010b), "경남지역 여성정치세력화를 위한 활동과 과제," 『지방자치와 여성의 정치세력화』, 2010년 경상대 여성연구소 학술대회 자료집, pp.32-39.

______(2014), "경남여성정치세력화 성과와 한계," 『경남의 여성정치세력화, 얼마만큼 왔나?』, 경남여성단체연합, 2014년 여성주간기념 6·4 지방선

거와 여성정책세력화 토론회 자료집, pp.83-87.

이대희(2012), "지역주의, 무엇이 문제인가," 21세기 정치연구회 엮음, 『지방정치학으로의 산책』, 한울, pp.138-159.

이대희 · 서승현(2014), "지방선거 슬로건의 수사 유형 분석: 제5회 6·2 동시 지방선거 서울시 구청장 후보자를 중심으로," 『지방정부연구』, 제17권 제4호, pp.193-212.

이덕자(2009), 심층면접자료.

이명호(2013), "성차와 민주주의: 차이와 평등을 다시 상상하기," 서강대학교 인문과학연구소, 『서강인문논총』, 37집, pp.87-113.

이미원(2006), "'하드파워'에서 '소프트파워'로, 지역여성정치 어디까지 왔나," 『대경CEO Briefing』, 제58호.

이병화(2012), "지방정치 이야기: 지방자치 이슈와 논쟁," 21세기 정치연구회 엮음, 『지방정치학으로의 산책』, 한울, pp.247-266.

이상화(1998), "페미니즘과 차이의 정치학," 『철학과 현실』, 가을호, 철학과 현실사, pp.181-196.

______(2004), "지구화시대의 현장 여성주의: 차이의 존재론과 공간성의 사유," 『한국여성철학』, 제4권, pp.79-141.

이송희(2009), "부산지역 여성운동의 회고와 전망: 진보여성단체를 중심으로," 『여성연구논집』, 제20집, 신라대학교 여성문제연구소, pp.31-73.

21세기 정치연구회 엮음(2012), 『지방정치학으로의 산책』, 한울.

이아미(2006), "지방의회 여성의원의 정치적 영향력 확보를 위한 관계 형성에 관한 연구," 숙명여자대학교 대학원 여성학 협동과정 석사논문(미간행).

이영자(1998), "지방화: 여성주체의 미래사회를 위하여," 윤택림 외, 『지방화와 여성』, 미래인력연구센터.

이용마(2014), "주민대표성을 제고하기 위한 지방의회 구성의 다양화," 『한국 지방자치의 현실과 개혁 과제: 지방 없는 지방자치를 넘어서』, 사회평론, pp.117-132.

이은비(2011), "한국 여성의 정치 참여에 관한 연구: 여성 정치인의 현황과 정계 진출을 늘리기 위한 방안," 고려대 정책대학원 국제관계학과 석사논문(미간행).

이은아(2007), “젠더와 여성정책,”『여성학』, 미래 M&B, pp.293-314.

이은하(2005),『충남여성의 정치세력화 실패요인 및 성공전략에 관한 연구』, 충남여성정책개발원, 2005－7 연구보고서.

이재천(2002),『의정활동에서 시민운동까지: 여성지방의원의 7년 보고서』, 한울시스템.

이재희 · 김도경(2012), “비례대표 여성의원과 대표성: 19대 총선을 중심으로,”『여성학연구』, 제22권 제3호, 부산대학교 여성연구소, pp.7-41.

이정진(2014a), “지방선거와 여성정치참여, 그리고 매니페스토,”『의정논총』, 제9권 제1호, 한국의정연구회, pp.171-196.

______(2014b), “지방선거의 여성 당선자 현황과 개선과제,”『이슈와 논점』, 제887호, 국회입법조사서.

이정진 · 민태은(2015), “개방형 경선과 여성대표성: 제도적 고찰과 미국사례를 통해,”『정치정보연구』, 제18권 3호, 한국정치정보학회, pp.75-98.

이정희(2012), “경상남도의회 여성의원의 의정활동 분석: 기술적 대표성과 실질적 대표성 관계를 중심으로,” 경상대 대학원 사회학과, 기말보고서(미간행).

이종엽(2007), “여성참여와 지방정치,” 경남여성회,『동네방네 행복정치학교』, pp.37-43.

______(2013), “여성의원의 의정활동 경험과 여성의 정치세력화,”『지방의회 여성의원의 의정활동과 정치세력화의 과제』, 2013년 경상대 여성연구소 학술대회 자료집, pp.57-60.

이준한(2015), “여성정치의 성과와 과제: 2014년 지방선거를 중심으로,”『한국정치외교사논총』, 한국정치외교사학회, pp.199-225.

이지영(2014), “일본 지방의회 여성의원의 충원경로의 다양성: 지역정당과 무소속을 중심으로,”『의정논총』, 제9권 제2호, pp.339-362.

이진옥(2012) “2012년 젠더정치의 이정표, 박근혜 분석,”『여성정치세력화, 어디까지 왔나?』, 2012년 전남대 여성연구소 추계 학술대회 자료집, pp.54-75.

______(2014), “6·4 지방선거 여성후보자 선거운동 경험 분석,” 한국여성학회

2014 추계학술대회 자료집 발표문(2014.11.22.), pp.385-404 .

______(2015a), “2015년 여성 정치 참여의 세계적 동향 및 여성 정치대표성 관련 글로벌 의제의 현황,” (사)젠더정치연구소 여.세.연, 『북경여성대회 이후 20년, 젠더와 개발 엿보기: 59차 유엔세계여성지위위원회 회의 참관기』 자료집. pp.44-54 .

______(2015b), “〈2016 총선을 맞이하는 여성정치 플랫폼 만들기〉 사업을 마무리하며,” (사)젠더정치연구소 여.세.연, 『2016 총선을 맞이하는 여성정치 platform』, pp.13-54.

이진옥 · 김민정 · 문경희 외(2014), 『여성 대표성 강화를 위한 지방선거 모니터링: 6·4 지방선거 여성후보자 선거운동 경험에 대한 연구』, 2014년도 여성대표성 강화 지방선거 모니터링 연구용역보고서, 국가인권위원회.

이진옥 · 김은주(2015), “선거 제도 개혁과 여성 대표성 쟁점의 현황,” (사)젠더정치연구소 여.세.연 · 제20대 총선 여성국회의원 30% 실현을 위한 여성공동행동, 『비례대표 확대와 여성 대표성 강화를 위한 긴급 토론회』, pp.9-18.

이혜숙(2002), “국가와 페미니즘,” 『현대사회와 인간 1: 성찰의 사회학』, 호산 김경동 교수 정년기념논총 간행 위원회(엮음), 박영사, pp.159-180.

______(2003), “지역사회와 여성주체의 형성: 지역에서 하는 여성운동,” 『여성 지역 문화』, 부산여성사회교육원(지음), pp.337-362.

______(2006), “지방분권과 지역여성의 전망: 경상남도를 중심으로,” 『한국여성학』, 한국여성학회, 제22권 2호, pp.121-165.

______(2008), “지역여성운동의 조직과 성격: 경남여성단체연합을 중심으로,” 『한국여성학』, 제24권 4호, 한국여성학회, pp.175-218.

______(2009a)“여성의 지방정치 참여와 지역여성운동: 경상남도를 중심으로,” 『2009여성학논집』, 제26집 2호, 이화여대 한국여성연구원, pp.99-140.

______(2009b), “경남 여성지도자양성 교육프로그램의 현황과 과제: 경상대 여성지도자과정을 중심으로,” 『경남교육학연구』, 제14권, 한국교육학회 경남지회, pp.255-273.

______(2010), "지역여성포럼의 현황과 발전방안: 경남여성정책포럼을 중심으로," 『사회과학연구』, 제28집, 경상대학교 사회과학연구원, pp.31-54.

______(2012), 『지방자치와 지역여성의 전망: 지역여성정책과 지역여성운동의 동학』, 집문당.

______(2013a), "지구화 · 지방화 시대 지역여성운동과 여성연대의 전망: 경남여성단체연합의 연대활동을 중심으로," 『여성과 역사』, 18집, pp.39-81.

______(2013b), "일본군 '위안부' 문제와 지역여성운동: 경남지역 활동을 중심으로," 김동노 외, 『한국사회와 사회운동』, 다산출판사, pp.141-151.

______(2014a), "지방의회 여성의원의 의정활동과 성평등 의식: 경남지역 여성의원들을 중심으로," 『한국여성학』, 제30권 1호, pp.113-172.

______(2014b), "한국여성학과 지역 여성주의의 모색: 경남지역 여성운동을 중심으로," 『페미니즘연구』, 제14권 2호, (사)한국여성연구소, pp.243-280.

______(2015a), "2014년 지방선거와 여성의원의 홍보전략: 광역시도 지역구 여성당선자의 선거공보를 중심으로," 『젠더와 문화』, 제8권 1호, 계명대학교 여성학연구소, pp.125-159.

______(2015b), 『여성과 사회』(제3판), 다산출판사.

______(2016), "지방선거 여성후보자의 성격과 선거과정: 2014년 6·4 지방선거 경남지역 여성후보자를 중심으로," 『한국여성학』, 제32권 1호, 한국여성학회, pp.47-99.

이혜숙 · 강인순(2015), 『나는 대한민국 경남여성: 역사 속에서 소외되었던 지역여성의 삶』, 지앤유.

이화영(2007), "한국 정당조직 내 여성의 네트워크 유형에 관한 연구," 숙명여자대학교 대학원 박사논문(미간행).

임경숙(2013), "여성의원 의정활동 경험과 여성의 정치세력화," 『지방의회 여성의원의 의정활동과 정치세력화의 과제』, 2013년 경상대 여성연구소 학술대회 자료집, pp.44-54.

임수경(2008), "한국 정치광고에서 선거공보물의 시각표현에 관한 연구: 제16 · 17대 대통령선거와 제17 · 18대 국회의원선거를 중심으로," 성균

관대학교 대학원 디자인학과 석사논문(미간행).
임우연(2007), "지역여성의 과소대표성과 집합정체성 연구: D지역 여성단체의 정치참여를 중심으로," 이화여자대학교 사회학과 박사논문(미간행).
임원정규(2014), "지역여성정치의 가능성과 한계," 대전여성정치네트워크, 2014년 1차 지방자치여성포럼 자료집.
자치법규 정보시스템 홈페이지(http://www.elis.go.kr).
장미경(2006),『한국 여성운동과 젠더정치』, 전남대학교출판부.
장순화(2013), "여성후보의 지방의회 진입과정에 나타난 장애요인 분석: 6·2 지방선거 경기도 여성후보의 경험을 중심으로," 성공회대학교 NGO대학원 석사논문(미간행).
전국여성지방의원네트워크(2010),『2006~2010 민선4기 여성지방의원 우수 의정활동 사례』, 전국여성지방의원네트워크.
__________________(2011), "지방자치 결의대회 관련 전국여성지방의원네트워크 의견서,"『여성 대표성 확대를 위한 호남권 토론회 자료집』, 광주여성재단, pp.58-59.
전국여성지방의원네트워크 홈페이지(http://www.womanparty.or.kr)
전용주(2005), "후보공천과정의 민주화와 그 정치적 결과에 관한 연구: 제17대 국회의원 선거를 중심으로,"『한국정치학회보』, 제39집 2호, 한국정치학회, pp.217-236.
______(2014a), "상향식 공천 방식은 민주주의를 진전시키는가?: 2014년 지방선거를 중심으로," 21세기 정치학회,『21세기정치학회보』, 제24집 3호, pp.457-483.
______(2014b),『한국 지방자치의 현실과 개혁 과제: 지방 없는 지방자치를 넘어서』, 사회평론, pp.13-39.
전지선(2007), "여성의 비례대표 진출이 지역구 후보충원에 미치는 효과 분석: 2006년 전국동시지방선거를 중심으로," 서울대 대학원 정치학과 석사논문(미간행).
전진숙(2009), 심층면접자료.
전진영(2009), "여성의원은 양성평등법안을 더 지지하는가?"『의정연구』, 제15권 제2호, 통권 제28호, pp.187-217.

______(2010), "국회의원의 정당충성도 분석: 성차는 존재하는가?" 『한국정치연구』, 제19권 1호, 서울대학교 한국정치연구소, pp.101-121.

______(2013a), "비례대표 국회의원 여성할당제의 제도적 특성과 정당의 후보자 공천: 제16대 총선~제19대 총선을 중심으로," 『한국정당학회보』, 제12권 제3호, 한국정당학회, pp.89-112.

______(2013b), "국회의원 여성할당제 채택의 정치적 동인 분석," 『한국정치연구』, 제22권 1호, 서울대학교 한국정치연구소, pp.29-52.

전진희(2012), "광주지역 여성의 정치참여와 정치세력화," 『여성정치세력화, 어디까지 왔나?』, 2012년 전남대 여성연구소 추계 학술대회 자료집, pp.23-50.

전학선(2010), "정치적 영역에서 여성참여를 높이기 위한 정당공천 여성할당제와 남녀평등," 『세계헌법연구』, 제16권 제2호, 국제헌법학회, pp.409-434.

전희경(2008), 『오빠는 필요없다: 진보의 가부장제에 도전한 여자들 이야기』, 이매진.

정미애 · 문경희(2010), "여성정치할당제의 대안과 전망: 스웨덴의 페미니시트 정당과 일본의 지역정당을 중심으로," 『동향과 전망』, 79, 한국사회과학연구소, pp.183-216.

정상호(2014), "6·4 지방선거 이후의 한국정치, 전망과 대안," 『6·4 지방선거와 한국정치: 평가/전망/대안』, 6·4 지방선거 결과 및 평가 토론회 자료집, 진보정치연구소 · 한국선거학회 · 한국정치연구회, pp.56-65.

정성호 편저(2004), 『선거캠페인과 미디어전략』, 서울: 차송.

정연정(2011), "여성의 정치참여 확대방안: 선거참여를 중심으로," 『한국시민윤리학회보』, 제24권 제2호, 한국시민윤리학회, pp.115-134.

정태윤(2013), "여성대통령의 불/가능성: 새누리당 박근혜 후보의 '여성대통령론'을 둘러싼 논쟁을 중심으로," 『여성연구논총』, 서울여자대학교 여성연구소, pp.43-68.

정해구(2010), "정책평가단이 본 바람직한 생활정책," 생활정치연구소 편, 『지방자치 가이드북: 지방자치 알아야 제대로 할 수 있다』, 모티브북, pp.199-233.

정희옥 · 윤종빈(2013), “정당공천제와 지방정치개혁,” 『한국정당학회보』, 제12권 제2호(통권 24호), pp.99-125.

조갑련(2010a), “지방선거와 젠더정치의 활성화 방안,” 『한국지방정치학회보』, 제4권 제1호, 한국지방정치학회, pp.69-83.

______(2010b), “정당공천제와 여성의 정치참여: 2010 지방선거를 중심으로,” 『한국지방정치학회보』, Vol.4, No.2, pp.1-14.

______(2013), “선거제도가 여성의 지방정치참여에 미치는 영향: 지방선거결과 분석 및 현직 기초의회 여성의원들의 의식조사를 중심으로,” 경남대학교 대학원 박사논문(미간행).

조광수(2012), “지방정치의 의의: 새로운 중앙과 지방 관계를 기대하며,” 21세기 정치연구회 엮음, 『지방정치학으로의 산책』, 한울, pp.11-24.

조선미(2007), “여성의원 증가와 생활정치의 활성화 관계에 대한 연구: 경기도 기초의회를 중심으로,” 경희대 행정대학원 석사논문(미간행).

조성대 · 황영주(2005), 『여성들의 지방 의회 진출을 위한 법적 · 제도적 방안 모색: 후보자와 유권자들의 입장과 태도를 중심으로』, 국회여성가족위원회 .

조정래 · 박지영(2011), “여성의무공천제의 효과성에 관한 연구: 지방정치에서 여성 대표성의 확대를 중심으로,” 『국가정책연구』, 제25권 제3호, 중앙대학교 국가정책연구소, pp.5-28.

조정래 · 이현정 · 김장희(2014), “부패와 젠더: 기초자치단체 부패 영향요인의 탐색,” 『정부학연구』, 제20권 제2호, 고려대학교 정부학연구소, pp.89-121.

조현옥(2005), “한국에서의 여성정치세력화운동,” 조현옥 외, 『한국의 여성정치세력화 운동』, 도서출판 사회와 연대, pp.43-69.

조현옥 · 김은희(2010), “한국여성정치할당제 제도화과정 10년의 역사적 고찰』, 한국사회과학연구소, 『동향과 전망』, 통권 79호, pp.110-139.

조현옥 · 오유석(2006), 『여성이 당선된다!: 여성 후보자승리를 위한 이론부터 실무까지 선거운동 따라잡기』, U BOOK.

조희원(2011), “한국여성의 정치적 대표성 증가와 여성정치할당제의 제도화,” 『평화학연구』, 제12권 4호, 한국평화연구학회, pp.241-261.

조희정 외(2014a), "제6회 지방선거 후보자 제공 정보와 홍보전략에 대한 고찰: 선거공보의 디자인 · 이미지 · 공약 · 현안 · 채널 분석을 중심으로, 『한국정당학회보』, 한국정당학회, pp.123-156.

______(2014b), "지방선거 후보자의 제공 정보와 홍보 연구: 제6회 지방선거 광역시의원 후보의 선거공보를 중심으로," 『21세기정치학회보』, 제24집 3호, pp.293-317.

주경미(2007), "성 평등 지방자치를 위한 여성운동: 2006지방선거에서 여성단체 활동을 중심으로," 『한국여성학의 다변화와 지식소통의 과제』, 2006년 여성학회 추계학술대회 자료집, pp.283-287.

______(2013), "지역에서 소통하기 어려운 이유들," 이화여대 여성학과, 『여성학, 돌(아)보다』, 이화여대 여성학과 30주년 기념 학술마당 자료집, pp.165-170.

주미영(2015), "미국 연방의회의 여성대표성 증진 방안 연구: 1917~2013년까지의 선거경쟁성을 중심으로," 『국제지역연구』, 제19권 제2호, 한국외국어대학교국제지역연구센터, pp.169-196.

주혜진(2011), 『대전여성의 사회참여: 지역공동체운동 사례연구』, 기본연구보고서 2011-12, 대전발전연구원.

중앙선거관리위원회(1995), 『전국동시지방선거총람』.

______(1998), 『전국동시지방선거총람』.

중앙선거관리위원회 선거정보도서관(http://elecinfo.nec.go.kr).

중앙선거관리위원회 선거통계시스템(http://info.nec.go.kr).

지충남(2007), "재외한인 시민사회단체의 네트워크 실태와 발전방향," 『대한정치학회보』, 제15권 제1호, 대한정치학회, pp.171-194.

차영란(2011), "6·2 지방선거를 통해 본 유권자들의 정보채널 이용 행태: 심층인터뷰를 중심으로," 『한국콘텐츠학회논문집』, 제11권 제1호, pp.145-156.

채송미(2013), "경상남도의회 여성의원의 입법기능 분석," 창원대학교 행정대학원 석사논문(미간행).

최배근(2003), 『네트워크 사회의 경제학』, 한울아카데미.

최병윤(2015), "후보자의 의정활동이 재선 결과에 미치는 영향: 기초자치단체의 지방의회의의원 사례 분석," 서울대학교 행정대학원 정책학석사논문(미간행).

최병일(2014), "유권자 편이를 고려한 책자형 선거공보물 표지 요소에 관한 연구: 제6회 전국동시지방선거에 사용된 책자형 선거공보물을 중심으로,"『디지털디자인학연구』, 제14권 4호, 한국디지털디자인협의회, pp.69-78.

최웅식(2011), "선거제도 변화와 여성의 정치적 대표성: 한국 동시지방선거를 중심으로," 고려대학교 정책대학원 도시 및 지방행정학과 석사논문(미간행).

최일성(2015), "참여민주주의와 사회적 배제: 1987년 6월 민주항쟁기에 대두된『여성정치세력화운동』에 대한 이론적 검토," (사)젠더정치연구소 여.세.연,『〈2016 총선을 맞이하는 여성정치 Platform 만들기〉 기초다지기 토론회 Part 1. 여성정치세력화를 평가하자』, pp.17-29.

최정원(2008), "한국의 여성정치교육의 현황과 과제,"『동서연구』, 제20권 2호, pp.219-243.

최정원 · 김원홍 · 윤덕경(2008), "17대 국회의원의 입법 활동 성차 분석: 여성관련 법률안 입법과정을 중심으로,"『의정연구』, 한국의회발전연구회, Vol.25, pp.83-110.

최창호(2015), "지방자치의 의미와 발전방향,"『지역리더를 위한 지방자치 사용설명서 200문 200답』, 조선뉴스프레스, pp.32-49.

하승수(2007),『지역, 지방자치, 그리고 민주주의: 한국 풀뿌리민주주의의 현실과 전망』, 후마니타스.

______(2009), "시민운동과 2010년 지방선거,"『여성정치세력화 영남권 포럼 자료집』, 울산여성회.

한영혜(1998), "지방화와 여성의 정치적 주체화,"『지방화와 여성』, 미래인력연구센터, pp.47-78.

허강숙(2009), "여성의원비율증가가 생활정치 확대에 미치는 영향에 대한 연구: 전라남도 기초의회를 중심으로," 순천대학교 경영행정대학원 행정학과 석사논문(미간행).

허명숙(2011), "전북 여성정치참여 현황과 과제,"『여성 대표성 확대를 위한 호남권 토론회 자료집』, 광주여성재단, pp.31-43.

허성우(1998), "지역 여성현실과 한국여성운동의 새국면," 『사회과학연구』, 제16집 제2호, 경상대학교 사회과학연구소.

______(2000), "지역여성운동의 현실과 지역사회 연구," 한국공간환경학회, 『공간과 사회』, 제14호, pp.270-287.

______(2006), "지구화와 지역여성운동 정치학의 재구성," 한국여성학회, 『한국여성학』, 제22권 3호, pp.169-198.

허인숙(2014a), "6·4 지방선거, 신진 여성정치인 진출 어려워…," 『경남의 여성정치세력화, 얼마만큼 왔나?』, 경남여성단체연합, 2014년 여성주간 기념 6·4 지방선거와 여성정치세력화 토론회 자료집, pp.59-64.

______(2014b), 『희망: 글로벌시대 더 큰 진행을 꿈꾸다』, 대흥출판사.

허태욱(2014), "영국 여성정치교육의 특징과 주요 사례," 『한국 여성정치교육 이대로 좋은가』, 한국여성정책연구원 · (사)한국여성의정, 제4차 여성현안포럼, pp.26-41.

현정화(2014), "여성의 지방정치 참여 활성화 방안 연구: 제주특별자치도를 중심으로," 제주대학교 행정대학원 석사논문(미간행).

홍득표(2012), "선전벽보의 슬로건 분석: 역대 대통령선거를 중심으로," 『사회과학논집』, 제43집 2호, 연세대학교 사회과학연구소, pp.21-39.

황경수 · 고태호(2005), "선거공보물을 이용한 환경과 지역개발 의제의 경향 분석," 『한국사회와 행정연구』, 제15권 제4호, 서울행정학회, pp.455-477.

황아란(2007), "지방의원 선거의 여성참여와 정당공천: 부산시 사례를 중심으로," 『21세기 정치학회보』, 제17집 제1호, pp.87-108.

______(2010), "지방선거의 정당공천제와 중앙정치의 영향," 『21세기정치학회보』, 제20권 제2호, pp.31-53.

______(2012), "지방선거와 현직효과: 2010년 지방선거를 중심으로," 『지방행정연구』, 제26권 제4호, 한국지방행정연구원, pp.3-26.

______(2013), "200년대 지방선거의 변화와 지속성: 현직효과와 중앙정치의 영향," 『한국정치학회보』, 제47권 5호, 한국정치학회, pp.277-295.

______(2014), "2014년 지방선거의 특징과 변화," 『21세기정치학회보』, 제24

집 3호, 21세기정치학회, pp.319-341.

황아란 · 서복경(2011), "여성의 정치적 대표성과 선거제도 효과: 지방의원 선거를 중심으로," 한국선거학회, 『선거연구』, 제1권 1호, pp.99-128.

황영주(2006), "양성평등, 역량강화 및 법 · 제도 개선: 지방여성의원 진출의 활성화 방안," 『비교민주주의연구』, 비교민주주의연구센터, 제2집 1호, pp.63-100.

Apfelbaum E. and M. Hadley(1986), "Leadership Ms-Qualified: 11 Reflections on Initial Case-Study Investigation of Contemporary Women Leaders," Carl F. Graumann and Serge Moscovici, *Changing Conceptions of Leadership*, New York and Berlin: Springer-Verlag, pp.199-221.

Bachrach, Peter(1967), *The Theory of Democratic Elitism: A Critique*, Boston: Little Brown Co.

Bystydzienski, J. M.(1992), *Women Transforming Politics: Worldwide Strategies for Empowerment*, Indiana Univ. Press.

Caiazza, Amy(2002), "Does Women's Representation in Elected Office Lead to Women-Friednly Policy," *Institute for Women's Policy Research*(Research-in Brief), pp.1-5.

__________(2008), "Does Women's Representation in Elected Office Lead to Women-Friendly Policy: Analysis of State-Level Data," *Women & Politics*, Vol.26, No.1, pp.35-70.

Carroll, Susan J. and Kira Sanbonmatsu(2013), *More Women Can Run: Gender and Pathways to the State Ligislatures*, Oxford University Press.

Childs, Sarah(2001), "'Attitudinally Feminist?' The New Labour Women MPs and the Substantive Representation of Women," *Politics 21*, No.3, pp.178-185.

__________(2004), *New Labour's Women MPs: Women Representing Women*, London: Routledge.

Connel, R. W.(1987), *Gender and Power*, Stanford University Press.

Dahlerup, D.(1988), "From a Small to a Large Minority: Woman in Scandinavian Politics," *Scandinavian Political Studies*, Vol.11, No.4, pp.275-298.

Dittmar, Kelly(2015), *Navigating Gendered Terrain: Stereotypes and Strategy in Political Campaigns*, Temple University Press.

Fox, Richard L. and Jennifer L. Lawless(2005), "Gendered Perceptions and Political Candidacies: A Central Barrier to Women』s Equality in Electoral Politics," *American Journal of Political Science*, Vol.55, No.1, pp.59-73.

Githens, Marianne(2003) "Accounting for Women's Political Involvement: the Perennial Problem of Recruitment," in Susan J. Carroll(ed), *Women and American Politics,* Oxford: Oxford University Press, pp.33-52.

Hartsock, Nancy(1998) "The Feminist Standpoint Revisited," Nancy Hartsock(ed), *Feminist Standpoint Revisited and Other Essays*, Boulder, CO: Westview Press.

Kanter, R. Moss(1977a), *Men and Women of the Corporation*, New York: Basic Books.

_______________(1977b), "Some Effects of Proportions on Group Life: Skewed Sex Ration and Responses to Token Women," *American Journal of Sociology,* Vol.82, No.5, pp.965-990.

Karl, Marilee(1995), *Women and Empowerment: Participation and Decision Making*, London & Jersey: Zed Books Ltd.

Krook, M. Lena(2009), *Quatas for Women in Politics: Gender and Candidate Selection Reform Worldwide*, Oxford: Oxford Press.

_______________(2010), "Beyond Supply and Demand: A Feminist-Institutionalist Theory of Candidates Selection," *Political Research Quarterly,* Vol.63, No.4, pp.707-720.

Lovenduski, Joni(2005), *Feminizing Politics*, Cambridge: Polity.

_______________(ed)(2005), *State Feminism and Political Representation*,

Cambridge Univertsity Press.

Lukes, Steven(1974), *Power: A Radical View*, London and Basingstoke: Macmillan.

Mayhew, David R.(2008), "Incumbency Advantage in U.S. Presidential Elections: The Historical Record," *Political Science Quarterly*, Vol.123, No.2, The Academy of Political Science, pp.201-228.

Morgen, Sandra and Ann Bookman(1988), Bookman, Ann and Sandra Morgen(ed), *Women and the Politics of Empowerment*, Philadelphia: Temple University Press, pp.3-29.

Norris, P. and Joni Lovenduski(1995), *Political Recruitment: Gender, Race and Class in the British Parliament*, Cambridge: Cambridge University Press.

Phillips, Anne(1995), *The Politics of Presence*, Clarendon Press, Oxford.

Phillips, Anne(ed)(1998), *Feminism and Politics*, Oxford: Oxford University Press.

Pitkin, H. Fenichel(1989), "Representation," Ball, Terence, James Farr, and Russell L. Hanson, *Political Innovation and Conceptual Change*, Cambridge University Press, pp.132-154.

Reingold, Beth(1992), "Concepts of Representation among Female and Male State Legislators," *Legislative Studies Quarterly*, Vol.17, pp.509-537.

Schwindt-Bayer, Leslie A.(2009), "Making Quotas Work: The Effect of Genda Quota Laws on the Election of Women," *Legislative Studies Quarterly,* Vol.34, No.1, pp.5-28.

Studlar, D. T. and I. McAllister(2002), "Does a Critical Mass Exist? A Comparative Analysis of Women's Legislative Representation since 1950," *European Journal of Political Research 41*, No.2, pp.233-254.

Tarrow, S.(1994), *Power in Movement: Social Movement, Collective Action and Politics*, Cambridge University Press.

Vianello, Mino(2000) "Exercising Power," Mino Vianello and Gwen Moore(eds.), *Gendering Elites: Economic and Political Leadership in 27*

Industrialised Societies, Basingstoke: Palgrave Macmillan, pp.141-154.

Voet, Rian(1998), *Feminism and Citizenship*, SAGE Publications, London · Thousand Oaks · New Delhi.

Weber, Max(1968), "Political Communities," Roth, G. and Claus Wittich(eds.), *Economy and Society*, Vol.2, pp.901-940.

찾아보기

ㄱ

ㅇ

ㅈ

[저자약력]

이혜숙

이화여자대학교 사회학과 졸업
서울대 대학원 사회학과 석사 및 박사
미국 캘리포니아 주립대학교(UCLA) 사회학과 방문교수
미국 워싱턴대학교(UW) 사회학과 방문교수
경상대 여성연구소 소장 역임

경상대학교 사회학과 교수, 여성연구소 운영위원
한국여성학회, 운영위원(재무위원장)
전국여교수연합회, 부회장

〈주요 저서〉

『일본현대사의 이해: 전후 일본사회와 미국의 점령정책』(경상대학교 해외지역연구센터, 2003)
『미군정기 지배구조와 한국사회: 해방이후 국가-시민사회 관계의 역사적 구조화』(선인, 2008)
『여성, 한국사회를 묻다』(지앤유, 공저, 2011)
『지방자치와 지역여성의 전망: 지역여성정책과 지역여성운동의 동학』(집문당, 2012)
『여성의 눈으로 보는 대학사회와 젠더정치』(오름, 공저, 2012)
『한국사회의 사회운동』(다산출판사, 공저, 2014)
『여성과 사회』(3판)(다산출판사, 2015)
『한국의 중년 여성과 남성』(서현사, 공저, 2015)
『나는 대한민국 경남여성: 역사 속에서 소외되었던 지역여성의 삶』(지앤유, 공저, 2015)
『국가와 여성정책』(다산출판사, 2016)

〈주요 논문〉

"지역여성운동의 조직과 성격: 경남여성단체연합을 중심으로"(한국여성학, 2008)
"여성의 지방정치 참여와 지역여성운동: 경상남도를 중심으로"(2009여성학논집, 2009)
"지역여성운동의 조직과 세력화의 전망: 경남여성회를 중심으로"(한국여성학, 2012)
"지구화 · 지방화 시대 지역여성운동과 여성연대의 전망: 경남여성단체연합의 연대활동을 중심으로"(여성과 역사, 2013)
"한국여성학과 지역 여성주의의 모색: 경남지역 여성운동을 중심으로"(페미니즘연구, 2014).
"지방의회 여성의원의 의정활동과 성평등 의식: 경남지역 여성의원들을 중심으로"(한국여성학, 2014)
"해방이후 시민사회의 역사적 형성과정과 성격(1945~1953)"(사회와 역사, 2014)
"2014년 지방선거와 여성의원의 홍보전략: 광역시도 지역구 여성당선자의 선거공보를 중심으로"(젠더와 문화, 2015)
"지방선거 여성후보자의 성격과 선거과정: 2014년 6·4 지방선거 경남지역 여성후보자를 중심으로"(한국여성학, 2016)

지방자치와 여성의 정치세력화

2016년 7월 20일 제1판 1쇄 인쇄
2016년 7월 25일 제1판 1쇄 발행

저 자 이 혜 숙
발행인 강 희 일 · 박 은 자

발행처 **다 산 출 판 사**
서울특별시 마포구 용강동 494-85
등 록 1979. 6. 5. 제 3-86 호(윤)
전 화 717-3661~2, 718-1751~2
FAX 716-9945
조판 민 하 디 지 탈 아 트

정가 20,000원 파본은 바꾸어 드립니다.

http://www.dasanbooks.co.kr
ISBN 978-89-7110-514-6 93330